Introduction to Radio and Television Legal Systems

新闻传播专业"十三五"规划教材

广播电视法律制度概论

(第3版)

涂昌波 著

 中国传媒大学 出版社

·北京·

第 3 版修订说明

自本书2011年第2版出版以来,广播电视发展变化很快,特别是互联网、云计算、大数据、人工智能等新技术的广泛应用,使广播电视与互联网等新兴媒体融合加速,媒体生态不断调整、节目类型不断创新、产业升级不断推进,广播电视及网络视听新媒体法制建设取得了新进展。由此,笔者对本书作了以下修订:

一是对过时的数据、案例、法规文件进行删减和精简,将新近的数据、案例和法规政策文件,特别是十八大以来党和国家有关新闻宣传的政策法规充实到有关章节中,提高时效性和针对性。二是增加网络视听新媒体制度作为第八章,主要介绍网络视听新媒体的发展态势、基本含义、许可制度、法律规范以及网络传播权保护等。三是介绍广播电视及网络视听新媒体的融合监管制度,重点介绍国务院批准的国家新闻出版广电总局的"三定方案"。四是增加电视节目模式名称法律保护、纪录片管理等内容,介绍《中国好声音》电视节目模式名称纠纷案例。五是增加广播电视从业人员廉洁规定,作为广播电视从业人员制度中的一节,辅以案例进行剖析。

今年是国务院《广播电视管理条例》发布实施二十一周年。二十一年,弹指一挥间。在修订本书时,笔者时常想起当年起草修改《广播电视管理条例》的不易情景,时常想起当年企盼参与拟订《中华人民共和国广播电视法》的光荣梦想。媒体的发展离不开法制保障,依法治国基本方略的实现离不开媒体的法治化进步。媒体法制建设永远在路上。希望有更多的有识之士投身到广播电视及网络视听新媒体发展中来,也希望本书能为这些有识之士提供一些帮助和启发!再次感谢读者朋友们,再次感谢中国传媒大学出版社!

2018 年 4 月 18 日

第 2 版修订说明

　　本书第 1 版于 2007 年出版后,得到了业界的肯定,被中国广播电视协会评为第六届全国广播电视学术著作一等奖;也受到了学界的关注,英国牛津大学的学者来电话和电子邮件,谈了对本书的评价和需要进一步探讨的问题。我要感谢所有读过本书的读者朋友们和我的同事们,你们的肯定和意见都是我不断学习的动力。

　　本书出版四年来,广播电视发展变化很快,广播电视法制建设进程很快。多年来一直处于争议中的《广播电台电视台播放录音制品支付报酬暂行办法》,终于在 2009 年 11 月 10 日由国务院发布了。近年,广电总局修改废止了一部分规章,发布了一批新规章。笔者对本书的有关内容进行了调整和修订:一是将有关三网融合的内容合并成一节,介绍国务院《推进三网融合的总体方案》、国务院办公厅《三网融合试点方案》的内容,介绍我国互联网视听节目、IP 电视等新媒体的政策。二是按照 2008 年国务院批准的国家广电总局"三定方案",介绍我国政府对广播电视的监管职能。三是为适应北京奥运会的要求,我国政府修订了有关外国常驻中国新闻机构和新闻记者采访的管理规定,笔者对这部分内容进行了修改。另外,介绍了《保护文化内容和艺术表现形式多样性公约》的有关情况。四是增加了体育节目著作权保护内容,介绍了国家广电总局对北京奥运会电视转播报道的规定,介绍了《广播电台电视台播放录音制品支付报酬暂行办法》的有关规定。五是增加了广播电视融资的内容,介绍了中宣部、人民银行等部门《关于金融支持文化产业振兴和发展繁荣的指导意见》的规定。此外,还介绍了广播电视发展的最新动态和广播电视法制建设的最新情况。

　　随着数字、网络等高新技术的突飞猛进,随着社会主义市场经济、民主政治、先进文化、和谐社会建设的不断推进,我国广播电视的改革发展任务和法制建设任务越来越重,希望本书的修订对投身于广播电视繁荣发展的有识之士能有一些启发和帮助!再一次感谢读者朋友们,再一次感谢中国传媒大学出版社!

2011 年 2 月 6 日

目 录

序 一 / 1

序 二 / 1

前 言 / 1

第一章 广播电视概述 / 1
第一节 广播电视的概念 / 2
第二节 广播电视的传播形式 / 4
第三节 广播电视的属性 / 10
第四节 广播电视的分类 / 20

第二章 广播电视立法制度 / 29
第一节 广播电视法律关系 / 29
第二节 广播电视法律渊源 / 33
第三节 广播电视立法理据 / 53
第四节 广播电视立法体例 / 56

第三章 广播电视监管制度 / 73
第一节 广播电视监管机构 / 73
第二节 广播电视监管手段 / 80
第三节 广播电视监管特点 / 87

第四章 广播电视许可制度 / 96
第一节 广播电视许可事项 / 96

第二节　广播电视许可条件　/ 100
第三节　广播电视许可程序　/ 104

第五章　广播电视所有权制度　/ 108
第一节　境外广播电视的国家所有权制度　/ 108
第二节　境外广播电视的民间所有权制度　/ 111
第三节　我国广播电视所有权制度　/ 115

第六章　广播电视节目制度　/ 124
第一节　广播电视节目播放标准规范　/ 124
第二节　广播电视节目分时分级制度及未成年人保护　/ 135
第三节　政治活动节目规范　/ 140
第四节　电视剧、动画片、纪录片管理　/ 143
第五节　广播电视节目与知识产权保护制度　/ 147
第六节　广播电视广告播放规范　/ 158

第七章　广播电视传播网络制度　/ 162
第一节　广播电视传播网络安全规范　/ 162
第二节　地面无线广播电视网　/ 165
第三节　有线广播电视网　/ 170
第四节　卫星广播电视网　/ 174
第五节　三网融合　/ 179
第六节　广播电视用户制度　/ 185

第八章　网络视听新媒体制度　/ 189
第一节　网络视听新媒体的含义　/ 189
第二节　网络视听新媒体许可　/ 193
第三节　网络视听新媒体规范　/ 198

第九章　广播电视从业人员制度　/ 210
第一节　广播电视从业人员资格　/ 210
第二节　广播电视记者的权利与义务　/ 213
第三节　广播电视从业人员职业道德　/ 217
第四节　广播电视从业人员违反宣传纪律处分处理　/ 219
第五节　广播电视从业人员廉洁规定　/ 223

第十章　广播电视涉外制度 / 226
第一节　广播电视与世界贸易组织 / 226
第二节　广播电视涉外活动规范 / 229

第十一章　法律责任与法律救济 / 235
第一节　行政法律责任与行政救济 / 236
第二节　刑事法律责任与刑事救济 / 241
第三节　民事法律责任与民事救济 / 244

参考文献 / 249

后　记 / 252

序 一

我国广播影视法制建设任重道远

新时期新阶段,党中央提出了贯彻落实科学发展观、构建社会主义和谐社会、建设创新型国家等重大战略思想,提出了民主法治、公平正义、诚信友爱、充满活力、安定有序、人与自然和谐相处的和谐社会的总体要求,这为我国广播影视发展改革提供了强大的思想武器。我国广播影视已进入了更多地依靠科技创新推动快速发展的新阶段,已进入了更多地依靠统筹兼顾推动协调持续发展的新阶段,已进入了更多地依靠法律治理推动健康有序发展的新阶段。

在党中央、国务院和中宣部的正确领导下,我国广播影视法制建设取得了可喜的成绩,立法进程日益加快,依法行政明显加强,法制宣传成效显著,法律意识逐步增强,版权保护取得进展。但是从总体上看,我国广播影视法制建设还不能完全适应构建社会主义和谐社会的要求,还不能完全适应建设社会主义民主法治和和谐文化的要求,还不能完全适应广播影视快速发展和依法管理的要求。"十一五"期间,我国广播影视法制建设任务艰巨,主要有以下几项:

一是坚持科学立法、民主立法,加快广播影视传输保障法、电影促进法、电台电视台法定许可播放录音制品支付报酬办法、互联网传播视听节目管理办法等法律法规的起草修改工作,建立健全广播影视法规体系,将广播影视发展改革管理纳入法制化轨道。二是强化依法行政,建设法治政府,推动各级广播影视行政部门有法必依、严格执法,有效治理乱设台、乱建网、乱播节目、乱播广告、擅自安装卫星接收设施、擅自开办网上视听节目、侵权盗版等违法行为,切实提高依法管理水平。三是全面实施"五五"普法教育计划,创新形式,注重效果,不断提高广播影视从业人员的法律素质，不断提高广播影视法制节目的质量水平，为全社会学法守法用法营造良好的舆论氛围，使社会主义法治理念深入人心。四是增强版权意识，联合有关行政部门和社会组织，加强国际合作，加大版权和知识产权的保护力度，严打盗版盗播的违法行为，保护广播影视机构和受众、用户的合法权益，维护我国良好的国际形象。

加强广播影视法制建设，迫切需要广播影视法制研究的最新成果。涂昌波同志在多年从事法律知识学习和工作实践的基础上，利用工作余暇，潜心研究，勤奋思考，收集大量国内外广播电视法规资料，紧密结合我国广播电视的发展实践，进行了比较研究和提炼概括，撰写了《广播电视法律制度概论》一书，系统地概述了广播电视立法的依据、体系、框架和制度设计，具有很高的参考价值和较大的实践意义。希望有更多的广播影视同仁能认真地阅读这本书，从中得到启迪，也希望更多的有识之士投入广播影视法制研究中来，建言献策，共同推动我国广播影视法制建设上一个大台阶！

国家广播电影电视总局党组副书记、副局长　赵实
2007年4月3日

序 二

我有幸作为涂昌波君这部专著《广播电视法律制度概论》的第一读者，披阅之后，觉得获益匪浅。

人类社会最初的大众传播媒介是印刷媒介，即书、报、刊，前些年人们所说的一些国家的新闻法或新闻出版法，其实都是规范印刷媒介的法。印刷传播的技术条件比较简单，影响也相对有限，所以新闻出版法的重点就在保障新闻出版权利，同时对内容底线和事后救济手段作出规定。有些国家就干脆不制定这样的专门法，直接以宪法和普通法律予以规范。及至电子传播问世以后，问题就日益复杂起来。时至今日，广播电视已发展成为包含地面无线广播电视、有线广播电视、卫星广播电视、互联网广播电视等传播方式的复杂而庞大的门类，无论是其所需的资源条件、采用的技术手段以及相应的组织形式，还是其无远勿届、瞬息可达的影响力，都是印刷媒介所不可比拟的。所以若干国家可以没有新闻法、出版法，却不能没有广播法或广播电视法，这些法律的内容不仅要维护公民通过广播载体的表达、传播、知情等基本权利，还要较多地考虑到保障广播电视活动中国家和社会的公共利益。而面对这样强大而无孔不入的媒体，更要注意对公民权利实行普遍的平等的保护，这就必须对广播电视的组织形式、创设条件和程序、营运流程、节目安排的原则直至设施保护、从业人员资格等予以明确界定，这比印刷媒介的规范可要复杂多了。而世界各国，由于社会制度、法律体系、文化传统等的差别，各自的广播电视法也存在着或多或少、有的甚至是很大的不同，也就不奇怪了。

所以，要对广播电视法律制度进行系统而细致的梳理阐述，很不容易。综观涂君此书，可以看到这样一些特点：

第一，从世界看中国。此书以"广播电视法律制度"为题，并非限于介绍中国，而是具有世界性的视野，在世界广播电视背景下说明中国的相关问题。据我阅读时的不完全统计,全书所涉及的国家达50多个。作者将世界上广播电视的类型分为宣传服务、公共服务和商业服务三大类,阐述了不同的相关制度。在广播电视法律渊源方面,作者从成文法、判例法和国际法三方面予以介绍。其中成文法方面,作者以韩国、美国和俄国为例,介绍了这三国分别直接以广播法、纳入通讯法或大众传媒法之中对广播电视进行规范的不同做法。在广播电视监管制度方面,作者又分为以法国、韩国等为代表的统一监管体制和以英国、美国为代表的将商业、公共和宣传相区别的分类监管体制来进行介绍。然后分别阐述中国的相关问题。在论及广播电视许可制度、所有权制度、节目标准制度、网络制度、用户制度、从业人员制度等,也都是从世界说到中国。鉴于广播电视传播具有超越国界的特点,作者特别注意国与国之间传播的各种法律和制度问题。可以说,本书在一定程度上带有比较广播电视法的意味。作者正确地指出,尽管各国广播电视有不同的政治属性,但是其法律制度也有共同性。它山之石,可以攻玉。中国实行不同于西方的社会制度,既要立足本国,也可以从西方广播电视制度得到有益的借鉴。如作者在阐述了世界上宣传服务、公共服务和商业服务三类广播电视以后,提出中国广播电视属于集宣传、公共、商业三位于一体的特殊类型的看法,给人以启示。

第二,从历史到现状。全书以阐述当前广播电视制度现状为主,但对相关制度追根溯源,说明来龙去脉。书中简要回顾了从1920年KDKA开始的世界80多年广播史以及也有80年之久的中国广播史。对于主要在第二次世界大战后兴起的各类电视的历史,也有简要叙述。在涉及一些国家广播电视法制问题时,如美国以联邦通讯委员会(FCC)为主要管理机构的监管制度,英国以英国广播公司(BBC)为代表的公共广播体制,法国从对广播电视实行国有垄断到向社会开放,对于其兴起和沿革也有清楚的说明。而对中华人民共和国成立以来,特别是改革开放以来,中国广播电视法律制度的形成、变迁和发展,作者条分缕析,如数家珍,作了完整的概括。作者叙述当前广播电视制度,力求进入前沿,诸如对于卫星电视、数字电视、互联网广播电视的法规和制度,对于一度讨论十分红火但目前还只属于探讨发展前景的"三网合一",对于世界贸易组织(WTO)视听政策的争议,都有一定的篇幅。另外,作者对我国广播电视法制的空缺和不足,也有一定批评,如指出我国在这个领域的行政许可项目过多,有发生交叉重叠的现象,需要改进。这种从历史到现状的行文方式,不仅有助于人们把握广播电视制度的当前全貌,而且对其未来的发展走向,也可以引起一定的思考。

第三,从规范说理论。作为研究和阐述法律制度的专著,当然不能不说法律、法规和条文,本书在阐述我国广播电视法规、规章方面,可以说到了无所遗漏的程度，显示了作者占有大量资料的底蕴。本书不是仅仅照搬照引和解释那些现行规章制度，作者不仅要说明现行规章制度是什么，而且力求说明为什么是这样，这就使本书带上了相当的理论色彩。在我看来，本书的理论表述在以下三个方面给人以较深印象：一是对于广播电视属性的论述，作者指出广播电视同时具有经济、政治、文化的三重属性，各国各种社会制度，概莫能外，他还注意到在不同时代背景下会强调其中的不同属性，这些阐述有助于我们加深对不同类型广播电视和中国广播电视特殊类型的认识。二是对广播电视活动法律关系的论述，对广播电视运营机构、从业人员、监管机构和受众在广播电视活动中的权利和义务分别作了阐述，这些权利和义务关系是广播电视法的基础。三是对广播电视立法理据的介绍和阐述，包括频率资源稀缺理论、公共利益理论和社会责任理论等，这些理论虽然都源于西方，但是应该说是在不同程度上、从不同侧面反映了广播电视活动中某些客观规律，可以为我国广播电视法制建设提供借鉴。

综上所述，我深信这本书对于我们了解广播电视法律制度是很有帮助的，可以作为高等学校广播电视专业的教材或教学参考书，也可以作为广播电视业界乃至社会上爱好广播电视的人士了解和研究广播电视法制的入门书。书中有些内容，对于我国广播电视法制建设，具有参考价值。

作者是一位勤奋有为的富有研究精神的年轻人，虽然公务繁忙，但是好学不倦，奋笔不辍，发表研究广播电视方面的论作多篇，业内颇有影响，这应该是他的第一部专著，值得庆贺。由于在行政部门工作，视野开阔，比起纯粹的学术机构来说，他有其独特的优势，我深信他会有更多的优秀成果问世。

魏永征

2007年5月13日于港岛宝马山

前　言

本书从基本概念出发,通过中外比较,向读者简要介绍广播电视法律制度的基本知识、基本情况和基本规律。

广播电视法是伴随着广播电视的诞生而出现的调整广播电视社会关系的法律规范。1912年美国诞生了世界上第一部广播法(Radio Act of 1912),主要规范无线电频率分配,防止产生相互干扰。1924年北洋政府交通部颁布了我国广播史上的第一部法规——《关于装用广播无线电接收机的暂行规则》。随着科技进步,广播已从中短波调幅广播发展到调频广播、立体声广播、数字广播、网上广播等多种形式并存,电视已从黑白电视、彩色电视进入数字电视、高清电视、网络电视、智能电视等多种业态并发的新阶段。4K超高清电视、IP交互式网络电视、OTT互联网电视、网络音视频、社交电视等新业务不断涌现,跨网络、跨平台、跨媒介的产业格局正在形成,网媒体、融媒体、智媒体不断发展。在全球网络化、信息化时代,广播电视的社会关系越来越复杂,既有广播电视运营者之间的关系、广播电视运营者与公众之间的关系,还有广播电视运营者与国家之间的关系、广播电视运营者与新兴媒体业者之间的关系、广播电视频率所有者(公众)与其所有权行使者(国家)之间的关系。此外,还有因为广播电视而引起的公民之间的关系、广播电视运营者与其工作人员之间的关系,等等。这些社会关系,既需要法律进行调整,也需要道德、纪律进行调整。其中一些社会关系,由法律进行调整,便形成了广播电视法。许多国家制定了专门的广播电视法(通讯法或大众传媒法),广播电视法的调整对象和调整内容包括：

一是广播电视运营者之间的权利和义务关系。广播电视法限制广播电视运营者之间所有权过度集中、禁止垄断和不公平竞争、合理分配广播电视频率资源。二是广播电视运营者与国家之间的权利和义务关系。广播电视运营者可以依法监督国家机构及其工作人员,国家机构可以依法监管广播电视运营秩序。广播电视法规定了广播电视的许可、监管、处罚、救济等制度。三是广播电视运营者与公民之间的权利和义务关系。广播电视运营者应当维护公民的合法权益，方便公众接收，净化荧屏声频，允许公众最大限度地通过广播电视媒介发表意见和主张，同时公民作为用户，应当依法缴纳一定的视听费用。广播电视法规定了广播电视的普遍服务、协商服务、更正报道等制度。四是广播电视运营者与其工作人员之间的权利和义务关系。广播电视运营者应当为其工作人员提供必要的工作环境和条件，其工作人员应当按照约定要求保质保量完成工作任务。这主要由劳工法、劳动合同法予以调整，广播电视法对广播电视运营的高级管理人员在公民身份、道德品质、政治面貌等方面有特别规定，对其雇用工作人员也有特别规定，禁止就业歧视。五是因为广播电视而引起的公民之间的权利和义务关系。广播电视法要求广播电视媒介客观、准确、平衡报道各方面的意见，被报道的公民有反驳抗辩的权利。六是广播电视运营者与新兴媒体业者之间的权利和义务关系。随着科技的快速发展和新兴媒体的不断涌现，广播电视运营者既可以自办新兴媒体，也可以与新兴媒体业者合作，主要由版权法、合同法、网络法予以调整。广播电视法具有技术性、专业性、复合性、复杂性等特点，它属于行政法的范畴，但又包括其他法律部门的内容。英国、美国、法国、日本、韩国等许多国家的广播电视法（通讯法）既有行政法的内容（比如行政许可、节目监管等），也有民法的内容（比如用户服务、版权保护等），还有刑法的内容（比如刑罚等）和程序法的内容（比如行政救济等）。

　　从多个国家的实践看，广播电视越发达，法律制度越完备；法律制度越完备，广播电视越发达。制定和完善广播电视法律制度的目的有：一是确定所有权、运营机制等生产关系内容，解放和发展广播电视生产力；二是确定监管体制，维护公平竞争的市场秩序；三是确定各方权利和义务，激励各方积极性，保护各方合法权益；四是确定广播电视与国家安全、经济社会发展的关系，促进媒体坚守责任品质，维护国家安全、经济效能、社会和谐、文化多样性。如果说广播电视节目内容属于精神文明范畴、广播电视技术设备属于物质文明范畴的话，那么广播电视法律制度则属于制度文明的范畴。尽管各国广播电视法律制度反映不同的政治属性，但也有共通性。它山之石，可以攻玉。毕竟法律制度的建设关系长远、关系根本，需要从本国的基本国情和广播电视的基本实际出发，积极借鉴各国的有益经验和成功做法以及一切人类优秀的文明成果，包容并蓄，突出特色，建立适应我国社会主义市场经济、民主政治、先进文化、和谐社会发展的科学规范、切实可行的广播电视法律体系。

本书坚持少议论、多叙述,通过引用法律条文、案例判例,让读者从中得出自己的结论。尽管法律条文有些枯燥,但法律调整的社会关系丰富多彩。本书属于抛砖引玉之作,文字力求简洁,但有的地方难免晦涩。本书文责自负,不代表任何机构的意见。由于作者的学识有限、占有资料有限、研究能力有限,有些观点难免偏颇或者不正确,敬请读者谅解,并恳请读者提出批评和建议。

第一章　广播电视概述

> **内容提要：**
>
> 广播电视概述，主要介绍广播电视的基本概念、功能属性、服务分类、发展历程和趋势，力求让读者从国际经济、政治、文化发展的大背景下了解广播电视所处的位置和作用，进一步理解广播电视的本质和灵魂。

广播电视是 20 世纪人类社会的重要发明，是世界上覆盖面最广、用户最多、影响最大的大众传媒。世界上所有国家都开办了广播电台，绝大多数国家开办了电视台，全球拥有数量庞大的收音机、电视机，尤其西方发达国家和一些新兴国家的收音机、电视机拥有量已呈饱和状态，听广播、看电视已成为人们日常生活的组成部分。广播电视具有覆盖面广、传播迅速、生动形象、接收方便、老少皆宜等特点，是人们获取新闻资讯、接受文化娱乐和社会教育的重要渠道。从美国"9·11"事件到伊拉克战争、叙利亚战乱，从我国神州载人飞船的成功发射到奥运会、世界杯等体育比赛，从"暴恐事件"到各国政治选举，广播电视让世界大事近在眼前。广播电视的出现，加快了新闻信息的全球传递，加速了不同文化价值观的相互交融，不断改变着人们的思想观念和生活方式，推动着人类文明不断迈上新台阶。1996 年，联合国大会通过第 51/205 号决议，宣布 11 月 21 日为世界电视日，以发挥电视在全球事务中的重要作用。

当前，世界广播电视的发展趋势有以下特点：一是技术数字化。美国、欧洲、日本、中国分别制定了本国本地区的地面数字电视制式标准，即美国高级电视系统委员会（ATSC，即 Advanced Television System Committee）、欧洲数字视频广播标准团体（DVB，即 Digital Video Broadcasting）、日本综合业务数字广播（ISDB，即 Integrated Services Digital Broadcasting）、中国地面数字电视（DTMB，即 Digital Television Terrestrial Multimedia Broadcasting），并大力推广数字高清晰度电视、超高清电视，改善收听收看效果。随着数字技术的发展，除了传统的无线、有线、卫星广播电视加快了数字化进程外，还出现了网络广播、网络电视、手机电视、社交电视等多种数字新媒体，广播电视的接收终端日益多样化，跨网络、跨平台、跨屏幕的综合服务不断发展。二是覆盖全球化。随着卫星、互联网等技术的发展，广播电视覆盖范围不断扩大。"海内存知己，天涯若比邻"已成现实。近年来,俄罗斯、中国以及阿拉伯、南美等国家和地区加强了国际传播能力建设,但欧美发达国家主导国际传播的局面没有改变,它们仍然引领着全球广播电视的发展趋势。三是所有权集中化。随着视听服务市场竞争的加剧,广播电视媒体的相互并购增多,跨国媒介经营和集团化发展趋势更加明显。比如美国电话电报公司(AT&T,即 American Telephone & Telegraph Company)2015 年用 485 亿美元收购了美国直播电视公司(DTV,即 DirecTV),2016 年又用 854 亿美元并购世界著名影视娱乐商——时代华纳公司,成为网络与内容综合服务的巨型企业。四是节目多频道化、本地化。随着有线电视、卫星电视、数字电视的发展,人们能够收听收看的广播电视节目已从几套增加到几十套甚至几百套,新闻、综艺、电影、电视剧、动画、纪录、体育等种类繁多,节目内容更加注重本地化,服务业态更加注重对象化。五是经营多元化。美国时代华纳(Time Warner)、维亚康姆(Viacom)、华特·迪士尼(Walt Disney)、新闻集团(News Corp)等大型传媒集团不仅经营广播、电视,还经营报纸、杂志、广告等多种业务,源源不断向世界各地输送文化产品。就连英国广播公司(BBC,即 British Broadcasting Corporation)、日本广播协会(NHK)等公共广播电视机构也利用自己的节目、品牌、大楼等进行多元化经营。六是媒体融合竞争白热化。随着广电、电信、互联网的融合发展,越来越多的电信企业、互联网巨头进入音视频领域,比如谷歌(GoogleTV)、苹果(AppleTV)、亚马逊(Amazon)、脸谱(Facebook)、奈飞(Netflix)等公司,依托互联网、云计算、大数据等技术,为用户提供更为精准的音视频服务。近年来,人工智能(AI,即 Artificial Intelligence)、虚拟现实(VR,即 Virtual Reality)、物联网(IOT,即 Internet of Things)等新技术为广播电视等内容产业扩展了新渠道,正加速改变传统媒体的版图和生态。

第一节　广播电视的概念

随着信息技术特别是数字、网络、软件等技术的突飞猛进,广播电视的新形态不断涌现。什么是广播电视?广播电视与电信有什么区别呢?

一、专家学者和日常用语对广播电视的解释

《辞海》对"广播"作了如下解释:(1)通过无线电波或导线传送声音、图像节目的大众传媒。通过无线电波传送节目的,称无线广播;通过导线传送节目的,称有线广播。仅传送声音的,称为声音广播,简称广播;一并传送声音、图像的,称为电视广播,简称电视。(2)专指声音广播。把表达一定内容的声音(由语言、音响、音乐等编制的节目)转换成电信号,通过发射装置发送出去,供听众通过收音装置把电信号还原成声音收听。[①] 对"电

---

① 辞海编辑委员会.辞海[M].上海:上海辞书出版社,2009:777.

视"作了如下解释:通过无线电波或导线同时传送声音与活动图像的电子技术,是广播或通信的一种重要方式,常用作新闻传媒。由美国电子学家兹沃里金创制。在发送端,摄像机把图像发出的光信息,即图像各个画面上亮暗、色彩不同的光点,逐点、逐行、逐帧转换成相应的视频电信号。拾音器把与图像相关的声音(语言或音乐等)转换成相应的音频电信号。这些信号载荷在高频载波上,经放大后由天线辐射出去。电视接收机将收到的电信号依次逐点、逐行、逐帧与发送端同步还原为亮暗不同、色彩不同的光点,在接收器屏幕上再现出来,同时由扬声器产生原来的声音。每帧画片分解成的行数和点数愈多,再现后图像就愈清晰。[1]

二、国际组织对广播电视的定义

国际电信联盟(ITU)是根据《国际电信公约》而成立的国际组织,是联合国的专门机构之一。《国际电信联盟组织法》对"广播业务"的定义是:为供一般公众直接接收而发送的无线电通信业务,可包括声音传输、电视传输或其他类型的传输。对"电信"的定义是:利用导线、无线电、光或其他电磁系统进行的对于符号、信号、文字、图像、声音或任何性质信息的传输、发送或接收。[2]

国际电信联盟无线通信部门通过了修改后的"广播"定义:广播业务是指用于向公众提供的图像、声音、多媒体和数据业务,包括有条件接收和交互性等业务;它充分利用"点对面"的传送手段,通过通用接收机向公众传送信息;使用典型非对称分配基础设施使信息大量地送到用户端,小容量信息反馈给业务提供者;这些业务可以使用演播室到传送结点的一次分配、到用户的二次分配和信息采集电路[如电子新闻采集与卫星新闻采集(ENG、SNG)]。[3]

三、各国法律对广播电视的定义

对于广播电视的定义,各国的法律规定不尽相同。如韩国广播电视法规定:广播电视指策划、编排、制作广播电视节目以及通过传输设施向公众播出,包括地面、有线、卫星广播电视。[4] 日本广播法规定:广播是传送以公众直接接收为目的的无线电通信。[5] 澳大利亚广播法规定:广播电视是利用无线电频谱、电缆、光缆、卫星或其他手段,为拥有相应接收设备的人提供广播电视节目服务。加拿大广播法规定:广播服务是指利用无线或者其他通信手段为公众提供通过广播接收设备接收的加密或者不加密的节目,但不包括专

---

[1] 辞海编辑委员会.辞海[M].上海:上海辞书出版社,2009:460.
[2] 邮电部政策法规司.国外电信法资料选编[G].内部资料.1996:31.
[3] 陈晓宁.广播电视新媒体政策法规研究[M].北京:中国法制出版社,2001:455.
[4] 马庆平.中外广播电视法规比较[M].北京:经济管理出版社,2005:288.
[5] 广播电影电视部政策研究室.各国广播电影电视法规选辑[G].北京:中国广播电视出版社,1988:411.

门为演示而传输的节目。① 德国广播电视洲际协议规定：广播电视是面向公众的特定的制作和传播活动，它运用文字、声音和图像等所有形式，通过无线电磁波或借助导体进行节目的传播。② 我国台湾地区所谓"广播电视法"规定：广播者是指以无线电或有线电传播声音，供公众直接收听。电视者是指以无线电或有线电传播声音、影像，供公众直接收看收听。③ 我国《广播电视管理条例》（征求意见稿）曾对广播电视作如下定义：广播电视是指制作并通过无线电波、电缆、光缆或其他手段向公众传播声音、图像及其他信息的活动。但是由于当时争议较大，特别是与电信定义如何区分存在分歧，立法者回避了这一问题，只对广播电台、电视台进行了定义。国务院发布的《广播电视管理条例》第八条第二款规定：广播电台、电视台是指采编、制作并通过有线或者无线的方式播放广播电视节目的机构。各国对广播电视的定义有两点相同：一是广播电视通过无线、有线、卫星或其他手段进行传播，二是广播电视以供公众直接收听收看为目的。对于广播电视节目的含义，我国1991年《著作权法实施条例》规定，广播、电视节目指广播电台、电视台通过载有声音、图像的信号传播的节目。不过，该条例在修订时已删去该条。《广播电视管理条例》和有关规章都没有对此进行解释。我国台湾地区所谓"广播电视法"对广播电视节目的定义是：广播与电视电台播放有主题与系统之声音或影像，内容不涉及广告者。

对于电信的定义，各国的法律规定大致相同。如韩国电信基本法规定：电气通信是指以有线、无线、光纤及其他电磁方式传递或接收一切种类的符号、文字、声音或影像。④ 美国联邦通讯法规定：有线通讯是指借助于导线、电缆或其他连接线路，在发送点和接收点之间传送文字、符号、信号、图像和各种声音，包括传送所需的仪器设备、装置和服务。无线通讯是指利用无线电波传送文字、符号、信号、图像和各种声音，包括传送所需的仪器设备、装置和服务。⑤ 我国台湾地区所谓"电信法"规定：电信是指利用有线、无线、以光、电磁系统或其他科技产品发送、传输或接收符号、信号、文字、影像、声音或其他性质之讯息。⑥《中华人民共和国电信条例》第二条第二款规定：电信，是指利用有线、无线的电磁系统或者光电系统，传送、发射或者接收语音、文字、数据、图像以及其他任何形式信息的活动。

第二节　广播电视的传播形式

广播电视是科技发明和工业生产的产物，是电力、无线电、录音、录像、收音机、电视

---

① 陈晓宁. 广播电视新媒体政策法规研究[M]. 北京：中国法制出版社，2001：459.
② 何勇. 德国公共广播电视研究[M]. 北京：中国传媒大学出版社，2010：180.
③ 广播电影电视部政策研究室. 各国广播电影电视法规选辑[G]. 北京：中国广播电视出版社，1988：13.
④ 邮电部政策法规司. 国外电信法资料选编[G]. 内部资料. 1996：183.
⑤ 广播电影电视部政策研究室. 各国广播电影电视法规选辑[G]. 北京：中国广播电视出版社，1988：273.
⑥ 邮电部政策法规司. 国外电信法资料选编[G]. 内部资料. 1996：511.

机等一系列技术发明工业化、产业化的结果。1920年,美国西屋电气公司开办了世界上第一座广播电台KDKA广播电台。1936年,英国广播公司建立了世界上第一座电视台,定时播出黑白电视节目。经过近一个世纪的努力,广播已从中短波调幅广播发展到中短波、调频广播、网络广播、数字多媒体广播多种形态并存;电视已从黑白、彩色电视发展到数字标准清晰度电视、数字高清晰度电视、3D(three-dimensional的缩写,即三维立体图形)电视、4K(kilo)超高清电视;传输方式已从地面无线、有线发展到卫星、互联网等多种方式。总之,科技进步是广播电视发展的永恒推动力。

一、地面无线广播电视:主导公共服务

地面无线广播电视是广播电视的最初形式,人们打开收音机、电视机,就可以接收到地面无线广播电视信号,地面无线是广播电视提供公共服务的基本途径。目前相当多的居民仍主要通过无线方式接收广播电视节目。无线电广播是随着无线电通信的发明而出现的。1895年,意大利的马可里和俄国的波波夫利用无线电信号进行通信及无线电报的实验成功;1906年,无线电话试验成功。1906年圣诞之夜,加拿大人费辛顿在美国马萨诸塞州布兰特罗克镇广播圣诞歌曲和路德圣经,这是业余广播的开端。早期,人们对无线电只使用"无线"(wireless)一词,1912年,"泰坦尼克"号惨剧发生后不久开始使用"无线电"(radio)一词,第一次世界大战后开始使用"广播"(broadcasting)一词。1920年10月27日,美国政府分配给美国西屋电器公司一个商业性海岸电台的呼号——KDKA;11月2日,该电台利用美国总统竞选的大好时机,在匹兹堡市定期广播,影响重大。1920年11月2日这一天被认为是世界广播事业的诞生日。[①] 20世纪20年代,广播在美国如日中天,1928年至1929年间,美国的收音机和备件销售额从6.5亿美元上升到8.42亿美元。[②] 1933年,美国人阿姆斯特朗发明了调频广播(FM)。1923年,我国第一家广播电台由美国人奥斯邦在上海开办。1926年,哈尔滨无线电台台长刘瀚建立了中国人自办的第一座广播电台——哈尔滨广播电台。1940年12月30日,延安新华广播电台开播,这是中国共产党领导建立的第一座无线广播电台。中华人民共和国成立后,中短波广播得到恢复和发展。1959年,我国试验调频广播;20世纪80年代开始利用调频广播直接覆盖,中央人民广播电台和地方电台都相继开办了立体声调频广播。进入20世纪90年代,数字技术的应用给广播带来了新的机遇,广播电台的声频系统逐步由模拟向数字化、网络化过渡。数字音频广播(DAB,即Digital Audio Broadcasting)成为继调幅广播(AM,即Amplitude Modulation)、调频广播(FM,即Frequency Modulation)之后的第三代广播,具有抗干扰能力强、接收音质好等优点,可让听众享受到CD质量般的广播节目,欧洲、美国、韩国等国家和地区已建立了DAB网推广应用,在DAB基础上开发了数字多媒体广

---

① 郭镇之.中外广播电视史[M].上海:复旦大学出版社,2016:18.
② 迈克尔.埃默里,埃德温.埃默里.美国新闻史[M].展江,殷文主,译.新华出版社,2001:321.

播(DMB,即Digital Multimedia Broadcasting),以无线广播的方式将音频、视频、数据、文字、图形等数字多媒体信号传送给接收终端,受众可以通过手机、电脑、便携式接收终端、车载接收终端等装置接收节目。此外,为了提高中短波调幅广播的质量,美、德、法等国家开发了数字调幅广播系统。总之,无线电声音广播具有迅速及时、接收简便、信息量大、可移动接收等特点,是移动人群日常生活的重要组成部分,在信息传播尤其是在突发事件信息传播中继续起着不可替代的作用。

电视的发展经历着从无声到有声、立体声、丽音,从黑白到彩色、数字标准清晰度、数字高清晰度、大屏幕超高清的过程。1900年,物理学家康斯坦丁·珀斯基在巴黎国际电子大会上宣读其文章《电与电视》(Television by means of electricity),首次使用了television这一英语名词。1923年,俄罗斯人弗拉基米尔·兹沃里金发明了电视摄像管,随后又发明了电视显像管。1925年,苏格兰人贝尔德在伦敦一家商场展示了他的图像传送装置;1926年,再次在实验室进行了人像传送实验。1928年,美国联邦无线电委员会向詹金斯授予了第一个实验电视台执照,即华盛顿特区的W3XK电视台,同年提供服务。1929年,英国广播公司开始试播电视,播出的是无声图像。1930年,英国广播公司播出了声像俱全的多幕电视剧《花言巧语的男人》。1935年,纳粹德国成立电视机构,在柏林正式定期播出节目。1936年11月2日,英国广播公司在伦敦郊外亚历山大宫以一场规模宏大的歌舞开始了电视的正式播出,这一天被认为是世界电视事业的诞生日。[①] 1950年,美国成立国家电视制式委员会(HTSC,即National Television Standards Committee),专门研究彩色电视制式。1954年,美国正式开始用NTSC制播出彩色电视。1959年,法国公开了SECAM(法文"Sequential Couleur a Memoire"的缩写,意思是"顺序传送彩色与存储")制的实验,而后进行了改进。1964年,德国提出了PAL(Phase Alternating Line,意思是"彩色副载波逐行倒相")制。1973年5月1日,我国试播PAL制彩色电视,同年10月1日正式播出。我国香港和澳门地区也采用了PAL制播出彩色电视,台湾地区采用的是NTSC制。[②] 20世纪70年代初,英国首先推出了面向家庭的图文电视广播业务,用于播送新闻、气象、旅游等信息,用户只需用遥控器对带有图文功能的电视机进行操作,就可以选择自己想要观看的信息。我国1993年发布了图文电视的国家标准,同年12月18日中央电视台正式开播图文电视。从20世纪70年代末到80年代初,日本、德国、美国、英国等相继研制开发并播出了双伴音/立体声电视广播,我国1988年发布了基于德国制式的双载波双伴音/立体声电视广播国家标准(GB9308-88)。2006年,国际电联发布了ITU-R BT.1769建议书《用于制作和国际节目交换的大屏幕数字成像(LSDI)图像格式的扩展体系参数值》,对超高清(SHV,即Super Hi-Vision)系统的图像格式进行了标准化。

---

① 郭镇之.中外广播电视史[M].上海:复旦大学出版社,2016:22.
② 何晶莹,等.广播电影电视的技术奥秘[M].济南:山东画报出版社,2001:236-237.

数字电视的出现给电视发展带来了新的生机和活力。欧美各国从 20 世纪 60 年代末开始研究数字电视,20 世纪 70 年代在电视演播中心数字化方面取得进展。1982 年,国际无线电咨询委员会提出了全数字演播室标准;20 世纪 80 年代末 90 年代初,国际电信联盟和国际标准化组织针对数字电视的不同应用场合制定了一系列数字视频压缩标准。目前,境外有三种数字电视制式标准,即美国 ATSC 标准、欧洲 DVB 标准、日本 IS-DB 标准。

1983 年,美国成立高级电视系统委员会(ATSC,即 Advanced Television Systems Committee)加强高清晰度电视(HDTV,即 High Definition Television)的研究。1996 年,美国联邦通讯委员会(FCC,即 Federal Communications Commission)批准了由美国高级电视系统委员会(ATSC)审议通过的数字电视标准,因此称为 ATSC 标准。加拿大、墨西哥、韩国等采用了 ATSC 标准。2006 年 2 月,美国总统签署数字电视转换法案,规定 2009 年 2 月 17 日停止播出模拟电视。同时要求:新生产的 25 英寸以上(包括 25 英寸)电视机,都必须配备内置数字电视转换装置,从 2007 年 3 月 1 日起,这一强制性要求将扩大到所有新生产的电视机;2007 年 7 月 1 日之后,市场上销售的任何新设备例如 DVD 播放机和刻录机等,如果配备了内置转换器,这种转换器也必须是数字电视转换器。2009 年 2 月 4 日,美国国会众议院投票通过一项法案,同意将模拟电视信号的停播日期由原定的 2 月 17 日推迟至 6 月 12 日,以照顾美国 650 万仍使用模拟电视机者。目前,美国在实现电视广播数字化基础上,推出了下一代广播电视传输标准 ATSC3.0,支持移动接收,提供融合业务,推动数字电视系统升级。

1993 年,欧洲成立数字视频广播(DVB,即 Digital Video Broadcasting)组织,对数字电视标准进行研究,研究重点是标准清晰度电视(SDTV,即 Standard Definition Television),陆续形成了数十个子标准,包括卫星数字电视标准(DVB-S,S 即 Satellite)、有线数字电视标准(DVB-C,C 即 Cable)、地面数字电视标准(DVB-T,T 即 Terrestrial)、手持数字电视标准(DVB-H,H 即 Handheld)等,而后又颁布了 DVB-S2、DVB-C2、DVB-T2 等第二代数字电视传输标准。欧、亚、美、非、澳洲的许多国家采用了 DVB 标准,该标准的突出特点是可以支持移动接收。1998 年 10 月,英国广播公司在全球率先正式开播地面数字电视。目前,芬兰、荷兰、英国、法国、德国等多个国家已实现电视数字化。

日本早在 1970 年便开始研究高清晰度电视,1977 年提出了模拟条件下高清晰度电视标准,1983 年开始研究综合业务数字广播(ISDB,即 Integrated Services Digital Broadcasting)技术,1988 年成功地对汉城奥运会进行了模拟高清晰度电视转播,1999 年日本提出了自己的地面数字电视标准 ISDB-T,2003 年在东京、大阪、名古屋正式播出地面数字电视。目前,日本已实现电视广播数字化。巴西、阿根廷等南美国家采用日本 ISDB-T 标准推动本国数字电视发展。此外,日本利用 ISDB-T 标准、韩国利用 T-DMB/S-DMB 标准,使本国手持电视得到快速发展。

地面数字电视主要有四大好处:一是可以有效节省频谱资源,以地面无线方式可播出数十套的数字电视节目;二是可以大大提高图像质量、优化视听效果,可以开展数字高清晰度电视业务;三是可以丰富电视的接收方式,既可以固定接收,也可以移动接收,满足移动人群观看电视的需要;四是可以推动电视与其他业务融合,拓展多种服务。

1999年,我国中央电视台成功地利用数字高清晰度电视转播中华人民共和国成立50周年庆典。2002年,上海首先利用DVB-T方式开播了地面数字电视,满足了汽车等交通工具上移动人群观看电视的需要,取得了良好的社会效益和经济效益。2006年8月,国家标准化管理委员会批准发布了具有自主知识产权的中国数字电视地面广播传输系统标准GB20600-2006《数字电视地面广播传输系统帧结构、信道编码和调制》,为强制性国家标准,2007年8月1日起实施。同年10月,国家广电总局颁布了我国移动多媒体广播(CMMB,即China Mobile Multimedia Broadcasting)行业标准,推动我国手持电视发展。2008年奥运会之前,北京、上海、青岛等奥运城市开播了地面数字电视。中央电视台以及北京、上海、湖南等地方电视台开播了高清电视频道。2014年,国家新闻出版广电总局和财政部联合印发《关于实施中央广播电视节目无线数字化覆盖工程的通知》。目前,我国广播电视台已基本实现数字化播出,数字电视信号已覆盖城市,并向广大农村延展。

二、有线广播电视:走向综合服务

有线广播最早出现在20世纪20年代的英国,是用线缆连接基层民众的单通道网络。苏联曾创建了世界上规模最大、最为普及的有线广播网,有线广播在城市入户率接近100%,在农村入户率达到95%以上。[①] 中华人民共和国成立后,我国农村有线广播得到了快速发展,起到了宣传、科普、娱乐等作用。到1980年,我国有线广播专用线路达到531万杆公里,广播喇叭达到9,856万只。[②] 随着有线电视的发展,有线广播逐渐萎缩,逐步与有线电视共缆传输,形成有线广播电视网。有线电视由用户主动接收,用户可以选择多套节目,但是不打开电视机不会收到任何信息;而有线广播由用户被动接收,任何时候都可以让用户接收,这在紧急广播中具有重要的作用。

有线电视最早出现在美国。1948年,在美国田纳西州塔克曼镇、俄勒冈州阿斯托里亚镇出现了为了解决电视接收困难,在高处竖起电视接收天线,通过电缆把信号分配到居民家中接收的共用天线电视(CATV,即Community Antenna Television)系统。[③] 随着共用天线电视系统规模的不断扩大,增加了自办节目,共用天线电视改称为有线电视(Cable Television)。起初有线电视主要分布在农村和小城镇,主要任务是转播无线电视台的节目,改善居民的收视质量,被看作是无线电视扩大覆盖的补充方式。我国最早的

---

① 何晶莹,等.广播电影电视的技术奥秘[M].济南:山东画报出版社,2001:422.
② 中国广播电视年鉴委员会.中国广播电视年鉴:1986[M].北京:中国广播电视出版社,1987:862.
③ 索思威克.走向信息网络社会—美国有线电视50年[M].北京:中国广播电视出版社,1999:6-9.

有线电视系统是 1964 年北京饭店旧楼的闭路电视系统。彩色电视的出现给有线电视推广带来了机遇。20 世纪 60 年代以来,美国、欧洲一些城市发展有线电视,通过电缆、微波等方式将彩色电视节目传入了千家万户。1975 年,芬兰赫尔辛基电视台成为欧洲地区第一个全天候播出定期节目的有线电视台。同年 9 月,美国最早的有线电视节目机构"家庭影院"(HBO,即 Home Box Office),首次使用卫星定时传送节目,使有线电视与卫星通信相结合,使有线电视节目服务范围由一个地区扩展到全球。随着数字压缩、光纤传输等技术的推广应用,数字化、光纤化、交互化成为有线电视的发展趋势。欧美一些发达国家已完成有线电视网的数字化、光纤化、交互化改造,有线电视网已成为综合业务服务网络平台,提供广播电视节目、视频点播(VOD,即 Video on Demand)、高速互联网接入、IP电话、电子邮件等多种内容与信息服务。2003 年,我国开始有线电视数字化试点。目前,我国有线数字电视已从城市向城镇、农村延伸。到 2016 年年底,我国有线电视实际用户 2.23 亿户,其中有线数字电视实际用户 1.97 亿户。

三、卫星广播电视:推动全球覆盖

卫星通信源于 1945 年英国人阿瑟·克拉克发表的《宇宙中继站》一文,他在文章中提出利用赤道上空静止轨道上的卫星作为"宇宙中继站"进行远距离通信的设想,被称为"通讯卫星之父"。[1] 1957 年,苏联发射了世界上第一颗人造地球卫星"斯普特尼克 1 号"。1960 年,美国发射了主动式"信使 2 号"通讯卫星。1962 年,美国发射了"电星 1 号"卫星,首次成功地将美国的电视节目传送到巴黎和伦敦。1964 年,国际通讯卫星组织成立。1965 年,国际通讯卫星组织发射了名为"国际通讯卫星 1 号"的同步卫星,又称"晨鸟"卫星,标志着世界进入了国际卫星传播的新时代。1967 年,欧、美、亚、澳等洲的 14 个国家利用卫星进行了一次全球性的《我们的世界》电视转播,延续 2 小时,观众达 3.5 亿。[2] 1970 年,我国发射了第一颗人造地球卫星"东方红 1 号",1984 年发射了第一颗试验通讯卫星。1985 年,我国首次利用通讯卫星传输中央电视台的节目。此后,中央及各地电视台节目陆续上卫星传输。1999 年,我国所有省份的广播电视节目都实现了卫星传输覆盖。

卫星广播电视需要占用空间轨道和频谱资源。由于地球同步轨道上能安置卫星的轨道位置是有限的,为了合理利用轨道位置资源,国际电联于 1977 年召开了世界无线电行政大会,制订了直播广播卫星(DBS,即 Direct Broadcast Satellite)业务规划。1978 年,日本率先发射了直播试验卫星,而后又发射了 BS-2a、BS-3a 直播卫星。1994 年,美国直播电视公司(DirecTV)和美国卫星广播公司(USSB,即 US Satellite Broadcasting)开展了直播卫星业务,用户只需在窗外安装直径为 45 厘米的卫星天线及解码器,就可以收看

---

[1] 何晶莹,等.广播电影电视的技术奥秘[M].济南:山东画报出版社,2001:423.
[2] 郭镇之.中外广播电视史[M].上海:复旦大学出版社,2005:32.

150 多套电视节目。1995 年,美国世广公司(World Space)提出了卫星数字音频广播方案,即分别在东经 21°、东经 105°、西经 95°上部署"非洲之星""亚洲之星"和"美洲之星",形成覆盖全球的广播媒体。2001 年,美国 XM 卫星广播公司(XM Satellite Radio)发射了两颗数字音频广播卫星(XM-1、XM-2),2005 年又发射了一颗 XM-3 卫星,可以提供 150 多套音乐、新闻、体育和其他娱乐广播节目。2004 年,韩国 SK 通信公司与日本卫星移动广播公司(MBCo)合资发射了 S 波段广播卫星(MBSat1),向汽车等用户终端和手机用户终端提供 10 多套数字电视节目、20 多套数字广播节目和多套数据广播服务。1999 年,我国启动了卫星直播到户(DTH,即 Direct To Home)的试验平台。2006 年,我国成功地发射了自己研制的直播卫星"鑫诺 2 号"卫星,由于故障无法使用。2008 年,我国发射了法国阿尔卡特宇航公司研制的"中星 9 号"直播卫星,用于解决我国自然村"盲村"通广播电视的问题。2011 年,中编办批准国家广电总局成立广播电视卫星直播管理中心,负责我国广播电视卫星直播节目平台建设运营管理,推动我国边远农村地区广播电视公共服务的开展。到 2016 年年底,我国直播卫星电视用户超过一亿户。2017 年 6 月,我国发射了国产直播卫星"中星 9A"。

第三节　广播电视的属性

广播电视具有经济、政治、文化三重属性。在不同国家、不同历史时期各有偏重。有些国家更加重视广播电视的经济属性,如美国、巴西等国家,注重市场机制在资源配置方面的基础作用。有些国家更加重视广播电视的政治属性,如中国、越南等社会主义国家和许多发展中国家,注重国家在资源配置方面的主导作用。有些国家则更加重视广播电视的文化属性,如法国、加拿大等国家,注重维护文化的多样性。在战争革命年代、重大突发事件时刻和在新闻类节目当中,广播电视的政治属性更为突出。比如在美国"9·11"等重大事件期间、在美英对伊拉克的战争期间,美国的广播电视等传媒非常"讲政治"。在和平发展年代,广播电视的经济属性、文化属性则更显重要。经济是广播电视发展的基础,政治是广播电视发展的保障,文化是广播电视发展的旗帜。

一、政治属性:广播电视的本质属性,回答广播电视为谁服务的本质问题

广播电视是大众传媒,也是社会舆论机器。政治属性是广播电视的本质属性,回答广播电视为谁服务的本质问题。马克思、恩格斯在《德意志意识形态》中写道:"一个阶级是社会上占统治地位的物质力量,同时也是社会上占统治地位的精神力量。支配着物质生产资料的阶级,同时也支配着精神生产资料,因此,那些没有精神生产资料的人的思

想,一般是隶属于这个阶级的。"①广播电视的政治属性表现在:

(一)广播电视必须为国家利益服务

列宁在《论国家》中指出:国家问题是关系到全部政治的主要和根本的问题。国家利益是统治阶级最高利益的体现。不管是资本主义国家还是社会主义国家,广播电视都必须为国家利益服务,这是广播电视政治属性的首要表现。比如,美国对广播电视主要采取私人经营体制,但美国通讯法赋予了美国总统在战争紧急状态下对广播电视的特殊管制权力。《美国战时紧急状态下无线电频谱使用与协调程序》规定在战争时期、受到战争威胁以及公众处于危险状态或其他战时紧急情况下可以关闭非政府的广播电台。另外,美国政府直接开办了美国之音电台,宣传美国的外交政策,直接服务于美国的国家利益,成为国家"软实力"武器库中的中坚力量。又比如,法国广播电视法规定:广播电视机构必须维护社会治安和国家安全;瑞士广播电视法规定:有害于联邦或各州内部或外部安全和宪法秩序的节目、侵犯瑞士根据国际法承担的责任的节目都是违法的;日本广播法要求日本广播协会的对外广播必须培养和传播对日本国家的正确认识;英国广播公司的皇家特许状规定其可代表王国各政府部门在世界各地从事广播电视发射、接收等服务。我国是人民民主专政的社会主义国家,我国宪法规定:国家发展为人民服务、为社会主义服务的新闻广播电视事业。

(二)广播电视必须为统治阶级意识形态服务

所谓意识形态,就是自觉地、系统地反映经济形态和政治制度的思想体系。在阶级社会里,统治阶级的主导思想与非主导思想以及与非统治阶级的思想之间存在着矛盾冲突,甚至尖锐激化,这就是意识形态领域的斗争。在国际政治秩序中,发达国家与发展中国家、社会主义国家和资本主义国家之间的矛盾和斗争从来没有停止过,意识形态领域一直存在着一个"没有硝烟的战场"。为了打破西方媒体的话语权垄断,卡塔尔开办了半岛电视台,俄罗斯开办了"今日俄罗斯"电视台。东欧剧变后,美国、英国等西方国家加强了对我国的"电波战""信息战""舆论战"和"网络战",利用卫星、无线电、互联网等技术对我国进行覆盖渗透,我国上空的境外卫星广播电视节目多达数百套。我国党和政府非常重视意识形态工作。毛泽东早在1955年就提出要"把地球管起来,让全世界都能听到我们的声音",1965年又题词"努力办好广播,为全中国人民和全世界人民服务"。邓小平1980年在《目前的形势和任务》中提出:报刊、广播、电视都要把促进安定团结,提高青年的社会主义觉悟,作为自己的一项经常性的基本的任务。1996年,江泽民视察人民日报社时讲话指出:舆论导向正确,是党和人民之福;舆论导向错误,是党和人民之祸。2008年,胡锦涛视察人民日报社时讲话强调:舆论引导正确,利党利国利民;舆论引导错误,误

---

① 本书编写组.加强意识形态工作大参考[M].北京:红旗出版社,2005:3.

党误国误民。习近平在党的新闻舆论工作座谈会上讲话指出:做好新闻舆论工作,事关旗帜和道路,事关贯彻落实党的理论和路线方针政策,事关顺利推进党和国家各项事业,事关全党全国各族人民凝聚力和向心力,事关党和国家前途命运,要求讲好中国故事,传播好中国声音,阐释好中国精神。

(三)广播电视是人民实现政治权利的重要途径

历史是人民创造的。在无产阶级新闻史上,共产党人非常重视报纸、广播电视等新闻媒体在维护人民言论自由等政治权利方面的作用,将报纸、广播电视等新闻媒体形象地比喻为"喉舌"。早在1849年,马克思就指出:报刊按其使命来说,是社会的捍卫者,是针对当权者的孜孜不倦的揭露者,是无处不在的耳目,是热情维护自己自由的人民精神的千呼万应的喉舌。恩格斯指出:宣传无非就是运用以民主的法律为基础的人民的出版、结社等各项自由权利。1945年10月25日,我国《新华日报》在介绍延安新华广播电台的文章里指出,该台是"人民的喉舌,民主的呼声"。1985年,胡耀邦在《关于党的新闻工作》报告中指出:党的新闻事业是党的喉舌,也是党所领导的人民政府的喉舌,同时也是人民自己的喉舌。1987年,中宣部、中央对外宣传小组、新华社《关于改进新闻报道若干问题的意见》规定:新闻机构作为党、政府和人民的喉舌,既是宣传党和政府的方针政策与传播各种信息的工具,又是每日每时直接同国内外读者、听众、观众对话的一条重要渠道。1989年,江泽民在《关于党的新闻工作的几个问题》讲话中指出,"我们国家的报纸、广播、电视等是党、政府和人民的喉舌"。1998年,朱镕基给中央电视台的题词是"群众喉舌,舆论监督,政府镜鉴,改革尖兵"。习近平在党的新闻舆论工作座谈会上的讲话指出:党和政府主办的媒体是党和政府的宣传阵地,必须姓党,必须抓在党的手里,必须成为党和人民的喉舌。广播电视"喉舌"的本质在于全心全意为人民服务,实现人民的知情权、表达权、参与权、监督权等政治权利,维护广大人民群众的根本利益。

二、经济属性:广播电视的基本属性,回答广播电视为何物的基本问题

广播电视是科技进步的产物,是最为普及的大众传播媒介,是知识信息传播的重要载体。马克思、恩格斯针对19世纪中叶以来交通运输和通讯业的发展(当时尚未诞生广播电视),提出:"交往工业,它或是真正的客货运输业,或只是消息、书信、电报等的传递。"[①]并预言知识信息将是社会财富增长极其重要的资源,指出:"机车、铁路、电报、走锭精纺机等,它们是……人类的手创造出来的人类头脑的器官,是物化的知识力量。"[②]美国普林斯顿大学经济学家弗里茨·马克卢普于1962年出版了《美国的知识生产与分配》一书,提出了"知识产业"的概念,包括五大类:教育、研究与开发、通信媒介(广播电视等)、

---

① 陈力丹.马克思主义新闻学辞典[M].北京:中国广播电视出版社,2002:61.
② 陈力丹.精神交往论—马克思恩格斯的传播观[M].北京:中国人民大学出版社,2008:99.

信息设备、信息服务。广播电视作为大众传播媒介和最为便捷的信息工具,其经济属性表现在以下三个方面。

(一)广播电视是科技进步和经济发展到一定阶段的产物

广播电视是 20 世纪初人类社会的重大科技发明,是电力、无线电、录音、录像、收音机、电视机等一系列技术发明工业化、产业化的结果。从这个意义上讲,广播电视是社会化大生产和工业文明的产物,科学技术和经济发展是广播电视诞生和发展的前提和基础。世界上第一座广播电台、第一座电视台都是由经济组织建立的。随着科技的发展,广播已从中短波、调频广播发展到数字立体声广播、网络广播、多媒体广播,电视已从黑白电视发展到彩色电视、数字标清/高清晰度电视、超高清电视、3D 电视、交互电视。科技进步推动着广播电视节目内容和传播手段的不断创新。

(二)广播电视活动属于社会生产活动,企业体制是组织生产的基本体制

马克思在《1844 年经济学哲学手稿》中指出,"宗教、家庭、国家、法、道德、科学、艺术等,都不过是生产的一些特殊的方式,并且受生产的普遍规律的支配"。广播电视活动是利用录音摄像设备、演播室、非线性编辑系统、音频工作站、播控设备、传送设备等工具生产广播电视节目的活动,是劳动者运用技术、艺术、知识进行智力生产的过程。产品的外在形式表现为电信号或数字信号,产品的内容影响人们的思想观念和精神意识,所以广播电视活动既要遵循社会化大生产的普遍规律,又要体现意识形态的特殊要求。各国根据各自的国情,对广播电视形成了不同的所有制形式,既有国家所有、社会公共所有等公有形式,又有有限公司、股份公司等民间所有形式,但不管采取何种所有制,企业体制是市场经济条件下广播电视生产的基本体制,并不断发展和完善。美国是世界上广播电视最为发达的国家,也是广播电视所有制形式最为多样的国家,既有私人所有的广播电视企业,又有国家所有的"美国之音"等对外政府台,还有社会公共所有的公共广播公司,美国广播电视的民营企业体制影响着许多国家和地区。广播电视企业最初采用有限公司形式,而后出现了股份公司以及上市公司等多种形式,美国时代华纳、维亚康姆、迪士尼、新闻集团等巨型传媒企业采用了上市公司等形式。英国是世界上实行公共广播电视体制的典范,1927 年,英国政府将英国广播公司(合资公司)收归国有,采用公营企业体制,这成为许多国家和地区国有广播机构改革竞相采用的模式。1954 年,英国国会通过电视法案,允许开办商业电视,从而形成了公共广播电视与商业广播电视共同发展的局面。民营公司和公营公司是当前世界广播电视生产的主要组织形式。

(三)广播电视是国民经济发展的重要文化产业和信息产业

广播电视频谱资源属于社会公共资源,具有稀缺性,并不是人人都可以占有和使用。谁占用了某一频率频道,其他人便无法再使用,具有相对垄断性,因此具有较高的经济价

值。同时广播电视作为大众媒体,传播信息是广播电视的基本功能,而信息是现代社会最重要的资源之一,它与物质、能量一起构成了现代社会资源体系的三大支柱,信息流动是推动社会财富累积和社会文明进步的重要因素。广播电视采编、制作、播出、传输、发射、接收等各个环节,构成了广播电视的生产、流通、分配、消费的产业链。广播电视是文化娱乐、信息产业的重要组成部分。美国、英国、法国、日本、韩国等发达国家和地区广播电视等文化产业很发达,源源不断地将影视剧、动画、综艺、音乐等文化产品输向发展中国家,不仅创造可观的利润,还有利于塑造本国的形象。广播电视在我国是强势媒体,但还不是强势产业。2016 年,我国国内生产总值为 744,127 亿元,全国广电系统总收入 5,172 亿元,在国内生产总值中占比很小。

三、文化属性:广播电视的固有属性,回答广播电视满足人们何种需求的根本问题

美国心理学家马斯洛提出了人类需求层次理论,他把人的需求分为五个层次,呈金字塔形式排列,由较低层次向较高层次依次是生理需求、安全需求、社交需求、受尊重的需求、自我实现的需求。人们的需求是多方面的:既有物质的,也有精神的;既有经济的、政治的,也有文化的。精神文化需求属于较高层次的需求。广播电视作为大众文化载体,传播先进文化是其神圣使命。广播电视的文化属性表现在以下三个方面。

(一)广播电视的主要功能是发布新闻资讯,提供文化娱乐,推进社会教育,满足人们的精神文化需求

随着广播电视的发展,节目的种类越来越多,频道的专业化、对象化、个性化趋势日益明显。美国有线电视新闻网(CNN)、英国广播公司(BBC)、今日俄罗斯(RT)等世界级的电视新闻频道源源不断向全球各个国家提供新闻资讯,美国家庭影院(HBO)、CINEMAX 亚洲频道等在我国电影观众中拥有很高的知名度,探索频道(Discovery)、国家地理频道(NGC,即 National Geographic Channels)等是纪录片频道的代表,音乐电视(MTV,即 Music Television)、Channel[V]等是音乐电视频道的代表,娱乐体育节目网(ESPN,即 Entertainment and Sports Programs Network)、欧亚体育新闻台(Eurosports News)等在国际体育节目频道中占有优势,美国全国广播公司财经频道(CNBC,即 Consumer News and Business Channel)、彭博财经电视频道(Bloomberg)等成为财经证券节目频道的典范,迪士尼(Disney Channel)频道等成为卡通动画频道的代表。在国内,中央电视台开播了财经、综艺、体育、电影、电视剧、科教、社会与法、戏曲、新闻、音乐、少儿等专业化频道,中央人民广播电台也相继推出了中国之声、经济之声、音乐之声、都市之声、文艺之声、民族之声、老年之声等专业频率。各地广播电视台频道频率专业化、对象化改革取得新成效。比如湖南卫视、浙江卫视注重娱乐节目,江苏卫视注重情感节目,海南卫视改成旅游卫视。总之,各台各频道频率使出浑身解数,推动新闻、社教、文艺、娱乐、服务等节目形

态不断出新,吸引和留住受众。中华人民共和国成立初期,新闻总署对广播电台规定的发布新闻、传达政令,社会教育,文化娱乐,仍是广播电视的基本功能。

(二)广播电视是文化建设的重要内容

广播电视的诞生和发展,创造了人类文化交流和文化传播的奇迹,改变着人们的价值观念和生活方式。各国对广播电视在文化建设中的作用非常重视。如美国公共广播法规定为了促进教育和文化的发展,成立了公共广播公司;美国通讯法为了维护思想和文化的多样性,对商业电台、电视台的所有权进行了限制。法国广播电视法设立最高视听委员会,监督广播电视节目的质量和内容,捍卫和弘扬法国语言和文化传统。日本广播法规定日本广播协会必须尽最大努力丰富广播电视节目,满足公众期望,提高公众的文化水平。澳大利亚广播法要求广播电视机构在发展和反映澳大利亚文化多样性方面发挥作用。加拿大广播法要求加拿大广播公司反映加拿大的多元文化和多民族特征,积极促进文化交流。德国广播电视洲际协议明确公共广播电视与私营广播电视均有责任担负舆论多元化的使命。在广播电视飞速发展的同时,低俗、暴力、色情等亚文化甚至反文化的内容不断出现在荧屏上,成为西方国家一直没有解决的问题。节目的低级趣味、迎合观众的媚俗、片面追求收听收视率,拉低了广播电视的文化品位,也没有达到提高公众文化水平的目的。20世纪70年代起,美国掀起了反电视暴力运动,并发展到加拿大等国家。一些反电视组织甚至提出要将电视逐出社会,把人从"电视瘾"中解放出来。

我国一直将广播电视作为文化建设的重要内容,纳入党的工作报告和国家发展规划中。1982年,党的十二大第一次将广播电视作为文化建设的内容写进了党的报告。1986年,《国民经济和社会发展第七个五年计划》在文化事业一章中首次提出"广播电视事业,要着重提高节目质量,逐步增加播出时间"。1997年,党的十五大报告明确指出:发展文学艺术、新闻出版、广播影视等事业,是文化建设的重要内容。党的十八大报告提出:发展哲学社会科学、新闻出版、广播影视、文学艺术事业,构建和发展现代传播体系,提高传播能力。

(三)广播电视是保护民族文化的重要手段

随着经济贸易的全球化、文化传播的全球化发展,文化同化问题日趋严重。越来越多的国家非常关注文化同化的问题,提出了文化主权的观念。文化多样性成为许多国家和国际组织讨论的重要议题。在关贸总协定乌拉圭回合谈判中,各方对视听等文化产品和文化服务贸易的争议异常激烈。2005年,联合国教科文组织大会以多数票通过了由法国、加拿大等国家倡议的《保护文化内容和艺术表现形式多样性公约》(148票赞成、2票反对、4票弃权);2006年,我国全国人大常委会批准了该公约。该公约明确:承认文化活动、产品与服务具有传递文化特征、价值观和意义的特殊性,具有经济和文化双重性质,不应视为仅具商业价值;各国拥有在其领土上维持、采取和实施他们认为合适的保护和促进文化表现形式多样性的政策和措施的主权;各缔约方可在该公约定义的文化政策和措施范围内,根据自身的特殊情况和需求,在其境内采取措施保护和促进文化表现形式的多样性,包括运用公共广播服务、加强媒体多样性的措施。但美国、以色列反对通过该公约,认为这可能被用来设置贸易壁垒,为文化产品出口设置障碍。

广播电视作为跨国文化传播的重要渠道,越来越成为保护本国民族文化的重要手段。为了应对美国广播电视节目的进入,1989年,欧共体12国颁布《无国界电视指令》,要求成员国在广播电视总播放时间里,应保证欧洲制作的节目不低于50%(不含新闻、体育、广告、电视购物等),同时应有10%以上的节目时间或节目预算属于独立制片人制作的欧洲节目。[①] 许多国家也规定广播电视机构播放国内节目须达到一定比例,或者播放境外节目不得超过一定比例,或者不得播放境外节目。如加拿大要求广播电视机构至少保证有50%的时间播送本国节目,不允许有线电视网播放美国付费电视节目。我国规定各电视频道每天播出的境外影视剧,不得超过该频道当天影视剧总播出时间的25%;每天播出的其他境外电视节目,不得超过该频道当天总播出时间的15%。

四、全面把握我国广播电视的"三重属性"

党的十八大提出中国特色社会主义"五位一体"总体布局(市场经济、民主政治、先进文化、和谐社会、生态文明)。物质文明的核心是先进的生产力,政治文明的核心是先进的政治制度,精神文明的核心是先进的文化,社会文明的核心是人与人关系的和谐,生态文明的核心是人与自然的和谐。"五个文明"相辅相成,广播电视在推进"五个文明"建设进程中具有重要的地位和作用。广播电视的经济属性、政治属性、文化属性在不同时期、不同地区各有侧重、动态统一。在祖国边疆地区和重大事件时期,广播电视的政治属性更加突出;在东部发达地区,广播电视的经济属性、文化属性更为明显。当前,移动网络、云计算、大数据等信息技术的飞速发展给广播电视带来了一场技术革命,劳动、资本、技术、知识、管理等生产要素国际流动的加剧给广播电视带来了另一场市场革命,科学、全面、准确、动态地把握广播电视的三重属性尤为必要。

(一)广播电视要从人民的根本利益出发,严格恪守政治属性,始终坚持以人为本,始终把"四个人"和"48字职责使命"作为根本任务,努力成为社会主义政治文明建设的重要推动力量

对于我国广播电视的政治属性,有两种错误倾向:一是淡漠广播电视的政治属性,认为在市场经济条件下,广播电视的政治属性不重要了,这会使我国广播电视迷失政治方向。事实上,即使在市场经济非常发达的美国,广播电视的政治属性也非常明显,广播电视机构有自己的政治观点和立场,向国会游说,向政党捐款。二是泛化广播电视的政治

---

① 王坚.欧盟"电视无国界"文化保护成绩不错[EB/OL].(2006-08-26)[2007-02-11]. www.people.com.cn.

属性,把一切工作甚至把文艺创作、工程技术等具体专业工作都与严肃的政治问题紧密挂钩,把政治标准作为衡量和检验一切工作的唯一标准,这会窒息我国广播电视的生机活力。当前,全面推动社会主义现代化建设、实现中华民族伟大复兴是最大的政治,包括广播电视在内的一切工作都要围绕现代化建设开展。广播电视作为我们党、政府和人民的喉舌,首要政治任务就是努力做到"四个人"(以科学的理论武装人、以正确的舆论引导人、以高尚的精神塑造人、以优秀的作品鼓舞人)和"48字职责使命"(高举旗帜、引领导向,围绕中心、服务大局,团结人民、鼓舞士气,成风化人、凝心聚力,澄清谬误、明辨是非,联接中外、沟通世界),弘扬主旋律,传播正能量,为社会主义现代化建设营造安定团结的政治局面。党的十三大报告中明确提出:加强新闻舆论监督,是推进我国社会主义政治文明建设的重要机制保证。中共中央《关于构建社会主义和谐社会若干重大问题的决定》明确要求:新闻媒体要增强社会责任感,宣传党的主张,弘扬社会正气,通达社情民意,引导社会热点,疏导公众情绪,搞好舆论监督。习近平提出做好新闻舆论工作,要牢牢坚持党性原则,牢牢坚持马克思主义新闻观,牢牢坚持正确舆论导向,牢牢坚持正面宣传为主,增强工作针对性,推动融合发展,把握好时度效,讲好中国故事,增强国际话语权。我国广播电视要努力把党性与人民性、把体现党的意志与反映人民群众的心声统一起来,把宣传阐释我们党和国家的路线方针、政策法律与人民群众进行现代化建设的自觉实践活动统一起来,深入宣传社会主义核心价值观和中国梦,深入阐释"五位一体"总体布局和协同推进"四个全面"战略布局,正确把握"为了谁、我是谁、依靠谁"的根本立场问题,忧患着人民的忧患,感动着人民的感动,以广大人民群众的根本利益为出发点和落脚点,努力做到权为民所用、利为民所谋、情为民所系,维护我国宪法和法律赋予人民群众在言论、科学研究、文艺创作以及知情、批评建议等方面的政治权利,尤其要保证对重大事件的知情权,使广播电视真正成为"舆论监督,群众喉舌,政府镜鉴,改革尖兵",真正成为维护社会稳定、化解社会矛盾、推进社会进步的中坚力量。

(二)广播电视要按照先进生产力的发展要求,全面释放经济属性,始终坚持发展是硬道理、创新协调发展的原则,努力成为国民经济发展的新亮点和社会主义物质文明建设的重要组成部分

对于我国广播电视的经济属性,也有两种错误倾向:一是一切工作以经济效益为标准,以收听率、收视率为唯一标准,"有偿新闻""有偿不闻"屡禁不止,媚俗化、低俗化和商业化的节目充斥荧屏,广播电视甚至沦为金钱的耳目喉舌。二是漠视经济效益,不计成本,不讲经济核算,没有建立经济激励约束机制,广播电视难以做强做大。我国社会主义现代化建设包括广播电视等传媒领域的现代化,广播电视在确保宣传这项政治任务完成的同时,必须确保另一项政治任务的完成,那就是自身的现代化建设,这不仅包括工程建设、技术设备等硬件设施要现代化,还包括人员素质、体制机制、规章制度、理念意识等软件方面也要现代化,要尽快适应数字化、网络化、智能化、集约化、规模化的发展趋势和我

国社会主义市场经济的发展要求。当前,对我国广播电视是继续按照行政事业单位运行还是向现代传媒企业转型,存在着不同认识。如果广播电视要发展产业,就应当运用适应社会化大生产要求的现代企业制度和现代产权制度。实际上,广播电视的运行机制属于生产关系范畴,判断的标准应是生产力标准,而不应是上层建筑、意识形态或其他方面的标准。邓小平曾指出:"社会主义要赢得与资本主义相比较的优势,就必须大胆吸收和借鉴人类社会创造的一切文明成果,吸收和借鉴世界各国包括资本主义发达国家的一切反映社会化生产规律的先进经营方式和管理方法。"尽管我国广播电视已发展到相当规模,但由于体制机制等多方面的原因,我国广电系统的总收入占国内生产总值的比例很小,应当按照宏观管住、微观搞活、辅业放开的原则,加快广播电视发展改革,全面释放广播电视的经济属性,追赶国内相关行业和国际同类行业的发展。宏观管住就是党和政府要管住舆论导向、管住重要干部、管住重要媒体、管住市场秩序。微观搞活就是要利用市场竞争机制、激励约束机制,搞活电台、电视台、广电集团、节目公司、网络公司等微观主体,调动和发挥广大干部职工的积极性和创造性,不断推出精品力作,扩大有效供给,满足人民群众多方面的需求。辅业放开就是要进一步将节目制作、传输、扩展业务、增值业务等产业化、社会化、市场化,依法积极稳妥地向境内外开放。

  对于报纸、广播电视等传媒的运行机制,共产党人进行了长期的有益的探索和实践。马克思、恩格斯认为"报纸是作为社会舆论的纸币流通的",在创办《新莱茵报》时,为了筹集资金,成立了"新莱茵报公司"对报纸进行经营,还制定了完备的公司章程。列宁根据俄国当时的情况确立了党的中央委员会领导中央机关报的党报体制。改革开放前,我国的报纸、广播电视等新闻媒体主要按照行政机关、事业单位运行。1967年毛泽东对新闻媒体与经济基础的关系作过如下论述:"报纸是社会主义经济即在公有制基础上的计划经济通过新闻手段的反映。"(见于1967年8月28日《人民日报》)随着改革开放的推进,报纸、广播电视等逐步被国家纳入第三产业发展的范畴。1978年,人民日报社等报社申请事业单位企业化管理被财政部批准。1985年,《国务院办公厅转发国家统计局〈关于建立第三产业统计报告〉的通知》,首次将广播电视纳入第三产业进行统计,要求建立必要的核算制度,提供财务信息。1992年,党的十六大提出我国经济体制改革的目标是建立社会主义市场经济体制。1993年,党的十四届三中全会提出建立产权清晰、权责明确、政企分开、管理科学的现代企业制度。同年《国务院批转国家计委关于全国第三产业发展规划基本思路的通知》规定:"将一部分有条件的文化、体育事业单位推向市场,提高其社会化程度。动员社会各方集资建设广播电视转播台(站)和其他文化、体育设施,并通过深化内部改革,放开经营,向社会提供更多适应群众需求的有偿服务,逐步增强自我发展能力。"1996年,我国第一家报业集团——广州日报报业集团成立。1999年,我国第一家广播电视集团——江苏无锡广播电视集团成立。同年国办转发信息产业部、国家广播电影电视总局关于加强广播电视有线网络建设管理意见的通知,第一次以文件的形式提出组建省级广播电视集团。2001年,中办、国办关于转发中央宣传部、国家广电总局、新闻出版总署关于深化新闻出版广播影视业改革的若干意见的通知,对广播电视集团化改革作了详细规定。2003年,中办、国办《转发中央宣传部、文化部、国家广电总局、新闻出版总署〈关于文化体制改革试点工作的意见〉的通知》,规定电台、电视台等重要新闻媒体实行国有事业体制,其广告、发行、传输、影视剧制作等经营部分可转制为企业。2005年,中共中央、国务院《关于深化文化体制改革的若干意见》肯定了上述做法,要求推进文化事业单位改革,深化文化企业改革,加快文化领域结构调整,培育现代文化市场体系,健全文化法律法规和政策体系,加强和改进文化领域宏观管理。2009年,国务院通过的《文化产业振兴规划》提出八大任务:发展重点文化产业,实施重大项目带动战略,培育骨干文化企业,加快文化产业园区和基地建设,扩大文化消费,建设现代文化市场体系,发展新兴文化业态,扩大对外文化贸易。2015年,中办、国办印发了《关于推动国有文化企业把社会效益放在首位、实现社会效益和经济效益相统一的指导意见》,规定党报党刊、电台电视台、通讯社、时政类报刊等新闻单位,可以依法依规开展有关经营活动,但必须做到事业与企业分开、采编与经营分开,禁止采编播人员与经营人员混岗。

(三)广播电视要遵循先进文化的前进方向,生动张扬文化属性,大力弘扬和传播民族的科学的大众的社会主义文化,努力成为社会主义精神文明建设的主力军

党的十五大报告和十六大报告对建设有中国特色的社会主义文化进行了全面阐述,就是要以马克思主义为指导,以培育有理想、有道德、有文化、有纪律的公民为目标,发展面向现代化、面向世界、面向未来的、民族的科学的大众的社会主义文化,不断丰富人们的精神世界,增强人们的精神力量。中共中央《关于构建社会主义和谐社会若干重大问题的决定》提出建设和谐文化和社会主义核心价值体系,要求以社会主义核心价值体系引领社会思潮,尊重差异,包容多样,最大限度地形成社会思想共识。党的十七大报告提出兴起社会主义文化建设新高潮,推动社会主义文化大发展大繁荣。中共中央《关于深化文化体制改革,推动社会主义文化大发展大繁荣若干重大问题的决定》提出建设社会主义文化强国。党的十九大报告指出:没有高度的文化自信,没有文化的繁荣兴盛,就没有中华民族伟大复兴。要坚持为人民服务、为社会主义服务,坚持百花齐放、百家争鸣,坚持创造性转化、创新性发展,不断铸就中华文化新辉煌。广播电视作为一种生动形象、社会影响力很大的文化载体,在建设社会主义文化强国进程中承担着不可替代的历史使命。既要大力弘扬主旋律,又要努力倡导多样化;既要贴近实际、贴近群众、贴近生活,又要反对低俗化、粗俗化、庸俗化;既要努力传播一切优秀文化成果,又要尽力提高自身的文化品位和公信力。要讲好中国特色社会主义的故事,讲好中华优秀文化的故事,讲好中国和平发展的故事。大力弘扬适应社会主义市场经济的竞争效率意识、民主法制意识、科学创新意识、开放包容意识,在全社会造就并形成崇尚科学、鼓励创新、提倡诚信、反对迷信的良好氛围。要深入群众、深入生活、深入实际,把提高与普及有效结合起来,

把基本的公共服务与有偿的市场服务结合起来,把"雪中送炭"与"锦上添花"、"阳春白雪"与"下里巴人"有效结合起来,不断推出人们喜闻乐见,有思想、有温度、有品质的作品,不断推出思想精深、艺术精湛、制作精良、画面精美的现象级节目,更好地满足和引导人民群众日益增长的精神文化需求。

第四节　广播电视的分类

按照不同的分类标准,广播电视有不同的类别。比如按照传输渠道的不同,广播电视可分为无线广播电视、有线广播电视、卫星广播电视、网络广播电视等;按照播出方式是否加密,广播电视可分为开路播出的广播电视和加密播出的广播电视;按照接收方式是否收费,广播电视可分为免费接收的广播电视和付费接收的广播电视;按照覆盖区域的不同,广播电视可分为国际性广播电视、全国性广播电视、区域性广播电视和社区广播电视。我国国家统计局印发的《文化及相关产业分类》(2012年修订)将广播电视分为广播电视服务和广播电视传输服务,将广播电视服务分为广播服务、电视服务,将广播电视传输服务分为有线广播电视传输服务、无线广播电视传输服务和卫星传输服务(传输、覆盖与接收服务/设计、安装、调试、测试、监测等服务)。根据广播电视机构的不同宗旨和使命,将广播电视分为宣传服务类广播电视、公共服务类广播电视和商业服务类广播电视。

一、境外广播电视的分类

按照广播电视机构的不同宗旨和使命,将境外广播电视分为宣传服务类广播电视、公共服务类广播电视和商业服务类广播电视。

(一)宣传服务类广播电视:由政党政府、宗教团体经营

宣传服务类广播电视一般由各国政党政府和宗教团体开办,主要任务是宣传政党政府的方针政策、政治主张,宣扬宗教教义等。这类广播电视机构一般属于政党政府或宗教团体所有并经营管理,经费一般来源于财政预算或宗教团体。比如美国国际广播法规定了美国国际广播的标准和原则,明确美国之音代表美国,应全面反映美国的重要思想和制度,有效地介绍美国的政策。宣传服务类广播电视机构主要有三种:

第一种是各国政府的对外广播电台。比如美国之音广播电台(VOA,即 The Voice of America)、俄罗斯之声广播电台、法国国际广播电台、加拿大国际广播电台等。

第二种是宗教电台。目前,世界各地共有1,650座基督教电台、电视台。总部设在美国的环球广播电台(TWR,即 Trars World Radio)、注册在英国的远东广播协会(FEBA)和梵蒂冈广播电台(VR)影响最大。

第三种是俄罗斯、巴基斯坦、孟加拉国、泰国、缅甸、埃及、伊朗、越南、朝鲜、古巴等国家的国家广播电台、电视台。比如巴基斯坦广播公司、电视公司隶属于政府新闻广播部,伊朗国家广播电视台隶属于伊朗最高国防会议所属的宣传委员会,朝鲜、古巴等国的国家电台、电视台都隶属于政府广播电视委员会。另外,还有军用电台、电视台,一般由各国国防军事部门主办主管,服务于军事目的。

此外,还有联合国维和电台。维和电台在执行维和使命的国家和地区中用当地语言广播,比如联合国在塞里利昂等国家设有多家维和电台。

(二)公共服务类广播电视:由依法成立的公共法人经营

英国是公共广播电视体制的创始国,英国广播公司(BBC)一直是许多国家效法的公共广播电视的典范。1927年,英国广播公司第一任总经理约翰·里思提出了立台三原则:一是以公共资金作为经费来源;二是成为独立的垄断的公共服务机构;三是以利他主义思想作为从业者的行为准则,把公共利益作为自己的天职。英国广播公司的宗旨、原则成为许多国家公共广播电视机构的基准,其理论支撑包括:第一,广播电视频率是社会公共资源,由国家委托经营,属于公共服务,经费为公众交纳的电视机执照费等公共资金,为此必须为所有公众提供普遍服务,播出各种类型节目,满足多数人需要,也要满足少数阶层需求。第二,广播电视作为重要的传播媒介,具有重大的社会影响力,必须对国家、社会和公众承担媒体责任,维护国家安全,加强民族认同,保证多元文化,提升国民素质。第三,广播电视必须坚持独立的编辑原则,不受政治、党派和商业利益左右,坚持公正、客观、平衡的报道原则。第四,广播电视工作者必须有良好的职业道德,具有高尚的道德观念和责任感、使命感。[①]

法国、德国、日本、加拿大、澳大利亚、意大利、韩国、美国等发达国家,南非、土耳其、印度等发展中国家以及捷克、罗马尼亚等东欧国家也采用了公共广播电视体制。世界知名的公共广播电视机构有英国广播公司(BBC)、日本广播协会(NHK)、意大利广播公司(RAI)、德国公共广播联盟(ARD)、德国电视二台(ZDF)、澳大利亚广播公司(ABC)、法国电视三台(France3)、法国电视二台(France2)、瑞士广播公司(SRG-SSR)、西班牙广播电视台(RTVE)、瑞典电视台(SVT)、加拿大广播公司(CBC)、美国公共广播公司(PBS)、南非广播公司(SABC)、挪威广播公司(NRK)等。

英国广播公司存在的法律依据是1927年皇家特许状和执照协议书。从1927年至今已多次修订续签。1996年,《英国广播公司皇家特许状》新增了商业服务内容,目的是使英国广播公司在数字化时代和全球化竞争中继续保持领先地位。《英国广播公司皇家特许状》明确英国广播公司为公共法人团体,以法人身份行使民事和法律权利,保留不动产和个人财产,对公司所有事务具有处置权,公司的全部收入用于促进公司目标的实现。

---

① 温飚.英国广播公司的改革之路[J].世界广播电视参考,2004(9):15-16.

同时明确了英国广播公司提供的公共服务内容、辅助服务内容和商业服务内容。公共服务内容包括：一是国内服务，即为大不列颠及北爱尔兰联合王国的公民及位于本国领域内船舶或航空器的普遍接收（以模拟或数字方式）提供音视频广播服务，提供信息、教育、娱乐节目；二是世界服务，即为王国之外其他国家和海外地区提供服务。辅助服务内容包括：在事先征得民族遗产大臣同意或依照公司章程和大臣之间不定期达成的协议，英国广播公司可提供其他形式的公共服务，如广播方式或非广播方式的、节目方式或非节目方式的服务。商业服务内容包括：在事先征得民族遗产大臣同意后，英国广播公司可以在广告、订阅、赞助、计次付费系统或其他任何财政方法基础上，单独或与其他公司企业合作，向王国之内或世界其他地方（以模拟或数字方式）提供音视频广播服务，或者提供信息、教育、娱乐内容的节目，不管是向公众免费提供，还是按个人需求提供，也无论加密与否。英国广播公司主要有三种经费来源，支撑三种不同的业务：一是由英国政府外交部资助英国广播公司世界广播电台。二是依靠电视机执照费（每台彩色电视机每年缴纳145.5英镑）运营国内广播电视业务。三是依靠商业收入运营对外电视频道，包括世界频道等。此外，英国广播公司裁减管理岗位，重组新闻与节目部门，提高记者的全媒体技能，大力发展互联网音视频，实现电视机、计算机、平板电脑、手机等多屏联动。

公共广播电视机构非常重视受众调查和受众需求，非常关注自身的公信力和公众形象。比如《英国广播公司皇家特许状》规定：英国广播公司应通过举行公共会议、研讨会等各种手段，听取公众的意见，兑现对受众作出的承诺。又比如美国1967年公共广播法规定：公共广播公司必须每3年对少数民族和各种受众的需求进行评估，应反映不同少数民族和少数种族的需求，应反映新移民的需求，反映那些以英语为第二种语言人群的需求，以及反映那些缺乏基本阅读能力的成年人的需求。

(三)商业服务类广播电视：由依法成立的公司法人经营

美国是世界上广播电视类型最齐全、商业广播电视最发达的国家。时代华纳公司(Time Warner)、维阿柯姆公司(Viacom)、华特·迪士尼(Walt Disney)、通用电器与全国广播公司(GE/NBC)、哥伦比亚广播公司(CBS)、美国电报电话公司(AT&T)、福克斯集团(Fox)、康卡斯特公司(Comcast)、直播电视公司(DirecTV)等大型传媒企业主导着美国广播电视市场。1927年，美国无线电法确定了商业广播体制，认为广播电视属于"思想市场"范畴，采取民间所有、商业运作，符合社会公共利益。美国商业广播电视体制对各国影响很大，不仅英国、法国、德国、意大利、日本、韩国、新加坡、加拿大、澳大利亚、西班牙、俄罗斯等发达国家采用了商业广播电视体制，罗马尼亚、捷克、克罗地亚、巴西、阿根廷、墨西哥、菲律宾、马来西亚、泰国、南非、尼日利亚等许多发展中国家也采用了商业广播电视体制。商业广播电视机构以营利为目的，主要途径有：一是不断提高节目吸引力和节目收视收听率，获取广告费收入。二是不断增加节目套数，改善节目接收方式，获取订户收视费收入。三是不断提高节目生产和衍生品开发能力，通过节目销售、品牌商誉、衍生品等获取收入。

商业广播电视机构的组织形式多为有限责任公司、股份公司、上市公司等。马克思曾指出:"在工业上应用股份公司的形式,标志着现代各国经济生活中的新时代。……它显示出过去料想不到的联合的生产能力,并且使工业企业具有单个资本家力所不能及的规模。""假如必须等待积累去使某些单个资本增长到能够修建铁路的程度,那恐怕走到今天世界上还没有铁路。但是,集中通过股份公司转眼之间就把这件事完成了。"股份制使商业广播电视机构具有很强的竞争力,引领着全球传媒市场的发展。美国、巴西、阿根廷、墨西哥等美洲国家商业广播电视占了主导地位,英国、法国、德国、意大利、西班牙、日本、澳大利亚等传统公共广播电视占主导的国家的商业广播电视发展异军突起,英国天空广播公司、卢森堡广播公司、法国电视一台、日本新闻电视网、巴西环球广播公司、墨西哥特莱维萨电视公司等商业广播电视机构在本国本区域的市场内占有极为重要的位置。消费者主权、受众至上、营利至上,是商业广播电视机构争夺市场、争夺受众的核心价值标准。随着科技的快速发展、资本的快速流动以及管制政策的不断放松,商业广播电视机构之间的相互并购重组屡屡出现,商业广播电视所有权更为集中化。

二、我国广播电视集宣传服务、公共服务、商业服务于一体

我国广播电视是我们党、政府和人民的喉舌,是推进我国社会主义经济建设、政治建设、文化建设、社会建设、生态建设和党的建设的强大舆论工具,是广大人民群众获取资讯信息、享受文化娱乐、接受社会教育的重要渠道。我国《宪法》第20条规定:国家发展为人民服务、为社会主义服务的新闻广播电视事业。《广播电视管理条例》第3条规定:广播电视事业应当坚持为人民服务、为社会主义服务的方向,坚持正确的舆论导向。我国广播电视集宣传服务、公共服务、商业服务于一体。比如中央电视台,既有宣传服务类的新闻频道,又有公共服务类的综合频道、科教频道、少儿频道、戏曲频道等,还有商业服务类的电视购物、付费频道等。我国广播电视机构,以宣传服务为魂,以公共服务为本,以商业服务为用。

(一)广播电视机构作为我国新闻宣传单位,宣传服务是其首要任务和中心工作

人民广播事业是在抗日战争时期战火纷飞的艰苦岁月里诞生的,是中国共产党领导、动员人民大众进行革命斗争的重要宣传工具。1940年12月30日,延安新华广播电台(XNCR)开始播音,稿件由新华社供给。1941年,中共中央在关于统一各根据地内外宣传的指示中要求"各地应经常接收延安新华社的广播,没有收音机的应不惜代价设立之"。同年,中共中央宣传部下发指示指出:电台广播是各抗日根据地目前对外宣传最有力的武器,广播内容应以当地战争及政治、军事、经济、文化教育等方面的具体活动为中心,并以具体事实来宣传根据地的意义和作用。1946年,延安新华广播电台播出元旦广播稿指出:本台的宗旨在于使得各位了解人民政党、人民军队和人民自己建立起来的解

放区的情况,了解它的主张和事业。1949年,中央广播事业管理处发出通知,要求各地广播电台转播北平新华广播电台每晚20点30分至21点30分的新闻报道和时事评论节目。1950年,中共中央发出关于各地人民广播电台联播中央人民广播电台节目的规定,要求各地人民广播电台必须联播7点(或7点45分)和21点的两次新闻以及21点15分的评论。1983年,中共中央下发批转广播电视部党组《关于广播电视工作的汇报提纲》的通知,指出:广播电视是教育、鼓舞全党、全军和全国各族人民建设社会主义物质文明、精神文明的最强大的现代化工具,也是党和政府联系群众的最有效的工具之一,广播电视比其他宣传手段更现代化一些,能够更直接、更迅速地同广大群众见面,各级党政部门要学会利用广播电视来宣传政策和开展各项工作,学会使用广播电视来宣传群众和组织群众。该通知提出以新闻改革为突破口,推动广播电视宣传改革;要求新闻改革要达到以下六点:一是要密切联系群众、联系实际,丰富报道内容;二是要在真实的前提下做到快,把"正在发生"和"刚刚发生"的消息报道出去;三是报道内容要广,注意从群众关心角度进行报道;四是报道形式要生动活泼;五是语言要通俗化、口语化,简洁明快,深入浅出;六是加强评论工作,提高评论水平。[①] 1995年,中办、国办关于转发广播电影电视部党组《关于进一步加强和改进广播电影电视工作的报告》的通知指出:要认真落实"以科学的理论武装人,以正确的舆论引导人,以高尚的精神塑造人,以优秀的作品鼓舞人"的任务,着重在坚持正确舆论导向、提高节目质量、多出精品上下功夫,坚持党性原则,严格宣传纪律,坚持以人为本,讲究宣传艺术,遵循新闻规律,增强新闻报道的亲和力、吸引力和感染力,不断增强舆论引导的针对性、预见性和时效性,努力为改革发展稳定提供良好的舆论环境。党的十九大报告要求:坚持正确舆论导向,高度重视传播手段建设和创新,提高新闻舆论传播力、引导力、影响力、公信力。

新闻宣传是我国广播电视机构的首要任务和中心工作,具体体现为:(1)深入宣传我们党的指导思想,即马克思列宁主义、毛泽东思想、邓小平理论、"三个代表"重要思想、科学发展观、习近平新时代中国特色社会主义思想,深入宣传社会主义核心价值观,巩固全党全国人民团结奋斗的共同思想基础。(2)深入宣传我们党和国家的路线、方针、政策、法规,全面阐释党的主张,让党和国家的声音传入千家万户,让中国的声音传向世界各地。(3)深入宣传我国来之不易的改革发展稳定的大好局面,为全面建成小康社会、全面深化改革、全面依法治国、全面从严治党,推进新时代中国特色社会主义事业发展营造良好舆论氛围。(4)深入宣传人民群众在我国改革开放和社会主义现代化建设中的伟大实践和丰功伟绩,团结鼓劲,昂扬向上,激励各族人民群众为社会主义现代化建设再立新功。(5)深入宣传我国的国情民情社情,全面反映人民群众的心声,坚持正面宣传为主,坚持正确舆论导向,强化新闻舆论监督。(6)讲好中国故事,表达中国观点,树立中国形象,引导国际舆论,为中国改革开放、和平发展营造良好的国际舆论环境。

---

① 广播电影电视部研究室.广播电视工作文件选编(上册)[G].北京:中国广播电视出版社,1988:103-104.

(二)广播电视机构作为我国国有事业单位,公共服务是其基本义务和根本要求

我国国土幅员辽阔、地形地貌复杂、民族复杂、人口众多。要使我国主权范围内陆地、领海以及使领馆的每一位公民都能听到广播、看到电视,广播电视普遍服务的任务十分艰巨。中华人民共和国成立后,我国广播电视不仅承担着繁重的宣传任务,还承担着繁重的公共服务任务。广播电视公共服务主要包括两个方面:一方面是广播电视节目要丰富多彩,满足广大人民群众对公共新闻、公共信息、公共文化、公共教育的普遍需求;另一方面是广播电视覆盖要广泛有效,确保安全播出和安全传输,满足我国每位公民听广播、看电视的基本需求。

中华人民共和国成立初期,新闻总署规定了广播电台三大任务,即发布新闻、传达政令,社会教育,文化娱乐。中央广播事业局将普及人民广播事业作为自己的重要任务,并明确了各级人民广播电台的分工:中央电台为发布新闻、传达政令,社会教育,文艺娱乐三者并重,并负责对全国及对国际广播;大区电台和省台侧重于发布新闻、传达政令,并进行通俗的解释工作;市电台以社会教育为主。1955年,第三次全国广播工作会议确定了农村广播网的发展方针:民办公助、从点到面、从简陋到正规、从集体收听到单独收听;依靠群众,利用现有设备,分期发展,逐步正轨,先到村社,后到院户。1983年,中共中央批转的广播电视部党组关于广播电视工作的汇报提纲提出:广播电视必须努力为全中国人民和全世界人民服务,成为党和政府联系群众的桥梁,成为人民群众喜闻乐见的知心朋友;要求广播电视新闻性节目、教育性节目、文艺性节目和服务性节目都要改革,努力创新,扬独家之优势,汇天下之精华;要求到20世纪末在我国建成一个具有中国特色的,中央和地方、无线和有线相结合的,城市和农村、对内和对外并重的社会主义现代化广播电视宣传网,逐步做到县县、乡乡、队队都通广播电视,户户、人人都能够听到广播、看到电视。

1998年,我国开始实施"广播电视村村通"工程,国家计委、国家广电总局和地方各级政府共同筹措资金,解决了全国11万个行政村"盲村"通广播电视问题,解决了边远贫困地区7,000万人口听广播看电视难的问题。2000年,我国开始实施的"西新工程",从根本上改变了西藏、新疆、内蒙古、宁夏和青海、四川、甘肃、云南藏区及吉林延边等地区广播电视覆盖薄弱的局面。2004年,国家发改委、广电总局继续实施"广播电视村村通"工程,在巩固行政村通广播电视的同时,向50户以上自然村延伸,两年里解决了10万个50户以上自然村"盲村"通广播电视问题,解决了3,000多万人口听广播看电视难的问题。2005年,中办、国办下发了《关于进一步加强农村文化建设的意见》,将大力推进农村广播电视进村入户作为农村公共文化建设的首要任务,提出以提高中央台和省台节目入户率为重点,以超常力度,强力推进新一轮广播电视村村通工程,争取到2010年基本实现20户以上已通电自然村全部通广播电视。2006年,国办下发《关于进一步做好新时期广播电视村村通工作的通知》,鼓励距离城镇较近、有条件的农村采取有线光缆联网方式进行

建设,边远、居住分散地区采取共用卫星接收(俗称"村锅")方式进行建设,使"盲村"的农民能够收听收看到包括中央和本省的4套以上的广播节目和8套以上的电视节目,到2010年年底,全面实现20户以上已通电自然村通广播电视的目标。2007年,中办、国办下发《关于加强公共文化服务体系建设的若干意见》,对广播电视村村通和公共服务提出了以下要求:一是完善农村广播电视基础设施建设,以消灭覆盖盲区和增强覆盖效果为重点,采用地面无线、直播卫星和有线网络等方式,扩大农村广播电视的有效覆盖;二是推进县对乡镇广播电视的垂直管理运营体制建设,建立以县为中心、乡镇为依托、服务农户的农村广播电视公共服务覆盖网络;三是到2010年年底全面实现20户以上已通电自然村广播电视村村通,到2020年基本实现农村广播电视户户通。2015年,中办、国办印发了《关于加快构建现代公共文化服务体系的意见》,明确了国家基本公共文化服务指导标准(2015—2020):一是为全民提供突发事件应急广播服务,通过直播卫星提供不少于17套广播节目,通过无线模拟不少于6套广播节目,通过数字音频提供不少于15套广播节目;二是通过直播卫星提供25套电视节目,通过地面数字电视提供不少于15套电视节目,未完成无线数字化转换的地区提供不少于5套电视节目。2016年,国办下发的《关于加快推进广播电视村村通向户户通升级工作的通知》提出:统筹无线、有线、卫星三种技术覆盖方式,到2020年基本实现数字广播电视户户通,形成覆盖城乡、便捷高效、功能完备、服务到户的新型广播电视覆盖服务体系;要求采取政府购买、项目补贴、定向资助、贷款贴息等政策措施,支持各类社会组织和机构参与广播电视公共服务。2017年,国务院《关于印发"十三五"推进基本公共服务均等化规划的通知》规定:加强广播电视数字化覆盖、广播电视无线发射台站、全国有线电视网络互联互通平台、国家和地方应急广播体系、基层广播电视播出机构制播能力、广播电视和视听新媒体监管平台等建设,支持直播卫星平台扩容。采用地面无线、直播卫星和有线网络等方式,推动数字广播电视基本实现全覆盖、户户通,努力增加贴近基层群众需要的服务性广播电视栏目节目。

(三)广播电视机构作为我国大众传媒机构,商业服务是其生存需要和发展要求

广播电视是重装备、高技术、高消耗的行业,需要高投入。各国广播电视的收入来源渠道主要有:公共服务类广播电视一般主要依靠法定的收听收看执照费,宣传服务类广播电视一般主要依靠财政拨款,商业服务类广播电视主要依靠广告费、订户费、节目销售费等收入。中华人民共和国成立初期,中央广播事业局想借鉴国外的做法征收执照费,但中央没有批准。1952年广播事业局向周恩来提交报告,要求仿效苏联和西方一些国家的做法,在全国征收收听执照费,以减轻国家财政投入的困难。周恩来指出,收费涉及千家万户,在人民生活还有困难的时候,不应该提出这个要求。1956年,广播事业局党组向刘少奇汇报了广播事业发展规划,刘少奇对发展农村有线广播、加强对国外广播、尽快创办电视、降低收听工具的售价、不要急于收收听费、创办广播大学、广播要关心人民生活、加强对广播事业领导、广播系统独立负责自己的技术工作和广播事业局改为总局

等10个方面作出了明确指示,还提到广播播送广告的问题:"广播电台为什么不播广告? 人民是喜欢广告的。许多人很注意和自己有关的广告。过去北京有一些电台播广告,你们取消了,是不是怕搞广告? 报纸也是要登广告的。我看有些城市电台可以播广告。"① 早在1954年8月15日,广州人民广播电台制订实行了《广播广告条例》,规定广播广告的宗旨是"为配合国家经济建设,扩大城乡物资交流,活跃市场,繁荣经济,促进工农生产发展",并规定在电台文艺节目时间中插播。② 尽管允许广播电台播出广告,但在计划经济条件下,财政拨款是当时广播电视收入的主要来源。

改革开放以来,伴随着我国经济的发展和人民生活水平的提高,我国广播电视发展迅猛,广播电视收入来源从主要依靠财政拨款转为既依靠财政拨款,又开辟广告费、有线电视收视维护费等新的收入来源。1979年1月28日,上海电视台播出了"参桂养容酒"广告片,开启了中华人民共和国电视广告的历史;3月5日,上海人民广播电台在全国广播电台中第一个恢复了广告业务;3月15日,上海电视台又播出了中国内地第一条由外商提供的"瑞士雷达表"广告;9月30日,中央电视台播出第一条广告;1980年元旦,中央人民广播电台播出第一条广告。1983年,第十一次全国广播电视工作会议决定实行"广为开辟财源,以补充国家财政拨款不足"的经济政策。1987年,上海市广播电视局提出:只有发展产业,才能建设事业,将社会化、专业化生产方式引入广电系统,实行成本核算和企业化管理。20世纪90年代以来,有线电视在我国兴起,并逐步成为广播电视产业发展的重要组成部分。1992年,上海东方明珠股份公司在上海证券交易所上市,成为我国第一家文化上市企业,开辟了向社会募集资金发展广播电视的资本运作之路。1999年,我国第一家广播电视集团——无锡广播电视集团成立,同年国办转发信息产业部、国家广电总局《关于加强广播电视有线网络建设管理意见》,提出在省、自治区、直辖市组建包括广播电台和电视台在内的广播电视集团的基础上,将网络传输公司纳入集团。2001年,中办、国办转发中宣部、国家广电总局、新闻出版总署《关于深化新闻出版广播影视业改革的若干意见》,对组建广电集团、电影集团、报业集团、出版集团等作了详细规范,要求积极推进集团化建设,实行跨媒体、跨地域经营。同年中国广播影视集团成立,而后上海、北京、湖南、山东、江苏、重庆等地成立了广电集团。由于广电集团属于事业性质,没有成为产业运营主体。2003年,国家广电总局下发了《广播电视有线数字付费频道业务管理暂行办法(试行)》,我国开始付费频道业务。2004年,国家广电总局印发《关于促进广播影视产业发展的意见》《关于发展我国影视动画产业的若干意见》。2005年,中共中央、国务院下发的《关于深化文化体制改革的若干意见》对广电集团没作规定,而是将广播电视分为公益性事业体制和经营性产业体制,规定广播电台、电视台实行事业体制,其影视剧等节目制作、传输网络部分可从事业体制中剥离出来,转制为企业,作为独立法

---

① 徐光春. 中华人民共和国广播电视简史[M]. 北京:中国广播电视出版社,2003:80.
② 当代中国的广播电视编辑部. 中国广播电视大事记[G]. 北京:北京广播学院出版社,1987:63.

人,自主经营,自负盈亏,其国有股份收益为电台、电视台出资人宣传主业和企业扩大再生产服务。同年中国广播影视集团停止运营,随后一些地方广电集团改为广播电视台+广电集团公司的模式。国家广电总局 2009 年印发《关于电视购物频道建设和管理的意见的通知》,2010 年,印发《关于加快纪录片产业发展的若干意见》。中办、国办印发的《国家"十三五"时期文化发展改革规划纲要》规定:全面提升广播电视节目制作和传播水平,扶持电视剧、电视动画、纪录片、有线网络等产业加快发展,形成视听内容生产传播新优势。

思考题:
1. 广播电视具有什么属性,有哪些传播手段,发展趋势是什么?
2. 广播电视运营机构有哪些种类,各具有什么特点?

第二章　广播电视立法制度

> **内容提要：**
>
> 广播电视立法制度，主要介绍广播电视的法律关系、法律渊源、立法原理、立法体例，力求让读者全方位把握广播电视法的理论学说和内容结构，有助于理解广播电视法与宪法等其他法律法规的有机衔接，理解言论自由、创作自由与维护公共利益、坚守社会责任的有效平衡。

广播电视活动既包含新闻报道、文艺创作等精神生产活动，又包含节目制作、播出、传输、接收等环节的信号传播和用户消费活动。广播电视立法目的就是要规范广播电视活动，最大限度解放和发展广播电视生产力，最大限度满足群众的精神文化和资讯信息需求。由于广播电视立法涉及公民基本权利，而对这些基本权利各国宪法都明确给予保护，除涉及国家安全、国家秘密、公共利益、个人隐私等事项外不得非法限制。为此，许多国家由于担心违反宪法，没有选择规范节目内容作为广播电视的立法途径，而是选择以公共利益的名义规范无线、有线、卫星等传播载体作为广播电视立法的突破口，进而延伸规范广播电视节目内容，从而形成了广播电视的立法制度。

第一节　广播电视法律关系

广播电视立法，首先要把握广播电视法律关系，明确广播电视法的调整对象和范围。这是广播电视立法的基础和前提。法律关系是法律在调整人们行为过程中形成的权利和义务关系。法律关系属于上层建筑的范畴，是以相应的法律规范为前提、以国家强制力为保障的社会关系。法律关系由主体、客体和内容三个要素构成，三者缺一不可。法律关系的主体是指法律关系的参加者，即在法律关系中依法享有权利和承担义务的个人和组织；法律关系的客体是指法律关系主体的权利和义务所指向的对象，又称权利客体和义务客体；法律关系的内容是指法律关系主体所享有的权利和应承担的义务，是人们之间利益的获取或付出的状态。从各国广播电视立法看，广播电视法律关系比较复杂，既包含行政法律关系,如广播电视监管机构与运营机构、从业人员之间的行政法律关系;也包含民事法律关系,如广播电视运营机构、从业人员与受众之间的民事法律关系;还包括刑事法律关系,如果广播电视监管机构、运营机构、从业人员和受众违反了刑法的规定,也就存在了刑事法律关系。

一、广播电视法律关系的主体

广播电视法律关系的主体是指在广播电视法律关系中依法享有权利和承担义务的个人和组织,包括广播电视的运营机构、从业人员、监管机构和受众。

广播电视运营机构包括广播电视节目制作机构、集成机构、播放机构、传输机构等。节目制作机构包括广播电台、电视台和独立制作机构。节目集成机构包括广播电台、电视台、付费频道集成机构等。节目播放机构包括广播电台、电视台。节目传输机构包括广播电视发射台、转播台、有线电视网络公司、卫星直播公司、通信公司等。广播电视运营机构是广播电视法律关系中最重要的主体,没有广播电视运营机构的存在,也就无所谓广播电视从业人员、监管机构和受众;没有广播电视运营机构参与的法律关系,也就不属于广播电视法律关系。广播电视运营机构一般为法人主体,法人的成立必须具备一定条件:依法成立,有必要的财产或经费,有自己的名称、组织机构和场所,能够独立承担民事责任。我国1986年《民法通则》将法人分为企业法人、机关法人、事业单位法人和社会团体法人。2017年,《民法总则》将法人分为营利法人、非营利法人、特别法人。营利法人包括有限责任公司、股份有限公司和其他企业法人等;非营利法人包括事业单位、社会团体、基金会、社会服务机构等;特别法人包括机关法人、农村集体经济组织法人、城镇农村的合作经济组织法人、基层群众性自治组织法人。目前,我国广播电台、电视台、广播电视发射和转播台、广播电视卫星直播管理中心等属于事业单位,广播电视联合会、学会、研究会等属于社会团体法人,广播电视节目制作公司、有线电视网络公司、卫星公司、付费频道集成运营机构等属于企业法人,县级以上广电行政部门属于机关法人。

广播电视从业人员包括记者、播音员、主持人、编导、制片人、录音师、摄像师、灯光师、工程师及经营管理人员等。这些人员与广播电视运营机构之间存在着劳动人事法律关系,与监管机构之间存在着行政法律关系。

广播电视监管机构包括立法机关、行政机关和司法机关。许多国家设有专司监管广播电视的机构,如美国联邦通讯委员会、英国通讯管理办公室、加拿大广播电视电信委员会、韩国广播通信委员会等。

受众是指广播电视等媒体的传播对象和各种文化艺术作品的接受者,包括听众、观众、读者等。听众和观众主要指公民,广播电视服务对象既包括公民个人,也包括法人等组织。比如有线电视运营机构与一些宾馆、饭店等组织签订服务合同,就形成了民事法律关系。

二、广播电视法律关系的客体

广播电视法律关系的客体是指法律关系主体的权利和义务所指向的对象,包括物、行为、智力成果和人身利益。

物是广播电视法律关系中的第一种客体,是指法律关系中可以作为财产权利对象的物品和一切物质财富,比如广播电台、电视台的采编设备、制作设备和播出设备,发射台的发射设备和发射的无线电波,有线电视网络公司的传输设备和有线电波,卫星公司的传输发射设备、卫星转发器等,广播电视节目必须借助这些设备和电波才能从电台、电视台传播到千家万户。

行为是广播电视法律关系中的第二种客体,是指具有法律意义的人的活动,包括作为或不作为。比如,广播电视记者的采编活动,节目主持人的主持活动,电台、电视台的播放活动,有线电视网络公司的传输服务活动等都属于广播电视法律关系客体所指的"行为"。

智力成果是广播电视法律关系中的第三客体,是指人们在智力活动中所创造的精神财富,是脑力劳动的成果。在广播电视法律关系中,智力成果主要表现为具体的广播电视节目内容,包括新闻、综艺、影视剧、纪录、音乐、体育等各类作品;还表现为广播电视技术专利等技术成果。

人身利益是广播电视法律关系中的第四种客体,包括人格利益和身份利益,是人格权和身份权的客体。在广播电视法律关系中,电台、电视台形成的知名品牌利益,著名播音员、著名主持人、著名节目栏目形成的品牌利益等都属于人身利益范畴。

三、广播电视法律关系的内容

广播电视法律关系的内容是指广播电视运营机构、从业人员、监管机构和受众各自所享有的权利和应承担的义务。权利是指法律关系主体依法享有的某种权益或权能,义务是指法律关系主体依法承担的某种必须履行的责任。权利与义务是有机的整体,权利是履行义务的前提,义务是实现权利的基础。广播电视立法的重点就是要明确广播电视法律关系的内容,确定广播电视运营机构、从业人员、监管机构、受众各自的权利和义务关系,调整广播电视运营机构、从业人员、监管机构、受众在广播电视节目采编、制作、播放、传输、接收各个环节中的法律关系。这里主要介绍广播电视法律关系主体的权利,以后有关章节将介绍广播电视法律关系主体的义务规定。

(一)广播电视运营机构的权利和义务

广播电视运营机构是广播电视法律关系中最重要的主体,包括广播电视节目制作机构、集成机构、播放机构和传输机构等多种运营机构,他们的权利主要表现在:(1)拥有独立的节目采编、制作、播放、传输的权利;(2)拥有独立使用运营广播电视资源的权利;

(3)拥有节目内容创新、表现形式创新、技术方式创新、传播手段创新、服务业态创新等权利;(4)拥有调查受众和了解用户需求的权利。但是,广播电视运营机构在行使权利时不得违反广播电视法等相关法律的规定,不得侵犯公民个人和社会组织的合法权益,特别是不得侵犯少年儿童和少数民族的合法权益。广播电视运营机构必须履行在节目内容、用户服务、接受监管等方面的法定义务,不断提高媒体的公信力、亲和力和感染力。在广播电视生产流程中,广播电台、电视台主要负责节目采编、制作、集成、播放;独立制作机构、频道集成机构负责节目制作和频道集成运营;有线电视网络公司、卫星公司、无线发射台、转播台等负责广播电视节目的传输覆盖和用户服务。广播电视运营机构之间存在着委托加工、版权保护、转播服务等民事权利和义务关系。

(二)广播电视从业人员的权利和义务

广播电视从业人员包括记者、播音员、主持人、编导、制片人、录音师、摄像师、灯光师、工程师及经营管理人员等,他们的权利主要表现在:(1)采访权,即依法对事实进行调查的权利。这是记者最重要的权利。记者的采访权不属于国家权力,也不属于私人的个体权利,而是带有社会公共性质的权利。记者的采访实质上是在代表公众行使一种职权。通过记者对重大事件的采访,可以更好地实现社会公众的知情权。(2)创作权,即依法创作产生广播电视作品的权利。创作权是广播电视从业人员的基本权利。广播电视是艺术和技术的结合,属于意识形态和文化产品范畴。高品质的广播电视作品须由从业人员精心创作、共同产生。(3)表达权,即依法陈述表达事实和观点的权利。广播电视从业人员可以运用文字、声音、图像等多种方式进行表达,以便更好地向受众展示及呈现。由于广播电视的社会影响力巨大,因此各国对广播电视从业人员的要求较高,特别是对知名播音员、知名主持人、知名记者等公众人物要求很高,规定了比较严格的职业道德和义务责任。

(三)广播电视监管机构的权利和义务

广播电视监管机构的权利和义务由法律授予并规定,一般表现为监管机构的职责。比如,韩国广播电视法第27条规定了韩国广播电视委员会的职责,美国通讯法第5条规定了美国联邦通讯委员会的组织与职能,澳大利亚广播法第5条规定了澳大利亚广播电视管理局的职能,法国传播自由法第一篇专门规定了最高视听委员会的构成和职责。对广播电视监管机构职责的规定是广播电视立法的重要内容。我国广播电视监管机构的职责一般通过"三定方案"予以规定,比如国务院办公厅《关于印发国家新闻出版广电总局主要职责内设机构和人员编制规定的通知》明确了总局对广播电视行业的监管职责。

(四)受众的权利和义务

受众包括广播电视的听众、观众和用户。在广播电视法律关系中,受众的权益保护应当处在非常重要的位置,因为从事广播电视活动的根本目的是为受众服务。一些国家将"消费者主权"观念引入广播电视领域,提出了受众至上的理念。由于受众多为公民,受众的权利与公民的权利有重叠。受众的权利主要表现在:(1)言论表达权。这是宪法赋予公民的基本政治权利,公民有权将自己的思想观点和意见表达出来,并通过合法的媒介渠道加以传播。(2)知情权。公民对国家事务、社会公共事务和关乎自身利益的事务有知晓的权利。比如用户对有线电视服务项目、收费标准等有关切身利益的事项有知晓的权利。(3)接近权。普通大众拥有利用媒介阐述观点、发表言论的权利。接近权是言论表达权的引申,接近权更强调传媒应向普通受众特别是向弱势群体进行开放。(4)人身权。《民法总则》规定:自然人享有生命权、身体权、健康权、姓名权、肖像权、名誉权、荣誉权、隐私权、婚姻自主权等权利。法人、非法人组织享有名称权、名誉权、荣誉权等权利。(5)媒介消费权。广播电视等媒介种类越来越多,市场化程度越来越高,受众有权自愿选择订购某种媒介进行消费。比如订购付费电视、视频点播等。受众在行使权利时不得侵害国家、社会和他人的合法权益。

第二节 广播电视法律渊源

立法是指特定主体依据一定职权和程序,制定、认可、修改、补充和废止法律的活动。国内法是指由本国制定或认可,在本国主权管辖范围内适用的法律,既包括宪法、行政法、民法、刑法、诉讼法等成文法,又包括国家认可的习惯、判例等不成文法。国际法是在国际交往过程中形成的、在国际关系上对国家具有法律约束力的行为规范,包括公约、条约等。德国、法国、日本、瑞士等大陆法系国家主要是成文法。英美法系国家主要是判例法,也有相当的成文法。广播电视立法大致包括国内的成文法、判例法以及国际法,广播电视法律体系由各国国内的成文法、判例法及国际法中有关广播电视的规定构成。

一、成文法

成文法是指由国家立法机关制定的以成文形式出现的法律规范。在大陆法系国家,成文法占主体地位;在英美法系国家,成文法的地位越来越重要。我国借鉴了大陆法系的立法体例,成文法是我国法律体系的主体。在广播电视领域,许多国家都有成文的法律规定,并且有专门的广播电视法。

(一)境外广播电视成文法

1. 宪法

各国宪法对广播电视活动的规范主要表现在保障言论自由。根据《世界宪法全书》登载的111个国家的宪法或宪法性文件,只有英国、以色列、新西兰、新加坡、奥地利、波兰、捷克、拉脱维亚、安道尔等9个国家没在宪法里规定公民的言论表达方面的权利,其余102个国家宪法中都规定了言论自由、言论和出版自由、表达思想自由、言论和表达自由、发表意见自由、传播思想自由、表达和传播思想自由等。[①] 1789年,法国国民议会通过了《人权与公民权利宣言》,第一次将言论、著述和出版自由作为公民的基本权利写入宪法,其第11条规定:自由传达思想和意见是人类最宝贵的权利之一,每个公民都有言论、著述和出版的自由,但在法律所规定的情况下,应对滥用此项自由负责。1791年,美国宪法第一修正案第1条规定:国会不得制定关于下列事项的法律:确立宗教或禁止信仰的自由,剥夺人民言论或出版的自由,剥夺人民和平集会及向政府请愿的权利。德意志联邦共和国基本法第5条规定:人人有以口头、书面和图画自由表达和传播自己观点的权利,有自由地从一般可允许的来源获得消息的权利,出版自由和通过广播、电影进行报道的自由受到保障,不得设置检查制度。

2. 普通法律

涉及广播电视活动的普通法律包括民法、刑法、行政法、诉讼法等。民法中的版权法、侵权法等与广播电视活动紧密相关;刑法中的不得损害国家安全、泄露国家秘密、严禁淫秽色情内容等条款,广播电视机构必须遵守;行政法中的信息公开法、诉讼法中的公开审判等规定保障了广播电视等新闻媒介采访报道权的实施,从而使公民的知情权得以实现。20世纪60年代以来,美国、加拿大、澳大利亚、法国、荷兰、挪威、丹麦、新西兰、韩国、日本、南非、秘鲁、墨西哥等几十个国家制定并颁布了信息公开法。美国国会1966年和1976年分别通过了《信息自由法》和《阳光下的政府法》,澳大利亚、加拿大、新西兰均于1982年制定了信息公开法,韩国公共信息公开法于1998年实施,日本情报公开法于2001年实施。在英美法系国家,判例法在新闻传播活动中具有重要地位;但是英国《泄密法》《诽谤法》《隐私权法》等制定法在广播电视等新闻传播中仍发挥着重要的作用。

3. 专门法律

许多国家对广播电视活动进行了专门立法。广播电视成文法主要有三种方式:一是制定专门的广播电视法,规范广播电视活动;二是制定通讯法,规范广播电视和电信活动;三是制定传媒法,规范广播电视和出版等活动。

(1)美国广播电视立法比较完备:1912年,无线电法对无线电广播电信业务进行了规范;1927年,无线电法对无线广播业务进行了规范;1934年,联邦通讯法对商业广播电视和电信业务进行了规范;1967年,公共广播法对公共广播电视公司进行了规定。1990年出台儿童电视法和反电视暴力法。1992年颁布了有线电视消费者保护及竞争法,对有线电视收费、经营许可、与地面电视关系等进行了规定。1994年通过了国际广播法,对美国之音电台、自由欧洲电台、自由亚洲电台等美国政府对外广播电视活动进行了规定。

---

① 甄树青.论表达自由[M].北京:社会科学文献出版社,2000:8-10.

1996年修订了联邦通讯法,对电台、电视台、有线电视的所有权限制有所放宽,允许有线电视与电话业相互渗透,要求电视机内必须安装过滤暴力芯片,保护儿童免受淫秽、暴力镜头的毒害。1999年颁布卫星接收促进法案,为直播卫星与有线电视制定公平竞争的规则。2002年通过自由阿富汗电台法。2006年通过数字电视转换法案。

(2)加拿大1932年制定了无线广播法,设立广播委员会;1958年修改广播法,规定公共和商业广播电视并存,设立广播管理委员会;1968年修改广播法,设立广播电视委员会;1976年修改广播法,设立广播电视电信委员会,1991年修改广播法,改组加拿大广播公司。

(3)英国1927年颁发英国广播公司皇家特许状,规定了英国广播公司的权利和义务。1954年通过电视法,允许开办商业电视台。1967年通过海面广播法,取缔了各种海盗电台。1972年制定无线广播法,允许开办商业广播电台。1973年将电视法和无线广播法合并为独立广播法。1984年公布有线电视法,1990年制定了广播电视法,2003年通过了通讯法,设立通讯管理办公室,统一监管广播电视和电信业务。

(4)德国宪法规定广播电视属于各州的事业,全国性广播电视业务由各州签署州际协议规定。1991年签署了关于统一德国的广播电视的州际协议,2003年对该协议进行了修订,明确规定了公共广播电视的文化任务、在线服务范围、节目内容规制以及提交计划执行情况的报告等;1997年通过信息与传播服务法,对互联网传播信息和影像、电子签名等进行规范;同年通过了《联邦德国国际广播法》,2004年进行了修订,规定德国之声可以利用任何所需要的传媒形式,通过对外广播、电视及因特网,发挥沟通德国与世界的桥梁作用。

(5)俄罗斯1991年通过了大众传媒法,允许开办商业媒体,1995年、1998年、2000年、2001年、2003年进行了修订。1995年俄罗斯国家杜马通过了广播电视法,但是遭到了总统叶利钦的否决,未能生效。该法案规定了广播电视台设立及节目制作、播出等活动。2001年公布了关于媒体部分形式活动的登记注册法。

(6)法国1959年通过广播法,规定法国广播电视台为公益法人。1964年广播法规定将法国广播电视台改组为法国广播电视公司,1974年广播法决定撤销法国广播电视公司,另行设立若干个广播电视机构。1978年修订广播法,增加对私设广播电台活动的处罚条款。1982年通过视听传播法,设立独立的视听最高权力机构。1986年出台了通讯传播自由法,对公共广播电视、商业广播电视等进行了规定;1989年进行了修订,规定了视听最高委员会的职责等。

(7)卢森堡1929年通过广播法,授权商业广播电台(卢森堡广播公司前身)独家经营;1995年卢森堡政府继续授权该公司15年特许经营权。

(8)意大利1975年颁布广播法,规定公共和商业广播电视并存体制,并将广播电视的监督权由政府转移到议会;1990年出台广播法,规定广播电视实行公共和商业二元体制;1993年实行意大利广播公司暂行改革法,规定了公司经营委员会主席和总经理的产生办法;1997年通过广播通信修正法案,设立独立监管机构,负责广播和通信领域监管。

(9)瑞士1991年通过联邦广播电视法,对瑞士广播公司和商业广播电视进行规范。

(10)荷兰1967年通过广播法,设立荷兰广播联盟;1989年修改广播法,允许开办商业广播电视;1994年修改广播法,肯定公共与商业广播电视体系。

(11)西班牙1923年制定无线电广播规则;1980年通过广播法,将西班牙广播电视台改为国有企业;1983年通过电视法,允许有自治权的地方开办公营电视台;1984年通过商业电视法,规定开办商业电视的条件;1992年通过卫星广播法;1995年通过有线电视法。

(12)奥地利1966年制定并实施了广播法,1974年通过了关于建立奥地利广播公司及其任务的联邦法,1982年通过了媒介法,1993年通过了商业无线广播法,2001年通过奥地利广播公司法。

(13)比利时1930年通过广播法,决定成立比利时广播公司;1960年通过广播组织法,撤销广播公司,成立3家公共广播机构;1979年通过法律允许开办商业广播电视;1994年通过有线电视法令。

(14)瑞典1967年出台了无线电信法,1975年通过了开设地方性广播电台的法律,1976年通过单独设立教育广播电视机构的法律,1978年通过改革瑞典广播公司的法律,1991年通过无线广播传输法,1993年通过社区广播法和地方广播法,1996年通过广播电视法。

(15)挪威1990年通过了广播电视广告法令,1992年通过了广播法。

(16)芬兰1994年通过广播法,将芬兰广播公司改组为股份公司。

(17)丹麦1974年通过广播法,1986年通过开办电视二台的法案,1997年通过广播通信和广播频率分配法。

(18)爱尔兰1960年通过广播委员会法,1988年通过广播电视法,1993年修订广播委员会法。

(19)冰岛1985年通过广播法,决定开办商业电视。

(20)波兰1991年通过广播法,准许开办商业广播电视,同时设立广播电视委员会负责监管;2009年修订广播法,重组广播电视委员会和国家电视台,设立专项基金。

(21)罗马尼亚1992年通过媒介法,准许开办商业广播电视,同时设立全国声像委员会负责监管;2001通过修正案,增加了对节目内容的规范。

(22)保加利亚1996年通过媒介法,规定国营和商业广播电视并存,并设立全国广播电视委员会负责监管。

(23)捷克1992年通过广播法,允许开办商业广播电视。

(24)斯洛伐克1993年通过广播法,决定公共和商业广播电视并存。

(25)克罗地亚1994年通过媒介传播法,准许开办民营商业广播电视;2001年通过修正案,对公共广播电视机构进行改组。

(26) 阿尔巴尼亚 1997 年通过公共与私营广播电视台法,1998 年通过电子传媒法。

(27) 马耳他 1991 年通过广播法,规定公共和商业广播电视并存。

(28) 拉脱维亚 1992 年通过广播法,允许开办商业广播电视,同时设立国家广播电视委员会负责监管;1995 年修订广播法,禁止播放烟草和酒类广告。

(29) 立陶宛 1990 年通过广播电视法,规定国营和商业广播电视台。1996 年通过国家广播电视机构法,明确国家广播电视机构的组织结构和管理。

(30) 塞尔维亚 2002 年通过广播法,规定成立广播局,负责广播电视发展战略和颁发许可证。

(31) 克罗地亚 2000 年通过广播电视法,将克罗地亚广播电台、电视台合并成克罗地亚广播电视台(公共机构),将其传输发射部门组建独立的有限公司。

(32) 澳大利亚 1932 年制定了广播委员会法,设立澳大利亚广播委员会;1942 年通过了无线广播法,适用于广播委员会和商业广播电台;1953 年通过了电视广播法,规范电视活动;1956 年将无线广播法和电视广播法统一改为广播电视法,1983 年通过了澳大利亚广播公司法,将广播委员会改组为澳大利亚广播公司;1992 年出台了广播法,设立广播管理局,允许开办卫星付费电视;1999 年通过广播及网上服务法,增加了网上服务规范。

(33) 新西兰 1961 年通过广播公司法,决定成立新西兰广播公司;1968 年通过广播管理机构法,成立广播管理机构;1973 年通过广播法,决定成立广播委员会和无线广播公司等机构;1976 年通过广播法,决定成立广播行政委员会和新西兰广播公司;1989 年通过广播法,引入竞争机制,决定成立新的广播委员会和广播标准委员会。

(34) 日本 1950 年出台了广播法,规定了日本广播协会和一般广播事业者的权利和义务,同年出台的无线电波法则对从事无线电活动作了具体规定。1972 年通过了有线电视广播法,规定了有线电视事业者的权利和义务以及监管规则。1979 年制定了通信、广播卫星组织法,对通信、广播卫星组织的章程、业务范围等进行了规定。2002 年出台《利用电路通信服务广播法》,允许电信运营商进行登记后提供 IP 电视等电视传播服务。

(35) 韩国 1963 年通过第一部广播电视法,1973 年进行了修订;1980 年通过言论基本法,禁止商业广播电视;1987 年通过广播法,恢复商业广播电视;1991 年通过有线电视法,规范开办有线电视活动;2000 年通过广播电视法,全面规范地面、有线、卫星广播电视活动;2004 年修改广播电视法,允许开展卫星数字多媒体广播(S-DMB)。2008 年通过 IP 电视业务法,允许电信运营商向宽带用户提供 IPTV 节目;通过广播通信委员会组织法,合并信息通信部、广播委员会,统一监管韩国广播电视、通信和新媒体。

(36) 土耳其 1963 年通过广播电视法,决定成立土耳其广播电视公司。1994 年通过私营广播电视机构及节目法。

(37) 以色列 1965 年通过广播法,设立以色列广播公司。

(38) 格鲁吉亚 1991 年通过媒体法,对广播电视、报纸杂志等进行规范,1997 年进行了修订。

(39)哈萨克斯坦1999年通过大众传媒法,2006年进行了修改,严格登记制度,规范行业市场。

(40)塔吉克斯坦1996年通过广播电视法,规定了广播电视委员会、国家广播电视台和非国家广播电视台的职责和权利、义务,2000年进行了修订。

(41)乌兹别克斯坦1997年通过媒体法,2002年进行了修订。

(42)印度1993年通过有线电视法,对有线电视进行规范;1997年通过广播法,设立印度广播委员会。

(43)印度尼西亚1997年公布广播法,规定国营和商业广播电视并存体制;2002年通过新广播电视法,设立广播电视委员会作为独立规制机构,允许外资进入广播电视领域。

(44)马来西亚1950年通过通信法,1988年通过广播法,1998年通过通信·多媒体法,设立通信·多媒体委员会负责监管。

(45)新加坡1994年通过广播局法,规定了广播局在发放广播许可、频率分配、节目内容指导等方面的权限;2002年通过媒体发展局法案,由广播管理局、影片及刊物局、电影委员会合并而成。

(46)泰国1950年颁布广播宣传条例,1955年颁布广播电视条例,1975年颁布广播电视管理条例,1992年颁布新的广播电视条例,2000年出台了频率分配和广播电视及通讯业管理机构条例,设立泰国国家通讯委员会、国家广播电视委员会。

(47)墨西哥1926年通过电信法,规范广播和电信活动;1940年通过通信法,规定政府有权监督管理广播事业;1960年通过联邦广播电视法,规定国营和商业广播电视并存,由交通电信部负责广播频率的分配和广播执照的发放;2006年修订广播电视法。

(48)智利1982年通过电信法,规定国营和商业广播电视并存,广播电台、电视台由交通电信部和教育部监督管理。

(49)阿根廷1980年通过广播法,规定公共和商业广播电视并存,由联邦广播委员会监管商业广播电视,由广播事业局监管国营电台、电视台;2009年国会通过新的媒体法,对阿根廷媒体市场进行规制。

(50)巴西1932年通过无线通信法;1962年通过广播法,规定商业和国营广播电视并存。

(51)秘鲁2004年通过了广播电视法,将广播电视分为商业类、教育类、社区类广播电视,并对广播电视运营许可、节目标准、违法处罚等进行了规定。

(52)哥伦比亚2002年通过电视法,对特许经营合同、外国投资、广告节目和引进节目播出等进行了规定。

(53)南非1936年制定广播法,组建南非广播公司;1993年通过了独立广播权限条例,要求广播电视节目须独立于政府;1999年通过广播条例,要求南非广播公司按照公司化独立运作。

(54)尼日利亚1992年颁布广播电视法,开放民营广播电视,实行国营与民营广播电视并存。

(55)喀麦隆2000年颁布关于私人视听传媒企业建立和运营条件的法令,允许建立民营视听传媒企业,实行国营与民营广播电视并存。

4. 地方法律

德国、美国、英国、印度、俄罗斯等联邦制国家的州在权限范围内制定的有关广播电视的地方法律。如德国下萨克森州1985年制定了广播法,对广播电视开办、节目内容、节目传送、州广播委员会职责等进行了详细的规定。

(二)我国广播电视成文法

1924年,北洋政府交通部颁布了我国广播史上的第一部法规"关于装用广播无线电接收机的暂行规则",允许民间装设收音机,但须呈请交通部批准。1928年,国民政府建设委员会公布了"中华民国广播无线电台条例",规定广播电台由"中华民国"政府机关、公众、私人团体或私人设立,但事先须经国民政府建设委员会特许;1930年,国民政府交通部公布了"装设广播无线电收音机登记暂行办法";1936年,国民政府交通部公布了"指导全国广播电台播送节目办法"。中华人民共和国成立后,政府发布了一些有关广播电视的法规。1950年,新闻总署发布《关于建立广播收音网的决定》;1956年,国务院下发《关于农村广播网管理机构和领导关系的通知》;1963年,国务院下发《关于设置和使用无线电台的管理办法》;1987年,国务院发布《广播电视设施保护条例》(2000年已修改);1997年,国务院制定并发布了我国第一部全面规范广播电视活动的行政法规《广播电视管理条例》。我国涉及广播电视的成文法有:

1. 宪法

宪法是我国的根本大法,由全国人民代表大会制定。广播电视活动涉及公民的政治、经济和文化权利,必须遵循宪法的有关规定。宪法第22条规定:国家发展为人民服务、为社会主义服务的文学艺术事业、新闻广播电视事业、出版发行事业、图书馆博物馆文化馆和其他文化事业,开展群众性的文化活动。第35条规定:中华人民共和国公民有言论、出版、集会、结社、游行、示威的自由。第38条规定:中华人民共和国公民的人格尊严不受侵犯。禁止用任何方法对公民进行侮辱、诽谤和诬告陷害。第47条规定:中华人民共和国公民有进行科学研究、文学艺术创作和其他文化活动的自由。国家对于从事教育、科学、技术、文学、艺术和其他文化事业的公民的有益于人民的创造性工作,给以鼓励和帮助。

2. 法律

法律由全国人大及其常委会制定,包括民商法、经济法、行政法、社会法、刑法、诉讼法等。

民商法中涉及广播电视的法律规定主要有:(1)《民法通则》规定了公民、法人享有的财产所有权、债权、知识产权、人身权等民事权利以及违反合同或者不履行其他义务所应当承担的违约责任和侵权责任。广播电视传播活动不得侵害公民、法人的民事权利,否则将依法承担民事责任。(2)《合同法》对合同的订立、效力、履行、变更、转让、权利义务终止、违约责任以及各类合同做了全面规定。广播电视领域购买版权、委托广告公司代理广告、委托制作公司加工制作节目等活动,要遵守合同法中有关买卖合同、承揽合同、委托合同的规定;有线电视提供服务也应符合合同法的要求。(3)《公司法》对公司的设立、合并、解散、清算、组织机构、股权股份转让、董事、监事、财务会计等做了详尽规定。广播电台、电视台剥离其影视剧等节目制作、传输网络等部分,转制为公司企业,应当符合公司法的规定。(4)《著作权法》明确规定了作品的广播权,并在第四章第四节对广播电台、电视台播放进行了规定。(5)《侵权责任法》明确民事权益包括生命权、健康权、姓名权、名誉权、荣誉权、肖像权、隐私权、婚姻自主权、监护权、所有权、用益物权、担保物权、著作权、专利权、商标专用权、发现权、股权、继承权等人身、财产权益;规定侵害民事权益,应当承担侵权责任,侵权人因同一行为应当承担行政责任或者刑事责任的,不影响依法承担侵权责任。广播电台、电视台等运营机构侵害他人的上述权利,应依法承担侵权责任。(6)《民法总则》明确了自然人、法人、非法人组织的民事权利、民事行为和民事责任,广播电台、电视台等运营机构享有法定的民事权利,但不能侵害他人的民事权利,否则将承担相应的民事责任。

经济法中涉及广播电视的法律规定主要有:(1)《广告法》对广告准则、广告活动、广告审查、法律责任等进行了规定,广播电视广告活动应当遵循广告法的规定,广播电台、电视台经营广告业务,应当由其专门从事广告业务的机构办理,并依法办理兼营广告的登记。(2)《证券法》规定:各种传播媒介传播证券市场信息必须真实、客观,禁止误导;禁止传播媒介从业人员编造、传播虚假信息,扰乱证券市场。发行人、上市公司依法必须披露的信息,应当在国务院证券监督管理机构指定的媒体发布。(3)《消费者权益保护法》规定:消费者因经营者利用虚假广告提供商品或者服务,其合法权益受到损害的,可以向经营者要求赔偿;对损害消费者合法权益的行为,可通过大众传播媒介予以揭露、批评;大众传播媒介应当做好维护消费者合法权益的宣传,对损害消费者合法权益的行为进行舆论监督。(4)《反不正当竞争法》规定:不得利用广告或者其他方法,对商品的质量、制作成分、性能、用途、生产者、有效期限、产地等作引人误解的虚假宣传;不得在明知或者应知的情况下,代理、设计、制作、发布虚假广告;不得侵犯权利人的商业秘密;不得捏造、散布虚伪事实,损害竞争对手的商业信誉、商品声誉。(5)《价格法》对市场调节价、政府指导价和政府定价进行了规范,有线电视基本收视维护费属于政府指导价和政府定价范畴,应当进行听证。

行政法中涉及广播电视的法律规定主要有:(1)《行政处罚法》对行政处罚的设定、种类、实施机关、管辖、适用、决定、执行等进行了全面规范。对违法广播电视活动进行行政处罚,必须遵守行政处罚法的规定。(2)《行政许可法》对行政许可的设定、实施机关、实施程序、费用、监督检查等进行了全面规范。广播电视行政部门实施行政许可时,必须遵守行政许可法的规定。(3)《行政复议法》对行政复议的范围、申请、受理、决定等进行了全面规范。广播电视行政部门对申请人进行行政复议,必须遵守行政复议法的规定。(4)《监狱法》规定:监狱应当建立电化教育系统、广播室,各分监区要配备电视,组织罪犯收听收看新闻及其他有益于罪犯改造的广播影视节目。(5)《保守国家秘密法》规定:广播节目、电视节目、电影的制作和播放,应当遵守有关保密规定,不得泄露国家秘密。(6)《环境保护法》规定:产生环境污染和其他公害的单位,必须把环境保护工作纳入计划,建立环境保护责任制度;采取有效措施,防治在生产建设或者其他活动中产生的废气、废水、废渣、粉尘、恶臭气体、放射性物质以及噪声振动、电磁波辐射等对环境的污染和危害。(7)《药品管理法》规定:药品广告的内容必须真实、合法,以国务院药品监督管理部门批准的说明书为准,不得含有虚假的内容。药品广告不得含有不科学的表示功效的断言或者保证;不得利用国家机关、医药科研单位、学术机构或者专家、学者、医师、患者的名义和形象作证明。非药品广告不得有涉及药品的宣传。处方药可以在国务院卫生行政部门和国务院药品监督管理部门共同指定的医学、药学专业刊物上介绍,但不得在大众传播媒介发布广告或者以其他方式进行以公众为对象的广告宣传。(8)《治安管理处罚法》规定的涉及广播电视的违法行为有:盗窃、损毁广播电视设施的,公然侮辱他人或者捏造事实诽谤他人的,煽动民族仇恨、民族歧视的。(9)《道路交通安全法》规定:广播电视等单位,有进行道路交通安全教育的义务。(10)《传染病防治法》规定:新闻媒体应当无偿开展传染病防治和公共卫生教育的公益宣传。(11)《人口与计划生育法》规定:广播电视等部门应当组织开展人口与计划生育宣传教育,大众传媒负有开展人口与计划生育的社会公益性宣传的义务。(12)《食品安全法》规定:新闻媒体应当开展食品安全法律法规以及食品安全标准和知识的公益宣传,并对食品安全违法行为进行舆论监督。有关食品安全的宣传报道应当真实、公正。(13)《反恐怖主义法》规定:新闻、广播、电视、文化、宗教、互联网等有关单位,应当有针对性地面向社会进行反恐怖主义宣传教育。

　　社会法中涉及广播电视的法律规定主要有:(1)《国家通用语言文字法》规定:广播电台、电视台以普通话为基本的播音用语,需要使用外国语言为播音用语的,须经国务院广播电视行政部门批准;使用方言为播音用语的,须经国务院广播电视行政部门或省级广播电视行政部门批准。(2)《气象法》规定:各级广播电视台站应当安排专门的时间,每天播发公众气象预报或者灾害性天气警报;改变气象预报节目播发时间安排的,应当事先征得有关气象台站的同意;对国计民生可能产生重大影响的灾害性天气警报和补充、订正的气象预报,应当及时增播或者插播;广播电视向社会传播气象预报和灾害性天气警报,必须使用气象主管机构所属的气象台站提供的适时气象信息,并标明发布时间和气象台站的名称;通过传播气象信息获得的收益,应当提取一部分支持气象事业的发展。(3)《未成年人保护法》规定:国家鼓励新闻出版、广播电影电视等单位和作家、科学家、艺术家及其他公民,创作或者提供有益于未成年人健康成长的作品;对未成年人犯罪案件,在判决前,新闻报道、影视节目、公开出版物不得披露该未成年人的姓名、住所、照片及可能推断出该未成年人的资料。(4)《预防未成年人犯罪法》规定广播、电影、电视、戏剧节目,不得有渲染暴力、色情、赌博、恐怖等危害未成年人身心健康的内容,广播影视行政部门、文化行政部门必须加强对广播、电影、电视、戏剧节目以及各类演播场所的管理。(5)《教育法》规定:广播、电视台(站)应当开设教育节目,促进受教育者思想品德、文化和科学技术素质的提高;县级以上人民政府应当发展卫星电视教育和其他现代化教学手段。(6)《高等教育法》规定:国家支持采用广播、电视、函授及其他远程教育方式实施高等教育。(7)《老年人权益保障法》规定:广播、电影、电视、报刊等应当反映老年人的生活,开展维护老年人合法权益的宣传,为老年人服务。(8)《残疾人保障法》规定:国家和社会采取下列措施,丰富残疾人的精神文化生活:通过广播、电影、电视、报刊、图书等形式,反映残疾人生活,为残疾人服务;组织和扶持盲文读物、盲人有声读物、聋人读物、弱智人读物的编写和出版,开办电视手语节目,在部分影视作品中增加字幕、解说。

刑法中涉及广播电视的法律规定主要有:(1)第124条:破坏广播电视设施、公用电信设施,危害公共安全的,处三年以上七年以下有期徒刑;造成严重后果的,处七年以上有期徒刑。过失犯前款罪的,处三年以上七年以下有期徒刑;情节较轻的,处三年以下有期徒刑或者拘役。(2)第152条:以牟利或者传播为目的,走私淫秽的影片、录像带、录音带、图片、书刊或者其他淫秽物品的,处三年以上十年以下有期徒刑,并处罚金;情节严重的,处十年以上有期徒刑或者无期徒刑,并处罚金或者没收财产;情节较轻的,处三年以下有期徒刑、拘役或者管制,并处罚金。单位犯前款罪的,对单位判处罚金,并对其直接负责的主管人员和其他直接责任人员,依照前款的规定处罚。(3)第181条:编造并且传播影响证券交易的虚假信息,扰乱证券交易市场,造成严重后果的,处五年以下有期徒刑或者拘役,并处或者单处1万元以上10万元以下罚金。单位犯前两款罪的,对单位判处罚金,并对其直接负责的主管人员和其他责任人员,处五年以下有期徒刑或者拘役。(4)第217条:以营利为目的,有下列侵犯著作权情形之一,违法所得数额较大或者有其他严重情节的,处三年以下有期徒刑或者拘役,并处或者单处罚金;违法所得巨大或者有其他特别严重情节的,处三年以上七年以下有期徒刑,并处罚金:未经著作权人许可,复制发行其文字作品、音乐、电影、电视、录像作品、计算机软件及其他作品的……(5)第222条:广告主、广告经营者、广告发布者违反国家规定,利用广告对商品或服务作虚假宣传,情节严重的,处二年以下有期徒刑或者拘役,并处或者单处罚金。(6)第246条:以暴力或者其他方法公然侮辱他人或者捏造事实诽谤他人,情节严重的,处三年以下有期徒刑、拘役、管制或者剥夺政治权利。前款罪,告诉的才处理,但是严重危害社会秩序和国家利益的除外。(7)第288条:违反国家规定,擅自设置、使用无线电台(站),或者擅自占用频率,经责令停止使用后拒不停止使用,干扰无线电通讯正常进行,造成严重后果的,处三年以下有期徒刑、拘役或者管制,并处或者单处罚金。单位犯前款罪的,对单位判处罚金,并对其直接负责的主管人员和其他直接责任人员,依照前款的规定处罚。

诉讼法中涉及广播电视的法律规定主要有:(1)《民事诉讼法》对民事诉讼法的基本原则、适用范围、审判程序、执行程序、涉外程序等进行了全面规定。当事人对广播电视民事纠纷提起诉讼的,应当遵守民事诉讼法的规定。(2)《刑事诉讼法》对刑事诉讼法的基本原则、立案、侦查、提起公诉、审判、执行等进行了全面规定。(3)《行政诉讼法》对受案范围、管辖、证据、起诉、受理、审理、判决、执行、赔偿责任等进行了全面规定。当事人对广播电视行政部门的决定不服,可以按照行政诉讼法的规定提起行政诉讼。

3. 行政法规

行政法规由国务院制定。1986年,广播电影电视部开始调研起草《广播电视法》。1987年以来,全国人大代表多次提出制定广播电视法的议案,但由于多方面的原因,《广播电视法》没有出台。1995年,广播电影电视部决定在原《广播电视法(草案)》的基础上起草《广播电视管理条例(草案)》,并上报国务院。国务院法制局组织了调研、协调和修改。1997年8月1日,国务院常务会议通过了该《条例》,8月11日颁布了该《条例》,9月1日起实施。目前有关广播电视的行政法规主要有:(1)《广播电视管理条例》(1997年国务院令第228号,2013年修订,2017年修订);(2)《广播电视设施保护条例》(2000年国务院令第295号);(3)《卫星电视广播地面接收设施管理规定》(1993年国务院令第129号);(4)《有线电视管理暂行办法》(1990年国务院批准,广电部令第2号);(5)《卫星地面接收设施接收外国卫星传送电视节目管理办法》(1990年国务院批准,广电部、公安部、国家安全部令第1号);(6)《无线电管理条例》(1993年国务院、中央军委发布,2016年修订);(7)《电信条例》(2000年国务院令第291号);(8)《信息网络传播权保护条例》(2006年国务院令第468号);(9)《广播电台电视台播放录音制品支付报酬暂行办法》(2009年国务院令第566号)。

4. 地方性法规

地方性法规由省、自治区、直辖市人民代表大会及其常委会以及省、自治区的人民政府所在地的市,经济特区所在地的市和经国务院批准的较大的市人民代表大会及其常委会制定。广播电视地方性法规有:(1)《吉林省广播电视管理条例》(1989年公布,我国第一部广播电视管理地方性法规);(2)《福建省广播电视设施保护条例》(1992年公布,2011年修订);(3)《广西壮族自治区广播电视管理条例》(1993年公布,2004年废止,2016年新制定);(4)《江西省广播电视管理条例》(1994年公布,2002年修订);(5)《山东省电视管理暂行条例》(1994年公布,2010年修订);(6)《山西省广播电视管理条例》(1995年公布,1997年、2007年修订);(7)《新疆维吾尔自治区广播电视管理条例》(1995年公布);(8)《贵州省广播电视管理条例》(1996年公布,1997年修订);(9)《辽宁省广播电视设施保护条例》(1996年公布);(10)《河南省广播电视管理条例》(1997年公布,2005年修订);(11)《浙江省广播电视管理条例》(1997年公布,2013年修订);(12)《四川省广播电视管理条例》(1999年公布,2004年、2014年修订);(13)《云南省广播电视管理条例》(2001年公布);(14)《吉林省广播电视设施保护条例》(2006年公布);(15)《甘肃省广播电视管理条例》(2007年公布);(16)《安徽省广播电视管理条例》(2010年公布)。

5.部门规章和地方政府规章

部门规章由国务院各部委和直属机构,根据法律和国务院的行政法规、决定、命令,在本部门的权限范围内制定。地方政府规章由省、自治区、直辖市和较大的市的人民政府根据法律、行政法规和本省、自治区、直辖市的地方性法规制定。我国广播电视部门规章有:(1)《〈卫星电视广播地面接收设施管理规定〉实施细则》(1994年广电部令第11号);(2)《广播电影电视行政处罚程序暂行规定》(1996年广电部令第20号);(3)《广播电影电视行政复议办法》(2001年广电总局令第5号);(4)《广播电影电视立法程序规定》(2004年总局令第23号);(5)《国家广播电影电视总局行政许可实施检查监督暂行办法》(2004年总局令第24号);(6)《广播电视设备器材入网认定管理办法》(2004年总局令第25号);(7)《广播电视编辑记者、播音员主持人资格管理暂行规定》(2004年总局令第26号);(8)《境外卫星电视频道落地管理办法》(2004年总局令第27号);(9)《境外机构设立驻华广播电视办事机构管理规定》(2004年总局令第28号);(10)《广播电视站审批管理暂行规定》(2004年总局令第32号);(11)《广播电视节目传送业务管理办法》(2004年总局令第33号,2015年修订);(12)《广播电视节目制作经营管理规定》(2004年总局令第34号,2015年修订);(13)《广播电视视频点播业务管理办法》(2004年总局令第35号,2015年修订);(14)《城市社区有线电视系统管理暂行办法》(2004年总局令第36号,2015年修订);(15)《广播电台电视台审批管理办法》(2004年总局令第37号);(16)《广播影视节(展)及节目交流活动管理规定》(2004年总局令第38号,2016年修订);(17)《中外合作制作电视剧管理规定》(2004年总局令第41号);(18)《境外电视节目引进、播出管理规定》(2004年总局令第42号);(19)《广播电视无线传输覆盖网管理办法》(2004年总局令第45号);(20)《广播电影电视系统内部审计工作规定》(2004年总局令第46号);(21)《广播电影电视行业统计管理办法》(2005年总局令第47号,2016年修订);(22)《〈中外合作制作电视剧管理规定〉的补充规定》(2007年总局令第54号);(23)《互联网视听节目服务管理规定》(2007年广电总局、信息产业部令第56号,2015年修订);(24)《卫星电视广播地面接收设施安装服务暂行办法》(2009年总局令第60号,2015年修订);(25)《广播电视广告播出管理办法》(2009年总局令第61号);(26)《广播电视安全播出管理规定》(2009年总局令第62号,2016年修订);(27)《电视剧内容管理规定》(2010年总局令第63号,2016年修订);(28)《〈广播电视广告播出管理办法〉的补充规定》(2011年总局令第66号);(29)《有线广播电视运营服务管理暂行规定》(2011年总局令第67号);(30)《专网及定向传播视听节目服务管理规定》(2016年总局令第6号);(31)《新闻单位驻地方机构管理办法(试行)》(2016年总局令第11号)。

广播电视的地方政府规章有:(1)《黑龙江省农村广播电视管理规定》;(2)《黑龙江省有线电视管理规定》;(3)《辽宁省有线电视管理办法》;(4)《山西省有线电视管理规定》;(5)《宁夏回族自治区有线电视管理规定》;(6)《湖北省广播电视管理办法》;(7)《上海市有线电视管理办法》;(8)《山东省广播管理规定》;(9)《河北省有线电视管理实施办法》;(10)《贵州省有线广播电视网建设维护管理办法》。

如果现有广播电视成文法之间出现冲突,根据我国《立法法》的规定,应当按照以下规则进行适用:一是上位法优于下位法。宪法具有最高法律效力,法律的效力高于行政法规、地方性法规、规章,地方性法规的效力高于本级和下级政府规章,省、自治区人民政府制定的规章的效力高于本行政区域较大市人民政府制定的规章。地方性法规与部门规章之间对同一事项的规定不一致,不能确定如何适用时,由国务院提出意见,国务院认为应当适用地方性法规的,应当决定在该地方适用地方性法规的规定;认为应当适用部门规章的,应当提请全国人民代表大会常务委员会裁决。二是特别法优于一般法。同一机关制定的法律、行政法规、地方性法规、规章,特别规定与一般规定不一致的,适用特别规定。三是新法优于旧法。同一机关制定的法律、行政法规、地方性法规、规章,新的规定与旧的规定不一致的,适用新的规定。四是法不溯及既往。法律、行政法规、地方性法规、自治条例和单行条例、规章不溯及既往,但为了更好地保护公民、法人和其他组织的权利和利益而作的特别规定除外。

我国广播电视是党和国家的新闻宣传事业的重要组成部分,党和国家的方针政策指导我国广播电视立法,并对广播电视的各项制度进行了详细的规定:(1)1983年,中共中央《关于批转广播电视部党组〈关于广播电视工作的汇报提纲〉的通知》(中发〔1983〕37号)对广播电视宣传、事业建设、技术政策、管理体制进行了规定,指出:搞好广播电视宣传必须坚持自己走路的方针,扬独家之优势,汇天下之精华,以新闻改革为突破口,推动广播电视宣传改革;调整事业建设方针和技术政策,实行中央、省(自治区、直辖市)、市(地、州)、县四级办广播、四级办电视、四级混合覆盖,努力做到县县、乡乡、队队通广播电视,户户、人人能够听到看到广播电视。(2)1989年,中共中央下发《关于加强宣传、思想工作的通知》规定:在依靠政策和行政手段的同时,还必须加强法制建设,实行依法管理。要通过立法,把公民在言论、出版等方面的权利和义务,把宣传、思想、文化工作的社会主义方向,把党对意识形态工作的领导和马克思主义的指导地位进一步加以确定和具体化。(3)1995年,中办、国办《关于转发广播电影电视部党组〈关于进一步加强和改进广播电影电视工作的报告〉的通知》(厅字〔1995〕27号)对广播电视舆论导向、节目质量、科技进步、事业建设、行业管理、对外交流等进行了全面规范。(4)1996年,中办、国办《关于加强新闻出版广播电视业管理的通知》(厅字〔1996〕37号)对广播电视行业管理进行了规定,明确了广播电视播出机构、转播机构设立审批制度,县广播电台、电视台,有线电视台合并制度,企事业单位有线电视台改为有线电视站以及统一引进审查境外影视剧、动画片等制度,要求尽快制定《广播电视管理条例》。(5)2001年,中办、国办转发《中央宣传部、国家广电总局、新闻出版总署《关于深化新闻出版广播影视业改革的若干意见》》的通知(中办发〔2001〕17号)对广播电视集团化改革、投融资政策等进行了规定。(6)中办、国办转发《中央宣传部、文化部、国家广电总局、新闻出版总署关于文化体制改革试点工作的意见》的通知(中办发〔2003〕21号)对包括广播电视体制在内的文化体制改革试点工作进行了部署。(7)中办、国办转发《中央宣传部、中央编办、财政部、文化部、国家广电总局、新闻出版总署、国务院法制办关于在文化体制改革综合性试点地区建立文化市场综合执法机构的意见》的通知(中办发〔2004〕24号)要求对文化市场进行综合执法。(8)中共中央、国务院《关于深化文化体制改革的若干意见》(中发〔2005〕14号)规定:广播电台、电视台实行事业体制,深化内部人事、收入分配和社会保障制度改革;影视剧等节目制作、传输网络转制为企业,自主经营、自负盈亏,为宣传主业和扩大再生产服务;推进广播电视村村通工程、农村电影放映工程建设,扩大公共文化覆盖范围;发展数字广播、数字电视、数字电影,建设先进安全的广播电视传输网;整合现有文化、广播影视、新闻出版等行政执法队伍,组建文化市场综合执法机构。(9)2006年,中办、国办《关于印发〈国家"十一五"时期文化发展纲要〉的通知》(中办发〔2006〕24号)明确了"十一五"期间广播影视宣传、文艺创作、重点工程、体制改革等方面的目标任务和政策保障。(10)2006年,国务院办公厅《关于进一步做好新时期广播电视村村通工作的通知》(国办发〔2006〕79号)规定了新时期农村广播电视村村通的目标任务、工程建设、长效机制、组织领导等内容。(11)2007年,中办、国办《关于加强网络文化建设和管理的意见》(中办发〔2007〕16号)明确规定网上新闻出版、广播影视、文学艺术等信息服务,依据宣传文化政策法规实行行业准入;开办IP电视、播客、手机视听节目等业务,须报国家广电总局批准。(12)2007年,中办、国办《关于加强公共文化服务体系建设的若干意见》(中办发〔2007〕21号)规定,以消灭覆盖盲区和增强覆盖效果为重点,采用地面无线、直播卫星和有线网络等方式,扩大广播电视对农村的有效覆盖;积极创造条件,推进县对乡镇广播电视的垂直管理运营体制建设,建立以县为中心、乡镇为依托、服务农户的广播电视公共服务覆盖网络,到2010年全面实现20户以上已通电自然村广播电视村村通,到2020年基本实现户户通。(13)2009年,中办、国办《关于印发〈2009—2020年我国重点媒体国际传播能力建设总体规划〉的通知》(中办发〔2009〕24号)对人民日报、新华社、中央电视台、中国国际广播电台、人民网、新华网、央视网等重点媒体的国际传播能力建设作了全面规定,提出到2020年,争取在报刊、通讯社、广播电视和互联网等领域建成若干具有国际影响力的传媒集团,形成与我国经济社会发展水平和国际地位相称的媒体国际传播能力。(14)2009年,国务院《关于印发文化产业振兴规划的通知》(国发〔2009〕30号)规定:影视制作业要提升影视剧和电视节目的生产能力,扩大影视制作、发行、播映和后产品开发,满足多种媒体、多种终端对影视数字内容的需求;采用数字、网络等高新技术推动文化产业升级,支持发展移动多媒体广播电视、网络广播影视、手机广播电视,积极推进下一代广播电视网建设,加快广播影视数字化进程,发挥第三代移动通信网、宽带接入网等网络基础设施的作用,促进互联互通和资源共享,推进三网融合。(15)2010年,国务院《关于印发推进三网融合总体方案的通知》(国发〔2010〕5号)对三网融合的重要意义、指导思想、基本原则、工作目标、主要任务、政策措施等作了全面规定。(16)2010年,中办、国办《关于加强和改进互联网管理工作的意见》(中办发〔2010〕24号)进一步明确了互联网管理的工作思路、基本原则、管理体制、法制建设、保障措施等,规定按照同分结合、相对集中、职责明确、权责一致的要求,将分散在多个部门的互联网管理职责相对集中,形成以3个部门为主,分别主管互联网信息内容(国家互联网信息办公室)、互联网行业发展(工业和信息化部)、打击网络违法犯罪(公安部)的工作格局。其他相关部门按照各自职责共同做好互联网管理工作。国家互联网信息办公室有指导有关部门做好网络游戏、网络视听、网络出版等业务布局规划,文化、广电、出版、教育、卫生等相关部门负责涉及本部门的互联网信息内容的前置审批事项,报国家互联网信息办公室备案。(17)2011年,中共中央《关于深化文化体制改革推动社会主义文化大发展大繁荣若干重大问题的决定》提出:要加强党报党刊、通讯社、电台电视台和重要出版社建设,进一步完善采编、发行、播发系统,加快数字化转型,扩大有效覆盖面。加强国际传播能力建设,打造国际一流媒体,提高新闻信息原创率、首发率、落地率。建立统一联动、安全可靠的国家应急广播体系。整合有线电视网络,组建国家级广播电视网络公司。推进电信网、广电网、互联网三网融合,建设国家新媒体集成播控平台,创新业务形态,发挥各类信息网络设施的文化传播作用,实现互联互通、有序运行。(18)2013年,中共中央《关于全面深化改革若干重大问题的决定》提出:在坚持出版权、播出权特许经营前提下,允许制作和出版、制作和播出分开。整合新闻媒体资源,推动传统媒体和新兴媒体融合发展。严格新闻工作者职业资格制度,重视新型媒介运用和管理,规范传播秩序。对按规定转制的重要国有传媒企业探索实行特殊管理股制度。理顺内宣外宣体制,支持重点媒体面向国内国际发展。(19)2015年,中办、国办印发了《关于推动国有文化企业把社会效益放在首位、实现社会效益和经济效益相统一的指导意见》,指出党报党刊、电台电视台、通讯社、时政类报刊等新闻单位,可以依法依规开展有关经营活动,但必须做到事业与企业分开、采编与经营分开,禁止采编播人员与经营人员混岗。(20)2016年,《中华人民共和国国民经济和社会发展第十三个五年规划纲要》提出:繁荣发展文学艺术、新闻出版、广播影视和体育事业;加快发展网络视听、移动多媒体、数字出版、动漫游戏等新兴产业;加快全国有线电视网络整合和智能化建设;以先进技术为支撑、内容建设为根本,推动传统媒体和新兴媒体在内容、渠道、平台、经营、管理等方面深度融合,建设"内容+平台+终端"的新型传播体系,打造一批新型主流媒体和传播载体。(21)2017年,中办、国办《国家"十三五"时期文化发展改革规划纲要》规定:加大对党报党刊、电台电视台等主流媒体扶持力度,加强内部管理,严格实行采编与经营分开,规范经营活动。在坚持出版权、播出权特许经营前提下,允许制作和出版、制作和播出分开。支持党报党刊、通讯社、电台电视台建设统一指挥调度的融媒体中心、全媒体采编平台等"中央厨房",重构新闻采编生产流程,生产全媒体产品。明确不同类型、不同层级媒体定位,统筹推进媒体结构调整和融合发展,打造一批新型主流媒体和媒体集团。

二、判例法

判例,是指司法机关先前具有法律效力的判决成为以后审理同类案件的依据,包括国内司法机关的判决和国际司法机关的判决。判决的先例作用,有约束力和说服力之分。就国际法而言,国际司法机关的判决一般都不具有作为一种先例的约束力,但在特殊情况下具有一定的说服力。就国内法而言,大陆法系国家的司法判决没有作为先例的约束力。英美法系国家的司法判决被认为具有作为先例的法律效力,称之为判例法(case law),是与制定法相对应的一种法律渊源。英美法系国家的判例法是指某一法院判决中所含有的法律原则或规则,对其他法院或本院以后的审判,具有作为一种先例的约束力或说服力。判例法也称法官法,遵循先例是其基本原则。一般是指下级法院必须顺从同一管辖权的上级法院的判例;在同一管辖权下,法院的审级越高,判例适用的范围越广。随着情势的变化,英美法系国家在遵循先例原则的同时,也允许在特殊情况下不坚持遵循先例。判例法离不开判例。英美法系国家的一些判例对广播电视监管原则进行了阐述。比如,1943年美国"全国广播公司(NBC)诉合众国案"对广播管理理由进行了阐释:1927年以前无线电陷入的困境可归咎于某些关于无线电是一种通讯手段的基本事实,如无线电设施数量有限;不是每个希望使用这些设施的人都可获得;以及无线电频谱资源有限,不足以向每个人提供使用空间等。对可以相互不干扰地工作的电台数量有固定的自然限制。由此,管制无线电对其自身的发展至关重要,正像控制交通之对于机动车的发展至关重要一样。① 判例法在英美法系国家的广播电视法律体系中占有重要地位。

三、国际法

国际法指适用主权国家之间以及其他具有国际人格的实体之间的法律规则的总体。国际法又称国际公法,与国际私法不同,国际私法处理的是不同国家的国内法之间的差异。国际法与国内法也不同,国内法是一个国家内部的法律。按照《国际法院规约》第38条的规定,国际法主要有三种:条约、国际习惯法及为各国承认的一般法律原则。国际法的基本原则是:各国主权平等,互相尊重主权和领土完整,互不侵犯,互不干涉内政,平等互利,和平共处,和平解决国际争端,禁止以武力相威胁和使用武力,以及民族自决原则等。涉及广播电视的国际公约、国际条约、国际组织规则主要有:

《世界人权宣言》(1948年12月10日联合国大会通过)第19条规定:人人有权享有主张和发表意见的自由;此项权利包括持有主张而不受干涉的自由,和通过任何媒介和不论国界寻求、接受和传递消息和思想的自由。

---

① 卡特,等.大众传播法概要[M].黄列,译.北京:中国社会科学出版社,1997:222.

《经济、社会及文化权利国际公约》(1966年12月16日联合国大会通过)第15条规定:缔约各国承认人人有权参加文化生活,享受科学进步及其应用所产生的利益,对其本人的任何科学、文学或艺术作品所产生的精神上和物质上的利益享受被保护之利;缔约各国为充分实现上述权利而采取的步骤应包括为保存、发展和传播科学与文化所必需的步骤;缔约各国承担尊重进行科学研究和创造性活动所不可缺少的自由;缔约各国认识到鼓励和发展科学与文化方面的国际接触和合作的好处。1997年,我国政府签署该公约;2001年,全国人大常委会批准加入该公约。

《公民权利和政治权利国际公约》(1966年12月16日联合国大会通过)第18条规定:人人有权享受思想、良心和宗教自由。第19条规定:人人有权持有主张,不受干涉;人人有自由发表意见的权利,此项权利包括寻求、接受和传递各种消息和思想的自由,而不论国界,也不论口头的、书写的、印刷的、采取艺术形式的或通过他所选择的任何其他媒介;本条第二款所规定的权利的行使带有特殊的义务和责任,因此得受某些限制,但这些限制只应由法律规定并为下列条件所必需:尊重他人的权利或名誉,保障国家安全或公共秩序,或公共卫生或道德。第20条规定:任何鼓吹战争的宣传,应以法律加以禁止;任何鼓吹民族、种族或宗教仇恨的主张,构成煽动歧视、敌视或强暴者,应以法律加以禁止。我国政府1998年签署了该公约,目前正在研究准备提请全国人大常委会审议批约问题。

《世界版权公约》(1952年日内瓦缔结,1955年生效)第5条之三规定:缔约国的广播组织根据下列条件提出申请,受本公约保护用铅印或类似形式复制出版的作品的翻译许可证可以颁发给该组织:(1)译本是根据该缔约国法律规定出版并获得的版本译成的;(2)译本仅供以教学或向职业专家传播专门技术和科研成果为目的的广播使用;(3)译文专为第(2)条之目的使用,是通过对缔约国本土内听众的合法广播进行的,其中包括特为上述广播之目的而通过录音或录像方式合法录制的广播;(4)译本的录音或录像只能在其总部设在颁发许可证的缔约国的广播组织间交换;(5)译本的一切使用方式均无营利的目的。如果完全符合上述的标准和条件,则任何专门为系统性教育活动而准备和出版的视听材料的任何课文的翻译许可证亦可发给某广播组织。我国于1992年7月30日递交了加入《世界版权公约》的官方文件;同年10月30日该公约对我国生效;1995年,我国加入该公约的政府间委员会。

《伯尔尼保护文学和艺术作品公约》(1886年9月9日在伯尔尼通过)第11条之二规定:文学艺术作品的作者享有下列专有权利:(1)授权广播其作品或以任何其他无线传送符号、声音或图像的方法向公众传播其作品,(2)授权由原广播机构以外的另一机构通过有线传播或转播的方式向公众传播广播的作品,(3)授权通过扩音器或其他任何传送符号、声音或图像的类似工具向公众传播广播的作品。行使以上权利的条件由本同盟成员国的法律规定,但这些条件的效力严格限于对此作出规定的国家。在任何情况下,这些条件均不应有损于作者的精神权利,也不应有损于作者获得合理报酬的权利,该报酬在没有协议情况下应由主管当局规定。1992年我国加入该公约。

《保护表演者、录音制品制作者和广播组织的国际公约》(1961年10月26日订于罗马)第6条规定：只要符合下列两项条件之一的，缔约各国就应当给予广播组织以国民待遇：(1)该广播组织的总部设在另一缔约国，(2)广播节目是由设在另一缔约国的发射台播放的。第13条规定：广播组织应当有权授权或禁止：(1)转播他们的广播节目。(2)录制他们的广播节目。(3)复制：①未经他们同意而制作他们的广播节目的录音或录像；②根据第15条的规定而制作他们的广播节目的录音和录像，但复制的目的不符合该条规定的目的。(4)向公众传播电视节目，如果此类传播是在收门票的公共场所进行的。行使这种权利的条件由被要求保护的缔约国的国内法律确定。

《世界知识产权组织表演和录音制品条约》(1996年12月20日订于日内瓦)第15条规定了表演和录音制品因广播和向公众传播获得报酬的权利：(1)对于将为商业目的发行的唱片直接或间接地用于广播或用于对公众的任何传播，表演者和唱片制作者应享有获得一次性合理报酬的权利。(2)缔约各方可在其国内立法中规定，该一次性合理报酬应由表演者或由唱片制作者或由二者向用户索取。缔约各方可制定国内立法，对表演者和唱片制作者之间如未达成协议，表演者和唱片制作者应如何分配该一次性合理报酬所依据的条件作出规定。(3)任何缔约方均可在向世界知识产权组织总干事交存的通知书中，声明其将仅对某些使用适用本条第(1)款的规定，或声明其将以某种其他方式对其适用加以限制，或声明其将根本不适用这些规定。(4)在本条中，以有线或无线的方式向公众提供的、可为公众中的成员在其个人选定的地点和时间获得的唱片应被认为仿制其原本即为商业目的而发行。2006年，我国加入该条约。

《关于播送由人造卫星传播载有节目的信号的公约》(1974年5月21日订于布鲁塞尔)第2条规定：(1)各缔约国保证采取适当的措施，防止任何播送者在该国领土上或从该国领土上播送任何发射到或通过人造卫星但并非为了提供给他们的、载有节目的信号。这种保证应当适用于以下情况，即起源组织是另一个缔约国的国民和播送的信号是接收信号。(2)在任何缔约国内，实行第(1)款提到的措施方面有时间限制的话，其限制期限应当由该国国内法律规定。此种期限应当在批准、接受或加入本公约的时候，或者，如果国内法律在此之后生效或修改，则在该项法律生效或修改六个月之内，书面通知联合国秘书长。(3)第(1)款规定的保证不适用于播送从为其提供发射信号的那个播送者已经播出的信号中得来的接收信号。第3条规定：如果由起源组织或以它的名义发射的信号是供一般公众从人造卫星直接接收的，则本公约将不适用。

《联合国海洋公约》(1982年12月10日订于蒙特哥湾)第109条规定：(1)所有国家应进行合作，以制止从公海从事未经许可的广播。(2)为本公约的目的，"未经许可的广播"是指船舶或设施违反国际规章在公海上播送旨在使公众收听或收看的无线电传音或电视广播(sound radio or television broadcasts)，但遇难呼号的播送除外。(3)对于从公海从事未经许可的广播的任何人，均可向下列国家的法院起诉：①船旗国，②设施登记国,③广播人所属国,④可以收到这种广播的任何国家,⑤得到许可的无线电通信受到干扰的任何国家。(4)在公海上按照第(3)款有管辖权的国家,可依照第110条逮捕从事未经许可的广播的任何人或船舶,并扣押广播器材。1996年,我国加入该公约。

《服务贸易总协定》(1994年4月15日在摩洛哥马拉喀什正式签署)第1条规定:服务贸易定义为:(1)自一成员领土向任何其他成员领土提供服务,(2)在一成员领土内向任何其他成员的服务消费者提供服务,(3)一成员的服务提供者通过在任何其他成员领土内的商业存在提供服务,(4)一成员的服务提供者通过在任何其他成员领土内的自然人存在提供服务。服务包括任何部门的任何服务,但在行使政府职权时提供的服务除外。行使政府职权时提供的服务指既不依据商业基础提供,也不与一个或多个服务提供者竞争的任何服务。2001年,我国加入世界贸易组织。

《保护和促进文化表现形式多样性公约》(联合国教科文组织2005年10月20日在巴黎通过)第4条对文化多样性等概念进行了定义,文化活动、产品与服务是指从其具有的特殊属性、用途或目的考虑时,体现或传达文化表现形式的活动、产品与服务,无论它们是否具有商业价值。文化活动可能以自身为目的,也可能是为文化产品与服务的生产提供帮助。文化产业指生产和销售文化产品或服务的产业。第6条规定了缔约方可在其境内采取保护和促进文化表现形式多样性的措施,包括旨在加强媒体多样性的措施,包括运用公共广播服务。2006年,我国加入该公约。

《联合国儿童权利公约》(1989年11月20日联合国大会通过)第17条规定:缔约国认识到大众传播媒介的重要作用,并应确保儿童能够从不同的国家和国际渠道获得信息和资料,尤其是旨在促进其社会、精神和道德福利与身心健康的信息和资料。为此目的,缔约国应:(1)鼓励大众传播媒介本着第29条的精神传播在社会和文化方面有益于儿童的信息和资料;(2)鼓励在交流和传播来自不同文化、国家和国际渠道的这类信息和资料方面进行国际合作;(3)鼓励儿童读物的制作和发行;(4)鼓励大众传播媒介特别注意属于少数群体或土著居民的儿童在语言方面的需要;(5)鼓励根据第13条和第18条的规定制定适当的准则,保护儿童不受损害其福利的信息和资料之害。1991年,我国加入该公约。

《联合国残疾人权利国际公约》(2006年12月13日联合国大会通过)第21条规定:缔约国应当采取一切适当措施,包括下列措施,确保残疾人能够行使自由表达意见的权利,包括在与其他人平等的基础上,通过自行选择本公约第2条所界定的一切交流形式,寻求、接受、传递信息和思想的自由:(1)无障碍模式和适合不同类别残疾的技术,及时向残疾人提供公共信息,不另收费;(2)在政府事务中允许和便利使用手语、盲文、辅助和替代性交流方式及残疾人选用的其他一切无障碍交流手段、方式和模式;(3)敦促向公众提供服务,包括通过因特网提供服务的私营实体,以无障碍和残疾人可以使用的模式提供信息和服务;(4)鼓励包括因特网信息提供商在内的大众媒体向残疾人提供无障碍服务;(5)承认和推动手语的使用。第30条规定:缔约国确认残疾人有权在与其他人平等的基础上参与文化生活,并应当采取一切适当措施,确保残疾人:(1)获得以无障碍模式提供的文化材料;(2)获得以无障碍模式提供的电视节目、电影、戏剧和其他文化活动;(3)进出文化表演或文化服务场所,例如剧院、博物馆、电影院、图书馆、旅游服务场所,并尽可能地可以进出在本国文化中具有重要意义的纪念物和纪念地。2008年,我国加入该公约。

《各国运用人造卫星进行国际直接电视广播所应遵守的原则》(1982年12月10日联合国大会通过决议案37/92号)第1条规定:利用卫星进行国际直接电视广播活动,不得侵犯各国主权,包括不得违反不干预原则,并且不得侵犯联合国文书所载明的人人有寻求、接受和传递信息与思想的权利。第4条规定:利用卫星进行国际直接电视广播活动,应遵守国际法,包括联合国宪章、1967年1月27日关于各国探索和利用包括月球和其他天体的外层空间活动原则的条约、国际电信公约及其无线电规则的有关条款,以及关于各国间友好关系与合作及关于人权的国际文书的有关条款。第5条规定:各国利用卫星进行国际直接电视广播活动以及授权其管辖范围内的个人和实体从事这种活动,权利一律平等。第12条规定:为了促进和平探索和利用外层空间方面的国际合作,凡利用或授权利用卫星进行国际直接电视广播活动的国家,应当尽量将这些活动的性质通知联合国秘书长。联合国秘书长接到通知后,应当立即有效地转告联合国各有关专门机构以及公众和国际科学界。第13条规定:拟议设立或授权设立国际直接电视广播卫星服务的国家应将此意图立即通知收视国,如有任一收视国提出协商要求,应迅速与之协商。第14条规定:国际直接电视广播卫星服务的建立,必须事先满足第13条规定的条件,并根据国际电信联盟有关文书规定的协议或安排以及遵照本文件的各项原则进行。第15条规定:对于卫星信号无法避免的辐射外溢,应专门适用国际电信联盟有关文书。尽管该《原则》是联合国大会通过的决议案,不具备法律约束力,但是可作为国际公约协商的基础和框架。

《国际电信联盟组织法》第45条规定:所有电台,无论其用途如何,在建立和使用时均不得对其他会员国,或对经认可的运营机构,或对其他经正式核准开办无线电业务并按照无线电规则的规定操作的运营机构的无线电业务或通信造成有害干扰。各会员国必须采取一切实际可行的步骤,使各种电气装置和设备的运行不对上述无线电业务或通信造成有害干扰。国际电信联盟《无线电规则》第15条第1款规定:所有电台禁止进行非必要的传输,或多余信号的传输,或虚假或引起误解的信号的传输,或无标识的信号的传输。第12款规定,各主管部门应采取一切切实可行与必要的步骤,以保证各种电气器械和装置,不对按照本规则规定运用的无线电通信业务,特别是无线电导航或任何其他安全业务产生有害干扰。第21款规定,如果一个主管部门接到它管辖的电台违反公约或无线电规则的通知,就应查明事实、确定责任并采取必要的行动。1997年,我国全国人大常委会通过了该组织法。

第三节 广播电视立法理据

广播电视立法关系到公民的言论自由等政治权利,关系到公民利用频谱资源等经济权利,也关系到公民的文化创作、文化传播等文化权利,特别是各国宪法都将言论自由作为公民的基本政治权利,要求立法机关不得制定限制公民言论自由的法律。许多国家没有新闻法,却都制定了广播电视法。西方发达国家和部分新兴发展中国家的广播电视法律体系比较完备,特别是英美法系国家,既有判例法,还有比较完备的广播电视专门立法。广播电视立法,既要维护宪法赋予公民的言论自由不受侵害,又要维护社会公共利益和国家利益不受侵害。广播电视立法主要有以下四个方面原因:频率资源稀缺是广播电视立法的直接动因,公共利益是广播电视立法的重要基石,言论自由是广播电视立法的宪政依据,社会责任是广播电视立法的道德理据。

一、频率资源稀缺理论

广播电视最早常用的传输介质是无线电波。按照国际上的一般划分,中波广播的频率范围为 526.5～1605.5 千赫,每个频道(每套节目)的带宽为 9 千赫;短波广播的频率范围为 5.95～26.1 兆赫,每个频道的带宽也为 9 千赫;调频广播的频率范围为 88～108 兆赫,每个频道的带宽为 200 千赫;电视广播的频段包括甚高频第Ⅰ频段 48.5～92 兆赫、第Ⅲ频段 167～223 兆赫,特高频第Ⅳ频段 470～566 兆赫、第Ⅴ频段 606～958 兆赫,而每个频道占用的带宽在各国不同,分别为 6、7 或 8 兆赫,我国电视广播的带宽为 8 兆赫。因此,从技术上看,广播电视频率资源是有限的,既有数量上的稀缺,也就是说不是人人想用都能使用的;也有分配上的稀缺,同一地域同一频率不能由两家电台同时使用,否则就会相互干扰,使公众无法收听,这与印刷媒体不同,需要政府选择分配,进行规范,就像公路、水路、空中交通需要立法规范一样。比如,美国无线广播电台在 20 世纪 20 年代发展迅猛,从 1926 年 7 月到 1927 年 2 月,美国广播电台达到 1,162 座,其中新设立了 200 家电台,它们使用的频率与已有电台的频率相互干扰,造成混乱,全国广播业者协会、收音机生产厂商和广大听众都要求政府加强管理,美国总统于 1926 年要求国会在 1912 年无线电法基础上通过更为系统的广播法,1927 年美国国会通过了广播法。[①]

随着有线、卫星等信息技术的发展,广播电视传输介质越来越多,特别是数字压缩、宽带网络等高新技术突飞猛进,广播电视传输容量不断拓展,有线电视、卫星电视、数字电视、网络电视等新业态不断发展,但是广播电视频率还不能满足所有人都能使用的需求。因此,只要希望从事广播电视的人多于可提供用来容纳他们的频率,广播电视频率

---

① 吉尔摩,等.美国大众传播法:案例评析[M].下册.梁宁,等,译.北京:清华大学出版社,2002:619-620.

依旧是稀缺的资源,仍旧需要通过立法规范其使用。随着宽带网络的推广和普及,特别是第三代(3G)、第四代(4G)、第五代(5G)移动通信的快速发展,人人拥有麦克风、人人拥有摄像头正在成为现实,但无线电频率资源能否满足所有人传播音视频,仍然是一个有待解决的难题。

二、公共利益理论

广播电视频率资源属于社会公共资源,理应服务于公共利益。1925年,美国商务部长赫伯特·胡佛在第四次年度广播会议上首次提出了广播通讯中的"公共利益"概念,他指出:天空是一种公共传媒,它的使用必须是为了公共福祉的需要。只有在公共福祉存在的情况下,电台频道的使用才具有正当理由。[1] 为了确保公共资源不被浪费或者滥用,政府有责任制定标准,作出选择,赋予广播机构有限的垄断权,独家使用某一频率;同时有权要求广播机构为公共利益服务。尽管公共利益的含义在各国不尽相同,但是许多国家和地区都将公共利益作为广播电视的立法目的和立法基石。比如,美国1927年广播法和1934年通讯法将"公共利益、便利和必需"作为立法监管的原则。日本广播法规定广播立法目的是:为了使广播符合公共利益并健康发展,保证广播最大限度普及国民,保证广播不偏不倚、真实、自我克制和表达自由,明确广播业者的职责,使广播有益于民主主义健全发展。[2] 日本电波法规定立法目的是:保障无线电波公平高效利用,发展公共福利事业。韩国广播电视法将促进社会福利进步作为立法目的之一。我国台湾地区所谓"广播电视法"将增进公共福利作为立法目的之一。

各国广播电视法律对公共利益的概念没作明确规定,但是在一些政策规章中对公共利益有一定规范。比如,1929年美国联邦广播委员会将公共利益细化为以下四项标准,作为度量许可申请人绩效的基准:(1)电台应满足"听众中所有重要团体的品位、需要和欲求……在合理的比率下,提供多姿多彩的节目……这包括由古典音乐和轻音乐组成的娱乐、宗教、教育、重要的公共事件、对公共问题的讨论、天气、市场报告以及新闻等,可以让家庭所有成员都能找到自己感兴趣的问题"。(2)对节目应定期加以审查,以确定电台是否总是满足公共利益的要求。(3)当两个电台申请同一个波段时,有着更久运营记录的电台处于优势地位;当两个电台所提供的服务有着实质区别时,能提供更好服务的电台处于优势地位。(4)与"一般公共服务电台"相对,不允许有"宣传电台"存在的空间。[3] 1960年,美国联邦通讯委员会颁布了节目指导原则,列出了满足公共利益标准的节目种类清单,大致包括十四类节目:(1)地方居民自我表达的机会;(2)地方人物的发展;(3)适合儿童的节目;(4)宗教节目;(5)教育类节目;(6)公共事务节目;(7)电台编辑制作的节

---

[1] 宋华琳.美国广播管制中的公共利益标准[J].行政法学研究,2005(1):28-40.
[2] 广播电影电视部政策研究室.各国广播电影电视法规选辑[G].北京:中国广播电视出版社,1988:411.
[3] 宋华琳.美国广播管制中的公共利益标准[M].行政法学研究,2005(1):28-40.

目;(8)政治广播;(9)农业广播;(10)新闻节目;(11)天气和市场的预报;(12)体育节目;(13)少数民族节目;(14)娱乐节目。① 随着有线电视的发展,公共利益标准发生着新的变化。尽管有线电视的频率不属于公共资源,但是有线电视缆线需占用社区居民的公共通道,满足地方社区的利益需求,成为公共利益标准在有线电视立法中的体现。

当前数字、网络等高新技术发展迅速,广播电视网、电信网和互联网的融合加快,公共利益标准仍然是制定完善广播电视法律政策的重要基石。比如美国政府推动模拟电视向数字电视转换时,主要职责是有效管理频谱,考虑转换中各方的合法权益,平衡下列目标:(1)维持自由而普遍的广播服务;(2)鼓励迅速有序地过渡到数字技术,使公众可以得益于数字电视,同时考虑消费者对现有电视机的投资;(3)允许为提高频谱使用的有效性而回收毗邻频谱段,允许公众从频谱中充分受益;(4)确保改进型电视系统以及回收频道最大限度服务于公共利益目标。②

三、社会责任理论

如果说报纸、杂志等印刷媒体主要依靠文字传播信息的话,那么广播电视则主要依靠无处不在的无线电信号传播信息,不识字的文盲、没有经过系统知识训练的少年儿童、各种受阅读限制的人士都可以接收到广播电视节目。广播电视具有现场感、形象感、逼真性以及接收简便等特点,通过声情并茂的声音和图像,通过点对面的传播方式,渗透到家家户户,成为了人们日常生活的组成部分。广播电视的影响范围巨大,影响对象广泛,任何人包括儿童都可以接收任何节目。除了传播者初始的把关外,在传播过程中没有了别的关卡,受众对开路播出的广播电视节目无法选择,它们不像电影那样,可以经过分级,在观众进入影院时通过检票关口,来代替没有能力作出选择的少年儿童作出选择,广播电视的这种不可选择性决定了对它们的管制要严于对电影的管制。同时,广播电视信息流具有不可忽略性,它们不像报纸、杂志,碰到不合适的内容可以跳过去或者倒回去,广播电视的受众不能忽略任何正在播出的信息,除非你关掉接收机或者选择离开,所以即使是少年儿童也只能收听收看下去,广播电视比报纸、杂志对少年儿童的影响更大。为了防止有害信息传播,各国对广播电视的管制要严于对报纸、杂志的管制,广播电视承担着更大的社会责任。对于有线电视、卫星电视、由用户自愿订购的付费节目,一些国家管制较松或者不加管制。

社会责任是维护公民言论表达自由的重要路径;社会责任不仅是媒体的基本义务,也是满足和提高受众多元文化消费的基本要求。广播电视立法的目的是维护国家信息安全和文化安全,维护公民言论自由和社会公共利益,促进频率资源有效利用,更好地为本国政治、经济、社会和文化发展服务。

---

① 吉尔摩,等.美国大众传播法:案例评析[M].下册.梁宁,等,译.北京:清华大学出版社,2002:654.
② 吉尔摩,等.美国大众传播法:案例评析[M].下册.梁宁,等,译.北京:清华大学出版社,2002:635.

第四节　广播电视立法体例

综观各国广播电视成文法，大致有三种立法体例：一是广播电视法，二是通讯法，三是传媒法。这三种立法体例有不同的结构内容和适用对象。广播电视法主要规范广播电视从节目采编、制作、播放到传输、接收各环节的活动，通讯法主要规范广播电视和通信活动，传媒法主要规范报纸杂志、广播电视、电影等大众传媒活动。这三种立法形式有各自的优势，也有各自面临的问题。随着数字、网络等信息技术的发展，跨媒体、跨网络、跨行业经营更加突出，从顺应科技发展和推动市场竞争看，制定统一的通讯法比较有利，有利于推动广播电视与其他业务的融合发展，但是从维护国家文化安全和促进民族文化发展的角度看，制定统一的广播电视法更合适。毕竟，广播电视与通信存在诸多不同：一是传播方式不同，广播电视属于点对面的传播方式，通信属于点对点的传播方式。二是职业理念不同，广播电视的职业理念是调查事实、信息公开，维护公民的言论合法权利和知情权；通信的职业理念是联通用户、保守秘密，维护公民的通信自由和通信秘密。三是对外开放程度不同，多数国家限制广播电视对外国人开放，在通信领域没有过多限制。由于广播电视与报刊印刷媒体在技术系统、公共资源占用、传播方式把关等方面差异很大，制定统一的传媒法很有难度，并且容易触及宪法规定的公民基本权利，故此广播电视与报刊印刷媒体更宜分别立法。许多国家制定了广播电视法，但是没有出版法。本节主要介绍这三种立法体例的体例结构和条款目录。

一、广播电视法的体例结构

广播电视专项立法大致有两种形式：一是统一立法。如瑞士、澳大利亚、韩国等国家制定了统一的广播电视法，全面规范广播电视的各项活动。二是分别立法。如美国对商业广播电视、公共广播电视和政府的国际广播电视分别立法，将商业广播电视纳入通讯法调整。日本、印度等国家对无线、有线、卫星广播电视分别进行规范。

(一)广播电视统一立法的体例结构

瑞士、澳大利亚、韩国、加拿大等国家制定了统一的广播电视法。广播电视法主要确定广播电视监管制度、广播电视所有权制度(包括公共、商业广播电视机构)、广播电视业务运营制度和受众保护制度等。比如瑞士联邦广播电视法共有八编77条：第一编适用范围和定义；第二编节目播放，共有四章：(1)总则，(2)地方和区域广播电视，(3)全国范围和语言区范围广播电视，(4)国际广播电视；第三编转播，共有三章：(1)有线电视网，(2)转播台差转台，(3)共同条款；第四编传播者和特许转播者的共同条款；第五编接收；第六编监督和通知义务，共有三章：(1)一般监督，(2)对节目的监督，(3)行政措施和通知义务;第七编处罚条款;第八编最后条款。又比如澳大利亚广播电视法共十五章218条:第一章总则,第二章广播电视服务类型,第三章广播电视频率波段规划,第四章商业电视和商业无线广播许可证,第五章商业电视和商业无线广播许可证的控制,第六章社区广播电视许可证,第七章订户电视广播服务,第八章订户广播窄播分类许可证,第九章节目标准,第十章对违反许可证条款的纠正措施,第十一章向澳大利亚广播电视管理局投诉,第十二章(空缺),第十三章澳大利亚广播电视管理局征集信息,第十四章向法院上诉,第十五章杂项。2000年,韩国广播电视从分别立法走向了统一立法,吸收了其他国家的有益经验,出台了有韩国特色的广播电视法。该法共有九章108条,为韩国广播电视等文化内容产业的大发展提供了有力的支持,韩国的电视剧等文化产品风靡亚洲地区,形成了一股"韩流",扩大了韩国的对外影响,成为韩国对外文化交流输出的重要组成部分。

[案例]2000年韩国广播法目录(2000年1月12日第6139号法令发布)

第一章 总则

第1条 立法目的

第2条 本法术语的定义

第3条 受众权益保护

第4条 广播电视节目编排的自由与独立

第5条 广播电视的公共责任

第6条 广播电视的中立性和公共利益性

第7条 适用范围

第二章 广播电视运营商等

第8条 对所有权的限制等

第9条 推荐、许可、授权和登记等

第10条 评估的标准和程序

第11条 广播电视领域的公告

第12条 区域性业务特许权

第13条 广播电视运营商的资格要求

第14条 外国资本的投资和捐助

第15条 变更许可等

第16条 许可证的有效期限

第17条 许可证的续延

第18条 许可证(授权)的吊销

第19条 附加罚款处理

第三章 韩国广播委员会

第20条 韩国广播委员会的设立

第21条　韩国广播委员会的组成

第22条　韩国广播委员会主席

第23条　委员的任期

第24条　委员的待遇和同时任职的禁止

第25条　委员的资格要求

第26条　委员的独立职能

第27条　韩国广播委员会的职责

第28条　委员会会议

第29条　回避

第30条　常务委员会

第31条　广播电视评估委员会

第32条　对广播电视的中立性和公共性的审议

第33条　审议规则

第34条　审议委员会

第35条　观众投诉处理委员会

第36条　广播电视发展基金的设立

第37条　基金的来源

第38条　基金的支出

第39条　基金的运作管理

第40条　基金的委托管理

第41条　韩国广播委员会秘书处

第42条　委员会规章的制定和修改

第四章　韩国广播公司

第43条　韩国广播公司的设立

第44条　韩国广播公司的公共责任

第45条　公司章程所列事项

第46条　董事会的建立和运作

第47条　董事的任期

第48条　董事的资格

第49条　董事会的职能

第50条　执行机构

第51条　执行机构的职责

第52条　工作人员的任免

第53条　执行机构及其工作人员的职责

第54条　运营

第55条　财务处理

第56条　收入来源

第57条　预算编制

第58条　运营计划制定

第59条　财务报告批准

第60条　处理不动产的报告

第61条　政府补助

第62条　商品买卖和建筑合同的委托

第63条　审计

第64条　电视接收者的登记和收视费的支付

第65条　收视费的确定

第66条　收视费的收取

第67条　登记和收费事务的委托

第68条　收视费的使用

第五章　广播电视业务运营等

第69条　广播电视节目制作

第70条　频道的运营结构

第71条　国内节目的比例

第72条　境外节目的比例

第73条　广告

第74条　赞助商宣布

第75条　灾难广播

第76条　节目供应

第77条　付费广播电视标准合同的批准

第78条　节目重播

第79条　有线广播电视设施的技术标准和安全检查

第80条　信号传送或线路设施安装的确认

第81条　设施改进的指令

第82条　信号传送或线路设施的使用

第83条　播放内容的记录与保存

第84条　业务暂停或终止的报告

第85条　对付费广播电视节目不适用的条款

第六章　对观众权益的保护

第86条　运营商对节目的自我审查

第87条　运营商应设立观众委员会

第88条　观众委员会的权利和义务

第89条　观众评价节目

第90条　运营商的义务

第91条　更正反驳

第七章　对广播电视发展的支持

第92条　政府对广播电视发展的支持

第93条　节目的储存和利用

第94条　广播电视专业人员的培养

第95条　对广播电视演播综合楼建造的支持

第96条　对节目发行的支持

第97条　对广播电视国际合作的支持

第八章　附加条款

第98条　资料的提交

第99条　改正的指令

第100条　惩戒措施

第101条　听证

第102条　费用

第103条　委托授权

第104条　适用刑罚规定时视为公务员的情形

第九章　处罚条款

第105条　刑罚规定（两年以下监禁或三千万韩元以下罚金）

第106条　刑罚规定（一年以下监禁或三千万韩元以下罚金）

第107条　双罚规定

第108条　因疏忽大意的罚款

附录：

第1条　实施日期

第2条　其他法律的废除

第3条　对组建韩国广播委员会期间的过渡措施

第4条　对韩国广播公司章程修改批准期间的过渡措施

第5条　对韩国广播公司董事会和执行机构的过渡措施

第6条　对公共服务基金及其管理委员会的过渡措施

第7条　一般的过渡措施

第8条　对广播电视业务许可的过渡措施

第9条　广播电视运营商所有权限制的特例

第10条　向卫星广播电视运营商收取基金

第 11 条　对处罚适用的过渡措施
第 12 条　（废除）
第 13 条　与其他法律的关系①

(二)广播电视分别立法的体例结构

日本、中国、印度等国家对无线、有线、卫星广播电视分别立法。日本广播法有四章：第一章总则，第二章日本广播协会，第三章一般广播事业者，第四章罚则，此外还有附则。日本有线电视广播法有六章：第一章总则，第二章设备，第三章业务，第四章有线电视广播审议会，第五章各项规则，第六章罚则，此外还有附则。日本无线电波法有九章：第一章总则，第二章无线电台执照，第三章无线电设备，第四章无线电从业人员，第五章运用，第六章监督，第七章提出异议及其诉讼，第八章其他规则，第九章罚则，此外还有附则。日本通信广播卫星组织法有八章：第一章总则，第二章设立，第三章管理，第四章业务，第五章财务会计，第六章监督，第七章补充规则，第八章罚则。

我国国务院 1987 年发布《广播电视设施保护条例》(2000 年修订)，1990 年出台《卫星地面接收设施接受外国卫星传送电视节目管理法》《有线电视管理暂行办法》，1993 年发布《卫星电视广播地面接收设施管理规定》，1997 年发布《广播电视管理条例》，2009 年发布《广播电台电视台播放录音制品支付报酬暂行办法》，初步形成了规范无线、有线、卫星广播电视活动的法规体系。可以在此基础上加快制定《广播电视法》的调研准备，尽快建立以《广播电视法》为核心，以法规、规章为配套的广播电视法规体系，为广播电视繁荣发展提供有力保障。我国台湾地区吸收了美国、日本等国家的立法经验，制定了所谓"广播电视法""有线广播电视法""卫星广播电视法""公共电视法""中央广播电台设置条例"，以规范不同类型的广播电视活动。2003 年，我国台湾地区行政主管部门通过了所谓"广播电视法""有线广播电视法"及"卫星广播电视法"合并修正草案，主要解决无线、有线、卫星广播电视法规尺度不尽一致的问题，解决数码技术带来的数字广播、数字电视、网络电视、宽频互动多媒体服务等新型服务的规范问题，解决广播电视与电信跨业经营的规范问题，要解决党政军退出广电媒体的问题。该草案将广播电视产业结构分为三类：第一类是内容提供者(Content Provider)，包括广播电视节目供应者和频道经营者。第二类是服务提供者(Service Provider)，包括无线、有线、卫星广播电视运营平台服务，新设他类广播电视运营平台服务，以规范电信业者跨业经营广播电视产业。第三类是传输提供者(Access Provider)，包括无线、有线、卫星及其他传输网络形成的传输平台。不同的业务经营有不同的管理规则，比如对于传输通路提供者要求做到普及并进行所有权管制，对于内容提供者则要求多元服务等。2004 年，我国台湾地区公布了所谓"通讯传播

---

① 马庆平.中外广播电视法规比较[M].北京：经济管理出版社，2005：288-326.

基本法",共 17 条,立法目的是顺应科技汇流,促进通讯传播健全发展,维护民众权利,保障消费者利益,提升多元文化。

二、通讯法的体例结构

美国、英国、马来西亚等国家制定了通讯法(通讯多媒体法)对广播电视和通信活动进行统一规范。1934 年,美国出台联邦通讯法,为美国广播电视、通信乃至 IT 产业的快速发展提供了强有力的法律支撑。1996 年,美国通过了电信法案,对 1934 年联邦通讯法进行了重大修改,主要表现在:一是打破垄断,引入竞争,拆除了电话与有线电视业之间的壁垒,允许有线电视业者与电话业者相互进入对方领域;二是放松所有权管制,对电台、电视台、有线电视的所有权限制放宽,对媒体交叉所有权限制放宽;三是严格保护儿童收视权益,要求在电视机内安装过滤暴力芯片,以保护儿童免受淫秽、暴力镜头的侵害。美国 1996 年电信法案与 1934 年联邦通讯法不是两部法律,1996 年电信法是对 1934 年联邦通讯法的修订、补充和完善,主要包括三方面内容:一是标题和参考,二是简明目录,三是定义说明。美国联邦通讯法的条文很全面、很详尽、很专业,但有些冗长晦涩,总共 200 多条,一些条文中还引用了其他法律的规定。2003 年,英国通过了通讯法,共六编 411 条:第一编通讯管理办公室职责;第二编网络、服务和无线电频谱,共有三章:(1)电子通讯网络和服务,(2)频谱使用,(3)争议和上诉;第三编广播电视服务,共有六章:(1)英国广播公司、第 4 频道、威尔士当局和苏格兰媒介服务,(2)独立电视服务规则,(3)独立广播服务规则,(4)管理条款,(5)媒介所有权及控制,(6)其他规定;第四编电视接收许可;第五编通讯市场竞争,共有两章:(1)通讯管理办公室遵照竞争立法的职责,(2)媒介兼并;第六编杂项和附则。

1998 年,马来西亚制定的通信和多媒体法有自己的特色(2002 年、2006 年修订)。该法以行政透明性、技术中立性和自主管理为基本思想,取代了 1950 年通信法和 1988 年广播法,目的是要使马来西亚成为"超级多媒体走廊",成为世界通信多媒体信息内容服务方面的主要中心。该法共有十章 282 条,包括总则、能源通信多媒体部、通信多媒体委员会、广播方针、经济管制、技术管制、消费者保护、社会管制等内容。该法的特色在于:它没有将通信和广播电视分开管理,而是统一对待,将通信广播电视事业分成网络设施、网络服务、应用服务、内容服务四个市场进行管理。网络设施是指为了提供网络服务或在与其相关联的方面使用的无理性的基础设施要素及其组合,包括与空间站进行通信联络的地面站、电信线路、公用电话设施、广播电视发射台等。网络服务是指提供与频带基本连接服务的一种业务,包括频带服务、广播电视传送服务、蜂窝移动服务、为地面站之间和地面站与空间站之间通信服务进行的移动卫星服务等。应用服务是指用一个或多个网络服务提供的业务,包括公共交换网电话、公共蜂窝电话、公共电话服务等。内容服务是指提供以电子进行制作、存储、传送的声音、图像等视听产品的应用服务,包括卫星广播电视、付费广播电视、地面免费广播电视等。① 该法经济管制将原来以技术或业务分类的执照核发制度改为以技术服务中立为其管制主轴,包括产业竞争秩序、执照发放管理等;技术管制包括频谱指配、电子地址、网络安全管理;消费者保护包括质量规范、消费争议、合理资费、普遍服务等内容;社会管制包括执照的发放、禁止令人反感的内容。

[案例]1996 年修订后的美国联邦通讯法目录

第一章　总则

第 1 条　立法宗旨,联邦通讯委员会(FCC)设立

第 2 条　本法适用范围

第 3 条　定义

第 4 条　关于 FCC 的规定

第 5 条　FCC 的组织和职责

第 6 条　拨款

第 7 条　新技术和新业务

第 8 条　申请费

第 9 条　管制费

第 10 条　电信业务竞争

第 11 条　管制改革

第二章　公共电信公司

第一部分　公共电信公司的管制

第 201 条　公共电信公司的管制

第 202 条　差别对待

第 203 条　收费标准

第 204 条　收费的听证,暂停

第 205 条　FCC 被授权制定公正合理的收费

第 206 条　电信公司对损害的责任

第 207 条　损害赔偿

第 208 条　向 FCC 申诉

第 209 条　赔款指令

第 210 条　免费服务

第 211 条　合同备案

第 212 条　兼职董事,证券交易官员

第 213 条　电信公司的财产评估

---

① 王玉华,译. 马来西亚的通信广播行政制度和节目管理体制[J]. 世界广播电视参考. 2003(1).

第 214 条　线路扩展

第 215 条　有关服务和设备的交易

第 216 条　本法适用于接管人和托管人

第 217 条　电信公司对代理人过失行为的连带责任

第 218 条　对管理人员的调查

第 219 条　年度报告及其他报告

第 220 条　账户、记录、备忘录，折旧费

第 221 条　对电话公司的专门规定

第 222 条　用户信息的保密

第 223 条　哥伦比亚特区、州际或国际通信中的骚扰电话

第 224 条　天线塔台搭载的管制

第 225 条　聋哑人的电信服务

第 226 条　接线员服务

第 227 条　对使用电话设备的限制

第 228 条　对提供按次付费电话的电信公司的管制

第 229 条　遵守《执法通信援助法》

第 230 条　保护私人避免骚扰信息

第二部分　竞争性市场的发展

第 251 条　联网

第 252 条　谈判、仲裁和协议的批准程序

第 253 条　准入壁垒的消除

第 254 条　普遍服务

第 255 条　对残疾人的服务

第 256 条　对联网的协调

第 257 条　对市场准入壁垒的处理

第 258 条　用户选择电信公司后的非法变更

第 259 条　基础设施共享

第 260 条　电传服务的提供

第 261 条　对其他要求的影响

第三部分　对贝尔电话公司的专门条款

第 271 条　贝尔公司从事地方之间的电信服务

第 272 条　独立的子公司，安全设施

第 273 条　贝尔公司的制造部门

第 274 条　贝尔公司的电子出版

第 275 条　报警和监测服务

第 276 条　付费电话业务规定

第三章　关于无线电的规定

第一部分　总则

第 301 条　无线电通信或能量传输的许可证

第 302 条　干扰无线电接收的装置

第 303 条　FCC 的一般权力

第 304 条　许可证的豁免

第 305 条　政府拥有的无线电台

第 306 条　外国船舶

第 307 条　设施分配，许可证的条件

第 308 条　许可证申请，国际通信许可证的条件

第 309 条　申请活动，许可证的形式和附加条件

第 310 条　对持有和转让许可证的限制

第 311 条　对申请广播业务的特殊要求

第 312 条　行政处罚

第 313 条　反托拉斯法的实施，某些情况下拒发许可证

第 314 条　保护商业竞争

第 315 条　向公共候选人提供设施

第 316 条　FCC 对建台许可证或经营许可证的修改

第 317 条　关于某些广播业务的通知

第 318 条　传输设备的操作

第 319 条　建台许可

第 320 条　指定广播电台处理求救信号

第 321 条　求救信号与通信

第 322 条　移动电台间的相互通信

第 323 条　政府电台与商业电台之间的干扰

第 324 条　最小功率的使用

第 325 条　虚假求救信号，重播，外国电台演播室

第 326 条　审查，不雅语言

第 327 条　海军台站用于商业信息

第 328 条　（空缺）

第 329 条　美国领土与属地内的无线电管理法

第 330 条　某些电视接收装置的禁运

第 331 条　高频电台与调幅电台

第 332 条　移动业务

第333条　故意或恶意干扰
第334条　对平等就业机会法规修改的限制
第335条　直播卫星业务的责任
第336条　广播频率的灵活性
第337条　公共安全业务许可证和商业许可证的分配和发放

第二部分　大型船舶无线电设备和无线电台操作人员

第351条　船载无线电台和操作
第352条　例外规定
第353条　无线电管理员、监视、装有无线电报自动报警的船只
第354条　无线电操作员、装有监视——无线电报的船只
第355条　技术要求——装有无线电报的船只
第356条　技术要求——装有无线电话的船只
第357条　救生船
第358条　安装审批
第359条　信息传输
第360条　船长的职责
第361条　证书
第362条　审查
第363条　FCC的控制权
第364条　罚金
第365条　机动船的求救和安全系统

第三部分　租用客轮上的无线电话装置

第381条　可载6人以上乘客的船只要求安装无线电话
第382条　豁免装备无线电话的船只
第383条　FCC的豁免权
第384条　FCC的权力,操作、安装附加设备
第385条　督查
第386条　罚则

第四部分　公共电信设施的资助,电信示范,公共广播公司

第A节　公共电信设施的资助

第390条　目的说明
第391条　拨款权
第392条　建设规划的审批
第393条　商务部长批准和开支的标准

第B节　儿童教育电视的国家基金

第 394 条　国家基金的设立

第 C 节　电视示范

第 395 条　对示范项目的资助

第 D 节　公共广播公司

第 396 条　政策要求

第 E 节　总则

第 397 条　定义

第 398 条　联邦干预或控制的禁止，平等就业机会

第 399 条　禁止支持政党竞选人

第 399 条 A　商业或机构标识的使用

第 399 条 B　公共广播提供的设施、服务

第四章　程序和行政管理规定

第 401 条　对本法和 FCC 法令实施的司法权

第 402 条　禁止、驳回、取消或中止 FCC 法令的诉讼

第 403 条　FCC 的主动调查

第 404 条　调查报告

第 405 条　复议

第 406 条　强制提供设施的指令

第 407 条　请求执行付款的指令

第 408 条　不予付款的指令——生效时间

第 409 条　诉讼的一般规则——证人与证词

第 410 条　联合委员会的参与——与州委员会的合作

第 411 条　多方联合诉讼

第 412 条　归档的公共记录文件

第 413 条　诉讼代理人的指定

第 414 条　法律救济的非排他性

第 415 条　诉讼的限制

第 416 条　与 FCC 法令有关的条款

第五章　处罚规定

第 501 条　处罚总则

第 502 条　违反法规和条例

第 503 条　关于回扣和补偿的处罚

第 504 条　与处罚有关的规定

第 505 条　违法行为审判地

第 506 条　违反五大湖区协议

第 507 条　特定付费信息的披露

第 508 条　对知识、技能或机会竞赛中某些行为的限制

第 509 条　（空缺）

第 510 条　通信设施的没收

第六章　有线电视通讯

第一部分　总则

第 601 条　立法宗旨

第 602 条　定义

第二部分　有线电视频道的使用和有线电视所有权的限制

第 611 条　用于公共、教育或政府使用的有线电视频道

第 612 条　用于商业目的的有线电视频道

第 613 条　所有权限制

第 614 条　本地商业电视台信号的传输

第 615 条　非商业性教育电视台信号的传输

第 616 条　对传输协议的管制

第 617 条　有线电视系统的出售

第三部分　特许权及管制

第 621 条　许可的一般要求

第 622 条　特许费用

第 623 条　资费管制

第 624 条　服务、设施和设备的管制

第 625 条　特许权义务的修改

第 626 条　特许权续延

第 627 条　出售条件

第 628 条　促进竞争和视频节目分配的多样化

第 629 条　浏览设备竞争的可行性

第四部分　其他条款

第 631 条　用户隐私权的保护

第 632 条　消费者保护和用户服务

第 633 条　未经授权接收有线电视

第 634 条　平等的就业机会

第 635 条　司法程序

第 635 条 A　特许管理机构的责任限制

第 636 条　联邦、州和地方政府的协作

第 637 条　现有的特许经营

第 638 条　刑事和民事责任
第 639 条　淫秽节目
第 640 条　有线电视频道的非订户加扰
第 641 条　成人视频节目的加扰

第五部分　电话公司提供视频节目

第 651 条　对视频节目服务的管制规定
第 652 条　禁止买断
第 653 条　开放式视频系统的建立

第七章　附则

第 701 条　根据本法向 FCC 移交的权力和职责
第 702 条　（空缺）
第 703 条　（空缺）
第 704 条　移交、申诉和修改的生效
第 705 条　未经许可公开通信
第 706 条　战争紧急状态下总统的权力
第 707 条　本法的生效时间
第 708 条　可分性条款
第 709 条　简称
第 710 条　残疾人的电话服务
第 711 条　公共服务通告的闭路字幕
第 712 条　联合专营权
第 713 条　视频节目的接收
第 714 条　电信发展基金①

三、传媒法的体例结构

俄罗斯、哈萨克斯坦、格鲁吉亚、乌兹别克斯坦等国家通过大众传媒法对广播电视、出版等活动进行规范。哈萨克斯坦 1999 年通过了大众传媒法，2006 年对传媒法进行了修改，严格媒体的登记制度，明确未经登记擅自制作、出版和散播媒体者将承担法律责任，依法加强对媒体的管理。俄罗斯联邦大众传媒法共七章 62 条：第一章总则，第二章大众传媒组织，第三章大众传媒的传播活动，第四章大众传媒与公民、组织的关系，第五章新闻记者的权利与义务，第六章大众传媒的国际合作，第七章违反本法的责任。格鲁吉亚传媒法共六章 32 条：第一章总则，第二章媒体的传播活动，第三章公民、媒体和新闻

---

① 王俊豪,等.美国联邦通信委员会及其运行机制[M].北京:经济管理出版社,2003:110-118.

工作者的权利与义务,第四章新闻工作者的义务,第五章国际合作,第六章对本法的贯彻执行进行监督。

[案例]俄罗斯联邦大众传媒法目录

第一章　总则

第1条　大众传播自由

第2条　大众传媒的基本概念

第3条　禁止新闻审查

第4条　禁止滥用新闻传播自由

第5条　大众传媒立法

第6条　法律的适用

第二章　大众传媒组织

第7条　创办者

第8条　大众传媒的注册登记

第9条　不允许重复登记

第10条　申请注册登记

第11条　重新登记和通知

第12条　免于注册登记

第13条　不予注册登记

第14条　注册费

第15条　无效注册登记证书的认定

第16条　暂停或终止活动

第16条1　大众传媒因违反俄联邦选举法和公民公决法而导致活动终止

第17条　权利与义务的产生

第18条　创办者的法律地位

第19条　编辑部的法律地位

第19条1　对建立电视节目、电视广播组织机构的限制

第20条　编辑部的章程

第21条　出版者的法律地位

第22条　合同

第23条　新闻通讯社

第24条　其他大众传媒

第三章　大众传媒的传播活动

第25条　传播规则秩序

第26条　发表

第 27 条　出版者的版本标记
第 28 条　发行量
第 29 条　义务上缴样本
第 30 条　联邦广播电视委员会
第 31 条　广播电视许可证
第 32 条　许可证的撤销
第 33 条　广播电视的干扰
第 34 条　广播电视资料保存
第 35 条　义务报道
第 36 条　广告传播
第 37 条　色情刊物

第四章　大众传媒与公民、组织的关系
第 38 条　获取信息的权利
第 39 条　信息获取
第 40 条　拒绝或延迟提供信息
第 41 条　机密信息
第 42 条　创作者的作品或信件
第 43 条　辟谣的权利
第 44 条　辟谣的规则
第 45 条　拒绝辟谣的理由
第 46 条　答复的权利

第五章　新闻记者的权利与义务
第 47 条　新闻记者的权利
第 48 条　派驻记者
第 49 条　新闻记者的义务
第 50 条　暗访暗录
第 51 条　禁止滥用新闻记者权利
第 52 条　新闻记者的特殊法律地位

第六章　大众传媒的国际合作
第 53 条　国家间的条约和协定
第 54 条　国外信息的传播
第 55 条　外国记者

第七章　违反本法的责任
第 56 条　责任的承担
第 57 条　责任的免除

第58条 妨碍传播自由的责任

第59条 滥用传播自由的责任

第60条 其他违反大众传媒法的责任

第61条 上诉规则

第62条 损害赔偿[①]

思考题：

1. 广播电视立法的原因是什么？广播电视法律关系有哪些？
2. 广播电视立法体例有哪几种？广播电视法的主要内容有哪些？
3. 如何制定完善中国特色的广播电视法？

---

① Law of the Russian Federation "On Mass Media".

第三章 广播电视监管制度

> **内容提要:**
> 广播电视监管制度,主要介绍广播电视的监管机构及其职能、监管手段、监管特点,力求让读者总体把握广播电视监管制度设立的原因、目标和发展态势,理解广播电视的发达与监管制度的完备之间的辩证关系。

监管制度是各国广播电视法的主要内容。各国对广播电视的监管主要包括刚性的监管和软性的监管。刚性的监管主要包括立法机关、行政机关和司法机关对广播电视的监管,源于宪法和法律的授权,以国家强制力为后盾来督促落实。软性的监管主要包括行业协会、社会组织、公民个人对广播电视的监督,依靠行业纪律、职业道德和被监督者的自觉意识来督促落实。由于广播电视活动涉及社会公共利益和文化多样性,涉及市场竞争和经济效益,涉及各种公民政治权利,各国对广播电视的监管比较严格,主要内容包括:制定行业发展规划,制定技术标准,确定频率分配原则,公布节目内容规范,制定市场准入和退出规范,监管所有权结构,监督服务质量,引导跨媒体经营,维护业界和用户的合法权益等;监管的对象主要包括:广播电台、电视台等播出机构,节目制作机构、节目集成运营机构、无线传输发射机构、有线电视系统、卫星直播系统、通过电信网传播视听节目系统等。

第一节 广播电视监管机构

广播电视监管来自法律授权。对广播电视实施监管的机构包括国会、议会等立法机关,法院、法庭等司法机关以及政府有关部委和依法成立的独立监管机构。绝大多数国家都设立了广播电视行政监管机构。按照监管对象的不同,大致可分为两种类型:一种是统一监管机构,对公共、商业、宣传服务类广播电视实施统一监管管理;另一种是分类监管机构,对公共、商业、宣传服务类广播电视实施分别监管。按照是否隶属于政府,大致也可分为两种类型:一种是政府监管机构,这种监管机构从属于政府,向政府和议会负责;另一种是独立行政监管机构,不是政府的组成部门,向议会负责。

一、统一监管机构

世界上对广播电视进行统一监管的国家大致有三类:一类是对广播电视实行公共与商业体制并存的国家,如日本由总务省、法国由最高视听委员会、加拿大由广播电视通讯委员会、澳大利亚由通讯媒介管理局、瑞士由联邦交通通讯能源部、韩国由通信广播委员会、印度由新闻广播部、新加坡由媒体发展局、南非由独立通讯管理局统一监管等。第二类是对广播电视实行国营、公营、私营混合体制的国家,如俄罗斯由新闻出版与大众传媒署、哈萨克斯坦由新闻与文化部、塔吉克斯坦由广播电视委员会、泰国由国家广播电视委员会统一监管等。第三类是对广播电视实行国营体制的国家,如越南、古巴、朝鲜等,由广播电视委员会统一监管。

法国最高视听委员会(CSA)是于1986年设立的独立监管机构,负责监督执行广播电视法律法规。广播电视法规政策由政府及其所属文化通讯部制定,国会负责审查。法国最高视听委员会由九名委员组成,其中一名担任主席。包括主席在内的三名成员由总统任命,其余成员由国民议会议长和参议院议长各任命三名,任期为六年,不能被撤销,不能连任,任期交叉,每两年改选其中的三分之一。任职期间,委员会成员不得兼任其他公职或从事专业活动,不得在视听、电影、出版、报纸、广告、通讯机构中拥有股份,若有违反,将依法撤销其职务。法国最高视听委员会的主要职责有:(1)为商业广播电台、电视台颁发执照;(2)为公共广播电台、电视台任命董事会成员和董事长;(3)监督广播电视公司履行播出职责的情况;(4)对政府广播电视议案发表意见;(5)对广播电视各种问题进行调查研究;(6)负责与国外监管机构进行交流;(7)在选举期间为电视竞选活动设立规则,监督候选人利用广播电视进行竞选情况;(8)接受处理受众的投诉;(9)对广播电视经营者之间的争议冲突进行裁决。法国最高视听委员会设有八个部门:(1)行政财政部,负责财务预算、人事管理及工作设备场所;(2)视听运营部,负责受理执照申请,同节目部一起核发执照,监督协议执行情况;(3)节目部,负责检查运营机构的节目制作是否履行有关义务,发布月度报告和年度报告;(4)技术部,负责频率分配,为委员们提供技术建议;(5)法律部,负责研究分析有关视听的法国法律和欧盟法规,协助委员们解释法律法规,处理诉讼案件;(6)研究发展部,负责视听发展战略研究,为委员们提供经济、财政及社会学方面的调查数据;(7)欧洲和国际事务部,负责与其他国家、欧洲机构中与广播电视规制有关部门的关系;(8)信息文件部,负责委员会的信息月报和网站,向公众开放提供文件资料库。[1]

韩国2000年制定颁布了综合性的广播法,合并了原来的广播电视法、有线广播电视法、韩国广播公司法,合并了韩国文化观光部、信息通讯部、原韩国广播委员会、韩国有线

---

[1] 国家广电总局发展改革研究中心. 发达国家广播影视管理体制和管理手段研究. 内部资料. 94-96.

电视委员会有关广播电视的监管职能,重组了统一监管广播电视的韩国广播委员会(KBC)。按照韩国广播法的规定,设立韩国广播委员会是为了实现广播电视的公众义务,保证公共利益,保持客观中立,提高节目内容质量,维护公平竞争。委员会由九名专业人士和社会不同领域的代表组成,由总统任命,其中三名应当经由国会议长推荐。委员会设有一名主席、一名副主席和两名常委,由委员会选举产生。主席对委员会的运作进行管理,可以出席国会陈述意见,并向国会报告或回答质询;可以出席国务会议,向总理提出其权限范围内所涉事务的法案。委员会的委员任期为三年,可连任一次,国家公务员、地方公务员、政党成员、广播电视业务经营者不能成为委员。主席、副主席、常务委员视为公务员,不得同时担任具有营利性质的职位;委员会的其他委员为荣誉性职位。韩国广播委员会的主要职责:(1)负责广播电视基本计划的有关事项(委员会应当听取文化观光部对广播电视的政策意见、听取信息通讯部对广播电视技术设施的意见),(2)处理广播电视运营和节目编排事宜,(3)负责广播电视业务许可、授权、登记、吊销的推荐事宜,(4)负责规章的制定、修改和废除,(5)负责广播电视调查研究、捐助事宜,(6)对广播电视业者之间的争议进行裁决,(7)建立广播电视节目公平发行交易体制(应当听取公平交易委员会的意见),(8)处理受众投诉,(9)运作管理广播发展基金,(10)对违法者实施惩戒措施,(11)制定实施委员会的预算,(12)法律规定的其他职责。① 为了顺应广播电视与电信的融合发展,韩国2008年撤销信息通信部和广播委员会,成立广播通信委员会,统一监管广播电视、通信、互联网产业。

中华人民共和国成立以来,广播电视实行"条块结合、以块为主"的领导体制,"宣传工作、事业建设和行业管理三位一体"的管理体制。1949年6月5日,中共中央发出通知,决定将原新华总社的语言广播部扩充为中央广播事业管理处,管理并领导全国广播事业。中华人民共和国成立后,中央广播事业管理处改组为广播事业局。根据1949年11月制定的广播事业局组织条例,广播事业局的职权有:领导全国人民广播电台,直接领导中央人民广播电台对国内和国外广播,普及人民广播事业,指导和管理各地私营广播电台,培养和训练广播事业干部。1955年,国务院发出《关于地方人民广播电台管理办法的规定》指出:各省、自治区、直辖市、省辖市人民广播电台为各省、自治区、直辖市、省辖市人民委员会的直属机构,受各该级人民委员会及广播事业局的领导。1956年,国务院发出《关于农村广播网管理机构和领导关系的通知》规定:各省、自治区、直辖市人民委员会可设立广播管理局或处,负责全省(区、市)农村广播网建设,并管理省辖市人民广播电台。② 1982年国务院机构改革,将中央广播事业局改为中华人民共和国广播电视部。1983年,《中共中央关于批转广播电视部党组〈关于广播电视工作的汇报提纲〉的通知》明确了广播电视机构的性质和职能:中央和地方的各级广播电视机构,既是新闻宣传机关,

---

① 参见韩国广播法。
② 徐光春. 中华人民共和国广播电视简史[M]. 北京:中国广播电视出版社,2003:11-12.

又是事业管理机关,中心工作是宣传;明确了各级广播电视机构之间的关系:省、自治区、直辖市广播电视厅(局)的宣传工作受该省、自治区、直辖市党委领导和广播电视部指导,事业建设受该省、自治区、直辖市人民政府和广播电视部的双重领导,以同级政府领导为主。这一原则也适用于省、自治区、直辖市广播电视厅(局)与省辖市、县广播电视局之间的关系。1986年,广播电视部改名为广播电影电视部。1997年,《广播电视管理条例》以行政法规的形式肯定了我国"条块结合、以块为主"的广播电视领导体制和"宣传工作、事业建设和行业管理三位一体"的广播电视管理体制。①

1998年,国务院机构改革方案将广播电影电视部改组为国家广播电影电视总局(正部级),为国务院主管广播电视宣传和广播电影电视事业的直属机构,将原广电部的广播电视传送网的统筹规划和行业管理交给信息产业部。根据国办《关于印发国家广播电影电视总局职能配置内设机构和人员编制规定的通知》(国办发〔1998〕92号),国家广电总局内设有办公厅(法规司)、总编室、电影事业管理局、社会管理司、人事教育司、计划财务司、科技司、外事司、保卫司九个职能司局。2003年,中央机构编制委员会办公室《关于调整国家广播电影电视总局内设机构的批复》(中央编办复字〔2003〕187号),同意广电总局撤销保卫司,设立电视剧管理司。2005年,中央机构编制委员会办公室《关于调整国家广电总局内设机构有关问题的批复》(中央编办复字〔2005〕168号)内容有:(1)总编室更名为宣传管理司,电影事业管理局更名为电影管理局,外事司更名为国际合作司。(2)办公厅增加"指导地方广播影视改革、审批地方广播影视重大改革措施"的职责;社会管理司增加"管理移动电视和公共场所广播电视业务,管理广播电视视频点播,管理广播电视广告播放"的职责;人事教育司增加"指导广播电影电视行业人才工作和队伍建设,负责广播电影电视从业人员职业资格管理工作"的职责;国际合作司增加"组织实施广播影视走出去工作,管理境外广播电视节目引进和中外合作制作电视节目,管理境外卫星电视节目落地与接收"的职责。(3)设立法规司和保卫司。调整后,国家广电总局内设有办公厅、宣传管理司、电影管理局、社会管理司、人事教育司、计划财务司、科技司、国际合作司(港澳台事务办公室)、电视剧管理司、法规司、保卫司11个职能机构。2008年,国务院进行新一轮机构改革,积极推行大部门制。根据《国务院关于机构设置的通知》(国发〔2008〕11号),设立国家广播电影电视总局(正部级),为国务院直属机构。根据国办《关于印发国家广播电影电视总局主要职责内设机构和人员编制规定的通知》(国办发〔2008〕89号),国家广播电影电视总局有十项职责。

2013年,新闻出版总署与国家广电总局合并。根据国办《关于印发国家新闻出版广电总局主要职责内设机构和人员编制规定的通知》(国办发〔2013〕76号),国家新闻出版

---

① 广播电影电视部关于认真学习、宣传、贯彻《广播电视管理条例》的通知(1997年9月2日发布广发法字〔1997〕565号)。

广电总局的职责有：(1)负责拟订新闻出版广播影视宣传的方针政策，把握正确的舆论导向和创作导向。(2)负责起草新闻出版广播影视和著作权管理的法律法规草案，制定部门规章、政策、行业标准并组织实施和监督检查。(3)负责制定新闻出版广播影视领域事业发展政策和规划，组织实施重大公益工程和公益活动，扶助老少边穷地区新闻出版广播影视建设和发展。负责制定国家古籍整理出版规划并组织实施。(4)负责统筹规划新闻出版广播影视产业发展，制定发展规划、产业政策并组织实施，推进新闻出版广播影视领域的体制机制改革。依法负责新闻出版广播影视统计工作。(5)负责监督管理新闻出版广播影视机构和业务以及出版物、广播影视节目的内容和质量，实施依法设定的行政许可并承担相应责任，指导对市场经营活动的监督管理工作，组织查处重大违法违规行为。指导监管广播电视广告播放。负责全国新闻记者证的监制管理。(6)负责对互联网出版和开办手机书刊、手机文学业务等数字出版内容和活动进行监管。负责对网络视听节目、公共视听载体播放的广播影视节目进行监管，审查其内容和质量。(7)负责推进新闻出版广播影视与科技融合，依法拟订新闻出版广播影视科技发展规划、政策和行业技术标准，并组织实施和监督检查。负责对广播电视节目传输覆盖、监测和安全播出进行监管，推进广电网与电信网、互联网三网融合，推进应急广播建设。负责指导、协调新闻出版广播影视系统安全保卫工作。(8)负责印刷业的监督管理。(9)负责出版物的进口管理和广播影视节目的进口、收录管理，协调推动新闻出版广播影视领域"走出去"工作。负责新闻出版广播影视和著作权管理领域对外及对港澳台的交流与合作。(10)负责著作权管理和公共服务，组织查处有重大影响和涉外的著作权侵权盗版案件，负责处理涉外著作权关系和有关著作权国际条约应对事务。(11)负责组织、指导、协调全国"扫黄打非"工作，组织查处大案要案，承担全国"扫黄打非"工作小组日常工作。(12)领导中央人民广播电台、中国国际广播电台和中央电视台，对其宣传、发展、传输覆盖等重大事项进行指导、协调和管理。(13)承办党中央、国务院交办的其他事项。

　　随着我国社会主义市场经济的发展，中央、省、地市、县四级政府开办的广播电视机构已经成为重要的利益主体，同时行使着行政管理职能，广电系统层级之间的矛盾日益突出：一是中央台与地方台之间争夺收听收视率和广告收入日益激烈，二是有线电视与卫星电视、IP电视、OTT互联网电视之间争夺用户日益激烈，三是广电局与广播电视台之间存在着管理与不服管理的矛盾。国家新闻出版广电总局作为国务院的主管部门，依照"三定方案"对全国广播电视实施统一管理。但是按照属地管理的原则，国家新闻出版广电总局只能依靠当地广电局对各地的广播电视事务进行监管，而各地广电局与国家新闻出版广电总局只是业务指导关系，不是领导关系，涉及当地广播电视台的违法违规问题，当地广电局很难严格依法查处，有关法律法规的规定很难落到实处。为此，似可借鉴国外统一监管的有益经验，在我国建立上下垂直的广播电视统一监管体系，主要原因有：一是广播电视信号无处不在，接收简单方便，社会影响广泛，特别是对青少年儿童影响很大，应当统一监管；二是广播电视跨地域传播，节目内容和网络建设应当统一标准、统一监管,不能各自为战、不同标准、分割市场;三是可以解决地方广播电视"管办不分"的问题,理顺中央政府与地方各级政府在广播电视事务方面各自的职责。我国广播电视由中央、省、市地、县四级政府开办、四级政府管理,可以通过广电管理体制改革,建立起确保中央政令畅通的、由中央政府负责的全国广播电视统一监管体系,夯实电台、电视台等公益性服务主体,在全国形成依法行政、统一监管、有序竞争、合作共赢的广播电视事业和产业发展格局。考虑到我国广播电视管理体制与我国的政治体制、经济体制、文化体制改革紧密相关,各地正积极稳妥推进广播电视管理体制改革。各省(区市)组建了新闻出版广电局,负责"管",广电台负责"办",局和台机构分设、职能分开、人事财务分开,局和台的人员不交叉任职,实现广播电视"管办"分开的目标。

二、分类监管机构

美国、英国、德国等少数国家对公共、商业和宣传服务类广播电视分别进行管理。美国通过联邦通讯委员会(FCC)对商业广播电视和电信活动实施统一管理,通过公共广播公司(CPB)对公共广播电视活动实施管理,通过联邦政府广播管理委员会(BBG)对政府的国际广播电视活动实施管理。德国的公共广播电视主要是依据州际协议和各州法律实施自主管理,没有行政监管机构;商业广播电视主要通过各州媒介管理局进行监管;国际广播活动主要由联邦政府的德国之声电台负责;德国联邦经济劳动部所属的联邦网络机构负责制定频率使用计划,负责向各州分配广播电视频率,但不是全国广播电视的行政监管机构。英国通过通讯办公室(Ofcom)对广播电视和电信活动进行统一监管,通过政府(文化媒介体育部)督促公共广播电视媒体BBC提交年度报告等事项。

美国广播电视监管机构如图3-1:

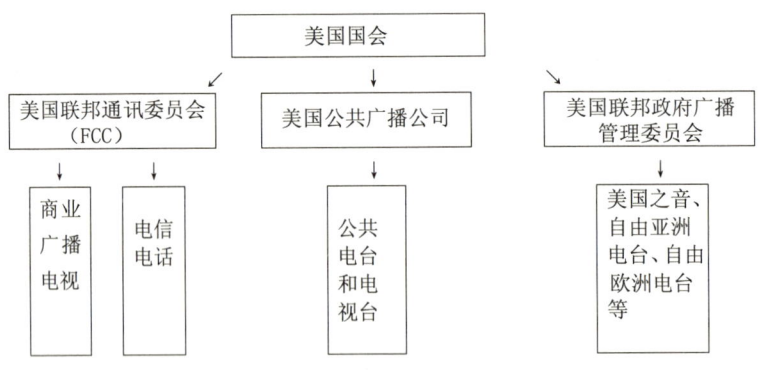

图3-1 美国广播电视监管机构

美国联邦通讯委员会(FCC)是依联邦通讯法的规定而设立的独立行政监管机构,直接对国会负责,拥有准立法、准司法的职能。FCC实行委员会负责制,由美国总统提名并经国会批准,产生5名委员,最多只能有3名委员是同一政党人士。其中1名委员由总统任命为主席,其基本职责是主持FCC的所有会议,组织协调FCC的运转工作,在国会或与其他政府部门举行会议或联络时代表FCC。FCC有职员2,000人左右,每年预算大约在两三亿美元。FCC有7个主要职能局、11个业务办公室。这7个局包括:(1)消费者和政府事务局,负责向公众提供FCC的政策、规划和措施,处理消费者的投诉,处理政府间的事务。(2)执行局,负责实施通讯法和FCC的规章、法令,在全国还设立地区办公室,进行现场调查和监督。(3)国际局,负责FCC的国际活动和国际电信政策建议。(4)媒体局,负责地面、有线、卫星广播电视媒体服务的政策和牌照发放及吊销。(5)无线通信局,负责无线通信政策和牌照发放。(6)有线竞争局,负责有线通信政策和牌照发放。(7)公共安全和国土保障局,统一负责公共安全、国土保障、紧急事件等。这11个办公室包括:(1)行政法律裁决办公室,主持听证会,对有争议的事件作出裁决。(2)通讯商机办公室,为小型的、少数民族或女性拥有企业提供电信业务机会。(3)工程技术办公室,分配非政府使用的频谱,建立用户必须遵守的技术标准。(4)法律顾问办公室,是FCC及其下属局和办公室的首席法律顾问,代表FCC向联邦法庭提起诉讼,提出决策建议,履行法律职能。(5)总监察办公室,负责独立审计调查工作。(6)立法事务办公室,是FCC与国会的联系纽带,负责准备国会听证会上的证词,负责与其他联邦机构、州、地方政府联络。(7)管理主任办公室,负责FCC的行政、人事、财务等管理事务。(8)媒体关系办公室,负责与媒体的联络,负责FCC的网站,通报FCC的政策、规划和措施。(9)书记办公室,负责收集整理文件、文档、票据等。(10)战略规划与政策办公室,进行战略研究和政策分析,提出对策和建议。(11)劳工多样化办公室,负责在员工的多样性、平等就业机会等方面向委员会提出建议。① 此外,美国联邦贸易委员会、司法部等联邦政府机构依职权对商业广播电视活动中的广告、不正当竞争等行为进行监督,地方州政府机构对有线电视系统也依法进行监督。

美国联邦政府广播管理委员会是依据国际广播法的规定而建立的政府机构。委员会由9名成员组成,国务卿是成员之一,其余8名成员(包括委员会主席)由参议院提名、总统任命,成员中属于同一政党的不能超过4名。美国国务卿对国际广播拥有指导外交政策、指导世界电视网节目等职责。广播管理委员会的主要职责是:监督美国政府所属机构从事的国际广播电视活动;检查评估国际广播的运营情况、质量效果和职业诚实;确保国际广播按照规定的标准和原则进行;至少每年一次检查评价和决定某种语种服务的增加或删减;监督管理国际广播的拨款;向国际广播局和其他国际广播活动拨款对象分配资金;检查工程项目,确保国际广播获得高质量的传输服务;研究更加有效、更加经济的国际广播方式;向总统和国会提交年度报告;从现有拨款中划拨和使用正式的接待费和代理费等。广播管理委员会在行使职权时,应当尊重国际广播局和它的广播服务,以及其他拨款对象的职业独立性和诚实性。广播管理委员会下设的国际广播局从事所有

---

① 陈昌凤.美国传媒规制体系[M].北京:清华大学出版社,2013:21-24.

由美国政府资助的非军事国际广播活动。国际广播局局长经参议院提名、由总统任命。国际广播局局长应组织一个协调委员会,向广播管理委员会提出有关国际广播长期发展战略的建议,协调委员会应包括自由亚洲电台、自由欧洲电台、自由电台、美国之音、古巴广播部、世界电视网的代表。[①]

美国公共广播公司是依据公共广播法的规定而建立的非营利机构,主要职责是:推动公共广播实体能够提供各种不同来源的、丰富多彩、有创造性的高质量的节目,坚持不同节目的平衡性和客观性;帮助建立一个或多个互联互通的公共广播传输系统,使所有公共广播实体能够在其选择的时间内向公众提供服务。公共广播公司设有董事会,由9名成员组成,由参议院提名、总统任命,来自同一政党的成员不得超过5名。董事会每年选举一位主席、一位或多位副主席。公共广播公司的经费来自财政拨款(公共广播基金)以及政府部门、公司企业和个人的赞助。

英国通讯办公室是依据2003年通讯法的规定而设立的广播电视和电信业监管机构。根据2003年通讯法的规定,英国将原来管理商业广播电视和电信业务的独立电视委员会、广播标准委员会、电信管理局、广播局、无线电管理局合并,组建了英国通讯办公室,主要职责是:(1)确保频谱资源得到最佳利用;(2)确保在全国范围都能获得包括高速数据服务在内的电子通信服务;(3)确保广播电视服务丰富多彩,具有高质量和吸引力;(4)保持广播节目内容的多样化;(5)保护受众免遭不良内容的危害;(6)保护用户的隐私不受侵犯,保护用户免受不公平待遇。英国通讯办公室下设内容管理部、消费者处、全国咨询委员会、老弱病残问题咨询委员会、管理评估委员会等。从行政隶属关系而言,英国通讯办公室是英国文化媒介体育部和贸易工业部的下属机构,其主席和委员由文化媒介体育大臣和贸易工业大臣共同任命,在广播电视业务和电信业务上分别接受这两位大臣的领导。英国通讯办公室涉及英国广播公司的职能,须遵照英国广播公司的皇家特许状和执照协议或者文化媒介体育大臣的授权。[②]

第二节　广播电视监管手段

各国对广播电视的监管主要有法律手段、行政手段、经济手段、技术手段和行业自律。广播电视监管的主要依据是法律授权,法律手段是广播电视监管的主要手段,法律是行政手段、经济手段、技术手段的总依托。行政手段是广播电视监管的传统手段,也是最常用、最直接的手段。经济和技术是广播电视发展的重要基础,经济手段、技术手段在广播电视监管中发挥着越来越重要的作用。

[①] 陈晓宁.广播电视新媒体政策法规研究[M].北京:中国法制出版社,2001:340-343.

[②] 参见2003年英国通讯法.

一、法律手段

法律手段主要包括立法、行政执法和司法手段。随着全球经济的日益交融、数字技术的融合发展、思想文化的相互碰撞,广播电视监管和广播电视立法面临着许多新课题、新难题:一是处理好经济全球化与维护本国文化主权的关系;二是处理好经济市场化与文化多样性的关系;三是处理好技术中立与业务监管的关系;四是处理好节目内容的国际化与本地化、高品质与大众化的关系;五是处理好广电网、电信网与互联网的关系;六是处理好数字化时代维护公民的表达权、知情权,媒体的报道权、传播权以及维护社会公共利益的关系。各国对广播电视的立法,前文已介绍,这里不再赘述。行政执法将在行政手段中予以介绍。

司法手段,包括司法调查、司法调解、司法审判、司法执行等方式。司法调查,常见为国外政府高官和公共机构因为违法违规或不当行为而由独立的法官进行的调查,比如2003年,英国最高法院法官赫顿对英国广播公司的不当报道引起的"凯利事件"进行调查。司法调解主要指我国法院在民事审判中对当事人争议的调解,这被国际司法界称为"东方经验"。司法调解制度根植于我国的长期司法实践中,符合我国特定的文化背景,把法理、道理、情理结合了起来,化解矛盾,平息争端,有利于社会的和谐稳定。司法审判是指法院严格按照民事诉讼、行政诉讼、刑事诉讼程序对案件进行审判。司法执行是指法院对已生效的判决书判定的事项进行强制执行。

[案例]英国法官赫顿对"凯利事件"的司法调查

2003年5月29日英国广播公司(BBC)记者安德鲁·吉利根在《今日》节目中报道英政府为发动对伊拉克战争,授意在2002年9月发表的伊大规模杀伤性武器报告中添加了萨达姆有能力在45分钟内部署生化武器的情报。报道播出后在英国引起轩然大波。作为吉利根报道的主要消息来源,曾长期参与联合国对伊武器核查的英国国防部生化武器顾问戴维·凯利,在自己的名字被国防部公开并接受英议会有关委员会公开质询之后不久,于7月18日割腕身亡。凯利之死使困扰英国政府对伊情报风波骤然升级,布莱尔因此陷入执政6年多来最严重的政治危机。8月初,英国最高法院法官赫顿牵头正式对凯利之死展开独立司法调查。取证历时3周,先后询问了70多名证人,包括"凯利事件"主要当事方BBC的高层人员、记者吉利根、凯利家人,还有被指向情报机关施压篡改对伊情报的首相高级公关主管坎贝尔、负责伊拉克武器报告编写工作的政府联合情报委员会主席斯卡利特、国防大臣胡恩等政府高层人物也先后出庭接受质询,布莱尔本人也成为英国历史上第二位在任内出庭接受公开质询的首相。

2004年1月29日,赫顿法官公布了长达89页的调查报告。报告认为凯利可能是因无法承受个人声誉受损而自杀,没有人能够预见他的死亡。英国唐宁街首相府及国防部在向媒体公布凯利姓名的过程中没有制订秘密战略,布莱尔政府在处理对伊情报方面不存在蓄意渲染的行为。报告对 BBC 的不实报道提出了严厉批评:记者吉利根关于政府蓄意夸大伊拉克大规模杀伤性武器威胁的报道没有事实根据;新闻总监桑布鲁克没有审核吉利根的笔记,又没有注意节目监制对吉利根用词不准确的批评;总经理戴克没有审核吉利根的笔记就片面支持记者的报道是真确的;董事长戴维斯过于依赖管理层对事件的判断,没有展开内部的调查。总之,BBC 负责人在核实吉利根的报道问题上存在失职行为,BBC 的新闻编辑工作存在缺陷。报告还认为,凯利在未经授权情况下向 BBC 记者谈及政府对伊情报问题违反了工作纪律。赫顿的报告公布后,BBC 董事长加戴维斯、总经理戴克、记者吉利根先后辞职,BBC 董事会向公众表示毫无保留的歉意。①

[**简评**]对英国广播公司的不实报道,英国政府完全可以选择行政手段予以处理,但却选择了更为公正独立的司法手段。赫顿的报告公布后,尽管遭到了英国公众的质疑和抗议,但是由于赫顿法官对凯利事件的调查是严格按照法律程序进行的,对证据证词进行了真实的记录,调查报告具有法律判决的效力,因此必须严格执行。随着我国民主法治进程的推进,对广播电视等媒体的管理应更多地运用司法手段。司法手段是守望社会公平的最后屏障,也是法律公正执行的最后保障。

二、行政手段

行政手段主要包括行政立法、行政指导、行政执法、行政调解、行政裁定、行政任免等方式。

(一)行政立法是指行政机关按照法律的授权制定、发布对广播电视事务具有普遍拘束力的决定、命令等

比如国家新闻出版广电总局作为国务院直属机构,可以依据立法法的规定制定广播影视的部门规章。美国联邦通讯委员会可以依据通讯法的授权制定广播电视的规则,韩国广播通信委员会可以制定发布广播电视广告播出的审议规则等。

(二)行政指导是指行政机关对广播电视事务进行方向性的指导

比如国家新闻出版广电总局具有指导广播电视宣传和广播影视创作、指导广播影视管理体制改革、指导广播影视高新技术研究开发、指导广播电视专用网的分级建设和开发等职责,可以制定促进广播影视发展的规划和指导意见等。

---

① 王永亮,刘衍华.《赫顿报告》英国政府重拳打击 BBC[J].今传媒.2004(2):16-17.

(三)行政执法是指行政机关进行行政许可、行政调查、行政处罚、行政复议等执法活动,是行政机关监管广播电视的重要手段

行政许可是指行政机关根据公民、法人或者其他组织的申请,经依法审查,准予其从事特定活动的行为。各国对广播电视一般实行特许制度,通过颁发执照、签订特许协议等形式对准入广播电视业务实施管理。行政调查是行政机关对公民、法人和组织的个人信息档案、从事商业经营和公共事业活动的信息档案进行调查,以获取有关证据材料。行政处罚是指行政机关对违反行政法律规范的公民、法人和其他组织给予的制裁,包括警告,罚款,没收违法所得、没收非法财物,责令停产停业,暂扣或者吊销许可证、暂扣或者吊销执照,行政拘留和其他处罚。为了加强文化市场执法,中办、国办《转发中宣部、中编办、财政部、文化部、广电总局、新闻出版总署、国务院法制办〈关于在文化体制改革综合性试点地区建立文化市场综合执法机构的意见〉的通知》(中办发〔2004〕24号),将现有文化、广播影视、新闻出版及"扫黄""打非"等有关行政执法队伍归并,以城市为主,属地管理,组建统一高效的文化市场综合执法机构;将查处违法安装和设置卫星电视广播地面接收设施、违法接收和传送境外卫星电视节目和走私盗版影片放映行为等纳入该机构统一执法。行政复议是指公民、法人或者其他组织认为行政机关的具体行政行为侵犯了其合法权益,依法向法定的行政复议机关提出复议申请,行政复议机关依法对该具体行政行为进行合法性、适当性审查,并作出行政复议决定的行政行为。公民、法人或者其他组织对行政复议决定不服的,可以依照行政诉讼法的规定向人民法院提起行政诉讼,但是法律规定行政复议决定为最终裁决的除外。

(四)行政调解、行政裁定是指行政机关对广播电视经营者之间或者经营者与消费者之间存在的民事争议进行调解处理或裁定处理,具有准司法性

行政调解书不具有法律效力,行政裁定书具有法律效力。当事人不服行政调解、行政裁定的,可以向法院提起民事诉讼,法律规定行政机关可以作出最终裁定的除外。比如韩国广播通信委员会、法国最高视听委员会、美国联邦通讯委员会都可以对经营者之间的争议进行裁决。

(五)行政任免是指行政机关对国有广播电视机构负责人职务的任命或者免除

比如韩国广播公司董事会成员由韩国广播通信委员会推荐,由总统任命;新加坡新传媒集团董事会成员和总裁均须经政府主管部门批准;我国中央人民广播电台、中国国际广播电台、中央电视台的台长由党中央批准、国务院任命,副台长由中宣部批准、国家新闻出版广电总局任命;各地广播电台、电视台由党委批准、政府任命。

三、经济手段

经济手段主要包括价格、税收、财政、信贷、利率、汇率等经济杠杆。在广播电视领域,各国主要通过价格、财税、设立基金等经济手段进行调控。

(一)价格手段

一是确定公共广播机构的收听收视费价格政策。英国、日本、加拿大、意大利、芬兰、澳大利亚、韩国等对公共广播机构的收听收视执照费均有规定。日本广播法规定:任何有能力安装并接收日本广播协会 NHK 节目设备的受众应当与 NHK 签订节目接收协议。通过上门收取方式,每年大约缴纳 15,490 日元收视费;通过邮政、银行信用卡转账等方式,每年大约缴纳 14,910 日元收视费。[①]

二是确定广播电视频率使用费政策。许多国家对无线电频谱资源都实行有偿使用制度,一些国家引入市场竞争机制,对用于商业目的的频率通过拍卖方式来指配。1989年,新西兰开始拍卖频率;1994 年,美国开始拍卖频率;1997 年,英国将单一由行政决定频率的方式改为由市场决定频率的方式。我国香港、台湾地区指配频率时也引入了市场竞争机制。我国广播电视频率采取行政指配、有偿使用制度。根据国家发改委《关于印发〈无线电管理收费规定〉的通知》(计价费〔1998〕218 号)要求,广播电台的无线电频率占用年度收费标准:1 万元/每套节目(中央台),5000 元/每套节目(省级台),500 元/每套节目(地级台),100 元/每套节目(县级台);电视台的无线电频率占用年度收费标准:10 万元/每套节目(中央台),5 万元/每套节目(省级台),1 万元/每套节目(地级台),5000 元/每套节目(县级台)。

三是制定有线电视基本服务价格标准。许多国家将有线电视作为付费电视系统,由订户与经营者确定服务价格,政府管制较少。比如,美国联邦通讯法第 623 条规定:联邦政府机构或州不可以规定有线电视服务的收费标准,除非另有规定。如果联邦通讯委员发现有线电视系统没有面临有效竞争,可以由特许权机构制定有线电视基本服务的收费标准或者由联邦通讯委员会制定有关收费标准的规定。1991 年,广电部发布《〈有线电视管理暂行办法〉实施细则》(已废止)规定,有线电视台、有线电视站可向有线电视系统终端户收取适当的有线电视建设费、维护费。收取的建设费、维护费,应本着"取之于民、用之于民"的原则,主要用于购置、安装、维护有线电视设施、设备和购买、租赁、制作有线电视节目、录像制品以及业务管理等。1995 年,国家计委价格管理司《关于中央电视台电影、体育、文艺卫星(有线)电视节目收视费标准的通知》规定:对中央电视台新开办的电影、体育、文艺卫星(有线)电视节目的收费,以各有线电视台入网户数为计费基础,每户每月不超过 2 元,少数民族及边远地区每户每月不超过 1 元,由中央电视台与各有线电

---

① 参见日本广播协会 2006 年度报告。

视台商定具体标准。2004年,国家发改委、广电总局印发《有线电视基本收视维护费管理暂行办法》,规定:有线电视基本收视维护费是有线电视网络经营者通过电缆、光缆等方式,向有线电视用户提供经国家广播电视行政部门批准的基本收视频道传送服务,按价格主管部门制定的收费标准向用户收取的费用。有线电视基本收视维护费实行政府定价,收费标准由价格主管部门制定。2012年,国家发改委、广电总局印发《有线数字电视基本收视维护定价成本监审办法(试行)》,规定:基本收视维护定价成本由与基本收视频道业务相关的主营业务成本、管理费用、销售费用、财务费用四项构成。2009年,国家发改委、广电总局下发《关于加强有线电视收费管理等有关问题的通知》,对有线电视收费项目进行了梳理,再次明确有线电视基本收视维护费实行政府定价;有线电视增值业务服务和数字电视付费节目收费,由有线电视运营机构自行确定。目前,各(省、区)市价格主管部门召开听证会,制定了有线数字电视基本收视维护费标准。

(二)财税手段

一是财政拨款,是指通过财政预算对国有广播机构给予经费支持。比如美国国会每年对公共广播机构和美国之音等国际广播机构都给予一定的财政拨款,英国外交部每年对英国广播公司拨款用于国际广播。我国的国际广播、少数民族语言广播电视和广播电视的无线转播覆盖主要依靠财政拨款。

二是财政补贴,是指通过财政预算对国有广播机构或者用户给予一定补助。许多国家的国家广播公司,政府都给予财政补贴。比如韩国政府可以依法对韩国广播公司的海外广播、卫星广播、节目制作等给予补贴。又如2006年美国通过的《数字电视传输和公共安全》法案规定:2009年2月17日,美国广播机构必须停止传输模拟电视信号,转为数字电视,从节省的频段资源中腾出60MHz拍卖给无线通信公司使用,腾出24MHz供紧急反应机构使用;同时规定用15亿美元财政资金,为每个贫困家庭提供两张40美元的代金券,补贴他们购买数字电视机顶盒。我国财政部门对广播电视少数民族节目译制、无线覆盖、国际传播等方面给予一定补贴。

三是税费调控,是指通过税费增加或减免对广播电视发展予以调控和支持。比如《国务院关于支持文化事业发展若干经济政策的通知》(国发〔2000〕41号)规定:广播电台、电视台和报纸、刊物等广告媒介单位以及户外广告经营单位,按经营收入的3%缴纳文化事业建设费。国务院办公厅转发《财政部、中宣部〈关于进一步支持文化事业发展若干经济政策〉》的通知(国办发〔2006〕43号)规定:广播电台、电视台和报纸、刊物等广告媒介单位及户外广告经营单位,按经营收入的3%缴纳文化事业建设费。2017年,财政部、国家税务总局下发《关于继续执行有线电视收视费增值税政策的通知》(财税〔2017〕35号)规定:2017年1月1日至2019年12月31日,对广播电视运营服务企业收取的有线数字电视基本收视维护费和农村有线电视基本收视费,免征增值税。

(三)设立基金

为了推动广播电视发展,一些国家和地区设立了基金进行调控。比如加拿大政府于1996年设立加拿大电视基金,对加拿大电视节目项目予以补贴。韩国2000年广播法规定韩国广播委员会应当设立广播发展基金,推进广播电视和文化艺术的发展,并规定了广播发展基金的来源、用途、运作和管理。韩国广播发展基金的主要来源包括地面广播电视、卫星广播电视、综合有线广播电视经营者的商业收入的6%以内的资金,节目提供商的利润的15%以内的资金,广播电视经营者的捐助、罚款及其他资金来源。我国台湾地区1983年通过"广播电视事业发展基金条例",设立广播电视事业发展基金,基金主要来自政府和社会捐助、广播电视事业经营盈余提拨等,主要用于推动高品质的公共广播电视节目制作、人才培养、从业人员奖励等。2009年,国务院发布的《文化产业振兴规划》规定:设立中国文化产业投资基金,通过股权投资等方式,推动资源重组和结构调整,促进文化产业发展。2017年,《国家"十三五"时期文化发展改革规划纲要》规定:中央和省级财政继续设立宣传文化发展专项资金,整合设立中央补助地方公共文化服务体系建设专项资金。中央和地方设立文艺创作专项资金或基金。

四、技术手段

技术手段主要包括技术标准、技术加密、技术监测等。广播电视是声光电技术、数字技术与艺术结合的产物,对技术进步的依赖越来越强,对技术标准的依赖也越来越强。从黑白电视到彩色电视再到数字电视,各国政府批准采用了不同的技术标准。数字电视标准主要有:一是1996年美国联邦通讯委员会批准ATSC(Advanced Television Systems Committee,高级电视系统委员会)标准为美国地面数字电视国家标准,加拿大、韩国等国家采用这种标准。二是1996年DVB(Digital Video Broadcasting,数字视频广播)标准正式成为欧洲各国标准,是目前世界上采用最广泛的数字电视传输标准,亚非欧101个国家同意采用DVB-T(Terrestrial)标准。DVB标准包括DVB-T、DVB-S(Satellite)、DVB-C(Cable)、DVB-H(HandHeld)等系列标准。三是1999年ISDB(Integrated Services Digital Broadcasting,综合业务数字广播)标准成为日本数字电视国家标准,巴西、阿根廷等南美国家决定采用该标准。四是2006年8月中国国家标委会批准颁布了我国地面数字电视传输标准,即《数字电视地面广播传输系统帧结构、信道编码和调制》(GB20600-2006)。我国香港地区电讯管理局宣布采用内地的地面数字电视标准。1998年,我国台湾地区交通主管部门决定采用美国ATSC标准,由于存在诸多技术问题,2001年,台湾地区广播电视业者决定改用欧洲DVB标准。

为了防止暴力等不良电视内容影响未成年人,许多国家相继采用了技术加密以及节目分级制与V芯片技术结合的手段来控制电视暴力等内容的传播。美国、加拿大等国家开发了一种将电视节目分级的V芯片(V-chip),它将电视节目分为5级,其代码与电视台节目一起播出,收看者打开电视机,安装了 V 芯片的电视机能够识别节目级别代码并予以解译。家长可以事先对电视机做编程处理,儿童在家只能收看适合他们观看级别的节目,不适合他们观看的节目则无法打开。美国要求电视机生产厂家必须在每台 13 英寸或以上的电视机中加入 V 芯片过滤暴力节目内容,以配合实施电视节目分级制。欧洲一些国家则开发了"家长电视控管系统"(Parental Control System)。

监测手段是政府主管部门了解掌握广播电视播出、传输、覆盖、接收情况的重要技术途径。我国已建成了由监测台、遥控站、数据采集点、数据分析处理中心等构成的广播电视监测网络,包括无线广播电视监测系统、有线广播电视监测系统、卫星广播电视监测系统,还建成了安全播出调度指挥系统、网络视听节目监管系统,主要任务是监测监管广播电视播出、传输的技术质量和覆盖效果,维护广播电视空中电波秩序和有线电视转播秩序,为政府实施管理提供有效的技术支持。

五、行业自律手段

行业自律手段是指行业中介机构通过组织章程、会议决议、行为规约等方式对会员的权利与义务进行规制的手段。行业中介机构是联系政府与运营者之间的桥梁纽带,在推进行业发展、维护行业利益、保障行业秩序、实施行业自律中发挥着重要作用,尽管行业自律手段不具有普遍的法律约束力,但是对其会员具有一定约束力。比如美国有全国广播业者协会、全国有线电视协会、全国教育广播电视业者协会、全国电台业者协会、广播电视新闻部主任协会等行业组织,在游说国会和政府部门、反映民意、维护业者利益等方面发挥着不可替代的作用。全国广播业者协会制定有伦理规约、商业行为规约、电台规约、电视规约等,对广播电视业者的行为进行了规范。全国广播业者协会、美国电影协会、全国有线电视协会还推动制定并实施了节目的分级办法。又比如韩国有韩国广播协会、韩国有线电视协会等行业组织。我国广播电视行业组织有中国广播电影电视社会组织联合会、中国电影电视技术学会、中国电视艺术家协会、中国广播电视交流协会、中国农业电影电视协会、中国广播电影电视报刊协会、中国广播剧研究会、中国电视艺术交流协会、中国城市影视发展协会等。2015 年,中国广播电影电视社会组织联合会联合多家行业组织签署了《新闻出版广播影视从业人员职业道德自律公约》,对新闻出版广播影视从业人员规定了"十提倡""十不为"。

第三节 广播电视监管特点

广播电视具有政治、经济、文化等多种属性,广播电视监管既有经济管制的基本原理,又有社会管制的鲜明特色,还有技术管制的突出特点。经济管制主要解决市场衰退、市场垄断等问题,着眼于市场效率,维护公平竞争、信息顺畅的市场秩序,解放和发展生产力。社会管制更多地关注人类社会的工作生活环境和精神文化观念,着眼于社会公平正义,维护思想自由、文化多样、诚信友善的人文社会环境,促进文化繁荣和社会和谐。技术管制主要解决频率使用分配,防止相互干扰,推动技术中立和新技术运用,促进科技带动广播电视发展。广播电视监管主要有以下特点:

一、监管理念:法律治理与政策规制相结合

市场经济是法治经济,民主政治是法治政治,和谐社会是法治社会。法律治理是最为经济有效的治理手段,法律至上已成为越来越多国家调控社会、治理国家的基本理念。我国提出了依法治国、建设社会主义法治国家的基本方略。法律治理与政策规制是现代国家治理和社会调控的两种互为补充的必要手段,各自发挥着独特的作用。政策是国家或政党为实现其政治、经济、文化等目标任务而确定的行动指导原则与准则,具有普遍性、指导性、灵活性等特征。法律是国家制定或认可并由国家强制力保证实施的具有普遍效力的行为规范,具有普适性、规范性、稳定性等特征。法律与政策的意志属性不同、规范形式不同、实施方式不同、稳定程度不同,但是两者的关系密切,相互影响、相互作用。一般地说,政策指导法律,法律体现政策;政策是法律的灵魂,法律是政策的载体;政策是法律的内核,法律是政策的外化。法律与政策在功能上具有共同性,在适用上具有互补性,因此,许多国家在法律治理的原则下,并用政策规制,刚柔并济,调控适度,缓释矛盾,实现有序治理的目的。

在广播电视领域,发达国家和新兴发展中国家都非常重视法律治理,同时辅以政策规制。从无线广播电视的诞生兴起,到公共广播电视、商业广播电视及其监管体制的确定,再到有线电视、卫星电视、数字电视、网络电视、手机电视的发展,一般是先制定法律,后进行实践,同时辅以政策。比如英国,为了改变由英国广播公司独家经营电视的政策,1954年制定电视法,成立独立电视公司发展商业电视;为了改变由英国广播公司独家经营广播的政策,1972年制定无线广播法,准许开办商业广播;为了发展有线电视,1984年制定有线电视法,设立有线电视局监督管理有线电视业;2003年制定通讯法,合并多个监管机构,设立通讯管理办公室,统一监管广播电视和电信业务。美国制定的广播电视法律政策更多,不仅国会通过了许多法律法案,联邦通讯委员会(FCC)也制定了许多政策规定,如1927年无线电法、1934年联邦通讯法、1946年FCC节目政策蓝皮书、1962年教育电视设备资助法、1963年超高频频道接收法、1967年公共广播法、1972年FCC关于促进卫星通讯自由的天空开放政策、1984年有线通讯政策法、1990年儿童电视法和反电视暴力法、1992年有线电视消费者保护及竞争法、1994年国际广播法、1996年电信法、1999年卫星接收促进法案、2006年数字电视传输和公共安全法案等。韩国广播电视的运营机制、结构调整、监管体制等也都以法律为依据,1963年通过了第一部广播电视法,确定国营、民营并存体制;1980年通过言论基本法,禁止商业广播电视;1987年通过广播法,恢复商业广播电视;1991年通过有线电视法,发展有线电视;2000年颁布新的综合广播法,

对公共广播机构、独立监管机构、商业广播电视活动进行全面规范;2004年修改广播电视法,允许开展卫星数字多媒体广播(S-DMB)业务;2008年通过IP电视业务法,允许电信运营商向宽带用户提供IPTV节目。由于法律的出台往往需经过多次研讨,多方协商,达成共识,保障政策、决策的科学性和可行性,避免盲目性和随意性,防止出现偏差和朝令夕改,降低政策法律实施的成本,从而实现广播电视健康有序发展的目标。

我国广播电视监管的现状是政策规制重于法律治理,从党的方针政策到国家的方针政策,再到主管部门的方针政策,对广播电视的新闻宣传、文艺创作、事业建设、技术规划、管理体制等方面进行了规定。比如1983年,中共中央《关于批转广播电视部党组〈关于广播电视工作的汇报提纲〉的通知》(中发〔1983〕37号)规定:搞好广播电视宣传必须坚持自己走路的方针,扬独家之优势,汇天下之精华,以新闻改革为突破口,推动广播电视宣传改革;调整事业建设方针和技术政策,实行中央、省(自治区、直辖市)、市(地、州)、县四级办广播、四级办电视、四级混合覆盖,努力做到县县、乡乡、队队通广播电视,户户、人人能够听到看到广播电视。1999年,国务院办公厅《转发信息产业部、国家广播电影电视总局〈关于加强广播电视有线网络建设管理意见〉的通知》(国办发〔1999〕82号)对广播电视有线网络的企业化改制、有线电视与电信业务分工等进行了规定。2001年,中办、国办《关于转发中央宣传部、国家广电总局、新闻出版总署〈关于深化新闻出版广播影视业改革的若干意见〉的通知》(中办发〔2001〕17号)对广播电视集团化改革、投融资政策等进行了规定。2005年,中共中央、国务院《关于深化文化体制改革的若干意见》(中发〔2005〕14号)对广播电台、电视台、传输网络、影视剧等节目制作的运行机制,数字广播、数字电视、数字电影的发展,广播电视村村通工程、农村电影放映工程的建设以及文化市场综合执法体制进行了规定。2006年,中办、国办《关于印发〈国家"十一五"时期文化发展规划纲要〉的通知》(中办发〔2006〕24号)对广播电视宣传、影视创作、重点工程、体制改革、政策保障等进行了全面规定。2012年,中办、国办印发了《国家"十二五"时期文化改革发展规划纲要》,要求深入推进电台、电视台制播分离改革,进一步完善管理和运行机制,不断扩大主流媒体的覆盖面和影响力。2016年,《中华人民共和国国民经济和社会发展第十三个五年规划纲要》规定:健全党委领导、政府管理、行业自律、社会监督、企事业单位依法运营的文化管理体制;深化公益性文化单位改革;推动文化企业建立有文化特色的现代企业制度;健全国有文化资产管理体制;降低社会资本进入门槛,鼓励非公有制文化企业发展;开展新闻出版传媒企业特殊管理股试点;健全现代文化市场体系,落实完善文化经济政策。

邓小平曾指出:制度好可以使坏人无法任意横行,制度不好可以使好人无法充分做事,甚至会走向反面,必须使民主制度化、法律化,使这种制度和法律不因领导人的改变而改变,不因领导人的看法和注意力的改变而改变。但是由于意识形态等多方面的原因,我国广播电视等宣传文化领域立法一直滞后,不能完全适应社会主义市场经济、民主政治、先进文化、和谐社会的发展要求。1989年,中共中央下发《关于加强宣传、思想工作的通知》,要求:在依靠政策和行政手段的同时,还必须加强法制建设,实行依法管理;要通过立法,把公民在言论、出版等方面的权利和义务,把宣传、思想、文化工作的社会主义方向,把党对意识形态工作的领导和马克思主义的指导地位进一步加以确定和具体化。这为我国广播电视立法指明了方向。2005年,中共中央、国务院《关于深化文化体制改革的若干意见》规定:加强文化立法,通过法定程序将党的文化政策上升为法律法规。2009年,国务院《关于印发文化产业振兴规划的通知》(国发〔2009〕30号)要求:加强文化立法工作,完善法律体系,依法加强对文化产业发展的规范管理。2014年,中共中央《关于全面依法治国若干重大问题的决定》提出:制定公共文化服务保障法,促进基本公共文化服务标准化、均等化;制定文化产业促进法,把行之有效的文化经济政策法定化,健全促进社会效益和经济效益有机统一的制度规范;加强互联网领域立法,完善网络信息服务、网络安全保护、网络社会管理等方面的法律法规,依法规范网络行为。2017年,《国家"十三五"时期文化发展改革规划纲要》规定:坚持党管宣传、党管意识形态、党管媒体,落实属地管理、分级负责和谁主管谁负责的原则;加强意识形态阵地管理,建立健全网络意识形态工作机制,维护国家意识形态安全;加快文化立法进程,强化文化法制保障,全面推进依法行政。我国广播电视行业要做到有法可依、有法必依、执法必严、违法必究,进而做到科学立法、严格执法、公正司法、全民守法,任重而道远。

二、监管目标:公共性、竞争性与多样性相结合

广播电视频谱资源属于社会公共资源,广播电视媒介属于社会公共舆论工具,广播电视监管源于社会公众利益,公共性是广播电视监管的总体目标,竞争性和多样性从公共性衍生而来,服从于公共性的目标。公共性是指超越个人和特定私人组织的特殊利益而追求社会共同利益,公共性主要强调广播电视在国家安全、社会发展方面应当承担的公共义务(包括维护国家安全的义务、向所有公民提供普遍服务的义务、向聋哑人和少数民族等提供服务的义务等),体现平等、公平、民主、正义、责任等价值观。竞争性是指维持市场的竞争态势,防止出现市场失灵和市场垄断,竞争性主要强调广播电视在市场经济发展中的重要作用,努力使有限的广播电视资源发挥最大效益,体现效率原则。多样性是指促进人们思想观念、精神文化的多样性,多样性主要强调广播电视在意识形态领域的重要地位,推动百家争鸣、百花齐放,防止千篇一律、舆论一律、思想僵化,最大限度保持社会的活力,体现以人为本的理念。

许多国家的广播电视法都规定了广播电视监管的目标和任务,概括起来就是保持公共性,维护竞争性,促进多样性。比如法国1986年传播自由法规定设立独立的最高视听委员会,主要任务是:保障公共广播电视的独立性和公正性;保障广播电视业者的待遇平等,维护自由竞争;监督节目内容和质量,促进国产节目的生产创作,弘扬法国的语言文字和文化传统。加拿大广播法规定:加拿大广播政策要遵循加拿大社会的双语性和民族

的多样性,要关心原著居民的要求,反映他们的生活状况和理想,要不断表达加拿大的统一性,维护加拿大的文化独立性和多样性。澳大利亚1992年广播法规定设立广播管理局,要求澳大利亚广播管理局对不同类型的广播电视服务实行不同层次的管理政策,以达到广播法的立法宗旨,主要包括:(1)促进广播电视机构有效地向澳大利亚全体公民提供娱乐、教育和信息节目;(2)为广播电视发展提供有利的管理环境,促进竞争,满足受众的需要;(3)掌控有影响力的广播电视机构的条件下提倡多样化;(4)保证澳大利亚公民有效地监督广播电视机构;(5)促进广播电视机构反映澳大利亚的统一性和文化的多样性;(6)鼓励节目提供者提供高质量、有创造性的节目;(7)鼓励商业性和社区性的节目提供者满足公众需求,公正真实地报道有关公共利益的事件,适当报道本地重大事件;(8)鼓励节目提供者在提供节目素材时尊重社区标准;(9)鼓励通过各种渠道和手段对节目提出批评;(10)确保少年儿童免受有害节目的影响。[1] 韩国2000年广播法第20条规定设立韩国广播委员会的目的:保障广播电视的公共属性,履行广播电视的公众义务;保持中立;促进广播电视节目内容质量的提高;维护广播电视业的公平竞争。美国联邦管制法典第47篇是专门管制通讯产业的有关法规,对美国联邦通讯委员会(FCC)的任务和目标进行了规定:FCC的任务是保证全体美国公民能够以合理的价格,并不受歧视地获得迅捷和有效的国内外通讯服务,无论该通讯服务是通过无线电、有线电、卫星还是线缆来实现。FCC的战略目标主要在宽带、竞争、频谱、媒体、国土安全和自身现代化六个方面。(1)宽带:FCC应制定管理政策,促进在宽带服务领域的竞争和创新,推动宽带设施领域的投资,监控宽带服务业务在国内外的进展。(2)竞争:FCC应确保建立一个广泛、健全的通信服务竞争框架,鼓励创新,促进在国内外的竞争,使消费者真正实现通信服务的选择,从而推动国民经济发展。(3)频谱:FCC应鼓励对频谱资源进行最有效、最合理的利用,以此来推动通信技术的研发创新并迅速投入应用。(4)媒体:FCC应修正媒体规则,使媒体所有权规定能够在一种全面可持续发展的框架下,有利于竞争和多样性,有助于模拟向数字制式的强制性转换。(5)国土安全:FCC负责组织对全国的通信基础设施进行安全评估,确保该设施在受到破坏时能够迅速修复,确保普通公共卫生和安全人员在紧急情况下能够享有有效的通信服务。(6)自身现代化:FCC应通过出色的管理展示其良好的业绩和成效,保持FCC独立和批判的专业使命,并与充满活力的通讯市场保持一致。[2] 墨西哥广播电视法第5条规定:广播电视服务涉及公共利益,具有加强民族融合和改善人类共存方式的社会功能,应当力求做到:(1)强调尊重社会道德的原则,如人类尊严和家庭关系;(2)避免对儿童和青少年和谐成长造成负面影响;(3)有利于提高人们的文化水平,保持民族特色、国家风俗习惯和传统,保护语言财产和塑造墨西哥民族价值观;(4)加强国家团结、民主观念和国际友好合作。

---

[1] 国家广播电影电视总局法规司.广播电影电视法规汇编[G].北京:中国广播电视出版社,2001:784-785.
[2] 马庆平.解读美国联通委(2003—2008年)五年战略规划[J].世界广播电视参考,2005(8):14-15.

我国广播电视监管侧重于公共性,并逐步重视竞争性和多样性。我国宪法规定发展广播电视事业的宗旨是为人民服务、为社会主义服务。广播电视是我国党、政府、人民的喉舌,弘扬主旋律、传播正能量,确保导向正确、确保安全播出、确保让党和政府的声音传入千家万户、确保让所有公民享受到广播电视的基本服务,是我国广播电视监管的首要目标和任务,具有很强的公共性。随着信息技术发展的突飞猛进,广播电视的传播渠道越来越多,广播电视与电信、互联网等相关行业的竞争越来越激烈。随着社会主义市场经济的不断发展,我国中央、省、市地、县四级广播电视机构已成为相互竞争的利益主体,层级之间的矛盾日益突出,特别是各级电台、电视台为了提高收听收视率,同质化现象严重,影响广播电视的形象。随着人民群众生活水平的不断提高,消费者权益意识越来越强烈,对广播电视等视听服务的需求日益多样化、专业化、个性化。我国广播电视监管部门越来越重视维护公平竞争的市场秩序,促进广播电视业健康可持续发展,满足受众的多种需求。公共性、竞争性、多样性三者相结合也将成为我国广播电视的监管目标。

三、监管方式:事前审批引导与事后监督检查相结合

广播电视监管方式很多,有直接干预、事前引导等方式,也有间接调控、事后监督等方式。发达国家和一些新兴发展中国家在广播电视监管方式上非常讲究技巧,一般不用行政命令直接干预广播电视机构的微观运营活动,多采用事前审批引导与事后监督检查相结合的方式,严格依法办事,严肃查处违法行为,同时给予法律救济。

事前审批引导主要有以下几种方式:一是制定广播电视法律法规,明确广播电视行业的准入条件、审批程序、节目标准、广告规则、惩治机制,公开广播电视机构的权利、义务和法律责任,公开广播电视监管机构的职能和职责,使广播电视业界和社会各界完全知晓、相互监督,维护法律法规的权威性。这是事前引导最经济有效的方式。二是发布有指导性的广播电视政策意见、年度报告等,明确当前广播电视的发展势头、存在问题、对策建议等,向投资者、经营者、消费者提供有针对性的资料信息,引导投资者、经营者合法投资经营广播电视业,引导消费者更加科学理性地消费。三是实施行政许可,把好广播电视行业的准入关和退出关。向符合条件的申请人颁发广播电视执照或签署特许协议,明确执照持有者或特许获得者的所有义务,明确执照持有者或特许获得者未履行义务的法律后果,监管部门可以抽查评估,在执照(协议)到期时决定是否续展执照、续签协议。

事后监督检查主要有以下几种方式:一是受理受众和用户的投诉和申诉,查明投诉和申诉的事实,并将处理结果告知投诉人和申诉人。比如韩国广播通信委员会设有受众投诉处理委员会;美国联邦通讯委员会的大众传媒局设有受众处,执行局设有调查与听证处;我国国家新闻出版广电总局设有信访办公室,专门受理各地来信来函,及时处理各地反映的广播电视存在的问题。二是查处违法行为,对违法者进行惩戒。根据不同情况,依法给予行政处分、行政处罚、刑事处罚等。三是对广播电视节目进行监听监看。比

如新加坡媒体发展局对每晚黄金时间段开路播出的免费电视节目进行监看。国家新闻出版广电总局监管中心对我国中央和地方通过卫星传送的节目进行监听监看。四是保存已播放的节目内容和有关资料,以备事后检查。比如,英国1990年广播法规定,独立电视委员会颁发电视执照,应要求持照人做到以下条件:(1)广播电视节目的录音录像保留不少于90天时间;(2)如有要求,应向委员会提供广播电视节目的副本以供委员会审查复制;(3)如有要求,应向委员会提供广播电视节目的手稿或手稿副本。韩国广播法规定:广播电视运营商应当在播放日记中记录和保存广播电视的内容,如无特殊原因应当在播放后的一个月内将播放的结果提交韩国广播委员会,广播电视运营商应当将已播放的广播电视节目原件或复制品在播放后保存6个月。

我国广播电视监管比较侧重事前审批,退出机制难以实施。尽管《广播电视管理条例》规定了吊销许可证的处罚,但由于广播电台、电视台是各级党委、政府的事业单位,即使存在乱播乱放、盗版侵权等违法问题,国家新闻出版广电总局一般是责令其整改、责令其停止违法行为,或者通报批评,并建议当地党委、政府对有关的负责人给予行政处分。2009年,国家广电总局下发《关于印发〈广播电视播出机构违规处理办法〉(试行)的通知》(广发〔2009〕30号),明确了吊销《广播电视频道许可证》《广播电视播出机构许可证》的情形,但在现实中也很难实施,吊销许可证涉及广播电视播出机构的人员安置等现实问题。

四、监管趋势:技术中立与监管融合相结合

当前,广播电视对科技的依赖越来越强烈,特别是数字、网络等信息技术的快速发展推动着广播电视网与电信网、计算机互联网融合发展。广播电视网除了提供广播电视节目服务外,还可以提供互联网接入、IP电话等服务;电信网除了提供电话服务外,还可以提供互联网接入、IP电视等服务;互联网除了向计算机终端提供服务外,还向手机、电视机、平板电脑等终端提供服务。广播电视网与电信网、计算机互联网各自分别存在,各自发挥优势,相互融合渗透。技术中立与监管融合成为通讯传播业监管的重要趋势。

为了适应科学技术的迅速发展并促进科技创新,发达国家提出了技术中立(technology neutrality)的监管政策。1999年,时任美国联邦通讯委员会主席威廉·亨特提出,要把握电信市场发展的三大驱动力:竞争、投资和技术中立。他认为,技术中立是电信业发展的三大驱动力之一,是促进技术发展的必要的激励政策,管制者不应当倾向于选择某项技术,而应当创造一种环境,鼓励不同技术和行业部门之间进行竞争。技术中立政策是为了平等对待不同技术并刺激创新。美国在技术中立的原则下积极引导宽带网络的发展,在有线、铜缆、无线、卫星、光通信等技术条件下,允许各种宽带新技术应用于互联网,包括电话运营商在电话网上传送高速数据、有线电视运营者通过有线调制解调器提供高速互联网接入、卫星运营者通过标准拨号返回路径提供更高数据速率的下行接入等业务,大大地促进了美国宽带网络市场的发展。欧盟提出的电信"框架指令"要求各成员

国的电信管制机构执行技术中立政策。但是,技术中立的政策并不是政府对技术市场撒手不管,欧美等发达国家通过技术标准对技术市场进行规范,确定了本国本地区的数字电视标准、第三代移动通讯标准。在全球电信市场的激烈竞争中,技术中立的政策既要有利于发达国家,更要有利于发展中国家。由于各国的经济技术发展水平不同,发达国家在核心技术、专利发明、知识产权等方面占有绝对的优势,形成了事实上的技术垄断,因此,发达国家与发展中国家对技术中立的理解和实施应当有差别。发达国家极力主张技术中立,保护知识产权,但是不宜搞技术封锁、技术垄断;发展中国家支持技术中立,但是主张知识产权保护应当有利于技术创新与推广应用,反对用技术中立的名义继续垄断技术标准。尽管世界贸易组织《基础电信业务协议》相关条款中包含了技术中立的原则,但是围绕技术中立的理解和实施,发展中国家与发达国家还将继续斗争下去。2004年,秘鲁广播电视法明确将技术中立原则写入法律中,规定国家在进行广播电视服务的推广和审批时,不应限定使用某种特定技术,除非是为了广播电视用户的利益。

  各国对通讯传播的监管政策主要分为三类:第一类是针对印刷出版业,第二类是针对广播电视业,第三类是针对电信通信业。但是,随着数字、网络等信息技术的发展,通讯传播市场正发生着巨大的变化,这种三分法的监管政策法规已越来越不适用了。比如有线电视,经过数字化、双向化改造后,既可以提供广播方式的节目内容服务,也可以提供交互方式的视频点播、视频电话、互联网接入、电子商务等服务,还可以提供电子政务、生活资讯等信息服务,有线电视成为集报纸、广播、电视、电话、上网等多种功能于一身的新的通讯传播基础设施,传统的有线电视监管政策法规已难以适用。又比如国际互联网,既可以提供新闻资讯等信息服务,又可以提供电子邮件、IP电话、网上聊天等通信服务,还可以提供网上广播、网上电视、音视频点播等视听服务,互联网已成为进入千家万户的多媒体通讯信息平台,传统的广播电视与通信的监管政策法规都不适用。新科技带来新的传播媒介,新的传播媒介需要新的监管政策法规。为了适应新技术带来的新变化,一些国家和组织已经开始整并传媒监管机构,整合传媒监管法规。1997年,欧盟发布了《电信、媒体、信息科技融合以及管制执行中的绿皮书》。2000年,英国文化体育部及贸工部联合发表了《通讯的新未来》白皮书,建议将电信、信息、传播各监管机关整合为一个相对独立的单一机关。2003年,英国通过通讯法案(Communication Act 2003),对英国通讯管理办公室进行了明确的授权,整合了电信管理局、独立电视委员会、广播标准委员会、广播局、无线电管理局的职能。2005年,澳大利亚合并了1992年成立的广播管理局和1997年成立的通信管理局,组建了通信与媒介管理局,统一对广播电视、通信和互联网进行监管。2007年,欧盟发布《视听媒体服务指令》,取代《电视无国界指令》,适用范围涵盖了线性和非线性传播的视听内容服务。2008年,韩国组建广播通信委员会,统一管辖广播电视和电信领域。2003年,我国台湾地区将所谓"无线广播电视法""有线电视法""卫星电视法"合并为所谓"广播电视法案",将广播电视产业结构分为三类:第一类是内容提供者(Content Provider),包括广播电视节目供应者和频道经营者;第二类是服务提供者(Service Provider),包括无线、有线、卫星广播电视运营平台服务,新设他类广播电视运营平台服务,以规范电信业者跨业经营广播电视产业;第三类是传输提供者(Access Provider),包括无线、有线、卫星及其他传输网络形成的传输平台。2005年,我国台湾地区立法主管部门表决通过了"国家通讯传播委员会"(NCC)组织条例;2006年,台湾"通讯传播委员会"正式挂牌成立,整合了台湾交通主管部门电信总局及行政主管部门新闻局的职能,按照客观、中立、专业的原则,统筹监管信息、传播、通讯市场。2012年,我国香港特别行政区广播事务管理局与电讯管理局合并,组建通讯事务管理局,统一监管香港通讯传播市场,以顺应科技汇融趋势,提高监管效率,更好地满足消费者的需求,维持香港作为国际资讯信息中枢的地位。

思考题:

1. 广播电视监管有哪些特点?监管趋势是什么?
2. 广播电视监管手段有哪些?请举例说明。
3. 如何建立符合我国基本国情的广播电视监管体制?

第四章 广播电视许可制度

> **内容提要：**
>
> 广播电视许可制度，主要介绍广播电视的许可事项、许可条件和许可程序，力求让读者把握广播电视许可制度的国际通行性，正确理解广播自由与广播电视许可之间的辩证关系。

许可制度是各国广播电视法规定的行业准入制度，是广播电视监管制度的重要组成部分。各国实施许可的主要形式有：许可证、执照、特许状、批准书、注册登记、资格证书、特许权协议、授权合同等。一般情况下，发展中国家由国家垄断开办广播电视，发达国家和一些新兴发展中国家允许公民、法人或其他组织开办广播电视，但是必须符合法律规定的条件，并且须经监管部门许可同意。为什么对广播电视实行准入许可制度？主要的原因有：一是广播电视频率资源有限，防止稀缺的频率资源浪费在不善于经营的人手里；二是广播电视关系到社会公共利益，防止犯罪分子或缺乏社会公德的人进入广播电视领域；三是广播电视担负着相当大的社会责任，应当挑选合格的经营者进入。因此，广播电视需要政府来把关。

第一节 广播电视许可事项

各国对广播电视业务的分类不尽相同，故此广播电视的许可事项也不尽相同。按照世界贸易组织对服务的分类，视听服务部分包含了广播与电视服务、广播与电视传输服务。各国广播电视许可事项主要涵盖广播电视服务、广播电视传输服务和广播电视新媒体服务。我国国家统计局《文化及相关产业分类》将广播电视分为广播电视服务、广播电视传输服务，将广播电视服务分为广播服务、电视服务，将广播电视传输服务分为有线广播电视传输服务、无线广播电视传输服务和卫星传输服务（包括传输、直播、覆盖、接收、监测等服务）。一般来说，广播电视市场越发达的国家和地区，行政许可的条件越明晰、许可的事项越少。

一、境外广播电视许可事项

政府开办的广播电视机构或者公共广播电视机构,一般都由法律授权特许经营。比如美国国际广播法授权美国联邦政府开办美国之音等国际广播电视业务;日本广播法特许日本广播协会为公共利益的法人,以在日本全国普及广播为目标;韩国广播法授权成立韩国广播公司,作为独立法人承担公共责任;瑞士广播法授权瑞士广播公司取得播送全国性节目和播送面向各个语言区节目的特许权;英国女王宣布的关于续延英国广播公司的皇家特许状授权英国广播公司作为独立的公共法人实体,根据皇家特许状、英国贸工大臣颁发的执照、民族遗产大臣订立的协议的规定,提供广播电视服务。我国台湾地区通过所谓"中央广播电台设置条例""公共电视法"特许设立"中央广播电台"、公共电视台。

商业广播电视服务,一般由法律授权监管机构进行分类许可。各国对商业广播电视服务进行许可的主要分类有:

一是按照技术手段和传播载体的不同分别实施许可。美国、法国、日本、韩国、印度等许多国家和我国台湾地区采用了这种方式。比如美国的广播电视业务许可事项主要有:(1)地面无线广播电视服务许可,包括地面数字高清晰度电视许可。美国联邦通讯委员会(FCC)将无线电频谱分成若干部分,其中一部分频段指定为广播电视使用,再将这部分频段细分为三组:第一组留给标准(或调幅)广播电台,第二组留给调频广播电台,第三组留给电视台使用,然后进行分配许可。(2)多频道多点位分配服务(Multi-channel Multi-point Service,简称 MMDS)许可。人们常常将多频道多点位分配服务称为无线电有线电视。FCC 从 1983 年开始给多点位分配服务分配了 8 个微波频道,可以传送 30 个左右的电视频道,随着数字压缩技术的应用,可以传送二三百个电视频道,对有线电视系统形成一定的竞争威胁。获得 FCC 许可的多频道多点位分配服务经营者不必取得州或市镇当局的特许批准。(3)直播卫星(Direct Broadcast Satellite,简称 DBS)许可。FCC 于 1982 年颁布了直播卫星经营者的临时指导准则,对直播卫星经营实行许可,许可证期限为 5 年。(4)有线电视系统建设经营许可。按照美国 1984 年有线通讯政策法的规定,有线电视系统建设经营的特许权归于州和地方当局行使。(5)开放视频系统经营许可。针对电话公司建立开放视频系统,提供有线视频服务,FCC 依联邦通讯法的规定实施许可。韩国的广播电视业务许可事项主要有:(1)地面广播电视业务,(2)综合性有线广播电视业务,(3)卫星广播电视业务,(4)节目提供业务,(5)有线转播业务,(6)有线音乐广播电视业务,(7)电子公告牌广播电视业务,(8)信号传送网络业务。我国台湾地区的广播电视许可主要包括:(1)电台架设许可证,(2)电台执照,(3)广播执照,(4)电视执照,(5)节目供应事业许可,(6)有线广播电视系统筹设许可证,(7)有线广播电视系统营运许可证,(8)卫星广播电视事业执照。

二是按照覆盖范围和服务方式的不同分别实施许可。澳大利亚、瑞士等国家和我国香港地区采用了这种方式。比如澳大利亚广播法将广播电视服务分为全国性广播电视服务、商业性广播电视服务、社区广播电视服务、订户广播服务、订户窄播服务、开放式窄播服务。对于全国性广播电视服务，澳大利亚法律授权由澳大利亚广播公司、澳大利亚特别广播公司提供，以及根据《议会会议情况广播法案》所提供。对于商业性广播电视服务、社区广播电视服务、订户广播服务、订户窄播服务、开放式窄播服务，由澳大利亚广播管理局实施许可。商业性广播电视服务是指以营利为目的、以广告收入为主要经费来源、一般公众可以自由而普遍接收的广播电视节目服务。社区广播电视服务是指不以营利为目的、只向社区提供、一般公众可以自由而普遍接收的广播电视节目服务。订户广播服务是指一般公众均可以接收的广播电视节目服务，但必须缴纳订费。订户窄播服务以特殊需求的受众为服务对象、只能被有限接收、只向有限的场所提供服务、只有在缴付订费后方可接收到、节目不具有普遍吸引力。开放式窄播服务以特殊需求的受众为服务对象、只能被有限接收、只向有限的场所提供服务、节目不具有普遍吸引力。[①] 瑞士广播电视法规定了全国范围的广播许可、语言区范围的广播许可、地方广播许可、区域广播许可、国际广播许可和节目转播许可等。我国香港地区广播条例规定需要获得许可的电视业务包括本地免费电视节目服务、本地付费电视节目服务、非本地电视节目服务和其他须领牌电视节目服务。

二、我国广播电视许可事项

我国广播电视行政许可事项较多，覆盖了广播电视各环节。根据《行政许可法》的要求，国家广电总局对行政许可项目进行了清理，我国广播电视审批项目共26项，包括(1)行政法规设定的11项，(2)《国务院对确需保留的行政审批项目设定行政许可的决定》(2004年国务院令第412号)中设定的12项，(3)《国务院办公厅关于保留部分非行政许可审批项目的通知》(国办发〔2004〕62号)保留的非行政许可审批项目4项[②]，(4)《国务院关于取消和调整一批行政审批项目等事项的决定》(国发〔2014〕50号)取消了广播电视播出机构赴境外租买频道、办台审批。

第一类是广播电视业务准入审批。广播电视业务活动主要包括节目制作、节目播出、节目传输等活动。我国广播电台、电视台等播出机构以及广播电视发射台、转播台等无线传输发射机构由国家开办，没有对民营资本和外资开放；广播电台、电视台在确保节目终审权和播出权的前提下，可以与节目制作经营机构合作开办非新闻宣传类的节目栏目。目前，我国广播电视节目制作业已经对内资和外资开放，初步形成多种投资主体、多种所有制共同发展的格局，民营节目制作机构已经成为我国影视制作业的重要力量。对

[①] 国家广播电影电视总局法规司.广播电影电视法规汇编[G].北京：中国广播电视出版社，2001：792-793.
[②] 参见：广电总局关于印发广播电影电视行政审批项目及实施机关的通知(2004年8月24日发布广发办字〔2004〕952号)。

广播电视节目制作、播出、传输等业务活动的许可项目有：(1)设立终止广播电台、电视台（含分台、教育电视台）及变更台名、台标、节目设置范围、节目套数和跨地区经营审批，(2)设立电视剧制作单位审批，(3)设立广播电视节目制作经营单位审批，(4)广播电视专用频段频率指配，(5)引进用于广播电台、电视台播放的境外电影、电视剧及其他广播电视节目审批，(6)广播电台、电视台以卫星等传输方式进口、转播境外广播电视节目批准，(7)举办国际性广播电视交流交易活动批准，(8)乡镇设立广播电视站和机关、部队、团体、企事业单位设立有线广播电视站审核，(9)开办视频点播业务批准，(10)网上传播视听节目许可证核发，(11)省级行政区域内或跨省经营广播电视节目传送业务批准，(12)境外广播电影电视机构在华设立办事机构审批，(13)影视节目制作机构与外方合作制作电视剧审批，(14)境外卫星电视频道落地审批，(15)建立城市社区有线电视系统审批，(16)付费频道开办、终止及节目设置调整及播出区域、呼号、标识、识别号审批，(17)电视剧内容审查和发行许可，(18)广播电视传输网络公司股权性融资审批，(19)广播电台、电视台开办群众参与的广播电视直播节目审批，(20)境外人员及机构参加广播影视节目制作审批。

第二类是广播电视设备设施审批。为保证广播电视设备器材的质量，我国对广播电视设备器材实行入网认定制度。为保证广播电视设施的合理使用，我国对广播电视设施建设使用实行许可制度。主要审批项目有：(1)进口卫星电视广播地面接收设施证明核发，(2)设置卫星地面接收设施审批，(3)迁建广播电视设施审核，(4)无线广播电视发射设备订购证明核发，(5)广播电视设备器材入网认定。

第三类是广播电视从业人员资格准入。为保证广播电视新闻记者、播音员和主持人的基本素质，我国对广播电视新闻采编人员、播音员、主持人实行资格认定制度，通过资格考试、执业注册等方式进行管理。

为解决我国行政许可项目过多的问题，国务院多次组织清理取消过多的审批项目。国务院《关于取消第一批行政审批项目的决定》(国发〔2002〕24 号)取消了 789 项，其中涉及广电的有 3 项(广播通信铁塔及桅杆产品生产审核，音像资料机构设立审批，有线电视工程设计、施工、安装单位资质认可)。国务院《关于取消第二批行政审批项目和改变一批行政审批项目管理方式的决定》(国发〔2003〕5 号)取消了 406 项，其中涉及广电的有 3 项(广播影视科技发展项目成果认定、直属各单位举办参加各类广播电影电视设备展览会审批、举办全国性广播影视技术交流会和研讨会审批)。国务院《关于第三批取消和调整行政审批项目的决定》(国发〔2004〕16 号)取消了 385 项，其中涉及广电的有 2 项(电视剧制片人资格认定、举办全国性广播电视交流交易活动批准)。国务院《关于第四批取消和调整行政审批项目的决定》(国发〔2007〕33 号)取消了 128 项，没有涉及广电的审批项目。国务院《关于第五批取消和下放管理层级行政审批项目的决定》(国发〔2010〕21 号)取消了电视剧题材立项审查。2016 年，国务院关于修改《国务院对确需保留的行政审批项目设定行政许可的决定》的决定(国务院令第 671 号)将"网上传播视听节目许可证核发"修改为"信息网络传播视听节目许可证核发",将实施机关由国家广电总局改为国家新闻出版广电总局。

尽管我国广播电视许可事项已进行压缩,但还是有些过于细。有的许可事项有交叉,比如视频点播业务许可、网络传播视听节目许可、广播电视节目传送业务许可存在交叉问题。有的许可事项有重复,比如设立广播电视无线发射台,需要申请广播电视专用频率使用指配、广播电视节目传送业务许可(无线)、无线电台执照三次许可。有的许可事项存在对象不明确的问题,比如视频点播本是有线网络的一种功能,视频点播业务许可最初适用的对象是宾馆饭店的有线电视网络系统,而后引申到适用电台、电视台,但是绝大多数电台、电视台本身并没有有线网络,从而造成许可对象与业务开展脱节。为此,建议按照强化管理、保障权益、加快发展的原则,对我国广播电视许可事项进行归并,主要包括:(1)广播电视台(站)许可,(2)节目制作经营许可,(3)付费频道经营许可,(4)有线广播电视经营许可,(5)卫星广播电视经营许可,(6)广播电视无线发射台、转播台许可,(7)电信网、互联网提供视听节目服务许可,(8)卫星地面接收设施使用许可,(9)广播电视设备器材入网认定,(10)广播电视编辑记者、播音员、主持人资格认定。

第二节 广播电视许可条件

许可条件是广播电视行业准入的"门槛",一般由法律法规明确规定,并向社会公开。相对而言,发达国家对进入商业广播电视领域的"门槛"较低,发展中国家对进入商业广播电视领域的"门槛"较高。从历史看,许多发达国家最初只允许设立公共广播电视机构,而后允许设立商业广播机构,并逐渐放松管制,逐步降低商业广播电视的准入"门槛",形成公共广播电视与商业广播电视竞争合作、互补发展的格局,更好地满足人们多样化的精神文化和信息需求。

一、境外广播电视许可条件

商业广播电视包括了地面无线广播电视、卫星广播电视、有线广播电视等领域,各领域的许可条件不同。地面无线广播电视最早出现,开路播放,自由接收,对社会大众特别是青少年影响很大,因此,许可条件更加严格。对于地面无线广播电视业务的许可条件,概括起来主要有以下几个方面:

(一)申请人合格

对于申请人,许多国家要求为本国的公民或法人实体,同时规定了必要的品质,禁止或限制正在服役的罪犯、正在接受处罚的违法者、被宣告破产尚未恢复者、无行为能力或者限制行为能力者等进入广播电视领域,禁止外国公民、外国法人、外国政府进入本国广播电视领域。比如美国联邦通讯法第 310 条规定:非本国公民、外国政府、外国公司,任何其官员或负责人是外籍人的公司,或 1/5 以上的资本总额由非本国公民拥有的公司,不得持有广播电视许可证。澳大利亚新闻集团创始人鲁伯特·默多克为了进军美国电视市场,不得不按照美国法律的要求,放弃其澳大利亚国籍而加入美国国籍就是例证。还有些国家禁止公民个人(非公司法人)、政府政党经营广播电视。比如韩国广播法第 13 条第 1 款规定:中央、地方政府或个人不得经营广播电视业务或信号传送网络业务,第 8 条第 9 款规定:政党不得拥有广播电视运营商的股份或权益股份。印度广播法规定了没有资格获得广播电视许可证的 10 种自然人或机构:(1)非印度国民,(2)由非印度国民参与的合伙经济组织,(3)没有在印度设立的公司,(4)外国人持股 49% 以上、管理控制权不属于本国持股者的印度公司,(5)政府和地方管理机构,(6)政党和宗教组织,(7)公共基金组织,(8)广告公司及其附属机构,(9)报业业主,(10)拥有一家报纸 20% 以上股权的个人。[①]

(二)经济能力达标

地面广播电视频率资源有限,不应当浪费在没有经济能力的经营者手中。因此,许多国家和地区要求申请人必须证明具备开办广播电视的经济能力,同时要具备在广播电视开播后维持一定时间开销的经济能力,一般对开办广播电视所需的资产设备、资金数量规定了最低的标准。比如我国台湾所谓"广播电视法"规定了设立商业电台、商业电视台的最低资本额——调频广播电台为新台币 5,000 万元,调幅广播电台为新台币 5,000 万元,电视台为新台币 3 亿元。

(三)技术条件可行

开办地面广播电视,须具备以下技术条件:一是当地尚存可用于广播电视的无线电频率。二是广播电视发射功率、发射天线高度、发射时间符合规定,不会对其他正常业务造成不必要的干扰。三是开办广播电视所需的设施设备符合规定的技术标准。

(四)节目设置合理

由于地面广播电视具有一定的地域性,许多国家和地区要求广播电视开办人在节目设置方面,必须符合本地化、大众化、多样化的要求,维护当地居民的公共利益,维护文化的多样性。比如瑞士广播法第 11 条第 2 款规定:当同时提交的申请数目超过了一个播放地区的频率数时,优先权将给予大部分节目是自己制作的、有利于舆论和文化多样化的、与当地服务最为密切的申请。

[①] 马庆平.中外广播电视法规比较[M].北京:经济管理出版社,2005:369.

(五)所有权多元

为了保障宪法规定公民的言论自由权,防止出现舆论一律、思想僵化、市场垄断,许多国家和地区对地面广播电视所有权进行了限制,规定地面广播网、电视网在全国的覆盖人口不能超过的比例,限制在同一市场内拥有电台、电视台的数量,限制在同一市场内地面广播电视经营者同时拥有有线电视系统、报纸杂志等其他媒体。比如美国法律规定一个人或一个公司拥有的地面电视台在全国覆盖不能超过35%以上的美国家庭。

(六)社会责任必需

由于广播电视的社会影响力很大,一些国家对开办广播电视规定了相应的社会责任:一是节目中不能出现暴力、淫秽等法律禁止的内容。二是对青少年儿童实行特殊保护,要符合节目分级加密、广告播放时间限制等要求。三是用工方面要平等对待少数民族,要为当地提供就业机会。

二、我国广播电视许可条件

我国广播电视行政许可项目较多,各事项的许可条件不同。我国对广播电视节目制作、播放、传输等主要环节许可条件的规定分别是:

(一)设立广播电台、电视台的条件

广播电台、电视台是指采编、制作并通过有线、无线、卫星或其他方式向社会公众播放广播电视节目的机构。按照《广播电台电视台审批管理办法》,设立广播电台、电视台应当具备以下条件:(1)符合国家广播电视事业和产业发展规划以及相关的国家、行业标准;(2)有符合国家规定的广播电视专业人员、技术设备和必要的场所;(3)有必要的基本建设资金和稳定的资金保障;(4)有明确的频道定位和确定的传输覆盖范围;(5)传输覆盖方式和技术参数符合国家广播电视传输覆盖网规划。

(二)设立广播电视站的条件

广播电视站是指市辖区、乡镇以及机关、企事业单位、大专院校申请设立的在本辖区、本单位范围播放广播电视节目的机构。按照《广播电视站审批管理暂行规定》,设立广播电视站应当具备下列条件:(1)符合国家和本辖区广播电视事业和产业建设发展规划;(2)有符合国家规定的广播电视专业人员;(3)有符合国家规定的广播电视技术设备;(4)有必要的基本建设资金和稳定的资金保障;(5)有必要的场所,(6)省级广播电视行政部门规定的其他条件。

(三)广播电视节目制作经营的许可条件

申请《广播电视节目制作经营许可证》,应当符合国家有关广播电视节目制作产业发展规划、布局和结构,并具备下列条件:(1)具有独立法人资格,有符合国家法律法规规定的机构名称、组织机构和章程;(2)有适应业务范围需要的广播电视及相关专业人员和工作场所;(3)在申请之日前三年,其法定代表人无违法违规记录或机构无被吊销过《广播电视节目制作经营许可证》的记录;(4)法律、行政法规规定的其他条件。

持有《广播电视节目制作经营许可证》的机构、持有《摄制电影许可证》的电影制片机构以及地市级以上电视台(广播电视台、广电集团)可以申请电视剧制作许可证。电视剧制作许可证分为《电视剧制作许可证(乙)》(仅限于该证标明的剧目使用)和《电视剧制作许可证(甲)》(对持证机构制作的所有电视剧均有效)。申请《电视剧制作许可证(乙)》,应提交以下材料:(1)申请报告;(2)许可证申领登记表;(3)广电总局题材规划立项批准文件复印件;(4)编剧授权书;(5)申请机构与制片人、导演、摄像、主要演员等主创人员和合作机构等签订的合同或合作意向书复印件;(6)《广播电视节目制作经营许可证》复印件或电视台、电影制作机构的资质证明;(7)制作资金落实证明。在京的中央单位及所属机构申请的,向国家广电总局审批;其他机构向当地广播电视行政部门提出申请,逐级审核后报省级广播电视行政部门审批。电视剧制作机构连续两年制作完成六部以上单本剧或三部以上连续剧(3集以上/部)的,可向广电总局申请《电视剧制作许可证(甲)》。

(四)广播电视传送业务经营的许可条件

申请《广播电视节目传送业务经营许可证》,应当具备以下条件:(1)符合国家广播电视节目传送业务总体规划和业务要求;(2)具有确保广播电视节目安全传送所需的设备、资金、技术、人员及相关管理制度;(3)资费标准符合国家有关规定;(4)有从事经营活动的场所及相应网络资源;(5)有长期提供传送服务的信誉和能力;(6)有合法的广播电视节目信号来源;(7)其他法律、行政法规规定的条件。

利用地面无线、微波、卫星等方式从事广播电视节目传输覆盖业务,须领取《广播电视节目传送业务经营许可证(无线)》。按照《广播电视无线传输覆盖网管理办法》,申请《广播电视节目传送业务经营许可证(无线)》的,应当具备以下条件:(1)具有独立的法人资格;(2)符合广播电视无线传输覆盖网的总体规划和业务要求;(3)具有必要的设计文件或技术评估报告和基本建设资金、稳定的经费保障;(4)有必要的工作场所,工作环境安全可靠;(5)如申请地面无线广播电视传输覆盖业务,还应符合地面广播电视覆盖网的技术规划要求;(6)传输的广播电视节目信号来源合法。

(五)从事信息网络传播视听节目业务的许可条件(详见第八章)

根据《国务院关于印发注册资本登记制度改革方案的通知》(国发〔2014〕7号)和《国

务院办公厅关于加快推进落实注册资本登记制度改革有关事项的通知》(国办函〔2015〕14号)的要求,国家新闻出版广电总局对涉及注册资本登记制度改革的现行规章和规范性文件进行了清理。2015年国家新闻出版广电总局下发了《关于修订部分规章和规范性文件的决定》(总局令第3号),对《广播电视节目传送业务管理办法》《广播电视节目制作经营管理规定》《广播电视视频点播业务管理办法》《城市社区有线电视系统管理暂行办法》《互联网等信息网络传播视听节目管理办法》《互联网视听节目服务管理规定》《卫星电视广播地面接收设施安装服务暂行办法》等规章以及《关于印发〈广播电视有线数字付费频道业务管理暂行办法〉(试行)的通知》(广发办字〔2003〕1190号)、《广电总局关于进一步加强广播电视节目制作经营活动管理工作的通知》(广发〔2010〕70号)、《广电总局关于在有线网络未通达农村地区开展直播卫星公共服务的通知》(广发〔2011〕71号)、《广电总局关于鼓励和引导民间资本投资广播影视产业的实施意见》(广发〔2012〕36号)等规范性文件中的"资金""注册资本""验资证明"等有关内容进行了删除。

第三节 广播电视许可程序

为了保障申请人的合法权益,各国广播电视法、通讯法或者行政程序法对广播电视许可程序作了明确规定,有利于公众对监管部门进行社会监督。

一、境外广播电视许可程序

广播电视行政许可程序,归纳起来主要有以下几个环节:

(一)提出申请

为了获得广播电视业务许可,申请人必须向监管部门提出书面申请,陈述符合许可条件的事实,提交有关的公民身份证明、资信证明、技术证明以及节目设置计划等。

(二)受理评估

监管部门收到申请人的申请报告后,应当核实材料,并告知申请人是否受理;如果不予受理,须告知申请人具体原因。监管部门应当在规定的时间内对受理的申请报告进行评估:(1)是否有利于实现广播电视的公共利益;(2)节目设置和生产计划是否适当;(3)是否体现本地化、多元化的服务要求;(4)组织机构、管理人员和专业人员是否符合要求;(5)经济能力能否支撑;(6)技术条件是否可行,等等。监管部门应当公开听取受众的意见,应当公开听取当地其他广播电视业者的意见,涉及公共利益政策问题或者存在重大争议问题,应当公开举行听证。比如美国联邦通讯委员会大众媒体局通过《公众与广播》手册、互联网站(www.fcc.gov/mmb)公布所有广播台、电视台的运作文件,包括建台申请和许可信息等,对于建台申请,公众可以在规定时间内提出反对意见。

(三)许可决定

监管部门须在规定的时间里向申请人作出给予许可或者不予许可的决定。给予许可的,应当发放许可证书或者执照等,应载明许可的事项、许可的时限以及持证人应承担的义务和法律后果。不予许可的,应告知其理由,并告知申请人可以通过复议、上诉、申诉等途径寻求救济措施。

二、我国广播电视许可程序

我国广播电视许可程序有以下特点:

(一)许可层次较多,最终由国务院广播电视行政机构或者省级政府广播电视行政机构审批

我国广播电视行政机构层次较多,有中央、省、市地、县四级政府广播电视行政机构。我国 27 项广播电视行政许可事项,主要由国家新闻出版广电总局实施,少部分由省级新闻出版广电局实施,市地、县广电行政部门没有发放许可证的权力。比如,申请设立广播电台、电视台,申请设立省内或者跨省传送广播电视节目的机构,申请使用广播电视频率等,都须向当地县或者市地广电行政部门提出申请,层层审核,上报国家新闻出版广电总局审批。省级新闻出版广电局实施许可的事项主要有:(1)设置卫星地面接收设施许可;(2)设立广播电视站许可;(3)城市社区有线电视系统许可;(4)本地的广播电视节目制作经营许可;(5)市地以下传送广播电视节目许可;(6)电视剧制作许可证(乙种)、电视剧发行许可证;(7)广播电视频率使用指配证明(乙类);(8)举办国内区域性广播电视节目交流、交易活动。

2013 年以来,国务院加大了简政放权力度,推动放权、管理、服务相结合。2013 年《国务院关于修改部分行政法规的决定》(国务院令第 645 号)对《广播电视管理条例》进行了修订:一是将第 13 条第 1 款"广播电台、电视台变更台名、台标、节目设置范围或者节目套数的,应当经国务院广播电视行政部门批准"修改为"广播电台、电视台变更台名、台标、节目设置范围或者节目套数的,应当经国务院广播电视行政部门批准。但是,县级、设区的市级人民政府广播电视行政部门设立的广播电台、电视台变更台标的,应当经所在地省、自治区、直辖市人民政府广播电视行政部门批准"。二是将第 45 条"举办国际性、全国性的广播电视节目交流、交易活动,应当经国务院广播电视行政部门批准,并由指定的单位承办。举办区域性广播电视节目交流、交易活动,应当经举办地的省、自治区、直辖市人民政府广播电视行政部门批准,并由指定的单位承办"修改为"举办国际性广播电视节目交流、交易活动,应当经国务院广播电视行政部门批准,并由指定的单位承办。举办国内区域性广播电视节目交流、交易活动,应当经举办地的省、自治区、直辖市

人民政府广播电视行政部门批准,并由指定的单位承办"。2017年《国务院关于修改和废止部分行政法规的决定》(国务院令第676号)又将《广播电视管理条例》第13条第一款修改为:广播电台、电视台变更台名、节目设置范围或者节目套数,省级以上人民政府广播电视行政部门设立的广播电台、电视台或者省级以上人民政府教育行政部门设立的电视台变更台标的,应当经国务院广播电视行政部门批准。

(二)公开许可事项,接受社会监督

按照《行政许可法》和《国家广播电影电视总局行政许可实施检查监督暂行办法》的规定,实施行政许可,应依法履行公示义务。公示的内容应包括:(1)行政许可事项、依据、条件、数量、程序、期限,需要提交的全部材料的目录,申请书示范文本及许可证件样式;(2)承办部门及联系方式(电话、通讯地址及电子邮件地址);(3)需要听证、招标、检测、检验、专家论证和需要其他行政机关协办的事项及期限;(4)授权实施行政许可的组织和被授权实施行政许可的内容;(5)受委托的行政机关和受委托实施行政许可的内容;(6)依法应当先经下级行政机关审查的行政许可事项;(7)对行政许可的实施有异议时可采取的投诉方式(投诉电话、通讯地址及电子邮件地址);(8)公众有权查询的材料目录及查阅方式。公示的方式包括:在指定的地点张贴,向申请人提供行政许可指南手册,在广播电台、电视台、报刊、杂志和政府网站公布等。任何规定未经公布,不得作为实施行政许可的依据。

(三)明确许可时限,提高行政效率

按照《行政许可法》和《国家广播电影电视总局行政许可实施检查监督暂行办法》的规定,对申请人提交的行政许可申请,一般应在受理当场或收到申请之日作出是否受理的决定,最多不得超过5个工作日;实施行政许可,应当自受理申请之日起20个工作日内作出行政许可决定,如需延长审查期限的,应报经国家广电总局局长或分管副局长批准,可以延长10个工作日,并应当将延长期限的理由告知申请人;作出准予行政许可的决定,应当自作出决定之日起10日内向申请人颁发、送达行政许可证件;对依法应先经下级广播影视行政机关审查的行政许可事项,下级广播影视行政机关决定受理后,应在20个工作日内进行初审,并将初审意见和全部申请材料直接报送上级广播影视行政机关,不得自行作出准予或不准予行政许可的决定,上级广播影视行政机关不得要求申请人重复提供申请材料。

(四)对行政审批活动实行监督检查和行政复议、行政诉讼制度

各级广播电视行政部门实施行政审批活动,要按照法定程序进行,需要听证的,应当公开听证。法制部门和监察部门对行政许可实施情况进行核查,对行政审批活动进行监督。当事人有权举报投诉,通过申诉、行政复议、行政诉讼等方式维护自己的合法权益。

三、对广播电视许可证的规范和对有关违法行为的惩戒

对广播电视许可证的规范主要有以下几个方面：一是不得擅自出租转让许可证；二是不得擅自变更许可证载明的资本结构、组织机构、管理人员、业务种类等事项，改变许可证的用途；三是获得许可证以后须在规定的时间内开播经营；四是未获得许可证而开办广播电视业务。对于违反许可证的有关规定，许多国家和地区都规定了惩罚措施，一般包括警告、罚款、没收财产、暂停或者吊销许可证等行政处罚，美国、英国、韩国等国家和我国香港地区对未获得许可证而开办广播电视业务的行为定为犯罪。香港《广播条例》第5条规定了无牌照广播行为的罪行：可按照简易程序定罪，处第6级罚款及监禁2年；或者按照公诉程序定罪，处罚款100万美元及监禁5年。我国《广播电视管理条例》规定：擅自设立广播电台、电视台、教育电视台、有线广播电视传输覆盖网、广播电视站、广播电视发射台、转播台、微波站、卫星上行站的，由县级以上人民政府广播电视行政部门予以取缔，没收从事违法活动的设备，并处投资总额1倍以上2倍以下的罚款；擅自设立广播电视节目制作经营单位或者擅自制作电视剧及其他广播电视节目的，由县级以上人民政府广播电视行政部门予以取缔，没收其从事违法活动的专用工具、设备和节目载体，并处1万元以上5万元以下的罚款。我国刑法规定了非法设立无线电台罪，但没有规定非法设立广播电台、电视台罪。考虑到非法设立广播电台、电视台对社会危害较大，建议刑法予以调整完善。

思考题：
1. 从事广播电视活动，为什么需要设立许可？哪些事项需要许可？
2. 我国广播电视许可制度有什么特点？还可以做哪些改进？

第五章 广播电视所有权制度

> **内容提要：**
> 广播电视所有权制度，主要介绍境外广播电视的国家所有权制度及其组织形式、民间所有权制度及其组织形式及我国广播电视所有权制度及其组织形式，力求让读者把握广播电视运营机构的治理结构和经营理念，理解广播电视生产关系调整与生产力发展的辩证关系。

所有权制度是广播电视法的核心内容之一，也是各国对广播电视实行监管控制的重要措施。所有权是由所有制形式决定的，是一定历史时期所有制形式在法律上的体现，包括占有、使用、收益、处分四项权能。所有制是指在社会经济生活中一定的个人或社会组织对生产资料的独占或垄断，以所有权关系为主要内容的产权关系，构成了所有制的主要内容。许多国家以所有权标的为标准，将所有权分为不动产所有权和动产所有权，我国《民法通则》《物权法》以所有权的主体为标准，将所有权分为国家所有权、集体所有权和公民私人所有权。广播电视所有权制度要回答三个问题：一是广播电视属于谁，谁是广播电视的主人；二是广播电视所有权人享有哪些权利，负有什么样的义务；三是怎样保护广播电视所有权，侵害广播电视所有权要承担什么样的法律责任。从各国广播电视法的规定看，境外广播电视所有权制度主要包括国家所有权制度和民间所有权制度。

第一节 境外广播电视的国家所有权制度

广播电视频谱属于社会公共资源，国家所有制是广播电视所有权的一项基本制度。英国、法国等欧洲发达国家的广播电视所有权制度经过了由国家垄断到放弃国家垄断的过程，但是没有放弃国家所有权，而是由国家法律授权成立公共法人行使所有权。即使在广播电视商业化程度很高的美国，也存在国有的公共广播电视机构和政府对外广播电视机构。发展中国家更加注重广播电视的国家所有权，有些国家的广播电视由国家垄断开办；有些国家根据本国的政治、经济、文化发展实际，一方面坚持国家所有权，另一方面认可民间所有权。还有一些国家的军队、国会也开办了广播电视机构。由于国家所有权存在主体虚化的问题，各国对广播电视国家所有权主要规定了两种形式：一是法律授权由政府所有并经营，二是法律授权由公共法人所有并经营。

一、由政府所有并经营

由政府所有并经营的广播电视机构主要有：一是发展中国家举办的国家电台、电视台和其他政府机构举办的电台、电视台，二是发达国家政府举办的对外广播电台、电视台，三是一些国家地方政府举办的电台、电视台。这些广播电视机构的共同特点是：由政府拨款开办，政府提供运营经费，并负责人员管理。这些广播电视机构的运行机制主要有三种：一是按照政府行政机构运作，二是按照政府从属机构运作，三是按照国有公司运作。

有的国家将政府所有的广播电视机构作为政府行政机构进行管理。比如美国国际广播法规定：广播管理委员会继续存在于联邦政府行政部门中，下设国际广播局，从事由美国政府资助的非军事国际广播活动，负责美国之音电台、世界电视网、马蒂电台以及工程技术、节目评审等保障服务部门的运行和管理，其雇员为美国公务员；广播管理委员会向总统和国会提交年度报告，详细列支国际广播局和其他拨款对象管理费用的使用情况，检查评价美国之音等美国国际广播的运营情况、质量效果、职业使命等。

有的国家将政府所有的广播电视机构作为政府主管部门的从属机构进行运营管理。比如埃及的广播电台、电视台从属于埃及广播电视协会管理，埃及广播电视协会既是政府部门，也是经营机构，主要收入来源是政府拨款、广告和节目销售。又比如，古巴、朝鲜等国的广播电台、电视台从属于政府广播电视委员会。

有的国家将政府所有的广播电视机构作为政府的国有公司进行运营管理。比如，俄罗斯、哈萨克、新加坡、巴基斯坦、土耳其等国家由国有公司经营管理国家广播电台、电视台，国有广播公司的人事财务等由政府负责管理，国有广播公司的总裁由总统或政府总理任免。2000年，俄罗斯发布总统令，将原来授予地方政府对该地方的国家广播电视公司领导的任命权，纳入全俄罗斯国家广播电视公司总部管理，使全俄罗斯国家广播电视公司不仅拥有地方分支机构的人事管理权，还拥有预算编制、经营创收等财务管理权，形成中央集权、覆盖全国、上下贯通的国有广播电视运营管理体系。

二、由公共法人所有并经营

对公共广播电视机构，一般采用公共法人所有并经营的体制，采取国有公营公司的运行机制。英国广播公司1922年由几家民间财团出资组建，1927年改组为独立于政府的国有公营广播公司，形成了公共广播组织的基本形式。许多发达国家或发展中国家都以英国广播公司为模型，建立本国的公共广播组织。比如，日本广播协会（NHK）、加拿大广播公司（CBC）、美国公共广播公司（CPB）、澳大利亚广播公司（ABC）、韩国广播公司

(KBS)、意大利广播公司(RAI)、南非广播公司(SABC)等。1997年,印度将政府所属的全印广播公司与杜达山电视台合并成印度广播公司(IBC),作为独立于政府的公共法人实体进行经营。这种国有公营广播公司主要有以下特征:

(一)公营广播公司是依照广播电视法或特许状的规定设立的公共法人实体,其解散亦由公法规定

比如,日本广播法第8条规定:日本广播协会是基于本法规定设立的法人;第50条规定:日本广播协会的解散由其他法律规定,解散后的剩余财产属于国家。韩国广播法第43条规定:韩国广播公司是一个法人,应拥有3,000亿韩元的资本金,并且资本金应由政府提供。英国广播公司的皇家特许状第1条规定:公司作为公共法人实体将继续使用英国广播公司的名称,保持经营的长期连续性,只有各方共同盖章签署后才有权自行终止、改变和更新;第22条规定:经由遗产继承委员会批准,根据双方认为合适的条款,公司应依法放弃本特许状,结束公司活动;第23条规定:公司解散时,公司的财产和资产应用于偿还公司债务,人员应按照民族遗产大臣的要求进行安置。

(二)公营广播公司作为独立法人,依法行使民事权利,独立承担法律责任

公营公司不是政府机构或行政机关,不享有政府机构在法律上的特权和豁免,而须依法独立承担法律责任。公营公司的领导和工作人员不是政府官员、政府雇员。比如,《关于续延英国广播公司的皇家特许状》授权英国广播公司以法人身份行使民事法律权利,保留不动产和个人财产,并对有关公司的所有事务具有处置权,但同时规定了英国广播公司的目标任务和义务责任,公司应将其全部收入用于促进其目标任务的实现。

(三)公营广播公司相对独立于政府,最终向国会负责

尽管政府对公营广播公司有一定的人事任免权和财政预算权,但是公营广播公司最终向国会负责。公营广播公司每年必须将年度报告、账目报告、资产负债、剩余资金报告、收支预算、事业计划等通过政府提交给国会审议。比如美国法律要求公共广播公司每年5月15日以前要向总统和国会提交一财政年度的报告。

(四)公营广播公司以社会公共服务为目的,其财务目标是平衡收支,其盈利必须用于公司的发展

公司须保持政治上公平中立,不得赞助任何政党。对于公营公司的商业服务,在资金来源、经营活动、账户管理等方面要与公共服务部门相分离。当初英国设立公营广播机构的基本考虑:一是既要维护国家对公营广播机构的所有权,又要防止政府对节目编排自由的干预;二是既要保障公营广播机构的独立性,又要维护公众的基本视听权益;三是既要求公众为公营广播机构缴纳收视费,又要保证公众对公营广播机构的监督,防止

公营广播机构滥用收视费。近些年,英国广播公司出现前主播性侵、日本广播协会出现制片人贪污巨款等丑闻,影响了公营广播机构的公信力。

(五)公营广播公司内部治理结构主要包括决策监督机构和日常执行机构

公营广播公司一般设有理事会和总经理层,理事会是决策监督机构,总经理层是日常执行机构。比如英国广播公司(BBC)的最高决策机构是由12名理事组成的理事会,由英国政府任命;其日常执行机构是最高执行委员会,由理事会任命总经理、副总经理等。2005年,英国对BBC董事会制度进行了改革,设立托管委员会(BBC Trust),取代过去的理事会,代表缴纳电视接收费的公众的利益,负责监管BBC的发展战略、政府投资和公共利益。托管委员会的委员由英国政府任命,任期4年,包括主席、副主席、英格兰委员、威尔士委员、北爱尔兰委员、苏格兰委员等12名成员。托管委员会任命总裁及其领导的执行委员会,负责BBC的日常运作。又比如,根据韩国广播法的规定,韩国广播公司的最高决策机构是由7名董事组成的董事会。董事由韩国广播委员会推荐、总统任命,任期3年。非韩国国籍者、政党成员、国家公务员等不能成为董事。董事会主席由董事会选举产生。董事会对以下事项进行决定:(1)公司制作的广播电视节目涉及公众责任的事宜,(2)公司制作广播电视节目的基本计划,(3)预算资金计划,(4)准备金的使用和预算的提出,(5)会计的处理,(6)对公司管理进行评价及评价的公告,(7)对任命总经理和审计人员的建议、对任命副总经理的批准,(8)地区广播电视台的建立和关闭,(9)固定资产的取得和处置,(10)长期贷款、债券发行及其偿还计划,(11)收益和损失的处理,(12)对其他企业的捐助,(13)对公司法人章程进行修改,(14)制定、修改、废除公司法人章程规定的条款,(15)董事会认定的其他必要事项。韩国广播公司的执行机构由总经理、至多2名副总经理、至多8名总监和1名审计人员组成,总经理由董事会提出建议、总统任命,总经理代表公司对日常的运作进行控制管理,总经理和审计人员可以出席董事会并陈述意见。[①]

第二节 境外广播电视的民间所有权制度

广播电视机构有官办和民办之分,官办广播电视机构属于国家所有,民办广播电视机构属于民间组织或个人所有。民办广播电视机构为广播电视发展带来了活力,给传统的官办广播电视机构带来了竞争的压力。民办广播电视机构主要包括民营公司开办的商业广播电视、学校等民间机构开办的公益广播电视以及个人开办的社区广播电视等。

---

① 马庆平.中外广播电视法规比较[M].北京:经济管理出版社,2005:305-307.

一、由民营公司所有并经营

公司制是各国商业广播电视机构普遍采用的所有权实现方式，主要包括有限责任公司、股份有限公司等形式。各国公司法对有限责任公司和股份有限公司的股东人数和最低资本金有不同的要求。有限责任公司的股东数量有限制，美国标准公司法规定为35个以下，法国规定不得超过50个，我国公司法规定50个以下。有限责任公司的最低资本金额一般比股份有限公司的低。有限责任公司和股份有限公司可以依法相互转化。股份有限公司可以申请向公众发行股票，并在证券交易所挂牌买卖，成为上市公司。由有限责任公司或股份有限公司为核心，持有或控股多个公司，从而形成集团公司。马克思认为股份有限公司是社会积累的新的强有力的杠杆。股份公司已成为现代企业制度最具代表意义，也是当今世界最为流行的一种企业组织形式。许多国营公司、公营公司也都借鉴民营公司内部治理的成功经验。民营广播公司有以下主要特点：

（一）民营广播公司是以营利为目的独立的企业法人

民营公司以营利为目的。公司的资产与出资人的资产相分离。出资人是公司的股东，持有公司的股份，以其出资金额对公司的债务承担有限责任，公司以其全部资产承担独立的法律责任。比如，2002年，德国两大传媒集团之一的基尔希集团宣布负债68亿欧元，资不抵债，申请破产保护，其创始人——时年75岁的利奥·基尔希只以其出资金额对债务承担责任，不涉及他本人的资产。

（二）民营广播公司须遵循一般公司法的规定办理注册登记，并按照广播电视法的规定申领广播电视执照后方可经营广播电视

各国公司法对设立公司有基本的条件要求，有的国家对设立公司的最低注册资本有要求。公司成立后依照广播电视法律规定的条件申领执照后方可从事广播电视经营活动。从各国情况看，设立公司的门槛越来越低，越来越简便，有利于激发国民开展创业活动，创造社会财富。比如我国公司登记，已从最初要求有限责任公司、股份公司的最低注册资本分别为3万元、500万元，改为不再要求最低限额，而由全部股东认缴或实缴出资金额。

（三）民营广播公司呈"三权分立"的内部治理结构

公司的股东大会拥有最高决策权，董事会、经理层执掌经营管理权，监事会或审计机构行使监督检查权。公司的股东可通过"用手投票"选举、罢免公司董事等手段维护其利益，上市公司的股东还可通过"用脚投票"，抛售公司股票使股价下降，对董事会、经理层形成无形的市场压力。比如，2000年，美国最大的互联网服务公司美国在线并购了全球最大的媒体公司时代华纳，但是并没有兑现向股民承诺的利润增长，股价大幅

下挫,市值大大缩水,董事会、经理层不断调整;2003年,公司董事会一致决定时代华纳与美国在线分开,这标志着美国历史上最大的媒体合并案以失败告终。上市公司作为公众公司,股东市场与用户市场一样重要,决定着上市公司的成败。2001年,在《财富》五百强中排名第十六位的美国能源巨头安然公司被查出财务造假而宣布破产,申请破产的资产总额达到498亿美元。随后世界通信公司、泰科国际公司等多家美国公司也相继被揭露存在重大财务丑闻,使美国股市遭到重挫。2002年,美国总统布什签署公司改革《萨班斯—奥克斯利法案》,规定:成立一个独立的上市公司财会监督委员会,对财会人员的专业标准、道德标准、竞争行为进行监督;加强上市公司外部审计师的独立性,增加财务披露的信息内容,要求企业管理者对财务报告进行个人担保;禁止上市公司为高级管理人员和董事提供内部个人贷款;对无视法律进行财务欺诈者,处以重罚,刑期由之前的5年增加到20年,并处500万美元的罚金;隐藏重要文件妨碍调查者,将被判入狱20年。

公司制是人类历史上最伟大的商业创新之一,它深入世界的每一角落,能够把金钱、货物、人力、文化等有效组合起来,源源不断地向社会创造产品和提供服务,但世界上还没有十全十美的公司治理结构模式。随着公司的股份化、集团化、巨型化和国际化发展,公司的内部组织管理已由过去的集权向集权与分权相结合的体制转变,最大限度地把灵活性与稳定性结合起来,实现权力的有效分工与内部控制、提升公司的活力和竞争力。

(四)民营广播公司呈集团化、多元化发展趋势

目前,跨国巨型传媒机构多为股份有限公司,采取集团化运作方式。比如美国的时代华纳公司、维亚康姆母公司、迪士尼公司、新闻集团,法国的威旺迪公司等本身就是股份公司,还拥有多家上市公司,形成了庞大的传媒集团,不仅经营地面广播电视、有线广播电视、卫星广播电视,还经营报刊、电影、动漫、主题公园等多种业务。当然也有传媒集团不是上市公司。比如德国的贝塔斯曼集团拥有RTL广播电视集团、兰登书屋等多家知名媒体企业,但它本身不是上市公司,而是由贝塔斯曼基金会、摩恩家族等组成的有限责任公司。

二、限制广播电视民间所有权过度集中和跨媒体经营

为了维护媒体所有权的多元化和思想文化的多样性,防止出现舆论一律和思想市场的垄断,许多国家对民办广播电视机构所有权的过度集中进行了限制,对报纸、广播、电视跨媒体经营进行了限制。

对于广播电视民间所有权的限制,一般采取设定上限的办法。比如,英国1996年广播法规定:单一公司的广播、电视受众覆盖率均不能超过全国受众的15%。美国1996年通讯法对电台、电视台所有权集中的限制有所放松。从美国联邦通讯委员会网站资料

看,1996 年美国联邦通讯法修订前后所有权规则比较如表 5-1:

表 5-1　　　　　　1996 年美国联邦通讯法修订前后所有权规则比较

比较项目	1996 年以前的规则	1996 年以后的规则
全国电视市场	单一公司可以全国范围内拥有 12 家电视台,在全国电视市场份额不能超过 25%	对单一公司拥有的电视台没有数量限制,一家公司所能达到的全国电视家庭数量不能超过 35%
地方电视市场	单一公司在一个地方市场上只能拥有 1 家电视台	如果一个地方市场上有 8 家电视台,一家公司可以拥有其中的 2 家(其中 1 家不能是市场份额前 4 位的电视台);如果一家地方市场上有至少 20 家媒体(包括有线电视、报纸以及其他广播机构),一家公司可以拥有其中的 2 家电视台和 6 家广播电台
全国广播电台市场	单一公司可以拥有 20 家 AM 和 20 家 FM 电台	没有数量限制
地方广播电视台	单一公司不能在一个地方市场同时拥有 2 家 AM 和 2 家 FM 电台,拥有市场份额不能超过 25%	如果某一市场上有超过 45 家电台,一家公司拥有电台数量不能超过 8 家;如果是 33—44 家电台,则不超过 7 家;如果是 15—29 家电台,则不超过 6 家;如果少于 14 家电台,则不超过 5 家;拥有非商业教育电台的数量无限制

　　近年来,随着经济贸易的日益全球化和数字网络技术的迅速发展,要求放松媒体所有权管制的呼声日益高涨,同时要求维护文化多样性的呼声也越来越强烈。2003 年,美国联邦通讯委员会决定把媒体所有权中电视观众覆盖率上限从 35% 提高到 45%,同时放松了报纸与电视交叉所有权的限制。这引发了美国全国范围的大争论和各种利益集团的角逐,美国国会最终推翻了联邦通讯委员会的所有权新法案。2005 年,美国最高法院作出决议,驳回新闻集团、Tribune 报业公司等媒体集团关于要求放松联邦对广播电台、电视台及报纸在区域市场上的数量限制的请求,继续实施对媒体公司所有权方面的限制。

　　对于在同一市场内的跨媒体经营,许多国家予以限制。比如瑞典法律禁止报纸在其发行区域内经营广播电台、电视台。波兰法律禁止报纸杂志出版者创办或拥有广播电台、电视台。印度广播法规定报纸许可证与广播许可证不得交叉拥有。日本、韩国、加拿大、捷克、斯洛伐克、爱沙尼亚等国家禁止一家公司或个人在同一地方或同一市场上同时拥有报纸、广播、电视三种媒体,希腊禁止一家公司或个人同时拥有报纸、广播、电视三种媒体中的两种。英国 2003 年通讯法规定:拥有地方报纸市场 50% 以上份额或已拥有与地方广播执照覆盖范围相同的 ITV 执照的公司,不能再拥有地方广播执照。意大利法律规定:凡是发行量超过全国市场份额的 16% 的日报禁止拥有全国性电视台,发行量占全国市场份额的 8%—15% 的日报可以拥有一家全国性电视台,发行量在 8% 以下的日报可以申请拥有两家全国性的电视台。奥地利 2001 年广播电视法规定:发行量超过全国市场份额 30% 的报纸不允许拥有全国性电台和电视台,发行量超过地方市场份额 30%

的报纸不允许拥有地方电台、电视台的股份。卢森堡法律规定：报纸可以投资地方广播电台、电视台，但是投资数额不能超过其资本的25%。此外，荷兰、哥伦比亚等国家有条件地允许报纸、广播、电视跨媒体经营。①

第三节　我国广播电视所有权制度

国有制在我国广播电视领域占主导。中央、省、市地、县四级政府对所属的广播电台、电视台、传输网络机构、影视剧等制作机构代行所有权职责，乡镇政府对所属的广播电视站代行所有权职责。按照出资方和所从事活动的不同，我国的单位组织分为国家机关、企业单位、事业单位、社会团体、民办非企业单位等类别。(1)国家机关行使国家的统治职能和社会管理职能，不从事生产经营，所需经费由国家预算支出。如国家新闻出版广电总局。(2)企业单位是以营利为目的，从事商品生产经营、提供经营服务的社会经济组织。如有线电视网络公司。(3)《社会团体登记管理条例》规定：社会团体是中国公民自愿组成，为实现会员共同意愿，按照其章程开展活动的非营利性社会组织。如中国广播电影电视社会组织联合会等。(4)《民办非企业单位登记管理暂行条例》规定：民办非企业单位是企业事业单位、社会团体和其他社会力量以及公民个人利用非国有资产举办的，从事非营利性社会服务活动的社会组织。(5)《事业单位登记管理暂行条例》规定：事业单位是国家为了社会公益目的，由国家机关举办或其他组织利用国有资产举办的，从事教育、科技、文化、卫生等活动的社会服务组织。如广播电台、电视台等。目前，事业单位在我国广播电视领域占绝大多数，所有的广播电视台(广播电台、电视台)、广播电视发射台转播台、广播电视监测监管中心等实行事业单位体制，节目制作经营机构、电视剧制作机构、有线电视网络公司等实行企业单位体制。2017年，《民法总则》将法人分为营利法人、非营利法人和特别法人。营利法人包括有限责任公司、股份有限公司和其他企业法人等。非营利法人包括事业单位、社会团体、基金会、社会服务机构等。特别法人包括机关法人、农村集体经济组织法人、城镇农村的合作经济组织法人、基层群众性自治组织法人。还规定非法人组织包括个人独资企业、合伙企业、不具有法人资格的专业服务机构等。

一、事业单位所有权

我国事业单位有110多个，事业编制3,000多万人。我国事业单位分布范围广。按照中编办关于批转《事业单位登记管理暂行条例实施细则》《事业单位法人年度报告公示

---

① 陈中原.传媒所有权法规的国际比较研究[M].//论媒体经济与传媒集团化发展.论文集.北京：中国人民大学出版社，2003：157-159.

办法(试行)》的通知(中央编办发〔2014〕4号)规定,事业单位分布在教育、科研、文化、卫生、体育、新闻出版、广播电视、社会福利、救助减灾、统计调查、技术推广与实验、公用设施管理、物资仓储、监测、勘探与勘察、测绘、检验检测与鉴定、法律服务、资源管理事务、质量技术监督事务、经济监督事务、知识产权事务、公证与认证、信息与咨询、人才交流、就业服务、机关后勤服务等领域。事业单位主要有以下特点:

(一)事业单位以社会公益为目的,以国有独资为所有制基础

事业单位是国家为了社会公益目的,由国家机关举办或其他组织利用国有资产举办的社会服务组织。当前我国事业单位从事的事务活动性质多样。有的行使行政监管职能(如中国证监会、保监会、银监会属国务院直属事业单位),有的从事生产经营活动,有的从事公益性社会服务活动。我国正按照事业单位的不同功能和特点,积极稳妥分类推进事业单位改革:将行使行政职能的事业单位逐步转为行政机构,将从事生产经营活动的事业单位逐步转为企业,对从事公益活动的事业单位进一步分类改革。涉及国家安全、公共安全、国家长远利益的公益性事业单位,由国家举办;可部分由市场配置资源的公益性事业单位,主要由国家举办,社会力量可以参与;可由市场配置资源的有一定公益性的事业单位,主要由社会力量举办,国家举办少量重要的具有示范作用的单位。从整体上看,广播电视行业可以通过市场机制配置资源,促进发展,但是考虑到广播电视直接关系到社会舆论安全和社会稳定和谐,因此,我国广播电台、电视台继续实行事业体制,国家重点扶持,但是其中的音乐、科技、体育、娱乐节目及影视剧制作和传输网络可以剥离出来改制为企业,进行市场运作。广播电视传输网包括有线网、卫星网和无线网,有线网和卫星网按照企业运作。对于广播电视无线发射台、转播台,暂时继续实行事业体制,主要考虑:一是无线广播电视网直接关系到广大人民群众能否免费收听收看到节目,直接关系到广大人民群众的基本文化权益,需要政府资助,确保向人民群众提供公共文化服务。二是广播电视无线发射台、转播台的管理体制和经济关系尚未理顺,主要依靠财政补助,自身创收严重不足,难以支撑广播电视普遍服务。

(二)事业单位依照行政级别设立,对其资产行使占有、使用及依法收益、处分的权利

由于举办事业单位的国家机关或其他组织的行政级别不同,因而其举办的事业单位的行政级别也不同。中央编办批转的《事业单位登记管理暂行条例实施细则》(中央编办发〔2014〕4号)规定:国家事业单位登记管理局负责下列事业单位的登记管理:(1)中央直属事业单位;(2)中央国家机关各部门举办的事业单位;(3)直接或者间接使用中央财政经费的社会团体举办的事业单位;(4)中央国有资产监督管理机构履行出资人职责的企业和国有重点金融机构举办的事业单位;(5)本条上述事业单位举办的事业单位;(6)依照法律或者有关规定,应当由国家事业单位登记管理局登记管理的其他事业单位。

我国《物权法》第54条规定:国家举办的事业单位对其直接支配的不动产和动产,享

有占有、使用以及依照法律和国务院有关规定收益、处分的权利。根据《事业单位国有资产管理暂行办法》(财政部令第36号)规定：事业单位国有资产是指事业单位占有、使用的，依法确认为国家所有，能以货币计量的各种经济资源的总称。包括国家拨给事业单位的资产，事业单位按照国家规定运用国有资产组织收入形成的资产，以及接受捐赠和其他经法律确认为国家所有的资产，其表现形式为流动资产、固定资产、无形资产、对外投资、在建工程等。事业单位国有资产实行国家统一所有，政府分级监管，单位占有、使用的管理体制。事业单位负责对本单位占有、使用的国有资产实施具体管理。事业单位对其资产只能行使所有权的占有、使用职能，其收益和处分职能须由国家有关主管部门审批，因此，事业单位的民事行为能力有限，不能完全用其资产来承担民事法律责任。我国《事业单位登记管理暂行条例》规定：事业单位依法举办的营利性经营组织，必须实行独立核算，依照国家有关公司、企业等经营组织的法律法规登记管理。这实际上要求事业单位与其开办的从事营利性经营活动的公司分开，事业单位对其开办的公司以出资额承担有限责任，保证事业单位的资产安全。

(三)事业单位以其开办资金为限独立承担民事法律责任

中央编办批转的《事业单位登记管理暂行条例实施细则》规定：申请事业单位法人设立登记，应当具备下列条件：(1)经审批机关批准设立；(2)有规范的名称和组织机构(法人治理结构)；(3)有稳定的场所；(4)有与其业务范围相适应的从业人员、设备设施、经费来源和开办资金；(5)宗旨和业务范围符合事业单位性质和法律、政策规定；(6)能够独立承担民事责任。该《通知》规定：开办资金是事业单位被核准登记时可用于承担民事责任的全部财产的货币体现，包括举办单位或者出资人授予事业单位法人自主支配的财产和事业单位法人的自有财产，但不包括以下资产：(1)代为管理的公共基础设施和资源性资产；(2)关系国家秘密、公共安全、公共保障，不能进入流通领域的资产；(3)借贷款、合同预收款、合同应付款；(4)职工福利费、保险金、住房公积金等专用基金；(5)规定了使用方向，不能用于民事赔偿的他人资助的资产；(6)按照法律法规规定不能用于民事赔偿的其他资产。在广播电视领域，广播电台、电视台的频率频道资源、安全播出系统等资产不能用于承担民事赔偿责任。

(四)事业单位一般实行党委领导下的行政领导人负责制或行政领导人负责制

《中国共产党党章》第32条第4款规定：实行行政领导人负责制的事业单位中党的基层组织，发挥政治核心作用。实行党委领导下的行政领导人负责制的事业单位中党的基层组织，对重大问题进行讨论和作出决定，同时保证行政领导人充分行使自己的职权。《事业单位登记管理暂行条例实施细则》规定：事业单位法定代表人是按照法定程序产生，代表事业单位行使民事权利、履行民事义务的责任人。事业单位法定代表人应当具备下列条件：(1)具有完全民事行为能力的自然人；(2)该事业单位的主要行政负责人。

广播电台、电视台等事业单位实行党委(党组)领导下的台长负责制,党委(党组)行使重大问题的决策权和监督权,台长、副台长、纪检组长、副总编、总会计师、总工程师以及各职能部门具体执行实施。一般情况下,台长兼任党委(党组)书记,副台长、纪检组长、总会计师等兼任党委(党组)成员。我国广播电台、电视台实行的是决策、执行、监督合一的领导体制和运行机制。此外,我国广播电台、电视台一般设有编辑委员会,负责节目宣传和导向把控;设有经营管理委员会,负责广告创收和经营管理;设有行政管理委员会,负责内部行政事务管理。

多年来我国报纸杂志、广播电视等媒体领域实行事业单位、企业化管理的运行模式。1978年,《人民日报》社向财政部申请开始实行企业化管理。1985年,上海市广电局开始在上海电台、电视台实行经济承包责任制;1997年,上海市政府授权市广电局作为上海广电系统国有资产的委托代理人,对国有资产进行运营管理。1999年,我国第一家广电集团——无锡广电集团挂牌成立,采用了事业单位、企业化管理的模式。2001年,中办、国办《关于转发〈中央宣传部、国家广电总局、新闻出版总署关于深化新闻出版广播影视业改革的若干意见〉的通知》(中办发〔2001〕17号)规定:报业集团、广电集团属于事业性质,发行集团、电影集团属于企业性质。经国家广电总局批准成立的广电集团都采用事业单位、企业化管理的模式。对于事业单位、企业化管理的含义,国家工商行政管理局《关于事业单位企业化经营含义问题的答复》(工商企字〔1998〕第158号)界定:凡国家不核拨经费,实行自收自支、自主经营、独立核算、自负盈亏的事业单位,均属于企业化经营的事业单位。企业化经营的事业单位,应执行企业的财务制度和税收制度。《企业法人登记管理条例》第28条规定:根据国家有关规定,实行企业化经营,国家不再核拨经费的事业单位和从事经营活动的科技性的社会团体,具备企业法人登记条件的,由该单位申请登记,经登记主管机关核准,领取《企业法人营业执照》,方可从事经营活动。事业单位、企业化管理,是我国报纸杂志、广播电视等媒体领域为了适应社会主义市场经济发展而采取的一种过渡运行模式。到2004年年底,经国家广电总局批准成立了20家事业性质的广电集团(总台),包括中国广播影视集团以及北京、上海、湖南、浙江、天津、重庆、四川、山东、江苏、福建、广东、湖北、南京、杭州、宁波、厦门、长沙、深圳、武汉等地方广电集团(总台)。中共中央、国务院《关于深化文化体制改革的若干意见》(中发〔2005〕14号)对现有文化事业单位进行了分类,明确了不同的改革要求:一是党报、党刊、电台、电视台、通讯社、重点新闻网站和时政类报刊,少数承担政治性、公益性出版任务的出版单位,重要社会科学研究机构,体现民族特色和国家水准的艺术院团,实行事业体制,由国家重点扶持;二是其他艺术院团,一般出版单位和文化、艺术、生活、科普类报刊社,以及新华书店、电影制片厂、影剧院、电视剧制作单位和文化经营中介机构,党政部门、人民团体、行业组织所属事业编制的影视制作和销售单位,逐步转制为企业。由于中发〔2005〕14号对事业性质的报业集团、广电集团没作任何规定,事业性质的广电集团已没有政策依据。2005年,中国广播影视集团的职能并入了国家广电总局相关司局和单位,人员得到了安置。

随后，北京、天津、上海、湖南、四川等地方广电集团改组为广播电视台＋广电集团公司的模式，以广播电视台这个事业单位为核心，优化资源配置，完善激励约束机制，利用事业单位与企业单位两种体制平台，推进广播电视事业与产业的协调发展。

二、企业单位所有权

企业是以营利为目的、从事生产经营活动的经济组织。企业财产所有权是商品经济和社会化大生产不断发展的产物。在商品经济的早期阶段主要是手工劳动，单个劳动者就可以与生产资料结合形成一个生产单位，企业组织形式主要是独资企业。随着商品经济的发展，特别是由于机器的出现和广泛运用，要求把劳动力组合起来形成集体的力量，才能共同使用机器，构成一个生产单位，因此，合伙企业成为社会生产的基本单位。随着社会化大生产不断发展，为了快速大规模集中资本、降低经营风险，公司企业应运而生，公司的产权结构是股东股权与公司财产所有权相结合，公司以其财产独立承担民事责任，股东以其股份承担有限责任。企业所有权一般分为合伙所有、个体（家庭户）所有、集团所有、股份所有等。根据企业的不同所有制形式，我国制定了《外资企业法》《全民所有制工业企业法》《中外合作经营企业法》《中外合资经营企业法》《公司法》《乡镇企业法》《合伙企业法》《个人独资企业法》等。

我国的企业组织形式复杂多样。根据《企业法人登记管理条例》和《公司登记管理条例》的规定，我国工商行政管理机关登记注册的企业大致可分为内资企业、港澳台商投资企业和外商投资企业三大类。内资企业包括国有企业、集体企业、股份合作企业、联营企业、有限责任公司、股份有限公司、私营公司和其他内资企业。国有企业是指企业全部资产归国家所有，并按《企业法人登记管理条例》规定登记注册的非公司制的经济组织，不包括有限责任公司中的国有独资公司。集体企业是指企业资产归集体所有，并按《企业法人登记管理条例》规定登记注册的经济组织。股份合作企业是指以合作制为基础，由企业职工共同出资入股，吸收一定比例的社会资产投资组建，实行自主经营、自负盈亏、共同劳动、民主管理、按劳分配与按股分红相结合的一种集体经济组织。联营企业是指两个及两个以上相同或不同所有制性质的企业法人或事业单位法人，按自愿、平等、互利的原则，共同投资组成的经济组织，包括国有联营企业、集体联营企业、国有与集体联营企业和其他联营企业。有限责任公司是指根据《公司登记管理条例》规定登记注册，由一个以上、五十个以下的股东共同出资，每个股东以其所认缴的出资额对公司承担有限责任，公司以其全部资产对其债务承担责任的经济组织，包括国有独资公司以及其他有限责任公司。股份有限公司是指根据《公司登记管理条例》规定登记注册，其全部注册资本由等额股份构成并通过发行股票筹集资本，股东以其认购的股份对公司承担有限责任，公司以其全部资产对其债务承担责任的经济组织。私营公司是指由自然人投资设立或由自然人控股，以雇佣劳动为基础的营利性经济组织，包括按照《公司法》《合伙企业法》《个人独资企业法》规定登记注册的私营有限责任公司、私营股份有限公司、私营合伙企业和私营独资企业。其他内资企业是指上述企业之外的其他内资经济组织。此外，还有与港澳台商合资经营企业、与港澳台商合作经营企业、港澳台商独资经营企业、港澳台商投资股份有限公司以及中外合资经营企业、中外合作经营企业、外资企业、外商投资股份有限公司等。公司是企业法人，有独立的法人财产，享有法人财产权，以其全部财产对公司的债务承担责任。有限责任公司的股东以其认缴的出资额为限对公司承担责任。股份有限公司的股东以其认购的股份为限对公司承担责任。国有独资公司，是指国家单独出资、由国务院或者地方人民政府授权本级人民政府国有资产监督管理机构履行出资人职责的有限责任公司。《物权法》规定：国家出资的企业，由国务院、地方人民政府依照法律、行政法规规定分别代表国家履行出资人职责，享有出资人权益。

在广播电视领域，主要有国有独资企业、有限责任公司、上市公司等企业形式，主要从事影视剧、音乐、科技、体育、娱乐等节目制作以及广播电视传输接入活动。广播电台、电视台是我国广播电视业的主体，实行事业单位体制。为推动产业开发，我国广播电视领域一般采取事业单位办企业的运作模式。《事业单位登记管理暂行条例》第2条第2款规定，事业单位依法举办的营利性经营组织，必须实行独立核算，依照国家有关公司、企业等经营组织的法律法规登记管理。《企业法人登记管理条例》第27条规定：事业单位、科技性的社会团体根据国家有关规定，设立具备法人条件的企业，由该企业申请登记，经登记主管机关核准，领取《企业法人营业执照》，方可从事经营活动。第35条规定：根据国家有关规定，由国家核拨经费的事业单位、科技性的社会团体从事经营活动或者设立不具备法人条件的企业，由该单位申请登记，经登记主管机关核准，领取《营业执照》，在核准登记的经营范围内从事经营活动。广播电台、电视台可根据《公司法》《企业法人登记管理条例》《公司登记管理条例》等规定开办国有独资企业、有限责任公司、股份有限公司等。

国有独资企业在广播电视领域数量较少，但是历史较长、规模较大。这类企业一般是广播电台、电视台等事业单位独家利用国有资产独资开办，并按《企业法人登记管理条例》规定进行登记注册。比如，1984年中央电视台独资开办了中国国际电视总公司。由于这类公司的出资人不是《公司法》规定的政府授权的国有资产监督管理机构，因此不属于《公司法》规定的国有独资公司；但是这类公司是利用国有资产开办的，企业资产所有权属于国有事业单位，因此属于国有独资企业。国有独资企业作为独立的企业法人，对其经营管理的财产享有占有、使用和依法处分的权利，并以其经营管理的财产独立承担民事责任。开办单位对国有独资企业履行出资人的职责，对公司债务以出资金额为限承担法律责任。

有限责任公司形式在广播电视领域被广泛采用。既有多家广播电台、电视台等事业单位联合开办或与其他组织联合开办的，也有民间机构或个人开办的有限责任公司。比如，2001年，中央人民广播电台、中国国际广播电台、中央电视台、广播影视网络中心等单位联合开办了中广广播影视传输网络有限责任公司，而后改名为中国有线电视网络公司。这类公司是按照《公司法》《公司登记管理条例》规定注册的有限责任公司,以公司的全部财产承担债务等民事责任,出资人以其出资额为限对公司承担有限责任。此外,如灿星制作、光线传媒、华策影视等民营公司已成为我国广播影视制作业的重要力量。

目前从事广播电视业务的上市公司有上海东方明珠、中视传媒、湖南电广传媒、北京歌华有线、陕西广电网络、深圳天威视讯、吉视传媒、贵州广电网络、湖北广电网络、广西广电网络、浙江华数传媒、江苏有线等国有上市公司,以及光线传媒、华谊兄弟传媒等民营上市公司。

随着我国广播电视体制改革的不断深化,企业单位在广播电视领域的地位将越来越重要,企业单位自身的改革也越来越急迫,迫切需要按照"产权清晰、权责明确、政企分开、管理科学"的要求,加快建立现代传媒企业制度,需要按照"归属清晰、权责明确、保护严格、流转顺畅"的要求,加快构建现代产权制度,完善法人治理结构,完善激励约束机制,不断提高核心竞争力,为我国广播电视可持续发展提供强有力的产业支撑。

三、对非公有资本进入广播电视领域的规定

我国广播电视承担着引导舆论导向、引领价值取向等意识形态任务,国有资本在广播电视领域占主导控制地位。2005年,国务院发布的《关于非公有资本进入文化产业的若干规定》(国发〔2005〕10号)规定:非公有资本不得投资设立经营广播电台(站)、电视台(站)、广播电视发射台(站)、转播台(站)、广播电视卫星、卫星上行站和收转站、微波站、监测台(站)、有线电视传输骨干网等;非公有资本不得利用信息网络开展视听节目服务以及新闻网站等业务,不得经营广播电视频率频道和时段栏目。同时规定了非公有资本进入广播电视的领域和方式:

一是鼓励非公有资本进入电视剧制作发行、广播影视技术开发应用、广告等领域。二是广播电台、电视台的音乐、科技、体育、娱乐方面的节目制作企业,非公有资本可以投资参股,国有资本须控股51%以上。三是可以建设经营有线电视接入网,参与有线电视接收端数字化改造,但国有资本须控股51%以上;从事有线电视接入网社区部分业务,非公有资本可以控股。四是可以开办户外、楼宇内、交通工具内、店堂等显示屏广告业务,在符合条件的宾馆饭店内提供广播电视视频点播业务。国发〔2005〕10号文件禁止非公有资本进入广播电视发射转播站,比过去的规定更加严格。实际上,1993年国务院《批转国家计委关于全国第三产业发展规划基本思路的通知》(国发〔1993〕20号)规定:动员社会各方面集资建设广播电视转播台(站)和其他文化、体育设施,并通过深化内部改革、放开经营,向社会提供更多适应群众需求的有偿服务,逐步增强自我发展能力。1992年,上海成立了东方明珠传输有限公司,负责上海地区广播电视无线发射任务,但其母公司东方明珠(集团)股份公司已上市交易,已有非公有资本进入。另外,国务院办公厅《关于进一步做好新时期广播电视村村通工作的通知》(国办发〔2006〕79号)规定:在国家广播电视机构控股51%以上的前提下,鼓励其他国有、非公有资本投资参股县级以下新建有线

电视分配网和有线电视接收终端数字化改造。国家广电总局根据国务院10号文件制定下发的《关于有线电视分配网建设和经营管理有关问题的通知》(广发〔2006〕41号)规定：在国有广播影视单位控股51%以上的前提下，非公有资本可以投资参股县级(不含县级)以下新建有线电视分配网，参与有线电视接收终端数字化改造。国务院办公厅《关于加快推进广播电视村村通向户户通升级工作的通知》(国办发〔2016〕20号)再次规定：在国家广播电视机构控股51%以上的前提下，鼓励其他国有、集体、非公有资本投资参股县级以下新建有线电视分配网和有线电视接收终端数字化改造。2017年9月30日，上市公司北京歌华股份公司公告显示：北广传媒投资发展中心持股占总股本的比例为37.42%，中国证券金融股份有限公司持股占比4.96%，金砖丝路投资(深圳)合伙企业持股占比2.92%，全国社保基金一零三组合持股占比2.87%，中信证券—中信银行—中信证券积极策略6号集合资产管理计划持股占比2.43%，中央汇金资产公司持股占比2.19%，新湖中宝股份公司持股占比1.46%，上海东方明珠新媒体公司持股占比1.46%，中国工商银行股份有限公司——博时精选混合型证券投资基金持股占比1.08%，南京西边雨投资企业持股占比1.07%。在该公司中，国有广播影视单位没有达到控股51%以上。另外，国家新闻出版广电总局公示，2016年度全国有132家机构获得《电视剧制作许可证(甲种)》，有10,232家机构获得《广播电视节目制作经营许可证》，其中大多数为民营机构。随着社会主义市场经济不断发展，越来越多非公有资本将进入广播电视领域，我国广播电视采编、制作、播出、传输、服务等各环节的所有权结构需要进一步明确边界、完善规范，促进广播电视生产力的发展。

四、广播电视领域的融资规定

融资指"一是通过借贷、租赁、集资等方式而使资金得以融合并流通。二是通过借贷、租赁、集资等方式而得以融合并流通的资金"①。投资指"一是为达到一定目的而投入资金。二是为达到一定目的而投入的资金"②。按照融资的渠道，融资方式可分为政策性融资、商业银行融资、商业信用融资、证券融资、融资租赁和海外融资等。政策性融资包括国家预算内拨款、预算外资金、政策性银行贷款等方式；商业银行融资包括信用贷款、抵押贷款、担保贷款、贷款额度、优惠贷款等方式；商业信用融资包括应付账款融资、商业票据融资、预收货款融资等方式；证券融资包括股票(股权)融资、企业债券融资、投资基金等方式；融资租赁包括设备租赁等方式；海外融资包括海外贷款融资和海外上市融资。

2009年，国务院《关于印发文化产业振兴规划的通知》(国发〔2009〕30号)规定：积极倡导鼓励担保和再担保机构大力开发支持文化产业发展、文化企业"走出去"的贷款担保业务品种；支持有条件的文化企业进入主板、创业板上市融资，鼓励已上市文化企业通过

---

① 中国社会科学院语言研究所词典编辑室.现代汉语词典[G].第6版.北京：商务印书馆，2012：1101.
② 中国社会科学院语言研究所词典编辑室.现代汉语词典[G].第5版.北京：商务印书馆，2012：1314.

公开增发、定向增发等再融资方式进行并购和重组;支持符合条件的文化企业发行企业债券。国务院《关于鼓励和引导民间投资健康发展的若干意见》(国发〔2010〕13号)规定:鼓励民间资本从事广告、印刷、演艺、娱乐、文化创意、文化会展、影视制作、网络文化、动漫游戏、出版物发行、文化产品数字制作与相关服务等活动。2010年,中宣部、中国人民银行、财政部、文化部、广电总局、新闻出版总署、银监会、证监会、保监会下发的《关于金融支持文化产业振兴和发展繁荣的指导意见》规定:(1)积极开发适合文化产业特点的信贷产品,加大有效的信贷投放,推动多元化、多层次的信贷产品开发创新,积极探索适合文化产业项目的多种贷款模式。(2)建立科学的信用评级制度和业务考评体系,完善利率定价机制,合理确定贷款期限和利率,综合利用多种金融业务和金融产品,改进对文化企业的金融服务;积极开发文化消费信贷产品,为文化消费提供便利的支付结算服务;便利文化企业的跨境投资,完善文化企业外汇管理,促进文化企业提高外汇资金使用效率。(3)大力发展多层次资本市场,扩大文化企业的直接融资规模;推动符合条件的文化企业上市融资,支持文化企业通过债券市场融资,鼓励保险公司投资文化企业的债权和股权,鼓励风险投资基金、私募股权基金等积极进入处于初创阶段、市场前景广阔的新兴文化业态。(4)推动保险产品和服务方式创新,积极培育和发展文化产业保险市场。(5)中央和地方财政科通过文化产业发展专项资金等,对符合条件的文化企业给予贷款贴息和保费补贴;鼓励各类担保机构对文化产业提供融资担保;充分发挥上海、深圳文化产权交易所等交易平台的作用,为文化企业的著作权、商标权、专利技术等文化产权交易提供专业服务。2015年,中办、国办印发了《关于推动国有文化企业把社会效益放在首位、实现社会效益和经济效益相统一的指导意见》,规定了财政支持文化发展的措施:(1)完善政府采购和资助办法,积极有序推进政府向社会购买公共文化服务工作。完善各级文化产业发展专项资金使用管理,加大对社会效益突出的产业项目扶持力度。加大中央文化企业国有资本经营预算投入力度,探索以国有资本金注入的方式推动企业兼并重组,培育国家级骨干文化企业。(2)创新财政资金使用方式。鼓励有条件的地方组建或改组国有文化资本投资公司,设立国有文化资本投资基金,发挥财政资金和国有资本的杠杆作用,带动社会资本参与,支持创新型企业和小微企业,更好地引导文化产业发展。广播电视作为文化产业的重要内容,上述投融资政策适用于广播电视产业发展。

思考题

1. 广播电视所有权形式有哪些?各有什么特点?
2. 如何完善我国广播电视所有权制度,推动广播电视繁荣发展?

第六章　广播电视节目制度

> **内容提要：**
>
> 广播电视节目制度，主要介绍广播电视节目播放标准、分级制度、未成年人保护、政治节目规范、广告节目规范、知识产权保护等内容，力求让读者全面把握广播电视节目规范，理解广播电视坚守媒体责任、促进文化多样性、丰富人们精神文化生活等方面的重要意义。

节目是广播电视内容产业的核心，节目管理是各国广播电视管理的重点、焦点和难点，节目制度是广播电视法律制度中最敏感、最复杂的部分。节目制度直接关系到保障公民及传媒的合法权益等问题，同时也直接关系到社会道德底线以及青少年成长的社会环境问题。各国在制定广播电视节目制度时，非常重视言论传播自由与社会责任的平衡、传媒利益与受众权益的平衡、经济竞争与多元文化的平衡，同时利用宪法、刑法、民法、行政法等多种法律形式对广播电视节目进行分类管理。一般来讲，各国对开路播出的广播电视节目要求比较严格，对有线电视、卫星电视、IP电视等系统加密播出的广播电视节目要求相对宽松，有的国家和地区对加密播出的节目不加管制。许多国家法律都禁止任何国家机关、社会组织和公民个人非法干预广播电视的独立采编播活动，禁止国家机关进行新闻检查或节目审查。

第一节　广播电视节目播放标准规范

为了保证国家安全、维护公众利益、保障公民权益，各国制定了本国广播电视节目播放标准规范，明确了应当播什么、限制播什么、禁止播什么，规定了义务播放与更正播放的情形，一般都将违反宪法保护的内容以及涉及国家安全、诽谤、淫秽、猥亵、侵犯隐私等作为广播电视禁播内容。

一、广播电视节目导向性规定

无论是新闻、文艺节目,还是教育、体育等其他节目,各类广播电视节目都有一定的导向性,各国广播电视法或者节目准则对此作了原则规定。

一些国家和地区在广播电视法里对节目的导向性进行了原则规定,如瑞士、澳大利亚、日本、韩国、德国、加拿大、秘鲁等国家和我国台湾地区。瑞士广播电视法第3条规定:广播电视应当向受众提供全面、真实、多样的新闻信息及普遍的教育和娱乐,丰富公民知识,有助于社会舆论的培育;应当重视国家和人民的多样性,有助于国家向世界开放;应当促进瑞士的艺术创造,鼓励受众参与文化生活;应当促进与国外的交流,增进了解,扩大瑞士在国外的影响;应当优先发展国产视听节目,尽可能采用欧洲节目产品。第4条规定:广播电视新闻节目应当忠实地表现各类事件,公正地反映事件和舆论的多样性;个人观点与新闻评论应当分开。日本广播法对节目作出了以下导向性规定:一是要求日本广播协会尽最大努力广播丰富优良的节目,满足公众期望,提高文化水平,保护历史文化,普及新文化;除了编播全国性节目外,还要有地方性节目;对外节目要传播对国家的正确认知,增进国家友好,促进经济交流,对海外侨胞以适当的慰藉。二是要求所有广播电视业者编播国内节目要无害于公共安全和良好风俗,政治上要公平,新闻报道不能歪曲事实,对有争议的问题,尽可能从多个方面阐明其论点。三是要求所有广播电视业者必须安排教育节目,保持新闻节目、娱乐节目、教育节目等各类节目相互协调。四是要求所有广播电视业者的教育节目要有明确的对象,内容要有益恰当,要有系统性、连续性。五是要求所有广播电视业者要制定公布节目编播标准。秘鲁广播电视法规定广播电视服务应当遵循以下原则:(1)保护人权、尊重人格尊严;(2)言论、思想及意见自由;(3)尊重信息、政治、宗教、社会及文化多元性原则;(4)捍卫民主法制秩序、基本人权以及受国际条约和《政治宪法》保护的自由;(5)信息真实、公正的自由;(6)促进国家的教育、文化事业和道德建设;(7)促进儿童及青少年的保护和全面发展,尊重家庭关系;(8)促进国家的价值观和认同感;(9)新闻媒体的社会责任;(10)遵守《道德规范》;(11)尊重荣誉、良好声誉以及个人、家庭隐私;(12)尊重改过自新的权利。我国台湾地区所谓"广播电视法"将广播电视节目分为新闻及政令宣传节目、教育文化节目、公共服务节目、大众娱乐节目四类,要求前三类节目的播放时间在广播电台每周不得少于45%,在电视台每周不得少于50%;要求大众娱乐节目应以弘扬中华文化,阐扬伦理、民主、科学及有教育意义之内容为准。

一些国家和地区通过制定节目准则、在许可证上载明节目要求等形式对广播电视节目的导向性进行了规定。比如英国、美国等国家和我国香港地区。1946年,美国联邦通讯委员会发表了广播电视持照人公共服务责任的政策报告("蓝皮书"),指出了广播电台、电视台违背公共利益的四种情况(一是过多的广告,二是过度依赖广播网的节目,三是公共事务的讨论性节目数量太少,四是节目类型总体不平衡)和合宜的四种情况(一是播放非营利或非赞助性节目,二是播放地方现场节目,三是播放有争议问题的讨论节目,四是播放较少广告),尽管不是正式的官方文件,但是对节目的导向性提出了明确意见。1960年,美国联邦通讯委员会在"蓝皮书"基础上制定了《节目指导原则》,要求持照人必须考虑所服务公众的趣味、需求和愿望,必须考虑14个方面的节目类型,完善和平衡节目内容。① 1998年,英国独立电视委员会发布的《节目准则》对广播电视节目涉及性、暴力、少数民族、残疾人、神秘方术、个人隐私、政党政治选举、恐怖主义、反社会行为、诽谤、慈善内容、宗教内容、广告等方面作了详细规定。② 英国、美国还在广播电视许可证上载明了节目规范,要求持照人按照许可证载明的事项履行义务。我国香港特别行政区广播事务管理局制定了《电台业务守则一节目标准》《电视通用业务守则一节目标准》,对广播电视节目的言词运用、性与裸露、暴力、罪行、宗教、赌博、催眠、迷信、保护儿童、成人节目、隐私、烟酒药物等进行了全面规范,对新闻报道作了如下规定:(1)恐怖突兀、骇人听闻或令人惊恐的细节,如与报道事实无重要关系,应予略去,报道新闻应避免引起虚惊。(2)新闻报道所用的图片,应该小心选择,确保公正,不应误导受众,或骇人听闻。(3)评论与剖析,应与新闻报道清楚区分。(4)电视摄影队的出现若激发某些人借机生事,新闻编辑和节目制作人应尽一切努力,删去该刻意"制造"的事件,或将实况原原本本报道。(5)报道如与事实不符,应尽快在发觉后更正,或在该节目完结时或下一节目开始时加以纠正。在某些情况下,可用字幕作出更正说明。(6)凡报道本地或国际新闻节目,不得接受赞助,不得把广告材料当作新闻播送,也不得把该等材料加入新闻报道或新闻片内。

我国对广播电视宣传导向的要求很严格,党的许多文件和国家的法律法令都规定了宣传导向原则。(1)1981年,《中共中央关于当前报刊新闻广播宣传方针的决定》规定:报刊、新闻、广播、电视,必须严格按照十一届三中全会以来党的路线、方针、政策进行宣传,坚决维护和发展安定团结的政治局面;必须坚持党性原则,认真进行关于坚持四项基本原则的宣传;要大张旗鼓地宣传建设社会主义的高度精神文明;要正确处理表扬和批评的关系,坚持以表扬为主的方针;要坚持为人民服务、为社会主义服务的方向,正确贯彻执行百花齐放、百家争鸣的方针;要加强组织纪律性,必须无条件地同中央保持政治上的一致,不允许发表与中央路线、方针、政策相违背的言论。(2)1983年,《中共中央关于批转广播电视部党组〈关于广播电视工作的汇报提纲〉的通知》规定:广播电视必须坚持社会主义的政治方向,坚持四项基本原则,严格遵守宣传纪律,自觉与中央保持政治上的一致,为各个时期的中心工作服务,成为党和政府的有力助手;必须努力为全中国人民和全世界人民服务,成为党和政府联系群众的桥梁,成为人民群众喜闻乐见的知心朋友;必须坚持自己走路的方针,扬独家之优势,汇天下之精华,发挥广播电视的优势,争取更好的宣传效果。该通知规定:新闻性节目是广播电视宣传的骨干,要密切联系群众,联系实

---

① 马庆平.外国广播电视史[M].北京:北京广播学院出版社,1997:156-159.
② 陈晓宁.广播电视新媒体政策法规研究[M].北京:中国法制出版社,2001:353-413.

际,丰富报道内容;要在真实准确的前提下做到快,力争把"正在发生"和"刚刚发生"的消息报道出去;报道内容要广,要注意从群众关心角度进行报道;报道形式要生动活泼;广播电视语言要通俗化、口语化,要生动、形象、朴素,表达要深入浅出、简洁明快;广播电视评论要有针对性,具有新鲜独到的见解。(3)1996年,《中共中央关于加强社会主义精神文明建设若干重要问题的决议》规定:我国社会主义精神文明建设必须以科学的理论武装人,以正确的舆论引导人,以高尚的精神塑造人,以优秀的作品鼓舞人,培育有理想、有道德、有文化、有纪律的社会主义公民;新闻宣传必须坚持党性原则,坚持实事求是,坚持团结鼓劲、正面宣传为主,牢牢把握正确的舆论导向;广播电视要努力提高节目质量,增加国产优秀节目数量,制止格调低下、内容不健康节目的播出。(4)1997年,《广播电视管理条例》规定:广播电视事业应当坚持为人民服务、为社会主义服务的方向,坚持正确的舆论导向;广播电视新闻应当真实、公正。(5)2003年,中办、国办《关于进一步改进和加强国内突发事件新闻报道工作的通知》明确突发事件新闻报道总的原则:及时主动、准确把握,正确引导舆论,注重社会效果,有利于党和国家工作大局,有利于维护人民群众切身利益,有利于社会稳定和人心安定,有利于事件的妥善处理。(6)2004年,《中共中央关于加强党的执政能力建设的决定》规定:要牢牢把握先进文化的前进方向,坚持为人民服务、为社会主义服务的方向和百花齐放、百家争鸣的方针,贴近实际、贴近生活、贴近群众,创新内容、创新形式、创新手段,努力铸造中华文化的新辉煌,为激励人民奋勇前进提供强大的精神动力和智力支持;坚持党管媒体的原则,增强引导舆论的本领,掌握舆论工作的主动权;坚持团结稳定鼓劲、正面宣传为主,引导新闻媒体增强政治意识、大局意识和社会责任感,进一步改进报刊、广播、电视的宣传,把体现党的主张和反映人民心声统一起来,增强吸引力、感染力;重视对社会热点问题的引导,积极开展舆论监督,完善新闻发布制度和重大突发事件新闻报道快速反应机制。(7)2005年,中办印发《关于进一步加强和改进舆论监督工作的意见》的通知(中办发〔2005〕11号)规定舆论监督工作的原则要求:坚持党性原则,坚持实事求是,坚持为人民服务、为社会主义服务、为党和国家工作大局服务,把握正确的舆论导向;要服务大局,坚持对党负责和对人民负责的一致性,着眼于改进工作;要客观公正,事实准确,坚持以理服人,听取各方意见,防止主观臆断、以偏概全;要注重社会效果,着眼于解决实际问题,跟踪报道处理结果,向积极的方面引导,不恶意炒作;要遵守新闻纪律,恪守职业道德,拿不准的问题要请示,涉及重要敏感问题的稿件要送审,不宜公开报道的问题可通过内参等途径反映。(8)2006年,《中共中央关于构建社会主义和谐社会若干重大问题的决定》规定:新闻出版、广播影视、文学艺术、社会科学,要坚持正确导向,唱响主旋律,为改革、发展、稳定营造良好思想舆论氛围;新闻媒体要增强社会责任感,宣传党的主张,弘扬社会正气,通达社情民意,引导社会热点,疏导公众情绪,搞好舆论监督;要健全突发事件新闻报道机制,及时发布准确信息。(9)中办、国办关于印发《突发公共事件新闻报道应急办法》的通知(中办发〔2008〕22号)规定突发公共事件的报道原则:坚持正确导向,维护社会稳定;坚持以人为本,满足信息需求;坚持及时准确,积极引导舆论;坚持公开透明,做到有序开放;坚持统筹协调,明确工作责任;坚持规范管理,依法开展报道。(10)2011年,中共中央《关于深化文化体制改革推动社会主义文化大发展大繁荣若干重大问题的决定》规定:要坚持马克思主义新闻观,牢牢把握正确导向,坚持团结稳定鼓劲、正面宣传为主,壮大主流舆论,提高舆论引导的及时性、权威性和公信力、影响力,发挥宣传党的主张、弘扬社会正气、通达社情民意、引导社会热点、疏导公众情绪、搞好舆论监督的重要作用,保障人民知情权、参与权、表达权、监督权。(11)2013年,中共中央《关于全面深化改革若干重大问题的决定》规定:健全坚持正确舆论导向的体制机制。健全基础管理、内容管理、行业管理以及网络违法犯罪防范和打击等工作联动机制,健全网络突发事件处置机制,形成正面引导和依法管理相结合的网络舆论工作格局。整合新闻媒体资源,推动传统媒体和新兴媒体融合发展。(12)2016年,《中华人民共和国国民经济和社会发展第十三个五年规划纲要》规定:加强主流媒体建设,提高舆论引导水平,增强传播力、公信力、影响力。扶持优秀文化作品创作生产,推出更多传播当代中国价值观念、体现中华文化精神、反映中国人审美追求的精品力作。(13)2017年,《国家"十三五"时期文化发展改革规划纲要》规定:牢牢坚持党性原则、坚持马克思主义新闻观、坚持正确舆论导向、坚持正面宣传为主,把政治方向摆在第一位,高举旗帜、引领导向,围绕中心、服务大局,团结人民、鼓舞士气,成风化人、凝心聚力,澄清谬误、明辨是非,联接中外、沟通世界,加快构建现代传播体系,健全舆情引导机制,强化媒体社会责任,发展壮大主流媒体,切实提高新闻舆论传播力、引导力、影响力、公信力。

二、广播电视节目禁播规定

对于开路播出的广播电视节目,许多国家通过广播电视法以及刑法、民法、行政法等规定,禁止广播电视节目载有危害国家安全、泄露国家秘密、暴力、种族仇恨、淫秽、诽谤等内容。比如德国广播电视国家条约第3条第1款规定下列节目禁止播出:(1)煽动种族仇恨或者表现残忍的和其他不人道的暴力行为,其表现手法反映出对这种暴力的歌颂或者淡漠,在描写暴力行为或不人道行为过程时,使人的尊严受到伤害。(2)歌颂战争者。(3)色情节目。(4)可能对青少年的道德造成严重伤害的。① 俄罗斯联邦大众传媒法第4条规定:不允许利用新闻媒体来从事刑事犯罪活动,泄露国家及其他受法律保护的机密,号召夺取政权,强制改变宪法制度和国家统一,挑起民族、阶级、社会、宗教偏见或分裂,进行战争宣传,不允许传播宣传淫秽、暴力和残忍的作品;禁止在电视、录像、新闻影片、纪录片、故事影片及属于特殊大众信息传媒的计算机文件和文本处理程序中隐藏或使用对人潜意识产生影响、对其健康有害的内容;禁止在大众传媒包括计算机网络中传播关于制作和使用麻醉品、精神刺激品及其替代品的信息,禁止传播获取麻醉品地点的信息,禁止针对医务人员和药剂师的传媒中宣传使用麻醉品、精神刺激品及其替代品

---

① 国家广播电影电视总局法规司.广播电影电视总局法规汇编[G].北京:中国广播电视出版社,2001:668-669.

的任何益处,禁止传播联邦法律明文禁止的其他信息。[①] 又比如美国,尽管联邦通讯法禁止联邦通讯委员会对广播电视节目进行审查,但是刑法第1464条规定禁止广播电台、电视台播放含有淫秽、下流和亵渎的内容,第1343条规定禁止播放欺骗公众的内容,否则将受到法律制裁。

我国广播电视节目,不论是开路播出,还是加密播出,禁播的内容标准是统一的。《广播电视管理条例》第32条规定:广播电台、电视台应当提高广播电视节目质量,增加国产优秀节目数量,禁止制作、播放载有下列内容的节目:(1)危害国家的统一、主权和领土完整的;(2)危害国家的安全、荣誉和利益的;(3)煽动民族分裂,破坏民族团结的;(4)泄露国家秘密的;(5)诽谤、侮辱他人的;(6)宣扬淫秽、迷信或者渲染暴力的;(7)法律、行政法规规定禁止的其他内容。该条例还规定我国广播电视节目禁止载有以下内容:(1)没有取得节目制作经营许可证的单位制作的节目,(2)未经审查批准的境外电影、电视剧和其他节目,(3)禁止播放按照《著作权法》规定须经著作权人许可方可使用的作品,(4)禁止未经批准擅自以卫星等传输方式进口、转播境外广播电视节目,(5)禁止教育电视台播放与教学内容无关的电影、电视片。

三、广播电视节目事前审查与事后检查制度

由于广播电视具有无处不在、接收简便、老少皆宜、社会影响大等特点,一些国家通过广播电视法(通讯法、大众传媒法)一方面明确禁止政府主管机构对广播电视节目内容进行审查,另一方面又要求广播电台、电视台等播出机构要遵照法律规定和许可证的要求审查编播节目,违反者将被取消许可证。

事前审查的主体是广播电台、电视台等播出机构,一般通过制定制片人手册、节目守则等内部规章制度,要求播出机构的内部工作人员遵守。比如英国广播公司制定有制片人手册,日本广播协会制定有国内节目标准,韩国广播法规定广播电视运营商应当设立自我审查的机构,对其播出的节目进行播前审查。

事后检查的主体是政府主管机构,一般通过制定节目规范、续延许可证等方式对节目进行引导和事后检查。比如美国联邦通讯法明确规定联邦通讯委员会(FCC)不得对节目进行审查,但是授权FCC不仅对广播电视技术通道进行监管,还对广播电视节目服务进行监管,对被许可的电台、电视台所应提供服务的性质进行规范。FCC在决定续延电台、电视台许可证时,要对电台、电视台在节目等方面的承诺和实际表现进行审查,如有违反,将无法续延许可证。这实际上是事后检查制。又比如俄罗斯大众传媒法第3条规定:禁止对大众传媒进行新闻审查,任何官员、国家机关、社会组织单位或社会团体不得要求预审媒体和编辑部的报道和相关材料(作者或被采访人是公职人员时除外),不得禁止报道、否定相关材料以及其中部分内容;禁止成立对大众传媒进行新闻检查的组织

---

① 李玮.转型时期的俄罗斯大众传媒[M].上海:上海外语教育出版社,2005:187.

机构或单位,不得为上述机构提供经费。同时在第 34 条规定:为正确解决争端提供依据,广播电视节目编辑部有如下义务:录制并保存已播出节目资料不少于 1 个月;将播出的节目登记注册,注明播出的日期、节目名称、作者、播音员和参加人员;如果节目含有竞选宣传、全民公决宣传内容,自播出之日起,保存在播出机构的期限不得少于 12 个月。[①]这实际上是事后备查制。还比如韩国广播法第 4 条第 2 款规定:如无本法或其他法律规定,任何人都无权干预广播电视节目的编排。但同时在第 33 条、第 34 条规定:为了有效审议广播电视的中立和公共性,韩国广播委员可以建立审议委员会,对广播电视已播出的节目内容进行审议并解决由节目内容引起的有关事宜,也可以在商业广播电视播出前对有关内容进行审议并决定是否可以传播。第 83 条规定:广播电视运营商应当在播放日记中记录和保存广播电视节目内容,无特殊原因应在播放后的 1 个月内将播放结果提交韩国广播委员会,应当将已播放(除了复播)的节目原件或复制品在播放后保存 6 个月。2000 年,韩国广播委员会发布了《关于广播电视播出的审议规则》,明确了节目的公正性、客观性、禁止侵权、道德水准、主题资料和描述手法(性、暴力、焦虑、犯罪、毒品、情景再现、娱乐、性病、迷信、医疗等)、保护儿童和青少年、间接广告、广播电视语言、募捐、现场直播与录播的区分、广告等方面的一般标准和节目的审议程序。

我国对广播电视节目有两种审查制度:第一种是播出机构审查,即广播电台、电视台对其播放的节目内容进行播前审查、重播重审,付费频道开办机构对付费频道的节目内容进行播前审查、重播重审。互联网视听节目服务单位对网络剧、微电影等网络视听节目先审后播。第二种是政府审查,对用于广播电台、电视台播放的境外电影、电视剧,由国务院广播电视行政部门审查;用于广播电台、电视台播出的境外其他节目,由国务院广播电视行政部门或其授权机构审查。

另外,我国对广播电视节目实行事后监测评议制度。《卫星传输广播电视节目管理办法》规定:广播电视行政部门设立监测中心,对卫星节目进行监测,定期报告监测情况;设立视听评议机构,对卫星节目进行收听收看和评议,定期公布评议结果。当前,我国已建成覆盖全国、境内与境外相结合的广播电视及视听新媒体监测评议体系,对全国广播电视安全播出、节目内容、视听新媒体进行全天候监测评议。

四、广播电视义务播放与更正播放制度

为了保证国家利益和社会公众利益,一些国家和地区广播电视法要求广播电台、电视台义务播放某些节目和公告。比如俄罗斯大众传媒法第 35 条规定:大众传媒编辑部有义务在指定的期限内无偿报道:(1)已生效的、要求通过媒体播出的法庭判决;(2)媒体注册登记机构发来的涉及该媒体编辑部活动的报道;(3)国家机关创办的媒体编辑部必须按照该国家机关的要求和编辑部章程,公布这些机关的官方报道以及法律规定的其他

---

① 李玮. 转型时期的俄罗斯大众传媒[M]. 上海:上海外语教育出版社,2005:200.

材料;(4)国有大众传媒必须按照《国家行政机关在大众传媒中活动的说明程序法》的规定,报道国家权力机关和政权机关的活动和材料;(5)国有大众传媒必须即时按照俄罗斯内务部国家消防局的要求,无偿报道消防安全、紧急状态和消除自然灾害等方面的活动信息。[1] 韩国广播法第75条规定:当发生自然灾害时,韩国广播委员会可以要求广播电视运营商进行灾害广播。瑞士广播电视法要求广播电视传播者必须及时播放政府当局为保护重大利益而发布的警报和警察局的紧急公告,必须及时播放根据联邦法要求紧急公布的联邦法案和根据特许权力机关命令播放的一些正式声明。

为了维护和平衡报道者与被报道者的权益,一些国家和地区广播电视法规定广播电台、电视台要对错误报道进行更正。比如,日本广播法第4条规定:广播电视业者播放了不真实的事项,使某些人的权利受到侵害,受害人或直接关系人在播放之日起2周内提出要求时,广播电视业者须立即调查是否真实,如果查明确属不真实,必须在查明之日起2日内以同等的设备和相应的方式进行更正或撤销该播放事项;广播电视业者发现其播放事项不真实时,应当更正或撤销该播放事项。韩国广播法第91条规定:如果广播电视的某个报道给某人造成了伤害,受害人在知道该报道之日起1个月内可以向广播电视运营商提出书面的反驳声明(在节目播出之日起6个月内不行使,即丧失该反驳权利),广播电视运营商应当立即与受害人或其代理人协商,应当在接到反驳报告的9日内免费公布该报告,但是如果受害人的反驳报告与事实明显相反,或者没有法律上的利益,或者仅具有商业广告目的,广播电视运营商可以拒绝该反驳报告。我国台湾地区所谓"广播电视法"规定:对于电台的报道,利害关系人认为错误,于播放之日起15日内要求更正时,电台应当在接到要求之日起7日内,在原节目或者原节目同一时间的节目中加以更正;或将其认为报道无错误的理由书面答复请求人;如造成实际损害,则应依法承担民事或刑事责任。同时规定:广播电视评论涉及他人或机构团体,损害其权益时,被评论者如要求给予相当的答辩机会,不得拒绝。

我国《广播电视管理条例》对义务播放和更正播放没有规定,但在实践中存在着义务播放的情形:一是直播或转播党和国家的重大政治活动,比如,每年全国人大、全国政协的大会报告,中央电视台都直播,各地方电视台都转播。二是播放政府对自然灾害等突发事件处理公告等。中国气象局、国家广电总局下发《关于进一步加强广播电视气象灾害预警信息发布工作的通知》规定:电台、电视台收到气象灾害预警信息后,应采用主持人播报、字幕板、滚动字幕条等多种形式插播。三是播放交通管制、紧急事件处置公告等。我国报刊对错误报道有更正致歉制度,但广播电台、电视台对错误报道的主动更正报道较少,需要完善更正报道制度。

---

[1] 李玮.转型时期的俄罗斯大众传媒[M].上海:上海外语教育出版社,2005:200.

[案例]浙江省奉化广播电视中心未作后续更正报道被判道歉

2005年9月29日,浙江省奉化市人民法院对一起因媒体报道选举情况而引发的名誉权纠纷案作出一审判决,判令被告奉化广播电视中心播出向被报道的选民道歉的更正启事。

5月22日晚,原告邬某所在的奉化市西坞街道庙后周村进行村委会选举,原告作为选举的工作人员在场。检票人对全部选票计数时,发现总票数比发出的选票多了六张,原告邬某一边指责,一边拿起一叠选票欲扔。其他人也先后介入,扔选票、撕选票,致使整个选举工作被迫中断。当晚,公安机关对此事进行调查,并于次日对原告进行行政拘留。羁押期满后,奉化市公安局认识到自己对原告的行政处罚存在适用法律上的错误,遂向原告及其家属赔礼道歉,并进行了经济补偿。

5月23日,被告奉化广播电视中心派记者去实地采访后制作节目,于次日晚在奉化电视台"奉化新闻"中进行播放,25日中午12时予以重播。奉化有线电视台亦在5月24日晚9时予以播放。播放的画面有采访当地村民、办案民警及原告的户籍证明(上有原告照片)等镜头,中心内容是原告等人"因对选举中出现的一些问题有意见,但不是通过正当途径解决,而是采取捣乱会场、扔掉选票的过激、违法行为,致使选举中断,造成严重后果,原告因此被治安拘留,是自食其果"。

原告邬某认为,被告的失实报道行为已严重侵害了原告的肖像权、名誉权,遂于8月31日,一纸诉状将奉化广播电视中心推上被告席。庭审中,原告邬某诉称:原告系生产队村民组长,2005年5月22日负责参加村委会换届选举工作,由于某种原因选举失败。原告拿票查看的举动,被强加认为是扔票,于第二天凌晨被强制押到公安机关。当天中午,原告拒绝被告人员的采访。但在当天晚上及第二天晚上7时左右,被告未经原告许可及未经真实了解调查,在奉化电视台的新闻节目中,胡乱失实播放报道,并将原告的肖像清晰示众。为此,原告要求被告在市电视台新闻时间为原告恢复名誉、消除影响、赔礼道歉,并连播三日;赔偿给原告侵害肖像及精神名誉损失费8.5万元,并承担由此造成的车旅费、律师费7,500元。被告广播电视中心辩称:被告是根据奉化市公安局于2005年5月23日对原告作出的行政处罚进行报道的,不存在失实报道。为了节目需要播放了公安机关提供的有原告照片的户籍证明,并不构成侵犯原告的肖像权。故原告的诉讼请求缺乏事实和法律依据,请求法庭予以驳回。

奉化法院审理后认为:原告邬某在村委会选举过程中,对选举中出现的问题不是采取正确的方法来要求纠正,而是采取扔选票(被劝阻未成)的方式要求终结选举,这一行为是错误的。在原告的影响下,出现了其他村民扔、撕选票,致使选举被迫中断。事后,被告对此事进行采访并制成节目进行播放,主观上并不存在故意诋毁原告的名誉权,播放的内容也基本属实,并不构成侵权。鉴于奉化市公安局因对原告的行政处罚在适用法律上错误,而与原告达成谅解并给予经济补偿,并向原告及其家属赔礼道歉,可以认定公安机关实际上已经撤销了对原告的行政处罚,被告当然也应该对以前的报道予以更正。法院判令被告奉化广播电视中心播出向原告致歉的更正启事。①

[简评]更正播放是广播电视行使报道权的重要组成部分。尽管法律要求广播电视媒体进行真实客观的宣传报道,但是也可能存在片面或错误的报道,因此需要设立更正播放制度,既维护了受害人的合法权益,也维护了广播电视的正当报道权利。报道权说到底是公民的知情权、表达权、监督权在媒体领域的实现方式,不具有国家权力性质,不能强制公民个人接受采访,也不应当要求媒体的采访报道完全准确。新闻的真实与法律的真实存在一定差异。更正播放是广播电视对自身错误的宣传报道而采取的一项重要的纠错救济措施。1998年,最高人民法院《关于审理名誉权案件若干问题的解释》(法释〔1998〕26号)规定:新闻单位根据国家机关依职权制作的公开的文书和实施的公开的职权行为所作的报道,其报道客观准确的,不应当认定为侵害他人名誉权;其报道失实,或者前述文书和职权行为已公开纠正而拒绝更正报道,致使他人名誉受到损害的,应当认定为侵害他人名誉权。

五、广播电视直播延时制度

直播是广播电视媒体的一大优势。我国许多广播电台、电视台都开办了由听众、观众直接参与的直播节目,社会影响越来越大。为了防止出现政治性事故,确保导向正确和播出安全,我国对群众参与的直播节目和重大活动的直播实行延时播出制度,国家中宣部、广电总局联合下发了《关于加强广播电视群众参与的直播节目管理的通知》(广发编字〔1999〕703号),国家广电总局制定下发了《群众参与的广播电视直播节目管理暂行办法》(广发编字〔1999〕746号)、《关于群众参与的广播电视直播节目必须延时播出的通知》(广发编字〔2004〕239号)。国务院办公厅《关于保留部分非行政许可审批项目的通知》(国发〔2004〕62号)规定:广播电台、电视台开办群众参与的广播电视直播节目审批,由县级以上广播电视行政部门实施。

群众参与的广播电视直播节目包括:(1)听众、观众通过热线电话等形式参与的电台、电视台、广播电视台的直播节目或栏目,(2)有听众、观众现场参与的广播电视直播节目或栏目,(3)现场转播其他部门的有听众、观众参与的节目。广播电台、电视台开设群众参与的直播节目,应当符合以下条件:(1)具备"延时装置""储存电话"等技术保障设

---

① 朱世海.奉化广电中心未作后续更正报道被判道歉[EB/OL].(2005-10-08)[2006-12-24]. http://www.Chinacourt.org.

施;(2)具有较高政策水平、熟练掌握操作技能的相对固定的编播人员;(3)导演、导播、主持人必须经过培训、持证上岗,电话编辑、节目监制等编播人员须有中级以上专业技术职称;(4)有比较完善的节目操作程序和管理规定;(5)有处理不测情况的应对预案。所有群众参与的电视直播节目,需延时20秒以上播出。群众参与的广播直播节目,需延时6秒以上播出,如果与电视台直播同一活动,则与电视台同步延时20秒以上播出。另外,我国对一些重大活动的直播也实行延时播出制度。实际上,境外一些电台、电视台也有选择性地对一些重要活动的直播实行延时播出制度。

六、对残疾人等特殊人群的节目播放规范

满足残疾人等特殊人群听广播、看电视的需要,是广播电视公共服务的重要内容,也是推进信息无障碍、促进社会和谐文明的重要标志。《联合国残疾人权利公约》要求缔约国确保残疾人获得以无障碍模式提供的电视节目、电影、戏剧和其他形式文化活动。我国《残疾人保障法》规定:要通过广播、电影、电视、报刊、图书等形式,反映残疾人生活,为残疾人服务,丰富残疾人的精神文化生活;要组织和扶持盲文读物、盲人有声读物、聋人读物、弱智人读物的编写和出版,开办电视手语节目,在部分影视作品中增加字幕、解说。韩国广播法规定:地面广播电视运营商应当帮助残疾人观看节目,以下几种节目应使用手语或残疾人能够理解的标志符号:一是自然灾害等节目,二是残疾人福利法规定的节目,三是韩国广播委员会规定的残疾人所必需的节目,四是其他为残疾人福利而制作的节目。

七、付费频道节目、电视购物频道的播放规范

境外法律对付费频道节目的播放标准要求相对宽松,只要不违反刑法的规定,付费频道播出的节目内容很宽泛,包括成人节目等,但是必须加密播出,防止未成年人接触。我国对付费频道节目要求比较严格。国家广电总局制定下发的《广播电视有线数字付费频道业务管理暂行办法》对付费频道节目作了以下规定:一是开办机构对付费频道的节目内容负责,实行播前审查、重播重审。付费频道节目禁止载有下列内容:(1)反对宪法确定的基本原则的;(2)危害国家统一、主权和领土完整的;(3)泄露国家秘密、危害国家安全或者损害国家荣誉和利益的;(4)煽动民族仇恨、民族歧视,破坏民族团结,或者侵害民族风俗、习惯的;(5)宣扬邪教、迷信的;(6)扰乱社会秩序,破坏社会稳定的;(7)宣扬淫秽、赌博、暴力或者教唆犯罪的;(8)侮辱或诽谤他人,侵害他人合法权益的;(9)危害社会公德或者民族优秀文化传统的;(10)有法律、行政法规和国家规定禁止的其他内容的。二是付费频道节目应符合专业化、对象化的要求,专业性、对象性节目的播出时间不得低于当天总播出时间的90%。三是付费频道不得播出除推销付费频道的广告之外的商业广告,但经批准的专门播出广告或广告信息类服务的频道除外。四是付费频道的新闻类

或信息类节目应真实、及时、公正。非影视剧付费频道不得播出影视剧节目。五是付费频道播出境外的电影、电视剧及动画片的时间不得超过该频道当天总播出时间的30%，不得以任何形式转播境外广播电视节目频道或栏目。付费频道播出的电影、电视剧、进口动画片，应依法取得《电影片公映许可证》《电视剧发行许可证》《动画片发行许可证》。其他广播电视节目的播出，由付费频道自行审查。2009年，广电总局下发的《关于加强电视购物短片广告和居家购物节目管理的通知》（广发〔2009〕71号）、《关于电视购物频道建设和管理的意见的通知》（广发〔2009〕92号）规定，电视购物频道主持人必须依法持证上岗，必须坚持正确导向，坚持良好文化品位，真实介绍和展示所售商品，避免虚假、夸大宣传，严禁出现以下内容：(1)内容虚假违法，格调庸俗低下；(2)夸大夸张宣传，误导消费；(3)以公众人物、专家等名义作证；(4)虚构断货、抢购、甩货等情形推销商品；(5)谎称商品通过认证、获得奖项或荣誉称号等；(6)虚构或伪造科研成果、统计资料等材料作证明；(7)法律、法规、规章禁止的其他广告和节目。

第二节　广播电视节目分时分级制度及未成年人保护

未成年人是广播电视的重要受众，也是重要的受众市场。许多广播电视机构开办了针对少年儿童的电视频道，既有公益性质的少儿频道，如英国广播公司、中国中央电视台等国有机构开办的少儿频道；也有商业性质的少儿频道，如美国迪士尼儿童频道、尼克儿童频道等。由于广播电视信号无处不在、生动形象、接收简便，广播电视对儿童和青少年的成长影响极大。《联合国儿童公约》规定：鼓励大众传媒传播在社会和文化方面有益于儿童的信息和资料，鼓励大众传媒特别注意属于少数群体或土著居民的儿童在语言方面的需要，鼓励根据本公约第13条、第18条的规定制定适当的准则，保护儿童不受损害其福利的信息和资料之害。1992年，联合国儿童基金会确定每年12月第二个星期日为国际儿童广播日（International Children's Day of Broadcasting），以鼓励广播电视媒体专门为儿童制作和播放节目。

一、广播电视分时分级制度

为了防止青少年和儿童接触有害节目，美国、英国、韩国、法国、匈牙利等国家和我国台湾、香港地区借鉴电影分级制度，对广播电视节目实行分时分级制度。比如韩国广播法第33条第3款规定：广播电视运营商应当将广播电视节目分类分级，并在播出时表明该节目的等级。2000年，韩国广播委员会颁布了《关于广播电视节目分级和标示的规定》，将广播电视节目分为四级：(1)适于所有年龄者收看的节目：主题和内容适于所有学龄前儿童（7岁以下）收看，不包含任何暴力、性的内容或脏话，没有在信仰、宗教或风俗方面可能造成身心伤害的表现。(2)适于7岁以上年龄者收看的节目：主题和内容可能对7

岁以下的观众造成潜在的身心伤害,需要父母进行收看指导;以虚幻的、非现实的方式展示暴力;没有超越正常情感表达的裸露场面或启发性行为的场面;没有可能阻碍儿童获取正确语言习惯、隐秘、口语、粗俗语言等信息。(3)适于 12 岁以上年龄者收看的节目:主题和内容可能对 12 岁以下的观众造成潜在的身心伤害,需要父母进行收看指导;没有把暴力描写成解决矛盾的积极方式,暴力场面不足以影响少年引起模仿;没有除接吻、无裸露的性接触以外的性暗示场景,没有可能刺激青少年性欲的淫荡场景;没有可能阻碍青少年获取正确语言习惯、隐秘、口语、粗俗语言等信息。(4)适于 19 岁以上年龄者收看的节目:主题和内容以成年人为目标受众,限制 19 岁以下观众收看;有以现实形象方式描写杀人或血腥的过分暴力场面;有以现实形象方式描写部分裸露、暗示的性接触、性行为等性暗示的展现;出现有辱人格或辱骂的语言、诅咒、下流举止等信息。①

美国 1996 年联邦通讯法规定:从 1998 年起所有屏幕宽度大于或等于 13 英寸的新电视机,在设计上要能使观众可以选择性收看电视节目,即要加入 V-chip 芯片。1996 年 12 月,美国电视业界宣布实行节目等级制度,与 V-chip 技术结合起来在电视节目中应用。美国将儿童电视节目分为两个等级:TV-K,适合所有儿童观看;TV-K7,适合 7 岁及以上儿童观看,如果含有非现实的暴力场面,节目则定级为 TV-K7-FV。将一般电视节目分为四级:TV-G,适合所有年龄的观众观看;TV-PG,节目中包含有限的暴力行为、部分性爱场面、偶尔出现粗口、少量性暗示对话,不适合年龄较小的少年儿童观看;TV-14,节目中有过激的暴力场面、较多的性爱场面、有粗口、性暗示极强的对话,不适合 14 岁以下的少年儿童观看;TV-M,适合成人观看,节目中有血腥暴力场面、露骨的性爱场面或赤裸裸的粗口,不适合 17 岁以下少年观看。②

英国独立电视委员会节目准则要求:任何频道不得在晚上 8 点以前播出"12"级内容,晚上 9 点以前不得播出"15"级内容,晚上 10 点以前不得播出"18"级内容,在任何时间均不得播出"R18"级内容和被英国电影审查局拒绝颁发许可证书的内容。③

1996 年,法国最高视听委员会开始在不加密的无线频道推行电视节目五级分类法,1998 年加密频道开始实施,2000 年有线频道开始实施。一级为大众皆宜;二级为 10 岁以下不宜;三级为 12 岁以下不宜,此类节目普通频道不可在晚上 10 点前播放;四级为 16 岁以下不宜,此类节目普通频道不可在晚上 10 点 30 分之前播放,预告片不能在晚上 8 点 30 分之前播放;五级为 18 岁以下不宜,主要指色情、暴力的成人节目,此类节目除了一些授权的频道可以播放外,其他频道一律禁止,此类节目必须加密播出,早上 5 点至晚上 12 点之间不能播出。一般在节目开始时,电视频道都会说明节目等级,三、四、五级节目的标识符号会在整个播出时间呈现,二级节目标识要么在节目开始时呈现 5 分钟、在节目

---

① 郑岑译. 韩国广播电视委员会关于广播电视节目分级和标示的规定[J]. 世界广播电视参考,2004(7):61-62.
② 唐纳德·M. 吉尔摩,杰罗姆·A. 巴龙,托德·F. 西蒙. 美国大众传播法:判例评析[M]. 下册. 梁宁,等,译. 北京:清华大学出版社,2002:778.
③ 陈晓宁. 广播电视新媒体政策法规研究[M]. 北京:中国法制出版社,2001:358.

中再次呈现 1 分钟,要么在节目开始时呈现 12 分钟。①

二、限制儿童节目中的广告

由于儿童身心正处于发育过程中,还没有足够的判断广告信息真伪的能力,各国对以儿童为对象的广告特别是电视广告进行严格的限制,以防止儿童受到伤害。美国联邦贸易委员会将儿童作为特殊的受众群体,禁止儿童节目主持人直接向儿童促销产品,限制儿童节目中的广告数量。1990 年,美国儿童电视法要求:每家商业电台、电视台应当将儿童节目中的广告时间长度限制在周末不超过每小时 9 分 30 秒,工作日不超过每小时 12 分钟。瑞典 1991 年颁布法律禁止针对 12 岁以下儿童的电视广告。希腊禁止在早晨 7 点至晚上 10 点播放有关玩具的电视广告。意大利则禁止 14 岁以下儿童拍摄电视广告。英国广告法规对儿童节目前后禁止播放的产品广告种类、广告中儿童形象的表现以及不得出现儿童的场面等作了具体的规定,禁止在针对 10 岁以下儿童播出的电视节目中插播"垃圾食品"广告,不得面向 16 岁以下未成年人播出药品广告。我国《广告法》规定:广告不得损害未成年人的身心健康;不得利用不满十周岁的未成年人作为广告代言人;在针对未成年人的大众传播媒介上不得发布医疗、药品、保健食品、医疗器械、化妆品、酒类、美容广告,以及不利于未成年人身心健康的网络游戏广告;针对不满 14 周岁的未成年人的商品或者服务的广告不得含有下列内容:(1)劝诱其要求家长购买广告商品或者服务,(2)可能引发其模仿不安全行为。《广播电视广告播出管理办法》规定:在中小学生假期和未成年人相对集中的收听、收视时段,或者以未成年人为主要传播对象的频率、频道、节(栏)目中,不得播出不适宜未成年人收听、收看的商业广告。

三、加大对暴力、色情等不雅节目的惩治力度

暴力、色情等对未成年人的成长影响巨大,各国都严格限制暴力、色情等不雅内容向未成年人传播。1990 年,美国制定了《电视暴力管理法》,要求包括有线电视在内的电视业者,要在 1993 年内制定自行消除暴力节目的措施,特别要注意限制儿童视听时段的暴力描写。2004 年,美国哥伦比亚广播公司(CBS)直播美国超级杯橄榄球比赛,珍妮·杰克逊和男歌星贾斯汀在中场休息时上台献唱,后者弄掉了珍妮·杰克逊的紧身胸衣,"露乳"画面被直播了出去,引起美国社会各界不满,美国联邦通讯委员会裁定对哥伦比亚广播公司处以 55 万美元罚款,但被联邦上诉法庭判决无效。2005 年,美国众议院通过了广播电视反低俗法案,对电台、电视台播出淫秽、下流、色情内容的单次最高罚款金额由过去的 3.25 万美元提高到 50 万美元,对任何一个表演低俗节目的演艺人员的单次最高罚款金额由过去的 1.1 万美元提高到 50 万美元。同年 3 月,美国参议院通过了广播电视淫

---

① 严怡宁.透视法国电视节目分级制[J].电视研究.2007(3):74-75.

秽与暴力内容控制法案,要求联邦通讯委员会对广播电视节目分级制度实施状况和暴力、淫秽等内容的控制情况进行评估,每年应向参议院报告评估结果。美国《刑法》1464条规定,禁止无线广播电视台播出淫秽(obscenity)、下流(indecency)、渎神(profanity)的内容,违者处以最高1.25万美元罚款或者最高两年有期徒刑,或者二者并罚。2005年,韩国发生了该国历史上首次电视直播裸体镜头事件,韩国文化广播公司(MBC)的《现场直播音乐营》节目中,舞台上表演的两名成员突然脱掉自己的裤子,露出性器官的裸体画面被直播了出去,持续了6秒钟,MBC主持人当即向观众道歉,并通过新闻节目进一步向观众赔礼道歉,同时决定停止《现场直播音乐营》节目,对节目制作人等进行处分。韩国警方以涉嫌公演淫乱及妨碍业务罪对两名肇事者进行立案惩戒。2007年1月16日22时40分至24时40分,河北平山电视台播出的节目中出现色情不雅内容,平山县广电局长等人被免职。

四、我国广播电视保护未成年人及反低俗的措施

未成年人是祖国的未来和希望。我国非常重视对未成年人的保护工作。1991年出台了《未成年人保护法》,1999年实施了《预防未成年人犯罪法》(2006年修订)。2004年,中共中央、国务院下发的《关于进一步加强和改进未成年人思想道德建设的若干意见》规定:各级电台、电视台都要开设和办好少儿专栏或专题节目,中央电视台要进一步办好少儿频道,各地要切实抓好中央电视台少儿频道的落地、覆盖工作,省(区、市)和副省级城市电视台要创造条件逐步开设少儿频道。少儿节目要符合少年儿童的欣赏情趣,适应不同年龄层次少年儿童的欣赏需求,做到知识性、娱乐性、趣味性、教育性相统一。加强少年儿童影视片的创作生产,积极扶持国产动画片的创作、拍摄、制作和播出,逐步形成具有民族特色、适合未成年人特点、展示中华民族优良传统的动画片系列。

2004年,国家广电总局制定下发的《广播影视加强和改进未成年人思想道德建设的实施方案》(广发编字〔2004〕394号)规定:(1)要严格控制渲染暴力、凶杀、恐怖等内容的剧目。各级电视台的所有频道播出含有暴力、凶杀、恐怖等内容的涉案题材电视剧、电影、电视片及用真实再现手法表现案件的纪实电视专题节目,必须在每晚23:00以后播放,特殊需要的须向国家广电总局专项报批。(2)要杜绝色情描写、淫秽画面、下流语言。坚决制止以色情和性为"噱头""卖点"等格调不高的广播影视节目,坚决制止宣扬与正常伦理道德相悖的不健康情感的内容,杜绝涉及未成年人的早恋、性行为等语言、画面和情节。(3)要杜绝封建迷信和伪科学的情节和内容。要采取有效措施,阻止封建迷信、伪科学、反动思想、腐朽道德、邪教学说、有害思想和不良习气侵蚀毒害未成年人。要正确宣传国家的宗教政策,不得以宗教信仰自由为由,宣扬和传播宗教思想和教义教规。(4)要抵制利己主义、拜金主义倾向,清除浮华媚俗、低级无聊等内容。在节目中不能宣扬利己主义、拜金主义、享乐主义等错误的世界观、人生观和价值观,不得表现奢靡铺张、豪华排场、贪图享受、展示颓废等情节,努力避免庸俗浮夸、铺张浪费、空虚无聊、格调低下等内

容。(5)不要渲染吸毒、赌博等不法行为,避免出现吸烟、吐痰等不文明举止。(6)要坚决纠正节目主持人在着装、发型、语言以及整体风格方面低俗媚俗现象。主持人不宜穿着过分暴露和样式怪异的服装,避免佩戴带有明显不良含义标识图案的服饰,主持人的发型不宜古怪、夸张,不要为迎合少数观众的猎奇心理、畸形心态而极尽夸张怪诞的言行与表情。(7)要注意维护祖国语言文字的纯洁和规范。要提倡语言美,倡导文明用语、规范用语,净化语言文字环境,不能使用粗话脏话;除特殊需要外,节目主持人必须使用普通话,不要以追求时尚为由,在普通话中夹杂外文,不要模仿港台语的表达方式和发音。(8)要尊重未成年人的人格尊严,不得披露未成年人的个人隐私。对于未成年人犯罪案件,一般不予公开报道。特殊情况需要报道的,要严格保护未成年人的姓名和肖像隐私权,要采取必要的技术手段加以处理。(9)广播电视播出机构不得开设电脑网络游戏类栏目,不得播出电脑网络游戏节目。

2006年,国家广电总局制定下发的《关于进一步加强和改进广播电视法制宣传工作的意见》规定:严格控制绑架、劫持人质、爆炸、投毒、纵火等严重危害公共安全案件和恶性刑事案件的报道;不得过细地披露政法机关的办案细节、侦破手段、侦破方案等;不得对犯罪行为、作案手段、犯罪心理做过细的描写和分析;不得渲染凶杀、暴力、色情、恐怖等情节和场景;不得以犯罪情节、作案手段、案情变化以及司法机关的侦破方法、审讯技巧等设置竞猜题目;不得采取非法手段进行涉案报道,不得对犯罪细节进行情景再现;不得报道涉案的未成年人的姓名、住所、照片等可能对未成年人造成不良影响的内容。

2010年,胡锦涛在主持中央政治局集体学习时提出,要加强对文化产品创作生产的引导,坚决抵制庸俗、低俗、媚俗之风。2014年,习近平在文艺工作座谈会上的讲话指出:低俗不是通俗,欲望不代表希望,单纯感官娱乐不等于精神快乐。优秀的文艺作品就应该像蓝天上的阳光、春季里的清风一样,能够启迪思想、温润心灵、陶冶人生,能够扫除颓废萎靡之风。2015年,国家新闻出版广电总局下发《关于加强真人秀节目管理的通知》,规定:不能为吸引眼球就故意激化矛盾,突出放大不良现象和非理性情绪,也不要以"考验""测试"的名义人为制造和展示"人性恶"事件;不允许邀请有丑闻劣迹以及吸毒嫖娼等违法犯罪行为者参与制作节目;防止把节目办成脱离现实、脱离群众的无聊游戏、奢靡盛宴,避免节目成为无根的浮萍、无病的呻吟、无魂的躯壳;对引进节目模式要适度控制数量,避免过度集中在某一地区或国家;要摒弃"靠明星博收视"的错误认识,纠正单纯依赖明星的倾向,不能把节目变成拼明星和炫富的场所,不能助长高片酬、高成本的不良风气;不得设置违背核心价值观和公序良俗的节目规则与低俗噱头等;注意加强对未成年人的保护,尽量减少未成年人参与,对少数有未成年人参与的节目要坚决杜绝商业化、成人化和过度娱乐化的不良倾向以及侵犯未成年人权益的现象。党的十九大报告提出:倡导讲品位、讲格调、讲责任,抵制低俗、庸俗、媚俗。近年来,我国广播电视部门处理了一批低俗、庸俗、媚俗的节目栏目。净化荧屏声频,是我国广播电视部门的长期任务。

第三节 政治活动节目规范

所谓政治活动,是指阶级、政党、社会团体或个人参与的国内外的斗争和活动,主要是夺取、建立、巩固国家政权的斗争以及运用政权治理国家和社会的活动。[①] 政治斗争包括武装斗争、议会斗争等形式,政治活动包括选举活动、议会议事活动、政府政务活动等。广播电视既是政治事件的记录者、传播者,也是政治事件的推动者、影响者。政治活动节目是广播电视节目构成的重要组成部分。

一、境外的政治活动节目规范

对于煽动分裂国家、煽动破坏国家统一、煽动颠覆国家政权、煽动推翻本国社会制度等政治活动,各国刑法规定了严厉的刑罚制裁措施,不论是广播电视媒体,还是公民个人,都必须遵守刑法的规定,否则将受到刑罚制裁。

一些国家广播法(通讯法)要求广播电视要保持政治中立,要给公职竞选人均等的机会。比如美国通讯法第 315 条规定:如果广播公司允许一个法律上合格的候选人在竞选任何公共职位时使用电台、电视台,那么该广播公司除了一些特殊情形外,必须向竞选那一公职的所有其他候选人提供平等机会,使用同样的电台、电视台。第 312 条规定:故意或屡次拒绝合理使用或者不允许法律上合格的、竞选联邦选举公职的候选人以其候选人身份购买合理的广播时段的,联邦通讯委员可以吊销电台、电视台的许可证。同时要求联邦通讯委员成员必须来自不同党派,任一党派的委员不能在委员会中占绝大多数,以保证委员会作出公平的决定。又比如韩国广播法规定:广播电视新闻报道应当保持客观中立;广播电视在为政府或特定团体公布其政策时,应尽可能地给其他有不同观点意见的团体提供公平的机会,在制作涉及政党政治利益的节目时,应尽可能保持平衡。同时还要求《政党法》规定的政党成员不能成为韩国广播委员会委员和韩国广播公司董事。还比如日本广播法第 45 条规定:日本广播协会在对公职候选人因公选进行政见广播及其他与选举活动有关的广播时,如该项选举中的其他候选人提出广播要求时,必须给予同等条件进行广播。第 52 条规定:民间广播业者用自己的设备或其他业者的设备,对公职候选人因公选进行政见广播及其他与选举活动有关的广播时,如该项选举中的其他候选人提出广播要求时,不论收费与否,都必须给予同等条件进行广播。

对于议会议事、政府政务等公务活动,各国有不同的规定,但是公务信息公开已成为世界性潮流。目前,欧洲各国、美国、澳大利亚、南非、墨西哥等 40 多个国家和地区制定

[①] 李行健.现代汉语规范词典[G].北京:外语教学与研究出版社,语文出版社,2004:1670.

颁布了信息公开法,还有 30 多个国家正在制定有关法律。[①] 美国制定了信息自由法、阳光照耀下的政府法、电子信息自由法等法律,构成了比较完备的信息公开法律体系。各国制定信息公开法大致遵循这样的原则:任何人都可以查阅政府信息,除了涉及国家秘密和个人隐私等信息外;如果向政府请求信息被拒绝时,可以请求司法救济;政府负责文件和信息保密的举证。公务信息公开的渠道主要有:(1)广播电视、报刊等媒体,(2)政府公报、政府网站,(3)政务信息公开栏、政务公开手册、新闻发布会、征求意见会、质询听证会等,(4)公共查阅室、公共资料索取点等。英国、美国等国家开办了议会电视频道,按照议会的规定对其议事活动进行直播。

二、我国的政治活动节目规定

我国广播电视政治节目内容主要有:一是重大政治会议报告直播,主要包括中国共产党每一届党代会以及全国人大、全国政协每一年代表大会报告直播等。二是会议报道和领导同志活动报道。三是推行政务公开。

对于会议报道和领导同志活动报道,中央文件有比较详细的规定。1980 年,中共中央《关于党内政治生活的若干准则》规定:对领导人的宣传要实事求是,禁止无原则的歌功颂德。不许用剥削阶级的阿谀之词称颂无产阶级的领导人,不许歪曲历史和捏造事实来宣扬领导人的功绩。1987 年,中宣部、中央对外宣传小组、新华社《关于改进新闻报道若干问题的意见》规定:增加党中央、国务院日常活动的报道,改进中央领导在基层的活动和出国访问的报道。2003 年,中办印发《关于进一步改进会议和领导同志活动新闻报道的意见》的通知(中办发〔2003〕11 号),要求按照坚持正确舆论导向、从工作需要出发、注重新闻价值和社会效果、精简务实的原则,切实改进会议和领导同志活动的新闻报道。该通知对改进会议报道提出了以下要求:党和国家举行的或经中央批准召开的具有全局性重大意义的会议,按照中央批准的新闻报道方案,授权新华社统一发布消息,由中央主要新闻媒体(人民日报、新华社、光明日报、经济日报、中央人民广播电台、中央电视台)进行准确、及时、充分的报道;中央政治局会议、中央政治局常委会会议、国务院全体会议和常务会议、中央军委会议,可以公开报道的,由新华社发通稿;全国人大常委会、全国政协常委会的例会,由中央主要新闻媒体按照会议安排进行报道;党中央、全国人大常委会、国务院、全国政协常委会、中央军委召开的其他会议,需要报道的,由中央主要新闻媒体作一次报道;各民主党派、全国工商联和工会、共青团、妇联等人民团体的全国代表大会和一年一度工作会议,由中央主要新闻媒体报道。该通知对改进领导同志活动新闻报道提出了以下要求:中央主要领导同志(中共中央总书记、国家主席、全国人大常委会委员长、国务院总理、全国政协主席、中央军委主席、中央政治局常委)到基层考察工作、调查研究和出席重要活动,分别按照中央办公厅、全国人大常委会办公厅、国务院办公厅、全

[①] 董岩,张萌.中外信息公开情况综述[N].人民日报,2005-4-13(14).

国政协办公厅、中央军委办公厅的安排,由中央主要新闻媒体组织报道,原则上不对随行和陪同的领导同志列名报道;中央主要领导同志的重要外事活动,由外交部、中联部、全国人大常委会办公厅、全国政协办公厅、中央军委办公厅等部门提供新闻稿,新华社发通稿,中央主要新闻媒体酌情安排报纸版面和电视时段。中央其他领导同志到基层考察工作、调查研究和出席重要活动,需要公开报道的,由中央主要新闻媒体发简短的综合消息,也可在当地媒体上报道;其外事活动,由人民日报、新华社作简要报道或发外事简讯。2012年,中央政治局关于改进工作作风、密切联系群众的八项规定要求:要改进新闻报道,中央政治局同志出席会议和活动应根据工作需要、新闻价值、社会效果决定是否报道,进一步压缩报道的数量、字数、时长;要严格文稿发表,除中央统一安排外,个人不公开出版著作、讲话单行本,不发贺信、贺电,不题词、题字。2016年,十八届六中全会通过的《关于新形势下党内政治生活的若干准则》规定:对领导人的宣传要实事求是,禁止吹捧。

对于政务公开,中央文件和有关法规有比较全面详尽的规定。1998年,中办、国办下发《关于在农村普遍实行村务公开和民主管理制度的通知》;2000年,中办、国办下发《关于在乡镇政权机关全面推行政务公开制度的通知》;2004年,中办、国办下发《关于健全和完善村务公开和民主管理制度的意见》;2005年,中办、国办下发《关于进一步推行政务公开的意见》。该《意见》明确了政务公开的基本原则、目标任务、重点内容、主要形式等,要求各类行政管理和公共服务事项,除涉及国家秘密和依法受到保护的商业秘密、个人隐私外,都要如实公开;要求抓紧制定《政府信息公开条例》,把政务公开纳入法制化轨道[①]。2010年,中共中央下发《关于党的基层组织实行党务公开的意见》,明确党的基层组织是本级组织实行党务公开的责任主体,主要负责人是第一责任人,要求把党务公开与政务公开、村务(居务)公开和公用事业单位办事公开有机结合,相互促进,协调运转,丰富公开形式,完善公开制度。2007年,国务院发布了《中华人民共和国政府信息公开条例》(国务院第492号令),对政府信息的定义、公开的范围、公开的方式和程序、监督和保障等进行了全面规定,要求行政机关应当及时、准确、主动地公开政府信息,应当通过政府公报、政府网站、新闻发布会以及报刊、广播、电视等便于公众知晓的方式公开,但不得公开涉及国家秘密、商业秘密、个人隐私的政府信息。还规定公民、法人或者其他组织认为行政机关不依法履行政府信息公开义务的,可以向上级行政机关、监察机关或者政府信息公开工作主管部门举报;认为行政机关在政府信息公开工作中的具体行政行为侵犯其合法权益的,可以依法申请行政复议或者提起行政诉讼。2016年,《中国共产党党内监督条例》第39条规定:各级党组织和党的领导干部应当认真对待、自觉接受社会监督,利用互联网技术和信息化手段,推动党务公开、拓展监督渠道,虚心接受群众批评。新闻媒体应当坚持党性和人民性相统一,坚持正确导向,加强舆论监督,对典型案例进行剖析,发挥

---

① 参见中共中央文献研究室.十六大以来重要文献选编[G].北京:中央文献出版社,2006:831-835.

警示作用。2017年,中共中央印发《中国共产党党务公开条例(试行)》,对党务公开的内容范围、程序方式作了全面规范。

第四节　电视剧、动画片、纪录片管理

电视剧、动画片、纪录片是人民群众喜闻乐见的艺术形式,是电视节目的重要组成部分,在人民群众中的影响越来越大。电视剧是指一种融合舞台剧和电影表现方法,运用电子技术制作、在电视荧幕上播映的戏剧,具有制作期短、收看方便的特点,按播映形态可分为单本剧、连续剧、系列剧等。动画片是指把人或物的表情、动作变化分段造型并处理成连续的图像,放映时可以产生画面活动的艺术效果的美术片,也称卡通片。[①] 纪录片是以真人真事为表现对象的影视艺术表达形式。世界上第一部动画片是1906年在爱迪生实验室工作的布莱克顿(J. Stuart Blackton)制作的《一张滑稽面孔的幽默姿态》。我国第一部动画片是1926年由万氏兄弟(万籁鸣、万古蟾)拍摄完成的《大闹画室》。1937年,美国迪士尼公司拍摄了世界上第一部动画长片《白雪公主》。1940年,万氏兄弟拍摄了我国第一部动画长片《铁扇公主》。国外电视剧最早的是1928年美国通用电气公司播出的《女王的信使》、1937年英国广播公司播出的《口含鲜花的男人》。我国电视剧最早的是1958年北京电视台(中央电视台的前身)播出的《一口菜饼子》(黑白片),时长只有二十多分钟。

我国是电视剧、动画片、纪录片的生产大国。2016年,我国生产电视剧330部共14,768集,电视动画片119,895分钟、电视纪录片2.2万小时。电视剧、动画片、纪录片是我国社会主义精神文明建设的重要阵地,在陶冶人们情操、提高审美情趣、丰富文化生活等方面发挥着重要作用。我国电视剧、动画片、纪录片的创作要求是:坚持"二为"方向(为社会主义服务、为人民服务)和"双百"方针(百花齐放、百家争鸣),坚持社会效益第一,社会效益与经济效益相统一;坚持以人民为中心的创作导向,弘扬主旋律、提倡多样化;坚持思想性、艺术性、观赏性"三性统一",力求思想精深、艺术精湛、制作精良;坚持先进文化的前进方向,贴近实际、贴近生活、贴近群众,追求真善美,贬斥假丑恶,不断提升品质、品格、品位。

一、电视剧管理

我国电视剧管理制度主要包括电视剧制作许可制度、电视剧备案公示制度、电视剧内容审查和发行许可制度、电视剧播出调控制度。

[①] 李行健.现代汉语规范词典[G].外语教学与研究出版社,语文出版社,2004:319.

(一)电视剧制作许可证制度

1986年,广电部下发了《关于实行电视剧制作许可证制度的暂行规定》,将电视剧制作许可证分为长期证和临时证,长期证有效期5年,临时证只限于所申报制作的剧目使用;要求各电视台只能播出持有许可证的单位制作的电视剧。1995年,广电部下发的《电视剧制作许可证管理规定》(第17号令)明确了长期证和临时证的申领条件和审批程序,规定了重大革命历史题材电视剧制作许可证的审批方法:持长期许可证单位制作此类电视剧,应将剧本先送所属省级广播电视部门和党委宣传部初审,通过后,持许可证和剧本初审通过批件报"重大革命历史题材影视创作领导小组"审定,剧本由领导小组审定后,方可投入拍摄;未持长期许可证单位制作此类电视剧,应参照本条第一项程序审定剧本后,凭"重大革命历史题材影视创作领导小组"的批件到相应的广播电视行政部门申领临时许可证。1998年,国家广电总局下发《关于核发广播电视节目制作经营许可证和电视剧制作许可证的通知》(广发社字〔1998〕653号),将电视剧制作许可证分为甲、乙两种,甲种许可证相当于长期证,乙种许可证相当于临时证,目的是对电视剧制作许可证进行动态调控。2004年,国家广电总局发布的《广播电视节目制作经营管理规定》(第34号令)规定:甲种许可证有效期为两年,乙种许可证有效期不超过180天,仅限于该证所表明的剧目使用,特殊情况可批准延期;电视剧制作机构连续两年内制作完成6部以上单本剧或3部以上连续剧(3集以上/部),可申请甲种许可证。2016年我国有132家电视剧制作甲种许可证持证机构、有10,232家节目制作许可证持证机构。

(二)电视剧备案公示制度

2006年,国家广电总局印发《电视剧拍摄制作备案公示管理暂行办法》,决定从5月1日起,取消原有的电视剧题材规划立项审批制度,实行电视剧拍摄制作备案公示制度,由各省广电局、解放军总政艺术局、中央电视台对本辖区和所属机构拍摄电视剧的剧目进行备案,由国家广电总局对拍摄制作剧目备案材料进行查验核准,通过国家广电总局政府网站"电视剧拍摄制作备案公示"专栏向社会公示,公示后的电视剧目应当开机拍摄;对于不同意拍摄制作的剧目,不予公示。2010年,国家广电总局发布《电视剧内容管理规定》,由总局和省级广电行政部门分别负责受理电视剧拍摄制作的备案,总局审核后公示。2013年,国家新闻出版广电总局印发《电视剧拍摄制作备案公示管理办法》,对电视剧备案实行分级管理:总局负责中直机构拍摄电视剧的备案管理和公示管理;省级广电行政部门负责本行政区内制作机构拍摄电视剧的备案管理;解放军总政宣传部、中央电视台负责所辖制作机构拍摄电视剧的备案管理。总局对各备案材料进行查验核准,于每月5日申报截止日后的20个工作内,通过总局政府网站电视剧电子政务平台汇总公示。已公示的电视剧目,须在公示之日起两年内制作完成,确因特殊原因超出有效期的,须提交延期申请。2016年国家新闻出版广电总局办公厅关于进一步完善规范电视剧拍摄制作备案公示管理工作的通知,规定备案公示阶段不再受理剧名变更申请,备案公示剧目的1500~2000字剧情梗概须对思想内涵作出概括说明。

(三)电视剧内容审查和发行许可制度

我国电视剧的审查最初由电视台负责。1986年,广电部下发了《关于实行电视剧制作许可证制度的暂行规定》要求:电视剧完成片需经播出台审查通过后才能播出。随着电视剧制作主体的多样化,电视剧已不仅仅由电视台制作播出,还有许多社会制作机构和境外机构也进入了电视剧制作领域,形成了庞大的电视剧市场,电视剧的审查由电视台自行负责转为由广播电视行政部门负责。国家广电总局2000年发布的《电视剧管理规定》(第2号令)规定由国家广电总局和省级广电局设立电视剧审查委员会,审查通过电视剧,发放由国家广电总局统一印制的电视剧发行许可证。发行许可制度是电视剧发行市场的准入机制。2004年,国家广电总局发布了《电视剧审查管理规定》;2006年,国家广电总局发布了《〈电视剧审查管理规定〉补充规定》。在实施上述规定的基础上,2010年,国家广电总局重新制定了《电视剧内容管理规定》(总局令第63号),细化了电视剧内容禁载标准,对电视剧的备案和公示、审查和许可、播出管理等作了全面规范:(1)国产剧、合拍剧、引进剧实行内容审查和发行许可制度,未取得发行许可的电视剧,不得发行、播出和评奖。(2)省级广电行政部门设立电视剧审查机构,国务院广电行政部门设立电视剧审查委员会和电视剧复审委员会,对电视剧内容进行审查和复审工作。国务院广电行政部门制定电视剧内容管理的具体标准。(3)审查通过,颁发电视剧发行许可证;不予许可的,应通知申请人并书面说明理由;需要修改的,须由送审机构修改后重新送审。(4)国务院广电行政部门统一印制电视剧发行许可证,并定期向社会公告全国电视剧发行许可证办法和情况。

(四)电视剧播出调控制度

《电视剧内容管理规定》规定:国务院广电行政部门可以对全国电视台播出电视剧的总量、范围、比例、时机、时段等进行宏观调控。国家新闻出版广电总局一方面要求电视台对电视剧实行重播重审制度,另一方面实行电视剧播出调控制度。主要任务有:一是调控各类题材电视剧播出,防止同一类电视剧同时在各个卫视台播出,防止出现"千台一剧"的情形;二是对境外电视剧、涉案电视剧播出进行监控,境外电视剧在黄金时间不得超过播出比例,涉案电视剧不得在黄金时间播出;三是对已播出的电视剧发现有政治问题或者争议很大,可以采取一定的行政手段来终止该电视剧播出,或者禁止该电视剧再通过电视台播出。2017年,国家新闻出版广电总局等部门下发《关于支持电视剧繁荣发展若干政策的通知》,对电视剧剧本扶持、投入分配、播出结构、收视调查、与网络剧同一标准管理等进行规定。

二、动画片管理

为贯彻落实中共中央、国务院《关于进一步加强和改进未成年人思想道德建设的若干意见》，2004年，国家广电总局印发《关于发展我国影视动画产业的若干意见》，对动画产业发展目标、构建国产动画片播映体系、培育影视动画交易市场、实施国产动画精品工程、推动国产动画走出去、争取相关政策支持、加强知识产权保护等进行全面规定。2006年，国办《转发财政部等部门关于推动我国动漫产业发展若干意见的通知》（国办发〔2006〕32号）规定：动漫产业是以"创意"为核心，以动画、漫画为表现形式，包含动漫图书、报刊、电影、电视、音像制品、舞台剧和基于现代信息传播技术手段的动漫新品种等动漫直接产品的开发、生产、出版、播出、演出和销售，以及与动漫形象有关的服装、玩具、电子游戏等衍生产品的生产和经营的产业，要求通过专项资金、融资、税收等政策措施，重点支持国内企业自主研发具有我国自主知识产权的动漫产品，支持国家动漫产业基地建设，支持动漫核心技术研发。为了扶持国产动画片，国家广电总局批准北京、上海、湖南电视台开办了卡通动漫频道，并下发了规范电视动画片播出管理的通知，要求所有电视频道在每天17：00—20：00之间，不得播出境外动画片和有关介绍栏目；要求动画频道、少儿频道、青少频道、儿童频道等每天播出国产动画片不得少于播出总量的70%。

我国动画片管理制度借鉴了电视剧的管理制度，主要包括动画片制作许可、备案公示、内容审查、播出调控等制度。凡持有广播电视节目制作许可证的制作机构可以申请制作动画片，国产电视动画片须经国家新闻出版广电总局备案公示后方能投产制作。国产电视动画片备案公示实行两级管理：由各省新闻出版广电局、解放军总政艺术局、中央电视台对本辖区和所属机构拍摄电视剧的剧目进行备案；由国家新闻出版广电总局对拍摄制作剧目备案材料进行查验核准，并通过总局政府网站向社会公示。国产动画片由国家新闻出版广电总局和省级新闻出版广电局设立的审查机构负责审查，通过审查的，发放国产电视动画片发行许可证；未通过审查的，要说明理由。取得许可证的国产电视动画片，方可在全国各级电视台播出。境外动画片播出要严格遵循时间比例规定。对于优秀国产动画片，总局组织公示推荐，并给予专项资金支持。

三、纪录片管理

为贯彻落实国务院《文化产业振兴规划》和国办《关于促进电影产业繁荣发展的指导意见》，国家广电总局2010年下发《关于印发加快纪录片产业发展的若干意见的通知》（广发〔2010〕88号），2012年下发《关于推荐优秀国产纪录片的通知》，2013年下发《关于实行电视纪录片题材公告制度的通知》。电视纪录片管理制度借鉴了电视动画片的管理制度，主要包括纪录片制作许可、题材公告、播出调控、优秀纪录片推荐等制度。凡持有《广播电视节目制作经营许可证》的机构可制作电视纪录片，凡持有《摄制电影许可证》的机构可制作电影纪录片。对引进境外纪录片实行总量控制,引进电视纪录片须按有关规定经审查批准获得《电视纪录片发行许可证》后方可发行播出。各级电视机构播出个人拍摄纪实性视频作品,必须事先对其内容进行审查。境外机构到我国境内拍摄纪录片,需按有关规定,报经相关外事部门批准后,向国家广电总局备案并接受国家广电总局和省级广播影视行政部门的监管(见《关于加快纪录片产业发展的若干意见》)。电视纪录片题材实行中央、省(自治区、直辖市)两级汇总,国家新闻出版广电总局统一公告制度(见《关于实行电视纪录片题材公告制度的通知》)。优秀国产纪录片实行每年四批推荐办法。

第五节　广播电视节目与知识产权保护制度

知识产权(intellectual property,简称 IP),是指权利人对其智力劳动所创作的成果享有的权利,主要包括著作权、专利权、商标权等。著作权是指著作权人对自己的作品依法享有的人身权和财产权。1709 年,英国颁布了世界上第一部著作权法《安娜女王法令》(即《为鼓励知识创作授予作者及购买者就其已印刷成册的图书在一定时期内之权利的法》),规定:作品自首次出版之日起,其作者享有 14 年的版权保护期,期满后如果作者尚未去世,可以顺延 14 年。随后大陆法系国家引入了版权保护思想。目前有关著作权的国际公约主要有《保护文学和艺术作品伯尔尼公约》《世界版权公约》《保护表演者、录音制品制作者和广播组织的国际公约(罗马公约)》《保护录音制品制作者防止未经许可复制其录音制品公约》《世界知识产权组织版权条约》《世界知识产权组织表演和录音制品条约》《与贸易有关的知识产权协议》等。我国制定实施了《著作权法》《著作权法实施条例》《著作权集体管理条例》《信息网络传播权保护条例》《广播电台电视台播放录音制品支付报酬暂行办法》等法律法规。商标权是指商标所有人对其注册商标依法享有的专有权。专利权是指发明创造人或其权利受让人对特定的发明创造在一定期限内依法享有的独占实施权。《保护工业产权巴黎公约》等国际公约对商标权、专利权予以保护。我国制定了《商标法》《专利法》等予以保护。广播电视节目作品涉及著作权,广播电视节目名称品牌涉及商标权,广播电视技术发明创造涉及专利权。如何利用知识产权制度推动广播电视创新,是广播电视业界共同的使命。

一、广播电台、电视台在著作权方面的权利和义务

根据我国著作权法的规定,著作权包括 4 项人身权和 13 项财产权。这 4 项人身权包括:(1)发表权,(2)署名权,(3)修改权,(4)保护作品完整权。这 13 项财产权包括:(1)复制权,(2)发行权,(3)出租权,(4)展览权,(5)表演权,(6)放映权,(7)广播权,(8)信息网络传播权,(9)摄制权,(10)改编权,(11)翻译权,(12)汇编权,(13)应当由著作权人享有

的其他权利。广播权是著作权的一项重要内容,是指著作权人享有以无线方式公开广播或者传播作品,以有线传播或者转播的方式向公众传播作品,以及通过扩音器或者其他传送符号、声音、图像的类似工具向公众传播作品的权利。广播电台、电视台是实现广播权的组织形式。

(一)广播电台、电视台享有广播组织权,但受到合理使用制度的限制

广播组织权是指广播电台、电视台等广播组织对其制作播放的节目所享有的专有权利,属于邻接权的范畴。邻接权是指与著作权邻近的权利,通常指表演者、录音制作者(唱片制作者)和广播电视组织(也称广播组织)对其表演活动、录音制品和广播电视节目享有的一种类似著作权的权利。广播组织的专有权利包括:准许或禁止他人转播该组织播放的节目,准许或禁止他人录制或复制该组织播放的节目,准许或禁止在收费入场的情况下将该组织的节目公开播放。保护广播组织权的国际公约有《保护表演者、唱片制作者和广播组织罗马公约》《关于播送人造卫星传播有节目信号的公约》。各国通过专门法规或著作权制度对广播组织的权利进行保护。我国著作权法第 44 条规定:广播电台、电视台有权禁止未经其许可的以下行为:(1)将其播放的广播、电视进行转播;(2)将其播放的广播、电视录制在音像载体上以及复制音像载体。广播电视组织权的保护期为 50 年,截至该广播、电视首次播放后的第 50 年的 12 月 31 日。我国著作权法实施条例第 35 条规定:国外的广播电台、电视台根据中国参加的国际条约对其播放的广播、电视节目享有的权利,受著作权法保护。

著作权立法,一方面保护著作权人的合法权益,促进知识创新和文化进步;另一方面也规定了合理使用制度,保证和维护社会公共利益。合理使用制度,是指在特定的条件下,法律允许他人自由使用享有著作权的作品而不必征得著作权人的同意,也不必向著作权人支付报酬的制度,但是应当指明作者姓名、作品名称,不得侵犯著作权人依法享有的其他权利。合理使用制度是对著作权的限制,也是对广播组织权的限制。我国著作权法第 22 条规定了 12 种合理使用的情形:(1)个人使用:为个人学习、研究或者欣赏,使用他人已经发表的作品;(2)引用:为介绍、评论某一作品或者说明某一问题,在作品中适当引用他人已经发表的作品;(3)新闻报道使用:为报道时事新闻,在报纸、期刊、广播电台、电视台等媒体中不可避免地再现或者引用已经发表的作品;(4)对政论性文章的转载转播:报纸、期刊、广播电台、电视台等媒体刊登或者播放其他报纸、期刊、广播电台、电视台等媒体已经发表的关于政治、经济、宗教问题的时事性文章,但作者声明不许刊登、播放的除外;(5)对公共场所演讲的转载转播:报纸、期刊、广播电台、电视台等媒体刊登或者播放在公众集会上发表的讲话,但作者声明不许刊登、播放的除外;(6)教学使用:为学校课堂教学或者科学研究,翻译或者少量复制已经发表的作品,供教学或者科研人员使用,但不得出版发行;(7)公务使用:国家机关为执行公务在合理范围内使用已经发表的作品;(8)图书馆陈列或保存版本:图书馆、档案馆、纪念馆、博物馆、美术馆等为陈列或者保

存版本的需要,复制本馆收藏的作品;(9)免费表演:免费表演已经发表的作品,该表演未向公众收取费用,也未向表演者支付报酬;(10)室外陈列作品的使用:对设置或者陈列在室外公共场所的艺术作品进行临摹、绘画、摄影、录像;(11)对汉语言文字作品的翻译:将中国公民、法人或者其他组织已经发表的以汉语言文字创作的作品翻译成少数民族语言文字作品在国内出版发行;(12)盲文出版:将已经发表的作品改成盲文出版。该条同时规定:以上12种合理使用行为,同样适用于对出版者、表演者、录音录像制作者、广播电台、电视台的权利的限制。

(二)广播电台、电视台享有播放法定许可的作品和录音制品的权利,但应当支付报酬

法定许可是指根据著作权法的规定,除著作权人声明不得使用外,以特定的方式使用已经发表的作品,可以不经著作权人许可,但必须按法律的规定向著作权人支付报酬,并尊重和保护著作权人相关权益的法律制度,实质是将著作权中的某些权利从一种绝对权降格成为一种获得合理使用费的权利。我国《著作权法》和《最高人民法院关于审理涉及计算机网络著作权纠纷案件适用法律若干问题的解释》规定的法定许可情形有:(1)编写出版教科书:为实施九年制义务教育和国家教育规划而编写出版教科书,除作者事先声明不许使用的外,可以不经著作权人许可,在教科书中汇编已经发表的作品片段或者短小的文字作品、音乐作品或者单幅的美术作品、摄影作品,但应当按照规定支付报酬,指明作者姓名、作品名称,并且不得侵犯著作权人依照本法享有的其他权利。(2)转载刊登:作品刊登后,除著作权人声明不得转载、摘编的外,其他报刊可以转载或者作为文摘、资料刊登,但应当按照规定向著作权人支付报酬。(3)使用他人录音作品制作录音制品:录音制作者使用他人已经合法录制为录音制品的音乐作品制作录音制品,可以不经著作权人许可,但应当按照规定支付报酬;著作权人声明不许使用的不得使用。(4)播放已发表作品:广播电台、电视台播放他人已发表的作品,可以不经著作权人许可,但应当支付报酬。(5)播放已出版的录音制品:广播电台、电视台播放已经出版的录音制品,可以不经著作权人许可,但应当支付报酬。当事人另有约定的除外。(6)网站转载摘编:已在报刊上刊登或者网络上传播的作品,除著作权人声明或者上载该作品的网络服务提供者受著作权人的委托声明不得转载、摘编的以外,网站予以转载、摘编并按有关规定支付报酬、注明出处的,不构成侵权。但网站转载、摘编作品超过有关报刊转载作品范围的,应当认定为侵权。

《广播电台电视台播放录音制品支付报酬暂行办法》规定:广播电台、电视台播放录音制品,可以与管理相关权利的著作权集体管理组织约定每年向著作权人支付固定数额的报酬;没有就固定数额进行约定或者约定不成的,广播电台、电视台与管理相关权利的著作权集体管理组织可以以下列方式之一为基础,协商向著作权人支付报酬:(1)以本台或者本台各频道(频率)本年度广告收入扣除15%成本费用后的余额,乘以本办法第五条或者第六条规定的付酬标准,计算支付报酬的数额;(2)以本台本年度播放录音制品的时

间总量,乘以本办法第七条规定的单位时间付酬标准,计算支付报酬的数额。同时规定,广播电台、电视台播放已经出版的录音制品,已经与著作权人订立许可使用合同的,按照合同约定的方式和标准支付报酬。

(三)广播电台、电视台在著作权方面应当履行的义务

根据我国著作权法的规定,广播电台、电视台应当履行的义务有:(1)广播电台、电视台播放他人未发表的作品,应取得著作权人的许可,并支付报酬。(2)电视台播放他人的电影作品和以类似摄制电影的方法创作的作品、录像制品,应当取得制片者或录像制作者许可,并支付报酬;播放他人的录像制品,还应当取得著作权人许可,并支付报酬。(3)广播电台、电视台使用改编、注释、翻译、整理已有作品而产生的作品,制作广播、电视节目,应当取得改编、注释、翻译、整理作品的著作权人和原作品著作权人许可,并支付报酬。(4)广播电台、电视台现场直播或录播表演者的表演,应当与表演者签订合同,并支付报酬。(5)广播电台、电视台播放他人已发表的作品或者录音制品,可以不经著作权人许可,但应当支付报酬,当事人另有约定的除外。(6)广播电台、电视台使用他人作品时,不得侵犯作者的署名权、修改权、保护作品完整权和获得报酬的权利。

[案例]中国教育电视台未经授权播放爱国主义影片《冲出亚马逊》被判侵权

2005年9月10日,未经电影频道节目制作中心许可,中国教育电视台(CETV)在其第一套节目的周末影片栏目中播放了影片《冲出亚马逊》。之后,双方进行沟通协商未果,电影频道节目制作中心向北京市海淀区法院提起了诉讼。2006年4月24日,海淀法院巡回法庭,公开开庭审理了此案。

原告诉称,根据《冲出亚马逊》的共同投资方、中国人民解放军八一电影制片厂与电影频道节目制作中心的《合作协议书》约定,电影频道节目制作中心独家享有该作品的电视播映权及由此产生的发行收益权。CETV在未经许可的情况下播放该片,侵犯了自己对该片拥有的电视播映权以及由此产生的发行收益权,并且被告在播出该片前以及播出过程中插播了广告,属于商业行为,请求法院认定CETV侵权,并判其赔偿经济损失10万元。原告称,经济损失数额是根据CETV在其网站上公布的广告价目表,以及《冲出亚马逊》播映过程中间插播了4家公司的12个广告计算出来的。

被告辩称,自己是以"服务于学习型社会"为目的的公益性法人。在2005年教师节期间播放爱国主义教育影片《冲出亚马逊》,是遵照中央文件精神和上级领导指示进行的。2004年10月,中宣部、中央文明办、教育部、文化部、广播电影电视总局、新闻出版总署、共青团中央推出百部爱国主义教育影片、百首爱国主义教育歌曲、百种爱国主义教育图书,电影《冲出亚马逊》被列在百部爱国主义教育影片目录第59部。播放该片是出于公益性宣传和教育的目的,属于

合理使用,不构成侵犯著作权,请求法庭驳回原告的所有诉讼请求。CETV 称,电影频道节目制作中心索赔数额没有事实依据,自己不仅没有从电影的播出中得到经济利益,而且还为贯彻上级有关文件精神而作出了多重贡献。由于播放爱国主义教育影片撤换了正常的节目,打乱了原电视剧的播出计划,播出《冲出亚马逊》不仅没有得到任何经济收入,反而蒙受了损失。

2006 年 7 月 20 日,海淀区法院对该案作出了一审判决:被告 CETV 按照有关部门要求播放《冲出亚马逊》进行爱国主义教育的行为,不属于版权合理使用的范围,其播放行为应当得到原告电影频道节目制作中心的许可,并支付报酬,判决被告支付给原告经济损失及合理支出 5 万元。①

中国教育电视台不服,向北京市第一中级人民法院提出上诉,2006 年 12 月 20 日,北京市第一中级人民法院审理认为:中国教育电视台并不是执行法定管理职能的国家机关,其播放《冲出亚马逊》影片既不是执行与法定职能直接相关的事务,也不属于执行政府行政指令的行为;在播放该片时播放了广告,证明这不是单纯的公益行为;教育电视台在其"周末影院"栏目播放该片,这不属于课堂教学范围。中国教育电视台上诉的主张缺乏事实和法律依据,一审法院认定事实清楚,适用法律正确,应予维持。北京市第一中级人民法院作出二审判决:驳回上诉,维持原判。本判决为终审判决。②

[简评]本案的焦点在于著作权合理使用的范围。合理使用制度是对著作权人权利的限制,但是合理使用必须符合法律规定的情形。我国著作权法规定了合理使用的 12 种情形,包括国家机关执行公务合理使用作品、学校课堂教学或科学研究合理使用作品,但没有包括公益播出爱国主义影片。尽管 1993 年中宣部、国家教委、广播电影电视部、文化部下发的《关于运用优秀影视片在全国中小学开展爱国主义教育的通知》指出:爱国主义教育是中小学德育工作的核心内容,运用影视形式对中小学生进行爱国主义教育是行之有效的方法,要纳入学校教育教学计划,有选择、分层次、有指导地组织学生观看爱国主义影片;但是没有要求教育电视台播放爱国主义影片供各地学校组织收看。不论是教育电视台还是其他电视台,不论是公益播放还是商业播放电影片、电视剧等作品,都应当依法取得播映权,才能播放,否则将构成侵权。公益法人的公益活动也必须遵守著作权法的规定。

二、广播电视节目中各类作品的著作权保护

广播电视节目是艺术与技术结合的智力成果,但不完全属于著作权法规定的作品范

---

① 谢湘,于亦君.电视台播放爱国主义教育影片是否需授权,"公益宣传"遭侵权诉讼的背后[N].中国青年报,2006-7-21.
② 参见北京市第一中级人民法院民事判决书(2006)一中民终字第 13332 号。

畴。我国著作权法规定的作品是指文学、艺术和科学领域内具有独创性并能以某种有形形式复制的智力成果，包括九类作品：

(1)文字作品，是指小说、诗词、散文、论文等以文字形式表现的作品。一些广播电台、电视台开办"小说联播""电视散文"等节目，播出他人的小说、散文等作品，应当按照著作权法的规定和双方订立的合同约定，向著作权人支付报酬。

(2)口述作品，是指即兴的演说、授课、法庭辩论等以口头语言形式表现的作品。一些广播电台、电视台开办"空中课堂""百家讲坛""法律讲座"等节目，播出他人的讲课、讲演等；还有许多广播电台、电视台开办了谈话类节目，都应当按照著作权法的规定和双方订立的合同约定，向著作权人支付报酬。

(3)音乐、戏剧、曲艺、舞蹈、杂技艺术作品。音乐作品是指歌曲、交响乐等能够演唱或者演奏的带词或者不带词的作品。戏剧作品是指话剧、歌剧、地方戏等供舞台演出的作品。曲艺作品是指相声、快书、大鼓、评书等以说唱为主要形式表演的作品。舞蹈作品是指通过连续的动作、姿势、表情等表现思想情感的作品。杂技艺术作品是指杂技、魔术、马戏等通过形体动作和技巧表现的作品。音乐歌曲、戏剧小品、交响音乐、地方戏剧、相声评书、魔术杂技等是广播电视文艺节目的重要内容，广播电台、电视台大量使用这一类作品制作节目，应当与有关著作权人签订使用许可合同或转让合同，明确双方的权利和义务，维护双方当事人的合法权益。

(4)美术、建筑作品。美术作品是指绘画、书法、雕塑等以线条、色彩或者其他方式构成的有审美意义的平面或者立体的造型艺术作品。建筑作品是指以建筑物或者构筑物形式表现的有审美意义的作品。广播电台、电视台播放介绍和展示美术作品、建筑作品的内容，应当取得著作权人的同意，并按约定支付报酬。

(5)摄影作品，是指借助器械在感光材料或者其他介质上记录客观物体形象的艺术作品。广播电台、电视台播放介绍和展示摄影作品的内容，应当取得著作权人的同意，并按约定支付报酬。

(6)电影作品和以类似摄制电影的方法创作的作品，是指摄制在一定介质上，由一系列有伴音或者无伴音的画面组成，并且借助适当装置放映或者以其他方式传播的作品。该类作品的著作权由制片者享有，编剧、导演、摄影、作词、作曲等作者享有署名权，并有权按照合同约定获取报酬；该类作品中的剧本、音乐等可以单独使用的作者有权单独行使其著作权。电视台播放电影、电视剧、纪录片、动画片等作品，应当与有关著作权人签订使用许可合同或转让合同，明确双方的权利和义务，维护双方当事人的合法权益。广播电台播放该类作品的录音或音乐等，应当取得著作权人的许可，并按约定支付报酬。

(7)工程设计图、产品设计图、地图、示意图等图形作品和模型作品。图形作品是指为施工、生产绘制的工程设计图、产品设计图，以及反映地理现象、说明事物原理或者结构的地图、示意图等作品。模型作品是指为展示、试验或者观测等用途，根据物体的形状和结构,按照一定比例制成的立体作品。广播电台、电视台播放介绍和展示图形作品、模型作品的内容,应当取得著作权人的同意,并按约定支付报酬。

(8)计算机软件,是指计算机程序及其有关文档。根据《计算机软件保护条例》的规定,计算机程序是指为了得到某种结果而可以由计算机等具有信息处理能力的装置执行的代码化指令序列,或者可以被自动转换成代码化指令序列的符号化指令序列或者符号化语句序列。文档是指用来描述程序的内容、组成、设计、功能规格、开发情况、测试结果及使用方法的文字资料和图表等,如程序设计说明书、流程图、用户手册等。

(9)法律、行政法规规定的其他作品。

除了上述九类作品外,广播剧在我国广播节目中占有重要位置,但是我国《著作权法》没有将它规定为作品。广播剧在我国源远流长,早在20世纪30年代,在上海的广播节目中就出现了广播剧这种文艺形式。广播剧是一种运用语言、音乐、音响等声音因素来揭示主题、塑造人物、描绘场景、展现剧情的情景剧,是广大人民群众喜爱的听觉艺术形式,建议我国修订《著作权法》时应当将广播剧作为作品加以保护。

我国小品演员作者提起诉讼的案例时有发生。2000年,北京市第一中级人民法院依法对陈佩斯和朱时茂状告中国国际电视总公司侵犯其小品的著作权一案进行了公开审理,认为虽然中央电视台对春节晚会整体享有著作权,但陈佩斯、朱时茂并未丧失对他们的小品的著作权和表演权,中国国际电视总公司的行为构成侵权,判决被告立即停止侵权,登报道歉,并赔偿二人经济损失人民币333,293元。2001年,上海市第二中级人民法院对陈佩斯和朱时茂状告扬子江音像出版社、广东中凯文化发展有限公司和上海天鼎音像制品有限公司三家单位侵犯知识产权一案进行了公开审理,判令三被告共同赔偿原告经济损失人民币30万元。电视台播出小品,应当与作者和表演者签订合同,明确电视台享有的广播权的范围、次数、时间等,并支付报酬;如果电视台复制发行或者委托他人复制发行该小品,应当与作者和表演者签订新的复制合同,明确复制的数量、发行的范围、支付的报酬等,维护双方的合法权益。

三、体育节目的著作权保护

体育转播是广播电视节目中的重要组成部分。根据《著作权法》第37条规定,表演者对其表演,有权许可他人从现场直播和公开传送其现场表演,并获得报酬;有权许可他人录音录像,并获得报酬。运动员享有表演者的权利。运动员参加某项赛事活动,一般通过合同等方式授权赛事主办方行使表演者的权利。体育赛事的主办者也享有其广播电视转播权。广播电台、电视台转播体育赛事,应当取得赛事主办方的许可,并支付报酬;利用他人的作品制作体育节目,应当按照著作权法的规定和双方的合同约定支付报酬,广播电台、电视台对其播出的体育节目享有广播组织权。体育竞赛转播权从播出内容来看,主要分为新闻报道权、赛事画面集锦使用权、赛事转播权;从播出范围来看,可分为全国性转播权和地方性转播权;从转播方式来分,可分为无线频道转播权、有线频道转播权、卫视频道转播权以及互联网转播权。

1958年,国际奥委会修改《奥林匹克宪章》,首次提出电视转播权问题,明确规定国际奥委会是奥运会转播权的唯一拥有者,由承办国组委会负责销售,所得收入按有关规定进行分配。2004年,修改的《奥林匹克宪章》第7条规定:奥林匹克运动会是国际奥委会的专属财产,国际奥委会拥有其中有关的全部权利,包括涉及该运动会的组织、开发、转播、录制、重放、复制、获取和散发等权利。2008年,国家广电总局下发《关于规范和维护2008年北京奥运会广播电视报道秩序的紧急通知》(明电〔2008〕31号),将国际奥委会制定的《2008年北京奥运会非持权转播机构新闻报道规则》转发各地执行,主要内容有:(1)含有奥运题材的新闻报道仅可以编排在每天的常规新闻节目中,不能构成该新闻节目的主体,并且这些新闻不得定位和宣传为"奥运报道节目"。(2)必须在节目中标明所在国家或地区持权转播机构的名称。(3)奥运素材的使用必须遵循3X2X3规则或者6X1X2规则。3X2X3规则是指一天之内使用奥运素材的节目不得超过3个,奥运素材在任一新闻节目中出现的时间不得超过2分钟,节目之间的间隔至少3小时,且奥运素材在每一条新闻中不能超过30秒。在国内电视新闻频道既可适用3X2X3规则,也可适用6X1X2规则,即在一天之内使用奥运素材的节目不得超过6个,奥运素材在任一新闻节目中出现的时间不得超过1分钟,节目之间的间隔至少2小时,且奥运素材在每一条新闻里不能超过30秒。(4)其他电台、电视台不得早于持权转播机构对某项奥运活动进行新闻报道;如果持权转播机构没有报道该项奥运活动,其他电台、电视台须在该活动结束当天的24:00后方可进行新闻报道;或者在持权转播机构的事先授权下,在核准的时间和地域,对特定的奥运活动进行新闻报道。(5)非持权转播机构首次播放奥运素材48小时后,该素材不得再次使用。(6)未经国际奥委会书面批准,非持权转播机构不得向任何第三方授权使用奥运素材。(7)未经国际奥委会书面批准,非持权转播机构不得通过任何互联网、移动平台、交互式媒体等发布奥运素材。非持权转播机构仅可以在主新闻中心举行的新闻发布会结束30分钟后,将该新闻发布会的全部或片段在互联网上传播。国际奥委会是一个非政府性的、非盈利性的、永久性的国际组织,它以协会的形式存在,具有法人资格。由于国际奥委会不属于政府间组织,因此其《奥林匹克宪章》不属于国际公法,对各国政府不具有法律效力,但对其成员单位(如各国奥委会)有约束力,对参与其赛事的运动员、裁判员等有拘束力。各国各地区一般通过著作权、商标权、专利法等民事法律维护国际奥委会及其成员单位的合法权益。

四、广播电视节目中职务作品的著作权保护

职务作品是指公民为完成法人或者其他组织工作任务所创作的作品。所谓工作任务,是指公民在该法人或者该组织中应当履行的职责。职务作品的著作权归属大致分为两种情况:(1)有下列情形之一的职务作品,作者享有署名权,著作权的其他权利由法人或者其他组织享有,法人或者其他组织可以给予作者奖励:①主要是利用法人或者其他

组织的物质技术条件创作,并由法人或者其他组织承担责任的工程设计图、产品设计图、地图、计算机软件等职务作品。所谓物质技术条件,是指为创作专门提供的资金、设备或者资料。②法律、行政法规规定或者合同约定著作权由法人或者其他组织享有的职务作品。(2)除上述情况以外的职务作品,著作权由作者享有,但法人或者其他组织有权在其业务范围内优先使用。作品完成两年内,未经单位同意,作者不得许可第三人以与单位使用的相同方式使用该作品。在作品完成两年内,经单位同意,作者许可第三人以与单位使用的相同方式使用作品所获报酬,由作者与单位按约定的比例分配。作品完成两年的期限,自作者向单位交付作品之日起计算。

五、广播电视节目预告表的法律保护

广播电视节目预告表是广播电视报社依照授权许可,将广播电台、电视台即将播出的一周节目内容制作成表格形式进行刊登预告,目的是方便观众、听众收看、收听广播电视节目。著作权法第14条规定:汇编若干作品、作品的片段或者不构成作品的数据或其他材料,对其内容的选择或编排体现独创性的作品,为汇编作品,其著作权由汇编人享有,但行使著作权时,不得侵犯原作品的著作权。第34条规定:出版改编、翻译、注释、整理、汇编已有作品而产生的作品,应当取得改编、翻译、注释、整理、汇编作品的著作权人和原作品的著作权人的许可,并支付报酬。广播电视报社根据当地听众、观众的需要,有选择性刊登电台、电视台的节目预告,在编排方式、内容选择、刊登形式等方面有一定独创性,属于汇编作品,受到著作权法的保护。未经许可,转载他人的汇编作品,属于侵权行为,应当承担相应的民事责任。广播电视报社制作刊登广播电视节目预告表,还受到我国有关行政规章的保护。1988年,国家新闻出版署下发的《关于广播电视节目预告转载问题的通知》中规定:各地报纸和以报纸形式出现的期刊可以转载广播电视报所刊当天和第二天的广播电视节目预告。但不得一次转载或摘登一周(或一周以上的)广播电视节目预告。如需要转载整周的广播电视节目预告,应与有关广播电视报社协商。1996年,国家新闻出版署下发的《关于广播电视节目预告转载问题的补充通知》中规定:各地非广播电视类报纸,可以摘转广播电视报所载节目预告表中当日和第二日中央电视台和本地省级电视台第一套节目黄金时段的重点节目预告;市级非广播电视类报纸可加登本市电视台第一套节目黄金时段的重点节目预告;节目预告表中所列的其他节目预告需摘转时,应征得有关广播电视报社同意。

六、广播电视节目模式名称的法律保护

节目模式属于文化创意的重要内容。英国、美国、荷兰、日本、韩国等国非常重视文化创意产业,向国外输出的电视节目模式较多。近年来,我国引进的节目模式如《中国好声音》《爸爸去哪儿》《奔跑吧》《中国达人秀》等火爆荧屏,自创的节目模式如《中国诗词大

会》《挑战不可能》《朗读者》等叫好叫座。节目模式创新是广播电视节目繁荣发展的重要抓手。各国对电视节目模式的法律保护不尽相同。美国、荷兰、巴西等国家的司法判例认定电视节目模式可以受著作权保护,但要求节目模式要有充分的原创性、足够的详细描述、可完全开发实现。德国法院通过类比戏剧、电影作品的保护模式,认为电视节目模式可有条件地受到著作权保护。法国法院倾向于用竞争法的规定而非著作权法来解决电视节目模式纠纷。加拿大法院认为在满足著作权法保护的基本要件下,电视节目模式可被视为戏剧作品而获得著作权保护。澳大利亚法院将电视节目模式视为文字作品或戏剧作品而受著作权法保护。[①]

对于电视节目模式,我国著作权法没有规定。北京市高级人民法院《关于审理涉及综艺节目著作权纠纷案例若干问题的解答》作了如下解答:"综艺节目模式是综艺节目创意、流程、规则、技术规定、主持风格等多种元素的综合体。综艺节目模式属于思想,不受《著作权法》的保护。综艺节目中的节目文字脚本、舞美设计、音乐等构成作品的,可以受《著作权法》的保护。综艺节目模式引进合同涉及著作权许可、技术服务等多项内容,其性质应依据合同内容确定。"著作权法保护的是作品,而不是思想。著作权法所称作品,是指文学、艺术和科学领域内具有独创性并能以某种有形形式复制的智力成果。开发者对自己享有的电视节目模式名称,可以综合利用合同法、著作权法、商标法、反不正当竞争法等多种手段维护自身的合法权益。比如,可以与节目模式研发的相关人员签订保密协议和竞业禁止协议,可以将节目模式中的文字脚本、舞美设计、音乐等及时进行版权登记,可以将节目模式名称及时申请注册为商标,许可他人使用节目模式时可以将有关的著作权、商标权、不正当竞争等内容详尽地写入授权协议中,全方位维护权利人的知识产权。

[案例]灿星公司等被法院裁定停用"中国好声音"节目名称

"the Voice of…"节目模式是荷兰 Talpa 公司独创开发的以歌唱比赛为内容的真人选秀节目模式。在 Talpa 公司的授权下,第1—4季《中国好声音》由上海灿星公司于2012年至2015年期间制作、浙江卫视播出。

2016年1月28日,Talpa 公司与浙江唐德公司签署《"……好声音"协议 用于 Talpa 节目模板"……好声音"的独家管理、许可和应用》;2016年5月10日,Talpa 公司出具《授权书及确认函》。Talpa 公司确认"浙江唐德公司拥有独占且唯一的授权在许可区域内使用、分销、市场推广、投放广告、宣传及以其他形式的开发《中国好声音》节目的相关知识产权(包括附表 A 中列举的注册商标、节目名称和其他标识),用于制作、推广、播放和销售《中国好声音》节目第5至第8季,并有权利许可他人进行上述使用",并确认浙江唐德公司有权以自己名义对

---

① 申耘宇,向萌朦.论电视节目模式的著作权保护[J].中国出版,2012(8):69.

他人侵犯《中国好声音》节目相关知识产权的行为提起诉讼。

2016年6月7日,唐德公司向北京知识产权法院提出诉前保全申请。北京知识产权法院依法组成合议庭组织了听证会,并于6月20日作出(2016)京73行保1号民事裁定书(以下简称"原裁定"),责令灿星公司立即停止在歌唱比赛选秀节目中的宣传、推广、海选、广告招商、节目制作过程中,使用包含"中国好声音""The Voice of China"字样的节目名称及相关注册商标;世纪丽亮公司立即停止在歌唱比赛选秀节目的宣传、推广、海选、广告招商过程中使用包含"中国好声音"字样的节目名称。

灿星公司、世纪丽亮公司不服上述裁定,分别于2016年6月22日、6月24日向北京知识产权法院提出复议申请,要求撤销原裁定,或撤销原裁定中关于停止使用包含"中国好声音"字样的节目名称的保全措施。

因与星空华文公司、梦响强音公司等发生合同纠纷,Talpa公司向香港高等法院申请禁令。2016年1月22日,香港高等法院作出临时禁令,要求星空华文公司和梦响强音公司等在没有明示许可或者Talpa公司同意的情况下,不得利用、注册、使用或者复制或者允许他人利用、注册、使用或者复制与Talpa公司知识产权产生混淆性相同的任何部分、元素、组成成分(包括但不限于,"the Voice of China"的节目模式)、节目名称(包括"The Voice""The Voice of …""ZHONG GUO HAO SHENG YIN""中国好声音"和"中國好聲音")、原始节目标识、当地节目标识。2月5日,Talpa公司因与星空华文公司和梦响强音公司发生合同争议,向香港国际仲裁中心提出仲裁申请;2016年6月22日,香港国际仲裁中心作出《关于权利宣告救济的部分最终裁决和关于临时措施的裁决》(即香港仲裁庭裁决),宣告裁定:Talpa公司对于"当地节目名称",即"The Voice of China"- Zhong Guo Hao Sheng Yin,享有独占的、基于合同的权利,以及《模式许可协议》第23条所定义的"知识产权"包括但不限于当地标识、原标识、名为"The Voice of China"的微信账号、微博账号、The Voice手机应用以及相关网站域名等;并据此采取了临时措施。上述香港仲裁庭裁决考虑到需要结合相关事实背景及明确法律适用,并未对合同项下的"当地节目名称"是否包括"中国好声音"中文节目名称进行确认,亦未对该项内容采取临时措施。

2016年6月25日,案外人浙江卫视向北京知识产权法院出具《关于"中国好声音"节目名称合法权益的声明》,称"中国好声音"节目名称由浙江卫视独立自主创意、创作完成,并沿用至今,拥有"中国好声音"的合法权益。

2016年6月29日,针对复议申请,北京知识产权法院进行了公开听证。双方法定代表人、委托代理人均参加听证,并围绕复议申请理由进行了充分辩论。听证后,合议庭认为本案属于疑难、复杂、重大案件,经主管院长决定,提交审判委员会讨论决定。审判委员会到会委员依法对复议申请人的主张、被申请人的答辩意见及相关证据材料进行了书面审查、讨论,并形成决议。7月4日,北京知识产权法院就灿星公司等提出的复议申请,针对本案的程序问题、唐德公司是否具有主张"中国好声音"节目名称权益的基础以及是否具有胜诉可能性、本案是否具有紧迫性、是否符合损害平衡性、是否损害社会公共利益、担保金额及形式是否适当以及本案是否可以适用反担保解除保全等复议理由,依法作出复议裁定,驳回了灿星公司、世纪丽亮公司提出的复议请求,并向双方当事人进行了送达。①

[简评]这是电视节目模式权利人运用诉前保全措施维护自身权益的典型案例。我国《民事诉讼法》第101条规定:利害关系人因情况紧急,不立即申请保全将会使其合法权益受到难以弥补的损害的,可以在提起诉讼或者申请仲裁前向被保全财产所在地、被申请人住所地或者对案件有管辖权的人民法院申请采取保全措施。申请人应当提供担保,不提供担保的,裁定驳回申请。人民法院接受申请后,必须在48小时内作出裁定;裁定采取保全措施的,应当立即开始执行。可见,诉前保全属于程序上的临时救济措施,不是案件的实体权利审理。本案中,法院根据现有证据,判断《中国好声音》这一节目最初来源于Talpa公司关于相关节目模式的授权,即"中国好声音"这一节目名称指向一种具有特定模式的节目,且该节目名称权益的产生来源于Talpa公司的经营行为。浙江唐德公司基于与Talpa公司有关"中国好声音"的授权协议,获得了Talpa公司关于包括有关注册商标、"中国好声音"中文节目名称等在内的多项权利或权益的独占且唯一的授权,具有相关权利或权益基础,法院支持了唐德公司的诉前保全申请。诉前保全是著作权人维护自身合法权益的一项程序性救济措施。

第六节 广播电视广告播放规范

1941年的7月1日,世界上第一条电视商业广告在美国全国广播公司播出,是关于Bulova牌的手表广告。中华人民共和国成立初期,广播电台也播放广告,但在"文革"期间停止了。1979年1月28日,上海电视台播出了"参桂养容酒"广告片,开始了中华人民共和国电视广告的历史;3月5日,上海人民广播电台在全国广播电台中第一个恢复了广告业务;9月30日,中央电视台播出第一条广告;1980年元旦,中央人民广播电台播出第一条广告。广告是广播电视创收的重要手段,是声屏荧屏的重要内容。

一、境外广播电视广告播放规范

各国对广播电视广告播出制定了严格的规范,有广告法、广播法、药品法等法律规

---

① 赵春艳,石月炜.北京知识产权法院复议裁定停用"中国好声音"名称[N].民主与法制时报,2016-7-20.

定,还有广告守则等行业自律规范。美国、英国、法国、加拿大、澳大利亚、韩国、挪威等许多国家都设有专门的机构对广播电视广告进行审查,对所有媒体的广告活动进行监督管理。美国是世界上广告业最发达的国家,对广告的监管很严格,早在1911年就颁布了印刷物广告法案,这是世界上最早的广告法规。1914年,美国通过了联邦贸易委员会法,规定联邦贸易委员会享有监管广告、制止不正当竞争、保护消费者等权力,是美国最具权威性的综合广告管理部门。美国联邦通讯委员会有权管理广播电视广告的数量及播出时间,有权对广播电视广告进行审查。美国食品药物管理局有权对食品药物广告进行监管。

德国的广播电视州际协议对广播电视广告播放做了详细规定:(1)广告内容和标志规则:广告不应鼓励有损消费者健康、安全或危害环境保护的行为,不应损害消费者和青少年的权益;广告应有明显标志,应与其他节目明显分开,禁止隐性广告;广告主无权对其他节目内容和编排施加影响;禁止新闻报道或时事评论人员在广告中出现。(2)赞助规则:受到赞助的节目应当在开始或结束时简明地标出赞助者(姓名或公司标志);赞助者无权对受赞助的节目内容和播出施加影响;受到赞助的节目不得促销赞助者的产品或服务,不得插播赞助者的广告;法律规定禁止做广告的产品或服务提供者无权赞助节目;禁止赞助新闻和时事节目。(3)对公营广播电视机构的广告规定:德国公共广播联盟第1套电视节目和德国第2电视台播出广告的时间每天不得超过20分钟,每天20时以后及节假日不得播出广告;电视广告应在单个节目之间以版块形式插播,45分钟以上的节目可插播一次广告;转播有休息时间的体育节目,只能在休息时插播广告;宗教祈祷节目和儿童节目中禁止插播广告;在1小时之内的广告版块不得超过20%;禁止播出电视购物内容。(4)对民营广播电视机构的广告规定:电视广告应在单个节目之间以版块形式插播;播出超过45分钟的电影片、电视片,在45分钟内插播广告不得超过1次;播出由相互独立部分组成的电视节目或有休息时间的体育、演出节目,可在各部分之间或在休息时间内插播广告;在其他电视节目中,广告插播之间的间隔时间应保持在20分钟以上;不超过30分钟的新闻、时事、宗教节目,不得插播广告;宗教祈祷节目和儿童节目中不得插播广告;电视购物每天播出不得超过1次;每天的广告播出时间不得超过全天播出总时间的20%。[①]

韩国广播法和韩国广播法实施令对广播电视广告播出原则、广告时间、广告插播等进行了规定,2000年,韩国广播委员会颁布了关于广告播出的审议规则,详细规定了广播电视广告的总体标准、分类项目标准、禁止限制标准、审议程序等。(1)广告时间规定:地面广播电视播出广告的时间不得超过总播出时间的10%,有线、卫星广播电视播出广告的时间平均每小时不应超过10分钟,最长不应超过12分钟。(2)广告插播规定:地面广播电视播出广告不得破坏节目的完整性。在节目之间播放广告,地面广播每小时不得超

[①] 国家广播电影电视总局法规司.广播电影电视总局法规汇编[G].北京:中国广播电视出版社,2001:670-678.

过4次,每次不得超过1分20秒和4个广告;地面电视每小时不得超过2次,每次不得超过1分30秒和4个广告。有线和卫星广播电视节目中插播广告,45分钟~60分钟可插播1次,60分钟~90分钟可插播2次,90分钟~120分可插播3次,120分钟以上可插播4次,每次不超1分钟和3个广告;在节目之间播放广告,每小时不得超过2次,每次不得超过1分40秒和5个广告。(3)禁止广告的产品和服务:特定酒类设施,秘密调查或私家侦探,结婚经纪人或约会服务,与迷信或预言有关的内容,武器、炸药或不易分清的仿制品,赌博或类似投机活动,与烟草和吸烟有关的广告,含有淫秽内容的出版物、影视产品、公开表演、音视频信息以及电讯系统传送的此类文字信息,未经批准登记的金融业务,按摩院,请求捐赠钱物的广告,职业经纪人,酒精含量超过17%的酒类,殡仪馆或墓地的电视广告,饮用泉水的电视广告。①

二、我国广播电视广告播放规范

我国广告管理法规文件有很多,如《广告法》《广告管理条例》《广播电视广告播出管理办法》《医疗广告管理办法》《广告语言文字管理暂行规定》《食品广告发布暂行规定》《酒类广告管理办法》《药品广告审查办法》《农药广告审查办法》《医疗器械广告审查办法》《房地产广告发布规定》《公益广告促进和管理暂行办法》等。对广播电视播放广告主要规范有:(1)广告时间规定:广播电视播出机构每套节目每小时商业广告播出时长不得超过12分钟,其中,广播电台在11:00至13:00之间、电视台在19:00至21:00之间,商业广告播出总时长不得超过18分钟;每套节目每日公益广告播出时长不得少于商业广告时长的3%,其中,广播电台在11:00至13:00之间、电视台在19:00至21:00之间,公益广告播出数量不得少于4条(次)。(2)广告插播规定:播放广播电视广告不得影响广播电视节目的完整性,除在节目自然段的间歇外,不得随意插播广告;播出电视剧时,不得在每集(以四十五分钟计)中间以任何形式插播广告。播出电影时,插播广告参照前款规定执行。(3)广告禁止规定:广播电视广告禁止含有下列内容:反对宪法确定的基本原则的;危害国家统一、主权和领土完整,危害国家安全,或者损害国家荣誉和利益的;煽动民族仇恨、民族歧视,侵害民族风俗习惯,伤害民族感情,破坏民族团结,违反宗教政策的;扰乱社会秩序,破坏社会稳定的;宣扬邪教、淫秽、赌博、暴力、迷信,危害社会公德或者民族优秀文化传统的;侮辱、歧视或者诽谤他人,侵害他人合法权益的;诱使未成年人产生不良行为或者不良价值观,危害其身心健康的;使用绝对化语言,欺骗、误导公众,故意使用错别字或者篡改成语的;商业广告中使用、变相使用中华人民共和国国旗、国徽、国歌,使用、变相使用国家领导人、领袖人物的名义、形象、声音、名言、字体或者国家机关和国家机关工作人员的名义、形象的;药品、医疗器械、医疗和健康资讯类广告中含有宣传治愈率、有效率,或者以医生、专家、患者、公众人物等形象做疗效证明的;法律、行政法

---

① 魏佳译.韩国广播电视委员会关于广告播出的审议规则[J].世界广播电视参考,2004(5):55-63.

规和国家有关规定禁止的其他内容。此外,禁止播出下列广播电视广告:以新闻报道形式发布的广告,烟草制品广告,处方药品广告,治疗恶性肿瘤、肝病、性病或者提高性功能的药品、食品、医疗器械、医疗广告,姓名解析、运程分析、缘分测试、交友聊天等声讯服务广告,出现"母乳代用品"用语的乳制品广告,法律、行政法规和国家有关规定禁止播出的其他广告。(4)广告区分规定:广播电视广告应当与其他广播电视节目有明显区分,不得以新闻报道形式播放或变相播放广告,时政新闻节目及时政新闻类栏目不得以企业或产品名称冠名,电视台播放广告时不得隐匿本台(频道)标志。(5)特殊时段广告规定:播放广播电视广告应当尊重大众生活习惯,不得在6:30至7:30、11:30至12:30以及18:30至20:00之间人们用餐时播放容易引起受众反感的广告,如治疗痔疮、脚气、妇科、生殖泌尿系统等疾病的药品、医疗器械、医疗和妇女卫生用品广告。(6)广告转播规定:转播、传输广播电视节目时,必须保证被转播、传输节目的完整性。不得替换、遮盖所转播、传输节目中的广告,不得以游动字幕、叠加字幕、挂角广告等任何形式插播自行组织的广告。(7)广告审查规定:播出机构从事广告经营活动应当取得合法资质,非广告经营部门不得从事广播电视广告经营活动,记者不得借采访名义承揽广告业务;应当建立广告经营、审查、播出管理制度,负责对所播出的广告进行审查;药品、医疗器械、医疗、食品、化妆品、农药、兽药、金融理财等须经有关行政部门审批的商业广告,播出机构在播出前应当严格审验其依法批准的文件、材料;不得播出未经审批、材料不全或者与审批通过的内容不一致的商业广告。

思考题

1. 如何理解广播电视节目的分类标准、分时分级制度?
2. 知识产权保护制度如何激发广播电视节目创新?

第七章 广播电视传播网络制度

> **内容提要：**
> 广播电视传播网络制度，主要介绍广播电视网络安全、地面无线网络、有线网络、卫星网络、三网融合、用户服务等内容，力求让读者全面把握广播电视网络的法律关系，进一步理解维护网络安全、保障用户权益的重要意义。

广播电视传播网络是广播电台、电视台节目进入千家万户的传播载体和桥梁纽带，一般包括地面无线广播电视网、有线广播电视网、卫星广播电视网以及互联网等信息网络。我国《广播电视管理条例》规定：广播电视传输覆盖网，由广播电视发射台转播台、广播电视卫星、卫星上行站、卫星收转站、微波站、监测台（站）及有线广播电视传输覆盖网等构成。按照国家统计局《关于印发〈文化及相干产业分类〉的通知》规定，广播电视服务主要由广电台、电视台承担，广播电视传输服务主要由无线、卫星、有线传播网络机构承担。

第一节 广播电视传播网络安全规范

广播电视网络安全直接关系到广播电视节目的安全播出和安全传输，直接关系到广大听众观众接收广播电视的质量和效果。广播电视安全主要包括两个方面：一是设施安全，二是信号安全。

一、广播电视设施安全制度

广播电视设施是从事广播电视活动的物质基础，设施的质量与安全直接影响广播电视播出安全和传输接收质量。保证广播电视设施的质量和安全主要有三项制度：一是工程建设许可和验收制度，二是设备器材入网认定制度，三是设施保护制度。

一些国家和地区法律对广播电视设施建设规定了许可验收和保护制度。比如日本电波法规定：主管机关对无线电台申请人进行审查，认为符合规定的条件，可预先批准申请人创建无线电台，并对工程竣工期限、无线电波调制方式及频率、呼叫信号、天线功率、许用时间等进行了规定,如果变更工程设计,须事先报请主管机关核准。工程竣工,须向主管机关提出竣工报告,并申请检查无线电设备、无线电从业人员的资格及其人数等。主管机关检查合格后予以批准使用。[①] 日本有线电视法规定:凡是有意安装有线电视设施并通过设施提供有线电视服务的,应当报经主管机关审查批准。经批准后,申请人应当在规定的期限内安装完毕,并向主管机关申报。[②] 日本电波法规定:为了防止无线电波传输出现障碍,主管机关可以在必要的范围内为无线广播电视台设置传输障碍防止区,并规定了具体条件。同时,还规定破坏无线广播电视台的无线电设备或故意使无线电设备发生故障,处以5年以下有期徒刑、50万日元以下罚金。韩国广播法规定:综合性有线广播电视业务运营商、有线转播广播电视业务运营商、有线音乐广播电视业务运营商应在规定的日期前按照技术标准安装有线广播电视设施,并由信息通信部进行安全检查。我国《广播电视管理条例》规定:设立广播电视发射台、转播台、监测台、卫星上行站、有线广播电视网,应当按照规定报批,工程竣工后,由广播电视行政部门组织验收,验收合格的,方可投入使用。

为了保证进入广播电视网络的设备质量,我国对广播电视设备器材实行入网认定制度。按照《广播电视设备器材入网认定管理办法》的规定,国家对拟进入广播电台、电视台、广播电视传输覆盖网以及监测监控网的有关设备实行入网认定准入制度,以保证设备质量和运行安全。广播电台、电视台、广播电视传输覆盖网以及监测监控网运营单位不得使用未获得国家广电总局颁发的有效入网认定证书的广播电视设备器材。下列设备器材应当进行入网认定:(1)有线电视系统前端设备器材,(2)有线电视干线传输设备器材,(3)用户分配网络设备器材,(4)广播电视中心节目制作播出设备器材,(5)广播电视信号无线发射与传输设备器材,(6)广播电视信号加解扰、加解密设备器材,(7)卫星广播电视设备器材,(8)广播电视专用电源产品,(9)广播电视监测监控设备器材,(10)法律法规规定的其他设备器材。

我国对广播电视设施安全实行特殊保护制度。《广播电视管理条例》规定:任何单位和个人不得冲击广播电台、电视台,不得损坏广播电台、电视台的设施,不得危害其安全播出;禁止任何单位和个人侵占、哄抢或以其他方式破坏广播电视传输覆盖网的设施,任何单位和个人不得侵占、干扰广播电视专用频率,不得擅自截传、干扰、解扰广播电视信号。《广播电视设施保护条例》作了更加详细的规定:一是规定了该条例的适用范围,即我国境内依法设立的广播电视台、站和广播电视传输网的有关设施受该条例保护,广播电视传输网有关设施包括广播电视信号发射设施、专用传输设施和监测设施。二是对危及广播电视设施安全、危及广播电视信号发射设施安全、危及广播电视专用传输设施安全、危及广播电视监测设施安全的各种行为分别作了禁止性规定。三是对新建、扩建广

---

① 广播电影电视部政策研究室.各国广播电影电视法规选辑[G].北京:中国广播电视出版社,1988:439-441.
② 陈晓宁.广播电视新媒体政策法规研究[M].北京:中国法制出版社,2001:204-211.

播电视设施作了义务性规定。新建、扩建广播电视设施,应当遵守城乡建设总体规划,按照国家有关规定选址,避开各种干扰源;广播电视信号发射设施建设,应当符合国家有关电磁波防护和卫生标准;在已有发射设施的场强区内,兴建机关、工厂、学校、商店、居民住宅等设施的,应当遵守本条例的规定,应当符合国家有关电磁波防护和卫生标准。四是对可能危及广播电视设施安全的行为进行了规范。比如,规定在天线、馈线周围500米范围外进行烧荒等活动,可能危及广播电视设施安全的,应当事先通知广播电视设施管理单位,并采取有效防范措施后方可进行。五是对广播电视设施的专用供电、供水、通信等进行了规定,要求有关部门或单位应当予以保障,对重要的广播电视设施配备备用电源、水源等设施。六是对各种危及广播电视设施安全的行为规定了处罚措施。此外,我国《刑法》第124条第一款规定:破坏广播电视设施、公用电信设施,危害公共安全的,处3年以上7年以下有期徒刑;造成严重后果的,处7年以上有期徒刑。《治安管理处罚法》第33条规定:盗窃、损毁广播电视设施的,处10日以上15日以下拘留。

二、广播电视信号安全制度

广播电视信号是广播电视节目内容的物质表现形式,包括电信号、数字信号等。广播电视信号安全关系到广播电视运营者的合法权益和广大听众观众的视听权益。国际电信联盟组织法第45条第一款规定:所有电台,不论其用途如何,在建立和使用时均不得对其他会员,或对经认可的业务经营机构,或对其他经正式核准开办无线电业务并按照无线电规则操作的业务经营机构的无线电业务或通信造成有害干扰。我国《无线电管理条例》规定:依法设置、使用的无线电台(站)受到有害干扰的,可以向无线电管理机构投诉。受理投诉的无线电管理机构应当及时处理,并将处理情况告知投诉人。处理无线电频率相互有害干扰,应当遵循频带外让频带内、次要业务让主要业务、后用让先用、无规划让有规划的原则。无线电管理机构可以要求产生有害干扰的无线电台(站)采取维修无线电发射设备、校准发射频率或者降低功率等措施消除有害干扰;无法消除有害干扰的,可以责令产生有害干扰的无线电台(站)暂停发射。对非法的无线电发射活动,无线电管理机构可以暂扣无线电发射设备或者查封无线电台(站),必要时可以采取技术性阻断措施;无线电管理机构在无线电监测、检查工作中发现涉嫌违法犯罪活动的,应当及时通报公安机关并配合调查处理。

一些国家和地区法律对广播电视信号安全作了如下规定:一是禁止有害干扰,对违反者予以处罚;二是禁止擅自拦截、接收,对违反者予以处罚。比如美国联邦通讯法第333条规定:任何人不得故意干扰或恶意干扰依法获得执照或授权的电台的无线电通讯业务。第303条规定:无线电台经营者发射多余的无线电讯号或发射包含有亵渎、淫秽语言的讯息,或者故意发射虚假欺骗性的讯号,或者故意发射有关当局未指定他所经营的电台使用的呼号或字母,或者蓄意或恶意干扰其他无线电讯号,美国联邦通讯委员会有权吊销其无线电台执照。第663条规定:任何自然人或法人不得拦截、接收或协助拦截、接收有线电视系统的信号传输服务,除非获得有线电视系运营商的同意或法律的特别授权;故意违反者,将被罚款1,000美元以下、监禁6个月以下,或者两罚并处;为了经济利益和私人利益,故意违反者,对于初犯,罚款5万美元以下、监禁2年以下,或者两罚并处;对于重犯,罚款10万美元以下、监禁5年以下,或者两罚并处。[1] 俄罗斯大众传媒法第60条规定:对制造人工干扰,阻止广播电视节目的可靠接收等违法行为,应追究刑事、行政、纪律或其他法律规定的责任。

我国法律禁止非法干扰广播电视信号。我国《广播电视管理条例》规定:任何单位和个人不得侵占、干扰广播电视专用频率,不得擅自截传、干扰、解扰广播电视信号。对违反者,由广播电视行政部门责令停止违法活动,给予警告,没收违法所得和从事违法活动的专用工具、设备,可以并处2万元以下的罚款;情节严重的,由原批准机关吊销许可证。《无线电管理条例》规定:违反本条例规定,使用无线电发射设备、辐射无线电波的非无线电设备干扰无线电业务正常进行的,由无线电管理机构责令改正,拒不改正的,没收产生有害干扰的设备,并处5万元以上20万元以下的罚款,吊销无线电台执照。《刑法》第288条规定:违反国家规定,擅自设置、使用无线电台(站),或者擅自使用无线电频率,干扰无线电通讯秩序,情节严重的,处3年以下有期徒刑、拘役或者管制,并处或者单处罚金;情节特别严重的,处3年以上7年以下有期徒刑,并处罚金。单位犯前款罪的,对单位判处罚金,并对其直接负责的主管人员和其他直接责任人员,依照前款的规定处罚。

我国广播电视信号多次受到敌对势力的攻击破坏,为此,我国加强了对广播电视信号安全的技术防范,建设了卫星、有线、无线广播电视监测网,建立了广播电视信号安全预警制度,建立了安全播出调度指挥系统。同时制定了《广播电视安全播出管理规定》,提出广播电视安全播出实行分类分级保障制度,建立健全技术维护和运行管理机构,合理配备工作岗位和人员,加强日常管理、重要保障期管理、应急管理、监督管理,确保广播电视播出不间断、高质量、经济、安全。

第二节　地面无线广播电视网

无线电波是广播电视传输覆盖的最初手段,也是广播电视传输覆盖的基本方式。无线电波是指在自由空间(包括空气和真空)传播的射频频段的电磁波。波长不同的电磁波具有不同的传播特性,通常有三种传播方式:地波、天波和沿直线传播的波。无线电频谱是一种重要而有限的自然资源,各国按照各频段的不同特性加以有效利用。

一、无线电频谱分配和频率指配制度

无线电波除了用于广播电视传播外,还广泛用于通信、导航、雷达、遥感遥测、数据传

---

[1] 陈晓宁.广播电视新媒体政策法规研究[M].北京:中国法制出版社,2001:180.

输等业务。对无线电波的频段和波段的划分大致如表 7-1：①

表 7-1　　　　　　　　　　　无线电波频段和波段

段号	频段名称	频率范围	波段名称		波长范围
1	极低频(ELF)	<30 赫	极长波		>10 兆米
2	超低频(SLF)	30～300 赫	超长波		10～1 兆米
3	特低频(ULF)	300～3000 赫	特长波		1000～100 千米
4	甚低频(VLF)	3～30 千赫	甚长波		100～10 千米
5	低频(LF)	30～300 千赫	长波		10～1 千米
6	中频(MF)	300～3000 千赫	中波		1000～100 米
7	高频(HF)	3～30 兆赫	短波		100～10 米
8	甚高频(VHF)	30～300 兆赫	米波		10～1 米
9	特高频(UHF)	300～3000 兆赫	分米波	微波	10～1 分米
10	超高频(SHF)	3～30 吉赫	厘米波		10～1 厘米
11	极高频(EHF)	30～300 吉赫	毫米波		10～1 毫米
12		300～3000 吉赫	亚毫米波		1～0.1 毫米

各国对中波广播、短波广播、调频广播、电视广播的频率范围划分不尽相同，欧洲有些国家还采用了长波广播。我国国家无线电管理委员会发布的《关于委托广播电影电视部行使有关无线电管理职权的通知》(国无管〔1996〕8 号)对广播电视业务划定了专用频率。广播电视业务专用频率划分如表 7-2：②

表 7-2　　　　　　　　　　　广播电视业务专用频率

名称	频率范围
中波广播(单位：KHz)	535～1606.5 千赫
短波广播(单位：MHz)	5.95～6.2 兆赫 7.1～7.3 兆赫 9.5～9.9 兆赫 11.65～12.05 兆赫 13.6～13.8 兆赫 15.1～15.6 兆赫 17.55～17.9 兆赫 21.45～21.85 兆赫 25.67～26.1 兆赫
调频广播(单位：MHz)	87～108 兆赫

---

① 何晶莹.广播电影电视的技术奥秘[M].济南：山东画报出版社，2001：368.
② 国家广播电影电视总局法规司.广播电影电视法规汇编[G].北京：中国广播电视出版社，2001：196-197.

续表

名称	频率范围
电　视（单位：MHz）	48.5～72.5 兆赫 76～87 兆赫 167～223 兆赫 470～566 兆赫 606～798 兆赫 （共计 48 个频道）

从全球范围来看，由于各国经济文化、法律制度不尽相同，无线广播电视业务发展状况和市场开放程度也不尽相同，因此，各国采取的无线电频率的分配方式也各有差异，主要有行政指配、评审、拍卖、招标等多种方式。我国广播电视专用频率的分配方式是行政指配。我国广播电视专用频率没有对社会民间机构开放，法律禁止个人投资设立广播电视发射台、转播台、卫星上行站。我国《物权法》第 50 条规定：无线电频谱资源属于国家所有。《无线电管理条例》规定：无线电频谱资源属国家所有，国家对无线电频谱实行统一规划、合理开发、科学管理、有偿使用的原则；无线电管理工作在国务院、中央军事委员会的统一领导下分工管理、分级负责，贯彻科学管理、保护资源、保障安全、促进发展的方针。《广播电视管理条例》规定：设立广播电视发射台、转播台、微波站、卫星上行站，应当按照国家有关规定，持国务院广播电视行政部门核发的频率专用指配证明，向国家的或者省、自治区、直辖市的无线电管理机构办理审批手续，领取无线电台执照。我国广播电台、电视台、广播电视发射台、转播台主要由中央、省、市地、县四级政府开办，广播电视频率主要指配给这些广播电视机构使用。

《广播电视无线传输覆盖网管理办法》规定：下列业务，由申请单位向所在地县级以上广播电视行政部门提出书面申请，经逐级审核后，报国家广电总局审批，领取《广播电视节目传送业务经营许可证（无线）》：(1)中、短波广播，(2)调频、电视广播(使用发射机标称功率 50 瓦以上发射设备)，(3)调频同步广播，(4)地面数字声音广播和电视广播，(5)多工广播，(6)利用微波传输广播电视节目且覆盖区域涉及两个(含)省(自治区、直辖市)以上的。取得《广播电视节目传输业务许可证（无线）》的单位，如需申请使用广播电视频率，应向所在地县级以上广播电视行政部门提出书面申请，经逐级审核后，报省级广播电视行政部门审批，领取《广播电视频率使用许可证（乙类）》，或按规定报广电总局审批，领取《广播电视频率使用许可证（甲类）》。获得《广播电视频率使用许可证》的单位，如需设置无线电台，应向国家或者省级无线电管理机构办理电台执照。持有《广播电视节目传送业务经营许可证（无线）》《广播电视频率使用许可证》的单位，如需购买无线广播电视发射设备，应当向核发其《广播电视频率使用许可证》的机关申领《无线广播电视发射设备订购证明》。无线传输覆盖网中使用的发射设备必须具有国家无线电发射设备型号核准证和广播电视设备器材入网认定证书。无线广播电视发射设备安装完毕后，设置该发射设备的单位须在 20 日内向核发其订购证明的广播电视行政部门提出验收申请,由相应的广播电视行政部门或其委托的机构负责组织验收。验收合格后,发射设备方可投入正式运行。我国广播电视无线传输覆盖业务管理环节较多,要求很严格。

二、无线转播制度

广播电视发射台、转播台是利用无线电波将广播电视节目传入千家万户的传输发射机构。广播电视传输发射机构最初从属于广播电台、电视台,随着社会分工日益专业化,传输发射机构从广播电台、电视台中剥离了出来,成为了独立的自主经营实体。比如,1997年,英国组建了皇冠城堡传送公司,吸纳了英国广播公司的国内传送部,目前该公司在英拥有约2,500个发射台,约14,500个独立移动通信基站,不仅为英国广播公司等广播机构提供传输服务,还为英国移动通信公司提供传输服务,是英国数字电视地面传输的主要承载商。其收入来源于广播电视机构和通信公司交纳的传输费用。

长期以来,我国广播电视无线转播实行的是无偿转播政策,即下级广播电视发射台、转播台必须无偿转播上级广播电视节目。目前,我国有广播电视发射台、转播台6万多座,分别隶属于中央、省、市地、县四级广电行政部门或广播电视台。1983年,《中共中央关于批转广播电视部党组〈关于广播电视工作的汇报提纲〉的通知》(中央37号文件)规定:市、县可以办广播电台、电视台,主要是转播中央、省的广播电视节目,有条件的也可以在中央或省办节目中插播当地的节目,共同覆盖该市、县。1993年,《中宣部、广电部关于地方广播电台、电视台必须完整转播中央人民广播电台、中央电视台节目的通知》(广发办字〔1993〕836号)规定:各级广播电台、电视台、转播台、电视差转台以及有线广播电视台(站)必须以专用频道完整转播中央人民广播电台、中央电视台的第一套节目;有条件的,还应转播中央台的其他节目;在转播中央台节目时,不得插播自办节目和广告。1997年,《广播电视管理条例》规定:广播电视发射台、转播台应当按照国务院广播电视行政部门的有关规定发射、转播广播电视节目;广播电视发射台、转播台经核准使用的频率、频段不得出租、转让,已经批准的各项技术参数不得擅自变更;广播电视发射台、转播台不得擅自播放自办节目和插播广告。

由于无线转播只有投入,没有收入,各地转播中央台、省台节目的积极性不高。为此,国家广电总局积极向财政部争取调整了无偿转播政策,由中央财政对转播中央广播电视节目的发射台进行补助。2006年,国办《关于进一步做好新时期广播电视村村通工作的通知》(国办发〔2006〕79号)将广大农村地区无线覆盖纳入广播电视村村通工作范围,对无线转播的节目套数、资金投入和用电政策作了详细规定:(1)充分发挥各地现有广播电视无线发射转播台(站)的作用,通过加快设备更新改造、增加转播节目套数、加强运行维护,大力提高农村地区的广播电视无线覆盖水平,使广大农民群众能够无偿收听收看到包括中央第一套广播节目、中央第一套和第七套电视节目,以及本省第一套广播电视节目的4套以上的无线广播节目和电视节目。(2)省、市、县级政府分别负责解决转播本级广播电视节目的无线发射转播台(站)的机房和设备的更新改造资金以及运行维护经费,中央政府对全国县及县以上转播中央第一套广播节目、中央第一套和第七套电视节目的大中功率无线发射设备的更新改造和运行维护给予一定经费补助。(3)对用于覆盖农村地区的广播电视节目发射台(站)、转播台(站)和监测台(站)的用电,执行国家规定的非普工业类电价标准,不执行峰谷分时电价政策。2016年,国办《关于加快推进广播电视村村通向户户通升级工作的通知》(国办发〔2016〕20号)规定:(1)按照国家基本公共文化服务指导标准(2015~2020年),确保通过无线(数字)提供不少于15套电视节目和不少于15套广播节目,通过无线(模拟)提供不少于5套电视节目和不少于6套广播节目。(2)按照广播电视工程建设标准和相关技术标准,加快推进县级及以上无线发射台(转播台、监测台、卫星地球站)等基础设施建设,满足广播电视安全播出和监测监管需要。(3)按照分级负责原则,中央和地方各级人民政府分别负责本级无线发射台(站)、转播台(站)、监测台(站)等广播电视公共设施和机构的建设改造和运行维护资金,中央财政通过现有渠道安排转移支付资金,对地方按有关规定转播中央广播电视节目予以适当补助,支持地方统筹推进包括广播电视户户通在内的公共文化服务体系建设。

三、无线电电磁环境保护制度

电磁辐射污染被联合国人类环境大会列为必须控制的主要污染之一。电磁辐射污染源无处不在,有广播电视发射塔(台)、雷达站、通信发射台、变电站,高压电线,还有电脑、手机、微波炉、电磁灶等。1988年,我国制定了《环境电波卫生标准》国家标准,以电磁波辐射强度及其频段特性对人体可能引起潜在性不良影响的阈下值为界,将环境电磁波容许辐射强度标准分为二级:一级标准为安全区,指在该环境电磁波强度下长期居住、工作、生活的一切人群(包括婴儿、孕妇和老弱病残者),均不会受到任何有害影响的区域;新建、改建或扩建电台、电视台和雷达站等发射天线,在其居民覆盖区内,必须符合一级标准的要求。二级标准为中间区,指在该环境电磁波强度下长期居住、工作和生活的一切人群(包括婴儿、孕妇和老弱病残者)可能引起潜在性不良反应的区域;在此区内可建造工厂和机关,但不许建造居民住宅、学校、医院和疗养院等,已建造的必须采取适当的防护措施。超过二级标准地区,对人体可带来有害影响;在此区内可作绿化或种植农作物,但禁止建造居民住宅及人群经常活动的一切公共设施,如机关、工厂、商店和影剧院等;在此区域已有的建筑,则应采取措施,或应限制辐射时间。1997年,国家环保局发布了《电磁辐射环境保护管理办法》,规定:总功率在200千瓦以上的电视发射塔、总功率在1000千瓦以上的广播台站、跨省级行政区电磁辐射建设项目、国家规定的限额以上电磁辐射建设项目,由国务院环境保护行政主管部门负责下列建设项目环境保护申报登记和环境影响报告书的审批,负责对该类项目执行环境保护设施与主题工程同时设计、同时施工、同时投产使用的情况进行检查并负责该类型项目的竣工验收。该办法对擅自改变环境影响报告书(表)中所批准的电磁辐射设备的功率、造成电磁辐射污染环境事故的违法行为规定了罚款等处罚措施。

第三节 有线广播电视网

为了解决远离电视台的居民接收电视信号困难问题,20世纪40年代在美国出现了共用天线系统,这是有线电视的雏形。有线电视主要分布在人口聚集的城镇和城镇郊区,由于架设有线电视缆线需要占用公共通道,涉及建筑物和住户业主的权益,建设经营有线电视系统须经当地政府许可。随着数字网络技术的快速发展,有线电视网络正向数字化、光纤化、双向化、多功能方向发展,不仅能够提供广播电视传输业务,还能够提供通信、互联网传输业务,有线电视网已成为综合服务信息网络。

一、有线电视频道频率的分配

有线电视系统传输广播电视节目须使用其中的频谱资源,同时其电波泄漏不得超过国家规定的限值,防止与无线电业务相互干扰。有线电视系统的频率范围经历了47兆赫～300兆赫、47兆赫～450兆赫、47兆赫～550兆赫、5兆赫～750兆赫、5兆赫～860兆赫等阶段。为了使每个频道或者节目之间的相互干扰达到最小,充分利用有线电视系统的频谱资源,各国对有线电视系统的频率配置进行了规范,将可使用的频率进行预分配,使各频道或节目在预定的频率工作,有条不紊。我国1999年发布了《有线电视频率配置》国家标准(GB/T17786—1999),对5兆赫～1吉赫双向有线广播电视系统的频率配置作了规定:5兆赫～65兆赫为上行频带,用于上行数据业务。其中,5兆赫～15兆赫,用于网络状态监控、VOD点播、用户密码、节目编号等信息量不大、信噪比要求低的业务;15兆赫～65兆赫,用于数据业务。65兆赫～85兆赫为上行与下行之间的过渡带。87兆赫～1000兆赫为下行频段,用于下行传输业务。其中,87兆赫～108兆赫,用于调频广播传输;111兆赫～1000兆赫,用于模拟电视、数字电视、数据业务传输。2003年国家广电总局制定发布了《有线数字电视频道配置指导性意见》,对有线电视分配网数字化进程中的频道配置、模拟电视与数字电视共存期间的过渡策略以及上行、下行频道的配置意见进行了规定,为实现我国有线电视分配网模拟向数字技术转换提供了有力的技术政策指导。

广播电视频谱资源属于社会公共所有,架设有线电视系统需要占用公共通道等社会共有资源,尽管获得特许经营权的有线电视系统经营者对其有线电视系统拥有所有权,对特许时期内有线电视系统的频道拥有使用权,但是许多国家对有线电视系统经营者在频道使用方面规定了以下义务:一是有线电视系统经营者须提供部分频道容量供公共、教育和政府使用,维护社会公共利益;二是有线电视系统经营者须提供部分频道容量供与该经营者无关的自然人或法人使用,平衡其他个人或机构的权益,为公众提供更加多样化的信息源。比如美国联邦通讯法第 611 条规定:特许权管理机构可以指定供公共、教育和政府使用的频道容量,规定有线电视系统经营者落实供公共、教育、政府使用的服务、设施和设备,有线电视系统经营者不对供公共、教育、政府使用的频道容量的内容进行编辑控制,但可以拒绝传送任何含有淫秽、下流或色情的内容。第 612 条规定:任何拥有 36 个~54 个接入频道的有线电视系统经营者,应指定 10% 的频道供与该经营者无关的自然人或法人使用,这些频道将不再被联邦法律要求用于其他用途;任何拥有 55 个~100 个接入频道的有线电视系统经营者,应指定 15% 的频道供与该经营者无关的自然人或法人使用,这些频道将不再被联邦法律要求用于其他用途;任何拥有 100 个以上接入频道的有线电视系统经营者,应指定 15% 的频道供与该经营者无关的自然人或法人使用。[1]

二、有线电视转播制度

有线电视系统传输的节目主要有三类:第一类是自办节目,第二类是转播节目,第三类是点播节目。有线电视系统转播其他机构开办的节目主要有两种方式:一种是必须转播,另一种是协议转播。

必须转播是法律规定有线电视系统经营者应当履行的义务。一般来说,对于必须转播的节目,有线电视系统经营者不得要求传输费,被转播的电视台不得要求版权费。有线电视系统必须转播的节目内容大致包括三种:一是必须转播当地无线电视台的节目,平衡有线电视系统与当地无线电视台的经济利益;二是必须转播公共电视台的节目,履行公共服务义务;三是必须转播教育电视台的节目,承担社会公共责任。各国对有线电视系统必须转播节目内容的规定不尽相同。比如瑞士广播法规定:有线电视系统经营者至少无偿转播以下节目,(1)该地区内无法通过个人天线收看的瑞士广播电视业者或瑞士参与制作的未加密播出的节目,(2)瑞士广播公司的节目,(3)通过地面传送的、在该地区内可以通过个人天线收看到的未加密播出的外国节目。印度有线电视网络法规定:每个有线电视网经营者应当在黄金频道至少转播两套印度国家电视台的节目和一套地方语言频道,在转播中不得作任何删除改动。韩国广播电视法规定:有线电视运营商应当完整转播韩国广播公司、教育广播公司在当地的节目。美国联邦通讯法第 614 条规定:每个有线电视系统经营者应当传输本地商业电视台的节目信号;如果当地商业电视台的数量超过了规定的最高数量,有线电视系统经营者可以进行选择传输那些商业电视台的节目;如果当地没有足够的全功率商业电视台,有线电视系统还应当传输低功率电视台的节目信号。第 615 条规定:每个有线电视系统经营者应当传输符合规定的非商业教育电视台的节目信号。各有线电视系统经营者履行必须传输义务时不得接受报酬,但是被

---

[1] 陈晓宁.广播电视新媒体政策法规研究[M].北京:中国法制出版社,2001:119-121.

传输的电视台应当支付将高质量信号和视频信号传输到有线电视系统的主前端的有关费用。我国《有线电视管理暂行办法》规定：有线电视台、有线电视站必须完整地直接接收、传送中央电视台和地方电视台的新闻和其他重要节目。1993年，中宣部、广电部联合下发《关于地方广播电台、电视台必须完整转播中央人民广播电台、中央电视台节目的通知》，规定各级广播电台、电视台、转播台、电视差转台以及有线电视台（站）和有线广播台（站）都必须以专用频道完整转播中央人民广播电台、中央电视台的第一套节目，有条件的，还应转播中央台的其他节目。1995年，广电部下发《关于宾馆、饭店必须完整转播国内有关电台、电视台节目的通知》（广发社字〔1995〕467号）规定：宾馆、饭店有线广播电视系统必须安排专用频道完整转播中央电视台、省级电视台和当地电视台的第一套电视节目，转播时不得插播自办节目和广告，同时要积极创造条件完整转播中央人民广播电台、中国国际广播电台、省和当地广播电台第一套节目。《广播电视节目传送业务管理办法》规定：从事有线电视接入服务的持证机构，在模拟电视信号停播前，应当在模拟频道中完整传送国家广电总局规定必须传送的广播电视节目。《城市社区有线电视系统管理暂行办法》规定：当地行政区域性有线广播电视传输覆盖网不能通达的社区，可以申请建立城市社区有线电视系统。城市社区有线电视系统应当完整转播国家广电总局规定必须传送的电视节目。《国务院办公厅转发教育部等部门〈关于进一步做好中国教育电视台第一套节目落地覆盖工作意见〉的通知》（国办发〔2006〕58号）规定：各有线电视网络传输机构应当确保专门频道免费转播中国教育电视台第一套节目，各高校有线电视网要开辟专用频道免费转播中国教育电视台第一套节目。在推动有线电视数字化进程中，为了保证没有机顶盒的用户的基本收视权益，国家广电总局《关于进一步加强和规范有线电视数字化工作的通知》（广发〔2007〕10号）规定，必须保留至少六套模拟频道转播中央、省和当地电视台的主要节目。

协议转播是有线电视系统与节目机构之间基于合同约定而进行的转播。有线电视系统与节目机构之间的转播协议主要包括用户收视费的缴纳方式、收入分成、传输质量要求、版权保护等内容。为了防止有线电视市场的不正当竞争行为，一些国家对有线电视转播协议进行了规范。比如美国联邦通讯法第616条规定：禁止有线电视系统经营者或多频道视频节目服务经营者以获取产权作为在拥有的有线电视系统中传输节目的条件；禁止有线电视系统经营者或多频道视频节目服务经营者强迫节目制销商给予其独家经营权；禁止多频道视频节目服务经营者从事歧视节目制销商的活动，不合理限制非附属的节目制销商的公平竞争地位。对于违反者，美国联邦通讯委员会可提出惩罚措施和纠正办法。日本有线电视法第13条规定：有线电视运营商在未取得无线电视台同意时，不得转播其电视节目，必须转播的情况除外。我国《广播电视有线数字付费频道业务管理暂行办法》规定：付费频道开办机构、集成机构、传输机构和用户接入运营机构（即有线电视系统运营机构）应当根据国家有关规定，对费用结算与分摊、收入与分配等内容订立合同进行约定。这实际上是我国有线电视对付费频道的协议转播制度。

对于有线电视传输规则，主要依据国家新闻出版广电总局制定的部门规章，各地在执行中也存在一些争议。由于有线电视系统的频率资源有限，很难用模拟频道全部转播境内所有的卫视节目，各地有线电视系统一般按照以下原则进行转播：对于国家新闻出版广电总局规定的必须转播的中央电视台、中国教育电视台、省级电视台和当地电视台的主要节目，实行免费完整转播；除此以外的其他省份的卫视节目，则按照"对等落地"的原则进行转播，或者按照合同约定收取一定"落地"费而后进行转播。2011年国家广电总局印发了《有线广播电视运营服务管理暂行规定》（总局令第67号），对有线电视传输服务作了规定：有线广播电视运营服务提供者应当向社会公布所传送的基本收视频道目录。基本收视频道的数量应当符合国务院广播影视行政部门的规定。基本收视频道中应当包括国务院广播影视行政部门要求转播的广播电视节目和县级以上地方人民政府广播影视行政部门要求转播的经国务院广播影视行政部门批准的本地广播电视节目。有线广播电视运营服务提供者在由模拟电视向数字电视整体转换过程中，应当在国务院广播影视行政部门规定的时间内保留一定数量的模拟电视节目供用户选择收看。鼓励有线广播电视运营服务提供者利用有线广播电视传输覆盖网传送广播节目。除下列情况外，有线广播电视运营服务提供者不得更改所传送的基本收视频道：(1)国务院广播影视行政部门依法作出的决定，(2)信号源不符合传送条件或者已停止播出的，(3)与节目提供方的协议有效期满或者节目提供方承担违约责任的，(4)法律、行政法规、规章规定的其他情形。

三、有线电视资费制度

用户收看有线电视，须向有线电视系统经营者交纳一定的收视维护费。对于有线电视收费，英美等发达国家和地区起初主要依靠市场调节，而后采取市场调节与政府管制相结合的方式。比如美国1984年有线通讯法案规定，除非缺少有效竞争，否则禁止任何有线电视费率管理。但是用户对有线电视费率不合理的投诉越来越多，美国国会1992年通过了有线电视消费者保护和竞争法案，要求联邦通讯委员会（FCC）制定管理规则，确保有线电视基本费率适当合理。1996年，美国联邦通讯法第623条对有线电视收费管理进行了规定：(1)只有特许权管理机构依照本条规定可以对有线电视系统向用户提供的有线电视服务或其他通信服务制定收费标准，FCC可以对特许权管理机构的有线电视收费管理进行审查。(2)FCC有义务对有线电视的基本节目层规定收费标准，维护订户的利益。有线电视基本节目层至少包括：一是当地无线商业电视台的节目和非商业教育电视台的节目，二是特许权管理机构要求的公共、教育和政府的节目，三是有线电视系统经营者向用户提供的其他电视台的节目（不包括卫星播出的节目）。(3)FCC有义务对不合理的收费进行管理。(4)有线电视系统经营者应当为同一地区内提供的有线电视服务实行统一的收费结构。(5)有线电视系统经营者不得对有线电视订户和潜在的订户进行价格歧视，但可以为老人订户或其他经济困难的人群实行价格优惠。(6)有线电视系统经营者不得对订户没有明确表示订购的服务或设备进行收费。(7)FCC 有权要求有线电视系统经营者每年向 FCC 或特许管理机构提交落实本条规定所需要的财务信息。(8)FCC 将制定防治规避管理的原则标准和实施程序,并定期修改。(9)FCC 将制定规定,减轻订户在 1,000 户及以下的小规模有线电视系统的收费管理负担。(10)FCC 将于每年公布数据报告,包括有线电视基本服务、其他节目服务、转换器、遥控器以及其他设备的平均收费标准。①

我国有线电视收费大致分为三种类型:一是有线电视基本收视维护费实行政府定价。按照《有线电视基本收视维护费管理暂行办法》(发改价格〔2004〕2787 号)的规定,有线电视基本收视维护费的收费标准由价格主管部门制定。制定和调整有线电视基本收视维护费收费标准,应执行《政府价格决策听证办法》和《政府制定价格行为规则(试行)》等规定举行价格听证会,应充分考虑到当地的经济社会发展总体水平,充分考虑社会各阶层的经济承受能力和心理承受能力,特别要对低收入家庭,给予相应的资费减免优惠政策。比如上海有线数字电视,居民用户每户每月 23 元,企事业单位等用户每端每月最高不超过 23 元,各类学校、医疗机构、养老机构等公益服务性用户每端每月最高不超过 13 元。二是中央电视台加密播出的第三套(综艺频道)、第五套(体育频道)、第六套(电影频道)、第八套(电视剧频道)节目的收视费,由中央电视台与各地有线电视网络公司协商定价。1995 年,国家计委对中央电视台新开办的电影、体育、文艺卫星(有线)电视节目的收费,规定以各有线电视台入网户数为计费基础,每户每月不超过 2 元,少数民族及边远地区每户每月不超过 1 元,由中央电视台与各有线电视台商定具体标准。② 三是有线电视提供的付费节目、视频点播、电视商务等增值业务服务实行市场定价,由经营者与用户协商价格标准,由用户自由选择,自愿订购。

第四节 卫星广播电视网

自 1957 年苏联发射世界上第一颗人造地球卫星以来,通信、广播电视、气象、侦察、导航、遥感、勘测等领域都采用了卫星技术。广播电视节目信号从卫星地球站上行送至通信卫星或直播卫星,通过卫星转发器下行转发到许多地面接收设施,从而形成卫星广播电视网络。卫星广播电视网具有覆盖面大、传输容量大、传输质量和可靠性高、传输环节少、成本较低等优势。卫星广播电视网络监管制度主要包括卫星发射运营许可、卫星地球站许可、卫星接收设施使用许可等内容。

---

① 陈晓宁.广播电视新媒体政策法规研究[M].北京:中国法制出版社,2001:148-158.
② 国家计委价格管理司《关于中央电视台电影、体育、文艺卫星(有线)电视节目收视费标准的通知》(1995 年 4 月 12 日计价司价格函〔1995〕33 号)。

一、卫星网络空间电台和卫星地球站许可制度

由于卫星运行须占用空间段资源,卫星上行、下行信号须使用无线电频谱资源,各国对建立卫星网络进行许可管理。为了鼓励国内航空航天的发展,许多国家实行"天空开放"政策。所谓天空开放一般包括空气空间开放和外层空间开放。按照《国际民用航空公约》(1944年订于芝加哥,我国1974年加入)规定,各国对在其领土上的空气空间(即领空)享有主权,各国可以在互惠和对等的基础上,通过达成协议的方式,相互允许对方国家的民用航空器进入或通过其领土上的空气空间。空气空间开放一般包括对国内航空公司开放天空和对国外航空公司开放天空。按照《外层空间条约》(即《关于各国探索和利用包括月球和其他天体的外层空间活动所应遵守原则的条约》,1966年联合国大会通过,我国1983年加入)的规定,外层空间不得据为己有。一般认为,领空的高度就是空气层的高度,大约离地面35公里,超过地面100公里就算是外层空间(太空)了。许多国家对外层空间采取了有限开放的政策,允许有技术实力和经济实力的民间公司发射通信卫星、直播卫星,开发利用空间段资源,发展广播电视通信等产业,造福于本国人民。日本1979年制定颁布了通信广播卫星组织法,对本国的卫星通信和卫星广播电视进行规范。美国联邦通讯委员会1972年发布了卫星通讯自由化的"天空开放"政策,1982年颁布了适用于直播卫星经营者的临时指导准则,并批准卫星电视公司等8家公司开办卫星直播电视业务。英国1982年批准英国广播公司和独立广播公司开办卫星直播电视。西班牙1992年通过卫星广播法,对本国发射的"西班牙卫星"的使用方式进行了规定。我国台湾地区1999年通过了所谓"卫星广播电视法",对直播卫星服务经营者、卫星节目供应者、境外卫星广播电视在境内落地等进行许可管理。

按照职能分工,在我国建立卫星通信网、设置使用地球站,须经国家或省(区、市)无线电管理机构批准;广播电台、电视台利用卫星传输广播电视节目,经营广播电视节目卫星传送业务须经国家新闻出版广电总局批准。根据《国务院对确需保留的行政审批项目设定行政许可的决定》和《建立卫星通信网和设置使用地球站管理规定》(2009年工业和信息化部令第7号)的规定,建立卫星通信网的,应当具备以下条件:(1)具有法人资格。(2)拟使用的国内空间电台经工业和信息化部批准,并取得无线电台执照。(3)拟使用的国外空间电台已完成与我国相关卫星网络空间电台和地面电台的频率协调,其技术特性符合双方主管部门之间达成的协议的要求。(4)无线电频率的使用符合国家无线电频率划分、规划和有关管理规定。(5)有合理可行的技术方案。(6)有与卫星通信网建设、运营相适应的资金和专业人员。(7)有可利用的、由合法经营者提供的卫星频率资源。(8)法律、行政法规规定的开展有关业务应当具备的其他条件。设置使用下列地球站,应当经工业和信息化部审查批准:(1)中央国家机关及其在京直属单位在北京地区设置使用的地球站。(2)与国外或者港澳台地区通信的地球站。(3)涉及与境外电台协调的地球站。(4)各类空间无线电通信业务的馈线链路地球站、关口站或者测控站。设置使用前

款规定之外的地球站,由地球站所在地的省、自治区、直辖市无线电管理机构审查批准。广播电视卫星地球站竣工后,由广电行政部门组织验收,验收合格后,方可投入使用。

二、卫星接收许可制度

卫星广播电视接收有两种许可制度:一种是民事许可制度,即公民可以通过与卫星运营商签订授权合同,安装卫星接收设施收听收看卫星广播电视节目。绝大多数国家采取民事许可制度,通过合同法、版权法等维护用户和运营商的合法权益,对盗版安装卫星接收设施等违法行为进行打击制裁。另一种是行政许可制度,即公民安装卫星接收设施接收卫星节目,须经行政主管部门批准。新加坡和我国等少数国家采取行政许可制度。

1993年,我国颁布了《卫星电视广播地面接收设施管理规定》(国务院129号令),对卫星地面接收设施的生产、进口、销售、安装和使用实行许可制度,规定:个人不得安装和使用卫星地面接收设施,如有特殊情况,个人确实需要安装和使用卫星地面接收设施并符合国务院广播电影电视行政部门规定的许可条件的,必须向所在单位提出申请,经当地县、市人民政府广播电视行政部门同意后报省、自治区、直辖市人民政府广播电视行政部门审批。1994年,发布的《〈卫星电视广播地面接收设施管理规定〉实施细则》(广电部第11号令)对单位设置卫星接收设施规定了以下条件:(1)有确定的接收方位、接收内容和收视对象范围,(2)有符合国家标准的接收设备,(3)有合格的专职管理人员,(4)有健全的管理制度。同时对个人可安装卫星接收设施的情形作了规定:(1)在接收不到当地电视台、电视转播台、电视差转台、有线电视台(站)的电视节目的地区,个人可以申请安装卫星接收设施;(2)个人设置卫星接收设施,须经所在单位同意并持其开具的证明,向当地县级及以上广播电视行政部门提出申请,报经省级广播电视行政部门批准;(3)卫星接收设施安装完毕后,须经广播电视行政部门和国家安全部门检验合格,由省级广播电视行政部门颁发许可证;(4)个人设置卫星接收天线,不得占用公共场所,影响环境美观和邻里日常生活。

为了规范卫星地面接收设施的安装服务活动,2009年,国家广电总局发布了《卫星电视广播地面接收设施安装服务暂行办法》(总局令第60号),规定:县级以上人民政府广播影视行政部门会同其他有关部门,依据各自职责,负责对本行政区域内的卫星地面接收设施安装服务活动实施监督管理,指导从事卫星地面接收设施安装服务活动的机构分层次、分区域建立健全卫星地面接收设施安装专营服务体系及网点,向用户提供及时、便捷服务,维护用户基本公共文化权益;并依法维护广播影视事业建设和节目传播的正常秩序,打击非法生产、销售、安装卫星接收设施行为。设立卫星地面接收设施安装服务机构,应当取得《卫星地面接收设施安装服务许可证》;卫星地面接收设施安装服务机构,应当凭用户出具的省、自治区、直辖市人民政府广播影视行政部门核发的购买证明,向用户提供卫星地面接收设施安装服务;应当接受卫星节目运营机构的委托,实施卫星节目落地代理、收视授权活动。2016年年底,我国卫星直播电视用户已超过1亿。

三、卫星广播电视与国际法

卫星广播电视跨国界传播,使国际间出现了许多政治、经济、技术等方面的问题。比如有的国家领土相邻,但政治制度和意识形态不同,他们不希望邻国的卫星广播电视在自己国土上被国民接收,因此,他们不允许这种卫星广播电视信号溢出;有的国家目前没有条件发射本国的直播卫星,但要求保留卫星轨道上的位置;有的国家对广播电视节目的版权保护很严格,要求其他国家加强版权保护,保证其卫星节目不被截获转播。由于各国对卫星广播电视带来的问题有争议,没有达成共识,还没有制定专门的国际公约或条约,但是对卫星所占用的外层空间、卫星节目版权制定了公约及条约,对卫星轨位分配、卫星频率划分、卫星直播等制定了带有法律性质的规范原则。

在外层空间方面,联合国大会 1966 年通过了《关于各国探索和利用包括月球和其他天体的外层空间活动所应遵守原则的条约》(《外层空间条约》),已于 1967 年 10 月 10 日生效,无限期有效。该条约号称是"空间宪法",规定了从事航天活动所应遵守的 10 项基本原则:(1)共同利益原则:探索和利用外层空间应为所有国家谋福利,而无论其经济或科学发展的程度如何;(2)自由探索和利用原则:各国应在平等的基础上,根据国际法自由地探索和利用外层空间,自由进入天体的一切区域;(3)不得据为己有原则:不得通过提出主权要求,使用、占领或以其他任何方式把外层空间据为己有;(4)限制军事化原则:不在绕地球轨道及天体外放置或部署核武器或任何其他大规模毁灭性武器;(5)援救航天员的原则:在航天员发生意外事故、遇险或紧急降落时,应给予他们一切可能的援助,并将他们迅速安全地交还给发射国;(6)国家责任原则:各国应对其航天活动承担国际责任,不管这种活动是由政府部门还是由非政府部门进行的;(7)对空间物体的管辖权和控制权原则:射入外空的空间物体登记国对其在外空的物体仍保持管辖权和控制权;(8)外空物体登记原则:凡进行航天活动的国家同意在最大可能和实际可行的范围内将活动的状况、地点及结果通知联合国秘书长;(9)保护空间环境原则:航天活动应避免使外空遭受有害的污染,防止地外物质的引入使地球环境发生不利的变化;(10)国际合作原则:各国从事外空活动应进行合作互助。

在卫星节目版权方面,一些国家 1974 年在布鲁塞尔签订了《关于播送由人造卫星传播载有节目信号的公约》(《卫星公约》),主要目的是保护卫星节目信号发射者的利益,保证卫星通讯系统的正常使用和发展。主要内容有:(1)保护对象:卫星传播节目分为间接传播和直接传播两种。间接传播是指卫星向地面广播站传送信号,然后由地面广播站转播。直接传播是指卫星直接向收音机或电视机终端播送信号。《卫星公约》保护前一种节目信号。(2)保护要求:各成员国应保证采取适当措施,防止任何个人或组织在本国领土或从该国领土上播送任何发射到或通过人造卫星但并非为了提供给他们的、载有节目的信号。保护期限由该国国内法律规定。(3)保护的例外规定:凡时事新闻的转播、简短摘录的转播、发展中国家为发展及科学研究目的的转播,均不受公约限制。《卫星公约》

是对《罗马公约》(《保护表演者、唱片制作者和广播组织的国际公约》)的补充。它允许联合国及联合国专门机构的任何成员国、国际原子能机构的成员国以及参加国际法庭规约的成员国参加，而不以参加《伯尔尼公约》和《世界版权公约》为先决条件，从而扩大了参加这种邻接权国际保护的国家范围。

在直播卫星轨位、频率划分方面，国际电信联盟(联合国专门机构)制定了一系列带有准法律性质的规则和规范。由于直播卫星的轨道位置是有限的自然资源，为了使会员国平等使用专门的卫星频段，国际电信联盟分期完成了全球的直播卫星计划，将全球分为三个区：亚洲和澳洲为第一区，美洲为第二区，欧洲和非洲为第三区。1977年国际电联在日内瓦召开世界无线电大会，确定12吉赫为广播卫星的频段，并对该频段按照划分的区域进行分配；同时为了避免卫星信号溢出，会议对各个国家广播卫星使用的频率、波束数、地面通量密度以及天线的极化等作了严格的技术规定，要求所有会员国和直播卫星系统遵守共同的约定和统一的技术规范。1983年，国际电联召开的区域性无线电大会对第二区的卫星广播业务进行了规划，分配给美国8个直播卫星轨位。2000年，世界无线电大会对第一、第三区的卫星广播业务进行了重新规划，分配给我国4个直播卫星轨位(62°E、92.2°E、122°E、134°E)，8个下行波束和96个频道。

在卫星直播业务方面，联合国大会通过了一系列决议案，尽管这些决议案不具有法律约束力，但为卫星直播的国际合作奠定了基本原则。1972年，联合国大会通过决议，禁止各国在没有事先取得相关国家同意之前，利用直播卫星对这些国家传送电视信号；禁止利用卫星直播煽动战争等。美国对此投了唯一的反对票，其理由有两个：一是美国宪法禁止政府限制其公民接收或传播的自由，这些限制无论是来自于国内法律，还是国际条约，都违背美国宪法规定，美国公民自由接收与传播的范围包括国内外。二是美国认为一些国家的公民可以通过美国的卫星接收到真实的信息，如果国际社会容许这些国家的政府有权决定不接收来自境外的卫星电视信号，则可能危及这些国家的公民获取真实信息的权利。1982年12月10日，联合国大会通过决议案，批准并接受各国运用人造卫星进行国际直接电视广播应遵守的原则(联合国决议案37/92号)。该决议案的发起者包括非洲、亚洲、拉丁美洲的17个国家和罗马尼亚，以107票赞成、13票反对(包括美国、日本、以色列及10个西欧国家)、13票弃权通过。该决议案的主要内容有：(1)利用卫星进行国际直接电视广播活动，不得侵犯各国主权，不得违反不干预原则，不得侵犯人人有寻求、接受和传递信息与思想的权利。(2)利用卫星进行国际直接电视广播活动应遵守国际法，包括联合国宪章、1967年1月27日关于各国探索和利用包括月球和其他天体的外层空间活动原则的条约、国际电信联盟公约及其无线电规则的有关条款，以及关于各国间友好关系与合作及关于人权的国际文书的有关条款。(3)利用卫星进行国际直接电视广播活动，应当事先通知收视国，并与之进行协商；对于卫星信号无法避免的辐射外溢，应适用国际电信联盟有关规范。(4)利用卫星进行国际直接电视广播活动的国家，应当将这些活动的性质通知联合国秘书长，联合国秘书长应当立即有效地转告联合国各有关专门机构以及公众和国际科学界。由于发达国家与发展中国家对卫星直播业务的跨国传播存在争议,要协商制定卫星直播的国际条约(国际公约)任重而道远。

第五节　三网融合

随着数字、网络等信息技术的迅猛发展,广播电视网、电信网、计算机互联网的融合发展势头更加明显,人们通过三网中的任何一网都可以听广播、看电视、打电话、上互联网等。三网融合是现代信息技术革命的产物,是科技进步带动行业融合发展的长期过程,给传统的广播电视、电信等行业发展和管理政策带来了根本性的影响。三网融合是我国独有的提法。实际上只有两个物理网,即广播电视网和电信网,计算机网是基于电信网或广播电视网而形成的虚拟网。我国《辞海》对计算机网络作了如下解释:用通信线路把多个分散在各处的计算机联接起来的网络,目的是使用户共享网络中的所有硬件、软件和数据资源,分散计算机负荷,提高可靠性,最大限度地提高资源使用率,使用户突破地理条件的限制,方便地使用远地计算机。常用的计算机网络有以太网和环状网等。[①]1996年,我国国务院发布的《中华人民共和国计算机信息网络国际联网管理暂行规定》对计算机信息网络国际联网和互联网络作了定义:国际联网是指中华人民共和国境内的计算机信息网络为实现信息的国际交流,同外国的计算机信息网络相联接;互联网络是指直接进行国际联网的计算机信息网络。目前,从事广播电视网络活动,适用《广播电视管理条例》等法规;从事电信网络活动,适用《电信条例》等法规;从事互联网活动,适用《电信条例》《互联网信息服务管理办法》等法规。由于数字、网络等信息技术仍在快速发展,三网融合的技术模型、业务形态、服务方式还在推进过程中,有关融合的政策法规仍在探索实践和完善过程中。2017年,中办、国办下发的《关于促进移动互联网健康有序发展的意见》提出:全面贯彻实施网络安全法,加快推进电子商务法等基础性立法,制定修订互联网信息服务管理办法、关键信息基础设施安全保护条例、未成年人网络保护条例等行政法规。

一、三网融合的概念

三网融合是指广播电视网、电信网、计算机网互联互通,业务交叉渗透,使人们通过其中一网就可以共享其他网络的业务服务。1993年,美国政府宣布建立国家信息基础设施NII,即所谓"信息高速公路"。随后其他许多国家也纷纷制定和建立本国的NII。我国政府1997年在深圳召开全国信息化工作会议,会议通过的《国家信息化总体规划》提出:我国信息基础设施的基本结构是"一个平台、三个网","一个平台"指互联互通的平

[①] 辞海编辑委员会.辞海[G].上海:上海辞书出版社,2009:1030.

台,"三个网"指电信网、广播电视网、计算机网。1999年,《国务院办公厅转发信息产业部、国家广播电影电视总局关于加强广播电视有线网络建设管理意见的通知》规定:电信部门不得从事广播电视业务,广播电视部门不得从事通信业务,对各类网络资源的综合利用,暂只在上海试点。2000年,《中共中央关于制定国民经济和社会发展第十个五年计划的建议》明确提出"促进电信、电视、计算机三网融合"。2001年,全国人大通过的《国民经济和社会发展第十个五年计划纲要》要求"促进电信、电视、计算机三网融合"。2005年,中共十六届五中全会通过的《中共中央关于制定国民经济和社会发展第十一个五年规划的建议》规定:加强宽带通信网、数字电视网和下一代互联网等信息基础设施建设,推进三网融合,健全信息安全保障体系。2006年,全国人民代表大会通过的《国民经济和社会发展第十一个五年规划纲要》明确:积极推进三网融合;建设和完善宽带通信网,加快发展宽带用户接入网,稳步推进新一代移动通信网络建设;建设集有线、地面、卫星传输于一体的数字电视网络;构建下一代互联网,加快商业化应用;制定和完善网络标准,促进互联互通和资源共享。2008年,《国务院办公厅转发发展改革委等部门关于鼓励数字电视产业发展若干政策的通知》(国办发〔2008〕1号)规定:在确保广播电视安全传输的前提下,建立和完善适应"三网融合"发展要求的运营服务机制;鼓励广播电视机构利用国家公用通信网和广播电视网等信息网络提供数字电视服务和增值电信业务;在符合国家有关投融资政策的前提下,支持包括国有电信企业在内的国有资本参与数字电视接入网络建设和电视接收端数字化改造。《国务院办公厅关于印发工业和信息化部主要职责内设机构和人员编制规定的通知》(国办发〔2008〕72号)规定的工业和信息化部第十项职责:统筹推进国家信息化工作,组织制定相关政策并协调信息化建设中的重大问题,促进电信、广播电视和计算机网络融合。2009年,国务院转发的《2009深化经济体制改革工作的意见》中,要求落实国家相关规定,实现广电电信企业的双向进入,推进三网融合工作取得实质性进展。2010年,国务院《关于印发推进三网融合总体方案的通知》规定:三网融合是指电信、广播电视网、互联网在向宽带通信网、数字电视网、下一代互联网演进过程中,其技术功能趋于一致,业务范围趋于相同,网络互联互通、资源共享,能为用户提供话音、数据和广播电视等多种服务。

三网融合有以下三个特点:

一是三网融合是基于技术驱动基础上的业务融合。数字技术、光通信技术、软件技术、传输控制协议和网际协议(TCP/IP,即 Transmission Control Protocol/Internet Protocol)等的应用发展为三网融合奠定了技术基础,三网融合主要表现在:(1)通过国际互联网提供网上电话、网上广播、网上电视的技术越来越成熟,互联网运营商和用户越来越多。目前,计算机互联网已发展成集数据通信、新闻资讯、文化娱乐、视听服务、购物支付等功能于一体的多媒体通信平台,已成为继报纸、广播、电视之后新兴的"第四媒体",覆盖全球、连通世界,使人们真正感受到"海内存知己,天涯若比邻"。(2)通过有线电视网络提供互动电视、宽带上网、网上电话、视频通话等服务项目越来越多。美国和欧洲一些国家有线电视在宽带接入市场上占的份额很大。(3)通过电信网提供电话通信、互联网接入、IP电视等多重捆绑业务服务,提高用户的ARPU值(Average Revenue Per User,每名用户的平均收入)和忠诚度。三网融合不是一网取代另外两网,也不是一种技术取代另一种技术,而是让用户通过一根线路(电话线、有线电视或其他线路)就能享受到广播电视、通信、互联网等多种业务服务。

二是三网融合是基于政策调整基础上的业务融合。为了打破市话垄断,许多国家通过不对称的开放政策,禁止电信公司进入有线电视领域,而允许有线电视公司进入互联网接入、IP电话等业务领域,扶持有线电视尽快成长发展,成为电信市场竞争的重要力量;而后再实行对称的开放政策,允许有线电视与电话业者相互准入、相互竞争、融合发展,为信息产业和文化产业发展注入新的竞争的活力,努力缩小"数字鸿沟",实现广播电视、电信、宽带领域的普遍服务。美国有线电视业者在宽带接入市场中占有一半以上的份额。有线电视业者利用其宽带优势,大大加快了互联网宽带接入的普及发展。在允许有线电视业者进入电信领域的同时,美国、意大利、法国等国家允许电信业者经营IP电视,促进有线电视、直播卫星、IP电视等多频道电视的市场竞争,更好地满足人们对多套电视节目的需求。

三是三网融合是技术进步与市场需求结合的产物。三网融合不是目的,目的是利用科技的力量和市场的力量,为用户提供更便捷、更完善、更丰富、更高质量的综合服务。目前,电信网、广播电视网、互联网有各自的优势,也有各自的劣势。比如,电信网的优势在于全程全网、双向,劣势在于电话双绞线入户的带宽不足;广播电视网的优势在于单向广播的大面积覆盖、有线电缆入户的宽带,劣势在于交互性不强;互联网的优势在于虚拟成网、联通全球,劣势在于安全可靠性不足。科技进步、市场竞争、用户需求为三网融合提供了永恒的原动力,三网融合是信息网络的发展趋势。但三网融合涉及技术融合、业务融合、行业融合、终端融合、传输融合、政策融合等多个层面,涉及广播电视、电信、计算机等多个领域,三网融合将是一个长期发展的过程,技术进步永无止境,市场需求永无止境,"三网融合"也将永无止境。电信网、广播电视网、互联网将在发挥各自优势的基础上,融合其他业务,你中有我,我中有你,走向综合信息网络服务的发展之路。

为了在信息技术和产业领域抢占制高点,美国、日本、韩国等国家制定了本国宽带发展计划,大力推动宽带的普遍服务。许多国家认为宽带是国家创新发展的基础资源,将享受宽带服务作为公民的法定权利。所谓宽带(Broadband)是指在同一传输介质上,可以利用不同的频带进行速率较快的多重传输。美国曾提出把200Kbps(Kilo bit per second,每秒千比特)以上的传输带宽定义为宽带,即每秒传输20万个"比特"。宽带接入的技术手段有ADSL(非对称数字用户线系统)、HFC(Hybrid Fiber-Coaxial,光纤同轴电缆混合网)、以太网(FTTB:Fiber To The Building,光纤到楼)、光纤(Fiber)入户、无线宽带接入等。2010年,美国联邦通讯委员会提出了"国家宽带计划",确立了今后10年应达到六个目标:一是至少有1亿个美国家庭能以可承受的价格享受到至少100Mbps实际下载速度、至少50Mbps(Mega bit per second,每秒兆比特)实际上传速度的宽带服务。二是美国在移动技术创新方面领先世界,拥有全球最快、覆盖范围最广的无线网络。三是每个美国人能以可承受的方式使用优质的宽带服务,具备使用这些服务所需要的手段和技能。四是每个美国社区都能以可承受的方式使用至少为1Gbps(Giga bit per second,每秒千兆比特)的宽带服务,以便访问学校、医院、政府大楼等机构。五是为确保美国公众的安全,每位先遣急救人员都能接入全国互联互通、安全可靠的公共无线宽带网。六是每个美国人都能使用宽带跟踪和管理自己的实时能源消耗情况,确保美国在清洁能源方面领先。

二、三网融合的目标任务

三网融合是我国为应对全球经济危机、培育战略性新兴产业、拉动国内消费所作的战略决策部署。2010年,国务院下发《关于印发推进三网融合总体方案的通知》(国发〔2010〕5号),对三网融合的指导思想、基本原则、总体目标和主要任务等作了全面安排。

三网融合的指导思想:以邓小平理论和"三个代表"重要思想为指导,深入贯彻落实科学发展观,从人民群众的根本利益出发,大力推进广电、电信业务双向进入,加快网络升级改造和信息技术创新,培育和建立各市场主体,构建适度竞争的产业格局;加强和改进网络与信息管理,健全文化舆论管理体系,加强法律法规和政策体系建设,确保网络信息安全和文化安全;加强统筹规划,跟踪国际先进技术,确定合理、先进、适用的技术路线,稳步推进网络建设、业务应用、产业发展、监督管理,探索建立符合我国国情的三网融合模式,走中国特色的三网融合之路,不断满足人民群众日益增长的物质文化需求,推动经济社会又好又快发展。

三网融合的基本原则:坚定信心,积极稳妥;突出重点,试点先行;统筹规划,资源共享;分业监管,共同发展;加强管理,保障安全。

三网融合的总体目标:实现电信网、广播电视网、互联网融合发展,新型信息产品和服务不断涌现,网络利用率大幅度提高,科技创新能力明显增强,国民经济和社会信息化水平迅速提升,网络信息安全和文化安全保障能力进一步增强,信息产业、文化产业进一步发展,社会主义文化进一步繁荣,人民群众享有更加丰富多彩、快捷经济的信息和文化服务。

三网融合的主要任务:一是推动广电、电信业务双向进入,明确双向业务进入范围,组织开展三网融合试点,加强市场监管;二是加强网络建设改造和统筹规划,加快有线数字电视网络建设和整合,推动电信网宽带工程建设,加强统筹规划和共建共享;三是强化网络信息安全和文化安全监管,加强技术监控体系建设,落实安全管理职责;四是大力发展新兴产业,推动移动多媒体广播电视、IP电视、数字电视宽带上网等融合业务的应用,加强信息技术产品研发和制造,加快建立适应三网融合的国家标准体系、法律体系和监管体制。

同年国务院办公厅下发《关于印发三网融合试点方案的通知》(国办发〔2010〕35号),对试点工作原则和目标、试点内容和步骤、统筹网络建设改造和资源共享、强化网络信息安全和文化安全监管、推动产业发展和保障措施等进行了规定。2015年,国务院办公厅下发《关于印发三网融合推广方案的通知》(国办发〔2015〕65号),规定推广三网融合的主要任务有:一是在全国范围推动广电、电信业务双向进入。确定开展双向进入业务的地区,开展双向进入业务许可审批,加快推动IPTV集成播控平台与IPTV传输系统对接。二是加快宽带网络建设改造和统筹规划。加快下一代广播电视网建设,加快推动电信宽带网络建设,加强网络统筹规划和共建共享。三是强化网络信息安全和文化安全监管。完善网络信息安全和文化安全管理体系,加强技术管理系统建设,加强动态管理。四是切实推动相关产业发展。加快推进新兴业务发展,促进三网融合关键信息技术产品研发制造,营造健康有序的市场环境,建立适应三网融合的标准体系。

我国三网融合政策有以下特点:

一是对有线电视网络发展给予政策扶持。多年来,由于国家对有线电视网没有资金投入,有线网络由各地分级建设、分级管理、分散经营,没有形成统一经营的合格市场主体。考虑到我国电信网与有线电视网的实力相差悬殊,总体方案和试点方案都明确:采取包括国家投入资金在内的多种扶持政策,充分利用市场手段,通过资产重组、股份制改造等方式,组建国家级有线电视网络公司,作为参与三网融合的市场主体,负责对全国有线电视网络的升级改造,逐步实现统一规划、统一建设、统一运营、统一管理。2014年,经国务院批准,成立了中国广播电视网络公司。2016年,中宣部、财政部、国家新闻出版广电总局下发的《关于加快推进全国有线电视网络整合发展的意见》(中宣发〔2016〕41号)提出:为落实国家三网融合战略,进一步巩固有线电视网络传播主流舆论的主渠道地位,到"十三五"末期,基本完成全国有线电视网络整合,成立由中国广播电视网络有限公司控股主导、各省级有线电视网络公司共同参股、按母子公司制管理的全国性股份公司,实现全国一张网。建成全国互联互通平台,完成双向化、宽带化、智能化改造,网络承载能力和内容支撑能力进一步提高,跨域、跨网、跨终端的综合信息服务和三网融合创新业务加快发展,节目内容、技术应用、平台终端实现共享融通。

二是明确IP电视、手机电视的集成播控和传输分发由广电部门和电信企业分别负责。考虑到IP电视、手机电视的集成播控属于电视媒体的核心业务,关系到电视媒体是否对外开放,为了加强党管媒体,总体方案明确规定IP电视、手机电视的集成播控业务由广电部门负责,宣传部门指导;符合条件的国有电信企业可从事IP电视传输服务、手机电视分发服务。

三是电信企业可进入的广电业务领域,比广电企业可进入的电信业务领域更宽。根据总体方案的规定,符合条件的广电企业可申请经营以下电信业务:(1)增值电信业务,(2)比照增值电信业务管理的基础电信业务,(3)基于有线电视网络提供的互联网接入业务、互联网数据传送增值业务、国内IP电话业务。符合条件的电信企业可申请经营以下广电业务:(1)除时政类节目以外的广播电视节目生产制作,(2)互联网视听节目信号传输,(3)转播时政类新闻视听节目,(4)除广播电台电视台形态以外的公共互联网音视频节目服务,(5)IP电视传输服务,(6)手机电视分发服务。按照我国加入世界贸易组织的承诺,我国电信服务(基础电信服务、增值电信服务)均已对外资开放,而广播电视采编播和传输服务没有对外资开放。国务院《关于鼓励和引导民间投资健康发展的若干意见》(国发〔2010〕13号)规定:鼓励民间资本以参股方式进入基础电信运营市场,支持民间资本开展增值电信业务。国务院《关于创新重点领域投融资机制鼓励社会投资的指导意见》(国发〔2014〕60号)规定:鼓励和引导民间资本投资宽带接入网络建设和业务运营,大力发展宽带用户。从上述政策看,我国广电企业应当比民资、外资更容易进入电信领域。

四是广电、电信双向进入的企业要符合规定的条件,并且要报工业和信息化部、国家新闻出版广电总局分别批准,颁发电信业务经营许可证、信息网络传播视听节目服务许可证后,方可依法开展业务。这种对称许可的管制政策,表面上看是公平的,实则不利于扶持处于弱势的广电网络企业发展。美国等发达国家对有线电视与电信采取了双向开放、不对称许可管制措施。比如美国联邦通讯法第621条(b)款(3)项规定:有线电视系统经营者及其附属机构从事电信服务,将不必为提供电信服务获取特许权;特许权管理机构不得禁止或限制有线电视系统运营商及其附属机构提供电信服务,也不得对其服务施加任何条件;特许权管理机构不得命令有线电视系统运营商及其附属机构停止提供电信服务。第653条规定:地方电话业者可以在其电话服务区域内通过开放视频系统向订户提供有线电视服务,但须得到美国联邦通讯委员会的批准。目前,国家新闻出版广电总局对多家电信企业颁发了IP电视传输许可证、手机电视传输许可证,工业和信息化部对多家有线电视网络企业颁发了电信业务许可证。

五是广电、电信均须加快与互联网、移动互联网融合发展。2015年,国务院下发的《关于积极推进"互联网+"行动的指导意见》(国发〔2015〕40号)提出:适应重点行业融合创新发展需求,完善无线传感网、行业云及大数据平台等新型应用基础设施。实施云计算工程,大力提升公共云服务能力,引导行业信息化应用向云计算平台迁移,加快内容分发网络建设,优化数据中心布局。2016年,全国人大通过的《中华人民共和国国民经济和社会发展第十三个五年规划纲要》提出:实施网络强国战略,加快建设数字中国,加快构建高速、移动、安全、泛在的新一代信息基础设施,推进信息网络技术广泛运用,形成万物互联、人机交互、天地一体的网络空间。深入推进三网融合,开放民间资本进入基础电信领域竞争性业务,形成基础设施共建共享、业务服务相互竞争的市场格局。促进"互联网+"新业态创新,积极发展分享经济。2017年,中办、国办印发了《关于促进移动互联网健康有序发展的意见》,指出:移动互联网新技术快速演进、新应用层出不穷、新业态蓬勃发展,工具属性、媒体属性、社交属性日益凸显,生态系统初步形成、加速拓展,越来越成为人们学习、工作、生活的新空间。坚持发展为民,充分发挥移动互联网优势,缩小数字鸿沟,激发经济活力,为人民群众提供用得上、用得起、用得好的移动互联网信息服务;坚持改革引领,完善市场准入,规范竞争秩序,优化发展环境,全面释放创新活力和市场能量;坚持创新为要,强化目标导向、问题导向、效果导向,发挥管理主体、运营主体、使用主体作用,全方位推进理念、机制、手段等创新;坚持内容为本,创新内容生产,拓展分享渠道,净化交互生态;坚持分类指导,对移动互联网信息服务实行分类管理;坚持安全可控,全面排查、科学评估、有效防范和化解移动互联网迅猛发展带来的风险和隐患,切实保障网络数据、技术、应用等安全。我国三网融合已进入创新服务新业态、营造融合新生态的阶段。

第六节　广播电视用户制度

广播电视节目采编、制作、播出、传输、覆盖、接收等各个环节构成了完整的广播电视传播链。用户是广播电视传播链的终端,也是广播电视服务的最终受用者。为了维护广播电视业者和用户的合法权益,各国对用户接收环节进行了规范。

一、广播电视普遍服务制度

普遍服务(Universal Service)一词最早出现在20世纪初美国电信领域。1907年,美国AT&T总裁威尔(Theodore Vail)提出了普遍服务的概念,并提出了公司的口号:"One network(一个网络),One policy(一个政策),Universal service(普遍服务)。"1934年,美国联邦通讯法规定的"尽可能为全体美国国民提供合理的价格、充足的设施,以享受快速、有效的国际或国内有线与无线通讯服务"的立法宗旨体现了普遍服务的理念,并且规定设立联邦通讯委员会的基本职责之一就是要实现普遍服务。经过几十年的发展,普遍服务制度除了在通信领域实行外,已延伸到广播电视、邮政、电力、煤气、铁路、民航等领域,即一国国民有权通过方便途径、以可承受价格、获得非歧视性的普遍服务。普遍服务已成为通信、广播电视、邮政、电力、煤气等网络型公用事业立法的基本原则。推行普遍服务制度是消除贫困、缩小贫富差距和信息鸿沟、实现生存权和发展权、保证人类社会可持续发展的重要措施。

广播电视普遍服务主要体现在两个方面:一是国民能够普遍接收到广播电视信号,二是广播电视内容能够满足国民的普遍需求。许多国家法律要求公共广播电视机构承担起普遍服务的义务。比如英国广播公司的皇家特许状规定:英国广播公司可保留现有电台和设备,并新建、获取、租用、安装新的无线电台和机器,新建、获取、租用新的传输和转播设备,为大不列颠及北爱尔兰联合王国的公民及位于本国领域内船舶或航空器的普遍接收,提供模拟或数字方式的声像广播服务,提供信息、教育、娱乐节目;为其他国家和海外地区提供服务。[1] 美国公共广播法规定:公共广播公司提供各种不同来源的、高质量、丰富多彩、有创造性的优秀节目,坚持创造性,保持不同节目的平衡性;要求公共广播公司必须每三年对少

---

[1] 陈晓宁.广播电视新媒体政策法规研究[M].北京:中国法制出版社,2001:308-309.

数民族和各种受众的需求作出评估,要反映少数民族、少数种族、新移民的需求,反映那些以英语为第二语言人群的需求以及缺乏基本阅读能力的成年人的需求。[①] 瑞士广播电视法规定:瑞士广播公司取得播放全国性节目和播放面向民族语言区节目的特许,应重视全国的特点和各州的需要,应保证节目在全国范围的充分覆盖,应在每个民族语言区播放广播电视特别节目。韩国广播法规定:韩国广播公司应当保证广播电视节目的中立和公共属性,应当为国民提供最优的广播电视服务(无论地区的差异或其他条件的不同),应当研发促进公众利益的新节目、新技术和新服务,应当播放面向国内和国际的,能够提高国民文化、维护国家统一的节目。此外,一些国家对有线电视系统经营者规定了普遍服务的义务,要求有线电视系统经营者对特许服务区域内的所有家庭提供公平价格的普遍接入服务,不得拒绝。美国联邦通讯法规定:特许权管理机构在授予特许权时,应当确保该地区居民住户中任何潜在的订户都不会因为收入的原因而不能享受到有线电视服务,可以要求有线电视系统经营者将部分频道容量供公共、教育和政府使用。

我国广播电视普遍服务实行分级负责制:中央负责全国性节目、对外节目、民族节目的制作、播放和传输覆盖,省(区、市)、地市、县负责本地节目、专题节目、民族节目的制作、播放、传输覆盖以及中央节目的转播覆盖。具体讲,中央人民广播电台负责全国性广播节目和对港澳台以及少数民族地区广播节目的制作播放;中国国际广播电台负责对外广播节目的制作播放;中央电视台负责全国性电视节目和对外电视节目的制作播放;国家广电总局无线电台管理局负责中央电台、国际电台、中央电视台节目在北京地区的无线覆盖,负责中央电台、国际电台节目的短波覆盖;中国有线电视网络公司负责中央电台、中央电视台节目的光缆传输。1983年,中共中央《关于批转广播电视部党组〈关于广播电视工作的汇报提纲〉的通知》(中央〔1983〕37号)规定:我国中央、省、地市、县四级政府办广播、办电视、四级混合覆盖,这构成了我国广播电视普遍服务的基本框架。该通知规定了我国广播电视普遍服务的目标任务:(1)在我国建成一个具有中国特色的,中央和地方、无线和有线相结合的,城市和农村、对内和对外并重的社会主义现代化广播电视宣传网,努力做到县县、乡乡、队队都通广播电视,户户、人人都能听到广播、看到电视,为全中国人民和全世界人民服务。(2)扬独家之优势,汇天下之精华,集中力量办好群众共同感兴趣的节目;同时根据需要和可能开办不同的广播电视节目,适当满足不同职业、不同年龄、不同文化水平、不同兴趣和爱好的听众、观众的特殊需求。国务院办公厅《关于进一步做好新时期广播电视村村通工作的通知》(国办发〔2006〕79号)完善了我国广播电视普遍服务制度:一是明确群众居住分散的边远地区采取共用卫星接收(俗称"村锅")方式进行建设,使"盲村"的农民能够收听收看到包括中央和本省的4套以上的广播节目和8套以上的电视节目。二是鼓励距离城镇较近、有条件的农村采取有线光缆联网方式进行建设,对农村有线电视网络建设经营实行免税政策。三是明确中央、省、地市、县对无线

[①] 陈晓宁.广播电视新媒体政策法规研究[M].北京:中国法制出版社,2001:329-331.

覆盖的投入政策,明确无线发射台站的用电价格政策优惠,确保广大农村地区群众能够无偿收听收看到包括中央第一套广播节目、中央第一套和第七套电视节目,以及本省第一套广播电视节目的4套以上的无线广播节目和电视节目。四是坚持贴近农村实际、贴近农村生活、贴近农民群众的原则,增加科技兴农、法律知识、卫生防疫、文化娱乐等服务"三农"的广播电视节目,不断丰富节目资源,增加节目播出时间,提高节目制作质量。国家广电总局办公厅《全国有线电视数字化进展的情况通报》(广办通字〔2007〕15号)规定:实施数字化整体转换的有线电视网络,首先要保留至少6套模拟电视节目,供没有机顶盒的用户免费收看,确保最基本的公共服务,这6套节目应包括中央电视台第一套、中国教育电视台第一套、本省电视台第一套、本市电视台第一套和当地发射转播的其他无线电视节目。这是我国有线电视运营者实施数字化转换时应当承担的普遍服务义务。国务院办公厅《关于加快推进广播电视村村通向户户通升级工作的通知》(国办发[2016]20号)规定:按照国家基本公共文化服务指导标准(2015年~2020年),确保通过无线(数字)提供不少于15套电视节目和不少于15套广播节目,通过无线(模拟)提供不少于5套电视节目和不少于6套广播节目;通过直播卫星提供25套电视节目和不少于17套广播节目;有线广播电视在由模拟向数字整体转换过程中,保留一定数量的模拟电视节目供用户选择观看,有条件的地区可确定一定数量的数字电视节目作为基本公共服务项目。我国广播电视普遍服务水平不断提高。

二、广播电视用户保护制度

对广播电视用户的保护制度主要包括两个方面:

一是要求有线电视系统经营者之间、直播卫星系统经营者之间、电信系统经营者之间以及相互之间保持竞争的态势,防止垄断和不正当竞争,通过快速发展最大限度地满足用户的多种需求,从而达到维护用户权益的目的。破除垄断、促进竞争,是保护用户和消费者的最有效的措施。只有公平有效竞争,才能保证用户的选择权、知情权和监督权。许多国家法律明确要求特许权管理机构在同一个市场内允许多个有线电视系统经营者进入,并相互进行竞争;允许有线电视系统与直播卫星系统、多频道多点分配系统以及电信部门的开放视频系统、IP电视系统之间进行相互竞争,降低成本,提高质量,保证用户的合法权益。

二是要求经营者在提供服务过程中对用户实行保护。主要措施有:(1)经营者应当与用户签订书面服务协议,明确各自的权利和义务,防止利用垄断优势制订霸王条款。(2)经营者应当对所有的用户一视同仁,不能进行价格歧视和差别对待,不能侵犯用户的选择权进行捆绑销售或搭售,不能对所服务区域内的订户拒绝提供接入服务。(3)经营者应当保护用户的隐私,包括个人的信息资料、订购信息等。(4)经营者应当向用户提供服务项目、服务内容、收费标准、办公时间、办公地点等事项,对用户变更服务的,应当提前通知。许多国家通过地方当局与运营商签订特许权协议,对有线电视服务和用户保护进行全面规范。比如美国佛罗里达州坦帕市政当局与时代华纳公司前进纽豪斯合伙公司《关于有线电视服务的特许权协议》对特许权的授予、有线电视系统建设运营、特许服务义务、服务费用收取、消费者权益保护、特许权费用缴纳、监督管理、特许权等转移事项的限制、特许权授予机构的权利和救济、协议实施、平等就业和公平的商业机会等进行了详尽规定,并附有8个附件。其中,第4个附件是《节目服务主要类别、费率和费用清单、商业接入频道》。第5个附件是《用户服务保护标准》,共有12条内容:(1)用户推广,(2)员工培训、电话配置,(3)账单,(4)公司提供的设备,(5)故障修复和停机修理,(6)用户投诉,(7)通知,(8)服务中止和断接,(9)退款期限和退款,(10)其他要求,(11)违约条款,(12)定义。①

我国对有线电视服务作了全面规范。2004年,国家广电总局发布了《有线电视用户服务规范》行业标准,对有线电视的服务环节、故障处理、"窗口"部门及其工作人员的服务规范、服务质量等进行了规定。2011年,国家广电总局发布了《有线广播电视运营服务管理暂行规定》,对有线电视服务种类、服务范围、服务时限、资费标准、故障报修、用户投诉处理等作了全面规范。

思考题

1. 广播电视传播网络分为哪几种?各有哪些法律规范?
2. 如何建立健全我国三网融合的法律政策?
3. 广播电视用户保护制度有哪些?

---

① 马庆平.中外广播电视法规比较[M].北京:经济管理出版社,2005:74-110.

第八章 网络视听新媒体制度

> **内容提要：**
> 网络视听新媒体制度，主要介绍网络视听新媒体的含义、许可制度、制度规范，力求让读者全面了解网络视听新媒体的发展态势和规制特点。

互联网是 20 世纪的重大科技发明，带来了传播领域的革命。网络广播、网络电视、网络音视频、移动音视频等新兴媒体不断涌现，正深刻地改变着传播领域的版图和生态，影响着各国政治、经济、文化发展。各国非常重视互联网的应用、发展和普及，同时对利用互联网进行恐怖活动、传播"黄赌毒"等有害信息严加监管。由于互联网覆盖全球、虚拟互联、影响极大，又关乎亿万网民的网上表达权和参与权，因此各国对互联网的立法很重视，又很慎重，互联网法制化管理任重而道远。1997 年，德国制定了世界上首部关于新媒体的法律《信息与传播服务法》，为互联网新媒体的管理提供了法律框架。

第一节 网络视听新媒体的含义

互联网源自于 1969 年美国国防部高级研究计划署（ARPA，即 Advanced Research Project Agency）协助开发的阿帕网（ARPANET）。1987 年，美国《圣何塞信使报》首先把报纸内容搬上了互联网，成为世界上第一家网络报纸。1989 年，美国国家科学基金网（NSFNET）对公众开放，成为因特网（Internet）最重要的通信骨干网络。1990 年，万维网（WWW）应用出现，加快了互联网在全球的发展。1995 年，我国第一份网络报刊《神州学人》通过中国教育与研究网向全球发行；同年《中国贸易报》开办了电子网络版。随着数字网络、大数据、云计算、智能化等技术的突飞猛进，互联网已发展成集即时通讯、数据传输、搜索引擎、购物支付等多功能于一体的综合服务平台，融文字、语音、图像、图片等多元素于一体的新兴媒体。

一、网络视听新媒体发展历程

互联网既是通信介质,也是媒体介质,为各类软件程序、业务应用提供了广阔的舞台,吸引了无数"冲浪者""投资者"汇聚网络,开发网络新功能、新业态,网络视听新媒体不断涌现。

1993 年,世界上第一个网络电台 Internet Talk Radio 在美国诞生。1995 年,美国人史蒂夫·佩尔曼(Steve Perlman)创造出了网络电视机顶盒的工作原型,并将网络电视推向市场,用户只要装上网络电视机顶盒,就可以自动拨号到当地服务点,使所需的软件自动升级,便可以畅游万维网。1997 年,美国微软公司出资 4 亿多美元收购了拥有 30 多项网络电视领域基础专利的 WebTV 公司,向计算机用户力推网络电视。1997 年,我国上海东方广播电台《梦晓时间》节目新开设的《东广信息网》与"瀛海威时空"合作,开了我国网络广播的先河。1998 年,北京人民广播电台经济台《动心 9 时》开始网上直播。1999 年,美国微软公司耗资数十亿美元,在全球范围内力推"维纳斯计划",力图通过使用嵌入式 Windows CE 操作系统的顶置盒或 VCD 机,将千家万户的电视机接入国际互联网,最终由于当时的互联网基础设施不足而失败,但是网络视频快速发展的进程没有停滞,互联网连接计算机、平板电脑、手机、电视机等多种终端的进程没有停滞。2000 年,英国 Kingston 通信公司、视频网络(Video Networks)公司启动了 IP 电视(Internet Protocol Television,交互式网络电视)试验,利用 IP 局域网络传送电视节目,用户通过 IP 机顶盒+电视机接收电视节目。2001 年,意大利 FastWeb 电信公司开始了 IP 电视服务,2003 年,香港电信盈科公司开展 IP 电视。2004 年,英国《卫报》(*The Guardian*)的一篇文章《听觉革命》(*Audible revolution*)首次提出了"播客"(Podcasting /Podcast)的概念,指听众可以将广播节目从因特网下载到电脑、MP3 以及其他播放器,在方便的时候收听;听众还可通过一个麦克风、一台电脑和制作软件,将自制的音频节目传到网上。英国广播公司、加拿大广播公司等相继开通了"播客"频道,不但将自己的节目上传到网上,还通过传统电台播放"播客"上传的内容。2005 年,国家广电总局批准上海文广集团可以与电信部门合作试点 IP 电视,而后批准中央电视台、杭州广电集团可以与电信部门合作试点 IP 电视。2006 年,国际电信联盟在瑞士日内瓦宣布并新成立了一个名为"网络电视焦点组"(Focus Group on IPTV)的机构,以协调和推动全球网络电视标准的起草与制定。2005 年美国视频分享网站优兔(YouTube)公司成立。2006 年,我国视频分享网站优酷(YouKu)公司成立。2007 年,美国苹果公司推出了视频播放处理器(Apple TV)。2010 年,谷歌公司宣布推出了名为"Google TV"的网络电视,其宣传语是"Where TV meets web —and web meets TV"。

随着数字压缩、互联网、流媒体、移动直播等新技术快速发展以及宽带网络的不断推开,特别是第三代移动通讯(3G)、第四代移动通讯(4G)的快速普及,网络视频、IP 交互式网络电视、OTT(Over The Top)互联网电视、社交电视、微视频等新媒体业务不断出现。

互联网企业/IT企业已大举进入视听新媒体领域,如美国谷歌、苹果、亚马逊、微软、脸谱、奈飞以及我国腾讯、优酷土豆、爱奇艺等,已成为网络视听新媒体发展的重要推动力量。美国奈飞公司利用大数据精算推荐方法、OTT互联网渠道,将合适的内容推送给合适的用户,短短十多年时间,便从DVD租赁商发展成为了在全球范围拥有庞大用户规模的在线视听媒体服务提供商。各国广播电视机构纷纷进入互联网视频领域。英国广播公司、日本广播协会、美国有线电视新闻网等知名广播电视机构已重组新闻与节目部门,加大网络视频生产力度,通过网站、社交媒体、应用程序等渠道扩大传播范围。我国中央电视台组建中国网络电视台、央视新闻移动网,中央人民广播电台建设中国广播云平台,湖南广电台组建芒果电视,上海广电台组建融媒体中心,湖北广电台建设长江云平台等,都力争在网络视听新媒体领域占有一席之地。大数据、云计算、移动互联网、应用程序、人工智能等新技术成为网络视听新媒体发展的重要依托和动力。2014年,中办、国办下发《关于推动传统媒体和新兴媒体融合发展的指导意见》;2016年,国家新闻出版广电总局下发《关于进一步加快广播电视媒体与新兴媒体融合发展的意见》。

二、网络视听新媒体的含义

当前,以移动互联网、大数据、云计算、人工智能等技术为代表的信息技术应用不断扩展,互联网正向智能物联网方向发展,新兴媒体层出不穷。对于什么是新媒体、什么是网络视听新媒体,众说纷纭。有的从技术角度,认为新媒体是利用数字、网络、移动等技术,通过互联网、无线通信网、有线网络等渠道以及电脑、手机、数字电视机等终端,向用户提供新闻信息和文化娱乐的传播媒体形态。有的从传播方式角度,认为新媒体是多个传播者与多个接受者互动传播、平等交流的社区化、个性化媒体形态。联合国教科文组织将新媒体定义为网络媒体,即以数字技术为基础,以网络为载体进行信息传播的媒介。加拿大政府颁布的《新媒体豁免令》将视听新媒体定义为利用因特网传播广播电视的媒体。国际电联IPTV焦点组对IP电视的定义:在IP网络上传送包含电视、视频、文本、图形和数据等,提供QoS/QoE(达到服务质量/体验质量要求)、安全、交互性和可靠性的可管理的多媒体业务。[①] 2007年,欧盟颁布《视听媒体服务指令》,将视听媒体服务定义为"通过电子通信网络,以提供资讯、娱乐或教育等大众节目为主要目的,并对于所提供的节目具有编辑责任的媒体服务,包括电视广播服务与点播服务"。该指令将视听媒体服务分为两类,一是电视广播媒体服务,即线性视听媒体服务;二是点播(On—demand)类视听媒体服务,即非线性视听媒体服务。线性服务指的是媒体服务提供者按编排好的节目顺序供受众同时观看节目的服务。非线性服务指的是由服务提供者提供其所选择节目之目录,供使用者选择并通过其个人请求方式观看节目的服务。[②]

---

① 向明.3G与IPTV,中国电信业的两大热点[J].数字通信世界,2006(11):34.
② 张文锋.欧盟视听新媒体的内容规制[J].中国记者,2014(1):123.

2014年,国际电信联盟发布《HSTP.IPTV:基于IP(互联网协议)的电视相关多媒体服务的术语规范》,有关术语定义如下:(1)IPTV(交互式网络电视),是一种多媒体类型的业务服务(业务形态包括电视、视频、音频、文本、图片、数据等),通过电信运营商或网络运营商基于IP(互联网协议)可管可控的专网为用户提供,具有QoS(服务质量)水平高、用户使用体验良好、安全性高、交互性高、可靠性高等优势。(2)Smart TV(智能电视),也称为Connected TV(联网电视),是将互联网技术以及Web网络技术应用到机顶盒终端以及一体化电视机终端之中,可以提供传统的模拟/数字电视广播服务、IPTV服务以及社交网络、在线游戏/电视游戏、交互式精准广告等在内的基于互联网所提供的服务。(3)Hybrid TV(混合型电视),是一种终端设备或者融合型的电视服务,可以使用电视广播网络、宽带接入网络两种信道来进行传输接收与互动应用。(4)Internet TV(因特网电视,亦称国际互联网电视),也称为Catch-up TV(电视回放/节目重温)或者Online TV(在线电视),是电视服务提供商直接通过Internet(因特网)向终端用户提供电视节目或者其他视频内容服务的总称。(5)Web TV(网络电视),是一种将电视机连接至Internet(因特网),使电视机成为用户可以浏览网页、收发电子邮件的适配器。(6)OTT电视,是一种在线的内容传输服务,内容的控制以及传输不受Internet(因特网)服务提供商的干预,用户可以通过台式电脑、笔记本电脑、智能手机、平板电脑、智能电视机、机顶盒等联网设备观看OTT视频内容,还可以在多个联网设备上分享相关视频内容。[①]

2004年,我国制定的《互联网等信息网络传播视听节目管理办法》(广电总局令第39号)规定:该办法适用于以互联网协议(IP)作为主要技术形态,以计算机、电视机、手机等各类电子设备为接收终端,通过移动通信网、固定通信网、微波通信网、有线电视网、卫星或其他城域网、广域网、局域网等信息网络,从事开办、播放(含点播、转播、直播)、集成、传输、下载视听节目服务等活动;视听节目是指利用摄影机、摄像机、录音机和其他视音频摄制设备拍摄、录制的,由可连续运动的图像或可连续收听的声音组成的视音频节目。

2007年,国家广电总局、信息产业部联合下发《互联网视听节目服务管理规定》(总局、部令第56号),规定:在中华人民共和国境内向公众提供互联网(含移动互联网,以下简称互联网)视听节目服务活动,适用本规定。本规定所称互联网视听节目服务是指制作、编辑、集成并通过互联网向公众提供视音频节目,以及为他人提供上载传播视听节目服务的活动。

2016年,国家新闻出版广电总局发布《专网及定向传播视听节目服务管理规定》,废止了《互联网等信息网络传播视听节目管理办法》,规定:专网及定向传播视听节目服务,是指以电视机、各类手持电子设备等为接收终端,通过局域网络及利用互联网架设虚拟专网或者以互联网等信息网络为定向传输通道,向公众定向提供广播电视节目等视听节

---

① 李远东.ITU-T对于基于IP的电视相关多媒体服务的术语规范[EB/OL].(2015-04-30)[2015-05-30]. www.istis.sh.cn.

目服务活动,包括以交互式网络电视(IPTV)、专网手机电视、互联网电视等形式从事内容提供、集成播控、传输分发等活动。

综上,我们认为,网络视听新媒体是互联网与音视频融合发展的新型媒体。按照传播途径的不同,可分为三类:第一类是通过公共互联网(含移动互联网)传播的网络广播、网络电视、网络音视频、OTT 互联网电视、移动视频等新媒体;第二类是通过城域网、局域网等专网传播的 IP 交互式网络电视等新媒体;第三类是通过数字广播电视网传播的移动多媒体广播电视、互动电视、车载电视等新媒体。通过公共互联网(移动互联网)传播网络广播、网络电视、网络音视频节目等,适用《互联网视听节目服务管理规定》。通过城域网、局域网等专网传播的 IP 交互式网络电视、专网手机电视以及通过公共互联网定向传播的 OTT 互联网电视等,适用《专网及定向传播视听节目服务管理规定》。通过数字广播电视网传播移动多媒体广播电视、互动电视、车载电视等,如果没有采用互联网协议(IP)作为主要技术形态,则适用广播电视管理法规。

第二节　网络视听新媒体许可

自 20 世纪 90 年代以来互联网发展速度惊人,根本原因在于它自身具有开放自由、平等包容、海量多元、创新分享、去中心化等基本特征,契合了民众的普遍需求,把即时通信、搜索引擎、新闻信息、视听节目、娱乐游戏、购物支付、社交沟通等多种功能、多种服务"一网打尽"。欧美等发达国家和地区更加重视互联网的公共基础设施属性,提出了网络中立的原则,即任何人都能平等地在互联网上传输数据,电信及宽带服务商不得对互联网数据流量进行任何歧视性的限制或收费。1999 年,加拿大政府颁布《新媒体豁免令》,规定利用因特网传播广播电视可以免于申请许可证,以促进互联网发展。新加坡等新兴国家更加重视互联网的传媒属性。新加坡制定实施了《分类许可证通知》《互联网运行准则》《互联网行业准则》,《分类许可证通知》将互联网业者分为互联网内容提供商(ICP)、互联网服务提供商(ISP),互联网内容提供商、互联网服务提供商均需根据《分类许可证通知》向政府部门申请许可证。

一、互联网信息服务许可

我国政府对互联网业务服务实行部门分工负责、审批管理。2000 年,发布的《互联网信息服务管理办法》(国务院令第 292 号)规定:国家对经营性互联网信息服务实行许可制度,对非经营性互联网服务实行备案制度;从事新闻、出版、教育、医疗保健、药品和医疗器械等互联网信息服务,还应当依法经有关主管部门审核同意。从事经营性互联网信息服务,除应当符合《中华人民共和国电信条例》规定的要求外,还应当具备下列条件:(1)有业务发展计划及相关技术方案;(2)有健全的网络与信息安全保障措施,包括网站安全保障措施、信息安全保密管理制度、用户信息安全管理制度;(3)服务项目属于本办法第五条规定范围的,已取得有关主管部门同意的文件。从事经营性互联网信息服务,应当向省、自治区、直辖市电信管理机构或者国务院信息产业主管部门申请办理互联网信息服务增值电信业务经营许可证(以下简称经营许可证)。省、自治区、直辖市电信管理机构或者国务院信息产业主管部门应当自收到申请之日起60日内审查完毕,作出批准或者不予批准的决定。予以批准的,颁发经营许可证;不予批准的,应当书面通知申请人并说明理由。从事非经营性互联网信息服务,应当向省、自治区、直辖市电信管理机构或者国务院信息产业主管部门办理备案手续。办理备案时,应当提交下列材料:(1)主办单位和网站负责人的基本情况;(2)网站网址和服务项目;(3)服务项目属于本办法第五条规定范围的,已取得有关主管部门的同意文件。2014年,国务院《关于授权国家互联网信息办公室负责互联网信息内容管理工作的通知》(国发〔2014〕33号)授权重新组建的国家互联网信息办公室负责全国互联网信息内容管理工作,并负责监督管理执法。《互联网新闻信息服务管理规定》对互联网新闻信息服务单位设立规定了审批的条件和程序。《互联网直播服务管理规定》明确:互联网直播服务提供者提供互联网新闻信息服务的,应当依法取得互联网新闻信息服务资质,并在许可范围内开展互联网新闻信息服务。开展互联网新闻信息服务的互联网直播发布者,应当依法取得互联网新闻信息服务资质并在许可范围内提供服务。通过网络表演、网络视听节目等提供互联网直播服务的,还应当依法取得法律法规规定的相关资质。

二、网络传播视听节目许可

1998年,国务院办公厅下发《关于印发国家广播电影电视总局职能配置内设机构和人员编制规定的通知》(国办发〔1998〕92号),明确国家广电总局对互联网等信息网络传播视听节目的监督管理职责。2004年,《国务院对确需保留的行政审批项目设定行政许可的决定》(国务院令第412号)规定,网上传播视听节目许可证核发由国家广电总局实施。据此,国家广电总局制定了《互联网等信息网络传播视听节目管理办法》(总局令第39号),规定:从事信息网络传播视听节目业务,应取得《信息网络传播视听节目许可证》。申请《信息网络传播视听节目许可证》,应当具备下列条件:(1)符合国家广电总局确定的信息网络传播视听节目的总体规划和布局,(2)符合国家规定的行业规范和技术标准,(3)有与业务规模相适应的自有资金、设备、场所及必要的专业人员,(4)拥有与业务规模相适应并符合国家规定的视听节目资源,(5)拥有与业务规模相适应的服务信誉、技术能力和网络资源,(6)有健全的节目内容审查制度、播出管理制度,(7)有可行的节目监控方案,(8)其他法律、行政法规规定的条件。《信息网络传播视听节目许可证》由国家广电总局按照信息网络传播视听节目的业务类别、接收终端、传输网络等项目分类核发。

2007年,中办、国办下发《关于加强网络文化建设和管理的意见》(中办发〔2007〕16号),规定:互联网等信息网络作为重要的技术平台和信息传播平台,既具备通信功能,也具备媒体功能;既有产业属性,也有意识形态属性。在互联网等信息网络上的媒体业务不能作为电信增值服务业务对外开放,非公有资本不得对新闻网站、时政类视听新闻发布和网络广播电台电视台形态服务进行战略投资或直接经营。该意见明确建立网络文化信息分类分级管理制度,网上新闻出版、广播影视、文学艺术等信息服务,依据宣传文化政策法规实行行业准入,由网络文化行业主管部门制定业务指导目录和准入原则;开办新闻聚合、手机报纸、搜索和博客业务,IP电视、播客和手机视听节目业务,手机书刊和手机文学业务,分别由中央外宣办、国家广电总局、新闻出版总署审批。

2007年,国家广电总局、信息产业部联合下发《互联网视听节目服务管理规定》(总局、部令第56号),规定:互联网视听节目服务是指制作、编辑、集成并通过互联网向公众提供视音频节目,以及为他人提供上载传播视听节目服务的活动。从事互联网视听节目服务,应当依照本规定取得广电主管部门颁发的《信息网络传播视听节目许可证》或履行备案手续。申请从事互联网视听节目服务的,应当同时具备以下条件:(1)具备法人资格,为国有独资或国有控股单位,且在申请之日前三年内无违法违规记录;(2)有健全的节目安全传播管理制度和安全保护技术措施;(3)有与其业务相适应并符合国家规定的视听节目资源;(4)有与其业务相适应的技术能力、网络资源和资金,且资金来源合法;(5)有与其业务相适应的专业人员,且主要出资者和经营者在申请之日前三年内无违法违规记录;(6)技术方案符合国家标准、行业标准和技术规范;(7)符合国务院广播电影电视主管部门确定的互联网视听节目服务总体规划、布局和业务指导目录;(8)符合法律、行政法规和国家有关规定的条件。从事广播电台、电视台形态服务和时政类视听新闻服务的,除符合上述条件外,还应当持有广播电视播出机构许可证或互联网新闻信息服务许可证;从事主持、访谈、报道类视听服务的,除符合上述条件外,还应当持有广播电视节目制作经营许可证和互联网新闻信息服务许可证;从事自办网络剧(片)类服务的,还应当持有广播电视节目制作经营许可证。申请《信息网络传播视听节目许可证》,应当报省级广电主管部门初审,然后报国家广电总局审批(中央直属单位可以直接向国家广电总局提出申请),国家广电总局应当自收到申请或者初审意见之日起40日内作出许可或者不予许可的决定。予以许可的,向申请人颁发《许可证》,并向社会公告,《许可证》应当载明互联网视听节目服务的播出标识、名称、服务类别等事项;不予许可的,应当书面通知申请人并说明理由。

2008年,国务院办公厅下发《国家广播电影电视总局主要职责内设机构和人员编制规定》,明确设立网络视听节目管理司,负责信息网络视听节目服务机构和业务监管,并实施准入和退出管理。2010年,国家广电总局下发《关于开办网络广播电视台有关问题的通知》(广发〔2010〕43号),规定:网络广播电视台是指以宽带互联网、移动通信网等新兴信息网络为节目传播载体的电台、电视台,是新形态的广播电视播出机构;网络广播电视台由广播电视播出机构申请开办,经当地广电部门同意后,逐级报国家广电总局审批。同年国家广电总局还发布了《互联网视听节目服务业务分类目录(试行)》的通告(2017年进行了修改),将利用公共互联网(含移动互联网)向计算机、手机用户提供视听节目服务业务分为四类。第一类是互联网视听节目服务(广播电台、电视台形态的互联网视听节目服务):(1)时政类视听新闻节目首发服务,(2)时政和社会类视听节目的主持、访谈、评论服务,(3)自办新闻、综合视听节目频道服务,(4)自办专业视听节目频道服务,(5)重大政治、军事、经济、社会、文化、体育等活动、事件的实况视音频直播服务。第二类是互联网视听节目服务:(1)时政类视听新闻节目转载服务,(2)文艺、娱乐、科技、财经、体育、教育等专业类视听节目的主持、访谈、报道、评论服务,(3)文艺、娱乐、科技、财经、体育、教育等专业类视听节目的制作(不含采访)、播出服务,(4)网络剧(片)的制作、播出服务,(5)电影、电视剧、动画片类视听节目的汇集、播出服务,(6)文艺、娱乐、科技、财经、体育、教育等专业类视听节目的汇集、播出服务,(7)一般社会团体文化活动、体育赛事等组织活动的实况视音频直播服务。第三类是互联网视听节目服务:(1)聚合网上视听节目的服务,(2)转发网民上传视听节目的服务。第四类是互联网视听节目服务(互联网视听节目转播类服务):(1)转播广播电视节目频道的服务,(2)转播互联网视听节目频道的服务,(3)转播网上实况直播的视听节目的服务。交互式网络电视(IPTV)、专网手机电视、互联网电视的集成播控服务、内容提供服务和传输分发服务的业务分类目录另行制定。

2010年,中办、国办下发《关于加强和改进互联网管理工作的意见》(中办发〔2010〕24号),规定:互联网管理职责要相对集中,形成以3个部门为主,分别主管互联网信息内容(国家互联网信息办公室)、互联网行业发展(工业和信息化部)、打击网络违法犯罪(公安部)的工作格局。国家互联网信息办公室有指导有关部门做好网络游戏、网络视听、网络出版等业务布局规划,文化、广电、出版、教育、卫生等相关部门负责涉及本部门的互联网信息内容的前置审批事项,报国家互联网信息办公室备案。

2012年,国家广电总局、国家互联网信息办公室下发《关于进一步加强网络剧、微电影等网络视听节目管理的通知》(广发〔2012〕53号),规定:从事网络剧、微电影等网络视听节目播出的互联网视听节目服务单位,应具有满足审核需求的经国家或省级网络视听节目行业协会培训合格的审核人员,具备健全的节目内容编审管理制度,并依法取得广播影视行政部门颁发的《信息网络传播视听节目许可证》,严格按照许可业务范围开展业务。从事生产制作并在本网站播出网络剧、微电影等网络视听节目的互联网视听节目服务单位,应同时依法取得广播影视行政部门颁发的《广播电视节目制作经营许可证》和相应许可的《信息网络传播视听节目许可证》。

2016年,国家新闻出版广电总局发布《专网及定向传播视听节目服务管理规定》,规定:专网及定向传播视听节目服务,是指以电视机、各类手持电子设备等为接收终端,通过局域网络及利用互联网架设虚拟专网或者以互联网等信息网络为定向传输通道,向公众定向提供广播电视节目等视听节目服务活动,包括以交互式网络电视(IPTV)、专网手机电视、互联网电视等形式从事内容提供、集成播控、传输分发等活动。从事内容提供、集成播控、传输分发等专网及定向传播视听节目服务,应当依照本规定取得《信息网络传播视听节目许可证》。《信息网络传播视听节目许可证》由国务院广播电影电视主管部门根据专网及定向传播视听节目服务的业务类别、服务内容、传输网络、覆盖范围等事项分类核发。申请从事专网及定向传播视听节目服务的单位，应当具备下列条件：(1)具备法人资格，为国有独资或者国有控股单位；(2)有健全的节目内容编审、安全传播管理制度和安全保护措施；(3)有与其业务相适应的技术能力、经营场所和相关资源；(4)有与其业务相适应的专业人员；(5)技术方案符合国家有关标准和技术规范；(6)符合国务院广播电影电视主管部门确定的专网及定向传播视听节目服务总体规划、布局和业务指导目录；(7)符合法律、行政法规和国家规定的其他条件。外商独资、中外合资、中外合作机构，不得从事专网及定向传播视听节目服务。申请从事专网及定向传播视听节目服务，应当向省、自治区、直辖市人民政府广播电影电视主管部门提出申请，中央直属单位可直接向国务院广播电影电视主管部门提出申请。省、自治区、直辖市人民政府广播电影电视主管部门应当自收到申请之日起 20 日内提出初核意见，并将初核意见及全部申请材料报国务院广播电影电视主管部门审批；国务院广播电影电视主管部门应当自收到申请或者初核意见之日起 40 日内作出许可或者不予许可的决定，其中专家评审时间为 20 日。予以许可的，向申请人颁发《信息网络传播视听节目许可证》，并向社会公告；不予许可的，应当书面通知申请人并说明理由。申请从事内容提供服务的，应当是经国务院广播电影电视主管部门批准设立的地(市)级以上广播电视播出机构或者中央新闻单位等机构，还应当具备2,000小时以上的节目内容储备和30人以上的专业节目编审人员。申请从事集成播控服务的，应当是经国务院广播电影电视主管部门批准设立的省、自治区、直辖市级以上广播电视播出机构。申请从事交互式网络电视(IPTV)传输服务、专网手机电视分发服务的，应当是国务院工业和信息化主管部门批准的具有合法基础网络运营资质的单位，并具有一定规模的公共信息基础网络设施资源和为用户提供长期服务的信誉或者能力。

2016 年，国家新闻出版广电总局下发《关于加强网络视听节目直播服务管理有关问题的通知》，规定开展网络视听节目直播服务应具有相应资质：一是通过互联网对重大政治、军事、经济、社会、文化、体育等活动、事件的实况进行视音频直播，应持有新闻出版广电行政部门颁发的《信息网络传播视听节目许可证》(以下简称《许可证》)，且许可项目为第一类互联网视听节目服务第五项；二是通过互联网对一般社会团体文化活动、体育赛事等组织活动的实况进行视音频直播，应持有《许可证》且许可项目为第二类互联网视听节目服务第七项。不符合上述条件的机构及个人，包括开设互联网直播间以个人网络演艺形式开展直播业务但不持有《许可证》的机构，均不得通过互联网开展上述所列活动、事件的视音频直播服务，也不得利用网络直播平台(直播间)开办新闻、综艺、体育、访谈、评论等各类视听节目，不得开办视听节目直播频道。未经批准，任何机构和个人不得在互联网上使用"电视台""广播电台""电台""TV"等广播电视专有名称开展业务。

2017 年，中办、国办《国家"十三五"时期文化发展改革规划纲要》规定：建设视听新媒体集成播控平台；开展视听类智能终端设备入网认证工作；制定互联网分类管理办法；完善互联网法律法规，将现行新闻出版法律法规延伸覆盖到网络媒体管理；完善网站新闻来源许可机制，加强新闻信息采编转载资质管理，规范商业网站转载行为和网络转载版权秩序；加强互联网信息搜索引擎、即时通信工具、移动新闻客户端等管理，明确微博、微信等的运营主体对所传播内容的主体责任。

据国家新闻出版广电总局公告显示，2016年我国互联网视听节目服务持证机构共有588家，互联网电视集成服务许可持证机构有中国网络电视台、上海广播电视台、浙江电视台和杭州市广播电视台（联合开办）、广东广播电视台、湖南广播电视台、中国国际广播电台、中央人民广播电台7家机构，互联网电视内容服务许可持证机构有中国网络电视台、上海广播电视台、浙江电视台和杭州市广播电视台（联合开办）、广东广播电视台、湖南广播电视台、中国国际广播电台、中央人民广播电台、江苏电视台、国家新闻出版广电总局电影卫星频道节目制作中心、湖北广播电视台、城市联合网络电视台、山东电视台、北京广播电视台、云南广播电视台、重庆网络广播电视台15家机构，移动通信网手机电视集成播控服务许可持证机构有中央电视台、中央人民广播电台、杭州市广播电视台、上海广播电视台、辽宁广播电视台、中国国际广播电台6家机构。

第三节　网络视听新媒体规范

各国对网络传播的规制措施比较慎重。多数国家对网络传播的规制比对广播电视电子媒体的规制宽松。比如，1997年，美国联邦通讯委员会公布的《网络与电讯传播政策》报告提出政府应避免对网络传播行为进行不必要的管制，对于传统媒体管理的规范要有选择地适用于网络管理，政府鼓励网络行业的自律，这些原则使互联网在比较宽松的环境下得到快速发展。各国对包括网络视听媒体在内的网络传播的规制主要表现在维护国家安全和网络安全、保护未成年人和网络内容规范、保护知识产权和惩治网络侵权、强化行业自律等方面。

一、维护国家安全和网络安全

维护国家安全、网络安全是网络传播规制的首要任务。美国1984年通过了《联邦禁止利用电脑犯罪法》，1987年通过了《电脑犯罪法》。"9·11"事件之后，美国2001年通过了《爱国者法》，2002年通过了《国土安全法》，允许美国安全部门能够以反恐为名截取嫌疑人的电话内容或互联网通信内容，还可秘密要求网络和电信服务商提供客户详细信息。2015年又通过了《网络安全法》，对网络安全信息共享的参与主体、共享方式、实施和审查监督程序、组织机构、责任豁免及隐私保护等作了全面规范，成为美国当前规制网络安全信息共享的一部较为完备的法律。2016年，欧盟立法机构通过欧盟首部网络安全法

《网络与信息系统安全指令》,旨在加强基础服务运营者、部分数字服务提供者的网络与信息系统的安全,防止网络遭受非法攻击、破坏、入侵等,确保网络安全和网络经济发展。2013年,我国党的十八届三中全会通过的《中共中央关于全面深化改革若干重大问题的决定》规定:坚持积极利用、科学发展、依法管理、确保安全的方针,加大依法管理网络力度,加快完善互联网管理领导体制,确保国家网络和信息安全。2014年中央网络安全与信息化领导小组成立。2016年,我国制定的《网络安全法》规定:国家采取措施,监测、防御、处置来源于中华人民共和国境内外的网络安全风险和威胁,保护关键信息基础设施免受攻击、侵入、干扰和破坏,依法惩治网络违法犯罪活动,维护网络空间安全和秩序。国家保护公民、法人和其他组织依法使用网络的权利,促进网络接入普及,提升网络服务水平,为社会提供安全、便利的网络服务,保障网络信息依法、有序、自由流动。《反恐怖主义法》规定:电信业务经营者、互联网服务提供者应当依照法律、行政法规规定,落实网络安全、信息内容监督制度和安全技术防范措施,防止含有恐怖主义、极端主义内容的信息传播;发现含有恐怖主义、极端主义内容的信息的,应当立即停止传输,保存相关记录,删除相关信息,并向公安机关或者有关部门报告。《刑法》第285条、286条、287条规定了计算机网络犯罪行为及刑事处罚。

二、保护未成年人和网络内容规范

保护未成年人免受色情等不良信息危害,是网络传播规制的重点。1996年,美国国会通过的《传播净化法》规定:在未成年人可以接触到的电讯装置或计算机上制作、装设、传播或容许任何具有猥亵、低俗不雅的内容,将被视为犯罪。1997年,美国最高法院以违反成年人言论自由基本权利为由,判决该法案违宪。1998年,美国国会通过的《儿童在线保护法》要求商业成人网站经营者需通过信用卡付款及账号密码等方式,限制未成年人浏览成人网站,禁止将缺乏严肃文学、艺术、政治、科学价值的裸体与性行为影像及文字内容提供给未成年人。2009年,美国最高法院判决该法案违宪。2000年,美国国会通过的《未成年人互联网保护法》规定中小学校、公共图书馆等必须在其网络服务程序的目录上提供过滤器,确保未成年人接触不到有色情内容的成人网站。2005年,美国联邦上诉法院认定该法案违宪。尽管如此,美国联邦通讯委员会、美国司法部、联邦调查局等政府部门成立专门机构,重点打击利用互联网传播儿童色情内容的违法行为。欧盟《视听媒体服务指令》规定了视听服务的基本标准,要求成员国采取有效措施,防止未成年人听到或看到危害其身心健康的色情、暴力等内容。澳大利亚联邦政府广播服务法、互联网内容法规定:任何个人或网络服务商不得在网上发布传播淫秽、色情、暴力等内容。英国政府推动网络服务提供者给所有家庭用户安装默认的色情内容过滤系统以保护青少年,用户也可以自行选择将其关闭。

我国《互联网信息服务管理办法》规定互联网信息服务提供者不得制作、复制、发布、传播含有下列内容的信息:(1)反对宪法所确定的基本原则的;(2)危害国家安全,泄露国家秘密,颠覆国家政权,破坏国家统一的;(3)损害国家荣誉和利益的;(4)煽动民族仇恨、民族歧视,破坏民族团结的;(5)破坏国家宗教政策,宣扬邪教和封建迷信的;(6)散布谣言,扰乱社会秩序,破坏社会稳定的;(7)散布淫秽、色情、赌博、暴力、凶杀、恐怖或者教唆犯罪的;(8)侮辱或者诽谤他人,侵害他人合法权益的;(9)含有法律、行政法规禁止的其他内容的。

《互联网视听节目服务管理规定》规定视听节目不得含有以下内容:(1)反对宪法确定的基本原则的;(2)危害国家统一、主权和领土完整的;(3)泄露国家秘密、危害国家安全或者损害国家荣誉和利益的;(4)煽动民族仇恨、民族歧视,破坏民族团结,或者侵害民族风俗、习惯的;(5)宣扬邪教、迷信的;(6)扰乱社会秩序,破坏社会稳定的;(7)诱导未成年人违法犯罪和渲染暴力、色情、赌博、恐怖活动的;(8)侮辱或者诽谤他人,侵害公民个人隐私等他人合法权益的;(9)危害社会公德,损害民族优秀文化传统的;(10)有关法律、行政法规和国家规定禁止的其他内容。

国家广电总局《关于进一步加强网络剧、微电影等网络视听节目管理的通知》(广发〔2012〕53号)规定:互联网视听节目服务单位要按照"谁办网谁负责"的原则,对网络剧、微电影等网络视听节目实行先审后播管理制度。互联网视听节目服务单位在播出网络剧、微电影等网络视听节目前,应组织审核员对拟播出的网络剧、微电影等网络视听节目进行内容审核,审核通过后方可上网播出。网络剧、微电影等网络视听节目不得含有《互联网视听节目服务管理规定》禁止的内容。凡在广播影视行政部门备案公示,但未取得《电影片公映许可证》《电视剧发行许可证》的电影和电视剧等,不得在网上播出。互联网视听节目服务单位自审的网络剧、微电影、网络电影、影视类动画片、纪录片,应将审核通过的节目名称、内容概要、审核员和本单位内容管理负责人签字的节目审核单等信息报本单位所在地省级广播影视行政部门备案。互联网视听节目服务单位开设和自审的专业类视听节目栏目,应将审核通过的节目栏目名称、栏目内容概要等信息报本单位所在地省级广播影视行政部门备案。

国家新闻出版广电总局《关于进一步落实网上境外影视剧管理有关规定的通知》(新广电发〔2014〕204号)规定:网上播出的境外电影、电视剧,应依法取得新闻出版广电部门颁发的《电影片公映许可证》或《电视剧发行许可证》等批准文件,并取得著作权人授予的信息网络传播权。未取得《电影片公映许可证》或《电视剧发行许可证》的境外影视剧一律不得上网播放。依法取得国家新闻出版广电总局颁发的《信息网络传播视听节目许可证》,且许可项目含有"第二类互联网视听节目服务第五项:电影、电视剧、动画片类视听节目的汇集、播出业务"的网站,可以引进专门用于信息网络传播的境外影视剧。各网站只能引进用于本网站播放的境外影视剧,也可在本网站播放的同时,在符合版权要求的情况下,销售给其他具有影视剧播放资质的持证网站播放。各网站不能引进境外影视剧专门销售给其他网站播放。单个网站年度引进播出境外影视剧的总量,不得超过该网站上一年度购买播出国产影视剧总量的30%。依照"网上境外影视剧引进信息统一登记平台"发布的相关信息,各网站按年度引进计划与著作权人签订引进协议,签约后将引进专门用于信息网络传播的境外影视剧的样片、合同、版权证明、剧情概要等材料,报所在地省级新闻出版广电部门进行内容审核,审核通过的发给《电视剧发行许可证》(注明专用于信息网络传播),同时标明版权起止日期。中央直属单位所属网站引进的境外影视剧报国家新闻出版广电总局进行内容审核。

《专网及定向传播视听节目服务管理规定》规定专网及定向传播视听节目服务单位传播的节目应当符合法律、行政法规、部门规章的规定,不得含有以下内容:(1)违反宪法确定的基本原则,煽动抗拒或者破坏宪法、法律、行政法规实施;(2)危害国家统一、主权和领土完整,泄露国家秘密,危害国家安全,损害国家荣誉和利益;(3)诋毁民族优秀文化传统,煽动民族仇恨、民族歧视,侵害民族风俗习惯,歪曲民族历史和民族历史人物,伤害民族感情,破坏民族团结;(4)宣扬宗教狂热,危害宗教和睦,伤害信教公民宗教感情,破坏信教公民和不信教公民团结,宣扬邪教、迷信;(5)危害社会公德,扰乱社会秩序,破坏社会稳定,宣扬淫秽、赌博、吸毒,渲染暴力、恐怖,教唆犯罪或者传授犯罪方法;(6)侵害未成年人合法权益或者损害未成年人身心健康;(7)侮辱、诽谤他人或者散布他人隐私,侵害他人合法权益;(8)法律、行政法规禁止的其他内容。

三、保护知识产权和惩治网络侵权

保护网络版权、惩治网络侵权是网络传播规制的重要任务,有利于促进网络创新发展。美国互联网产业和影视内容产业高度发达,与其完备而严格的版权法律保护体系密切相关。美国1790年出台第一部版权法,1976年出台更为完备的版权法,1998年出台《版权保护期间延长法》《数字千禧版权法》。其中,《数字千禧版权法》对网上作品临时复制、网上文件传输、数字出版发行、数字作品合理使用、数据库保护等进行全面规范,规定网络版权保护期为70年。2000年,出台《防止数字化侵权及强化版权补偿法》,加大侵权行为的赔偿力度,对被侵权的每部作品,最高赔偿金额由10万美元提高到15万美元。2005年,出台的《家庭娱乐和版权法》规定在共享文件夹中存储尚未发行的电影、软件、音乐等文件,将被处以罚款或最高三年监禁的惩罚。德国1997年《信息与传播服务法》提出互联网新媒体服务提供者承担责任的三原则:(1)对自己提供的网上信息内容负全部责任。(2)对网上提供来自他人的内容只是在一定条件下才负有责任。这个条件就是知道有关内容违法,并且应该也有可能阻止其传播。(3)对于仅仅是提供了进入通道的网上信息不负责任。英国2010年《数字经济法》对网络环境下的基础设施建设、数字内容的版权保护、域名管理、数字内容管理、数字作品的公共借阅权等方面进行了规范,明确了网络侵权中网络服务提供者的义务。我国2001年修订了《著作权法》,增加了广播权、网络传播权以及相应的侵权责任等内容,规定:广播权,即以无线方式公开广播或者传播作品,以有线传播或者转播的方式向公众传播广播的作品,以及通过扩音器或者其他传送符号、声音、图像的类似工具向公众传播广播的作品的权利;信息网络传播权,即以有线或者无线方式向公众提供作品,使公众可以在其个人选定的时间和地点获得作品的权利。2006年发布《信息网络传播权保护条例》,对著作权人和网络服务提供者的权利、义务及责任作了全面规范,同时明确了网络服务提供者不承担赔偿责任的情形和条件。该条例是我国保护网络版权、促进网络创新发展的重要法规。

[案例]央视国际网络有限公司诉世纪龙信息网络有限责任公司侵害信息网络传播权纠纷

原告央视国际网络公司(以下简称央视网公司)诉称:2008年8月6日,发现被告世纪龙信息网络有限责任公司(以下简称世纪龙公司)在其网站上通过信息网络,实时转播中央电视台CCTV—奥运频道正在直播的2008年北京奥林匹克运动会首场正式比赛:德国VS巴西女足赛(下简称"德巴女足赛")。经审查确认,被告提供给公众观看的中央电视台CCTV—奥运频道正在直播的上述涉案节目,已由中央电视台独占授权原告通过信息网络向公众传播、广播。而原告未许可被告通过信息网络向公众提供实时播放上述节目。上述奥运节目是中央电视台和原告花费巨大的人力、物力和财力摄制并播放,被告的直接侵权行为严重侵犯了原告的合法权益,给原告造成重大经济损失,侵犯了原告的录音录像制作者权和广播组织专用权。请求法院判令被告:(1)立即停止对原告享有的相关著作权的侵害,停止通过信息网络转播所涉频道、涉案节目的服务;(2)在其经营的网站首页及《中国电视报》上发布声明,向原告公开赔礼道歉;(3)赔偿原告经济损失200万元,为调查被告侵权行为和起诉被告所支付的合理费用10万元,以上金额合计人民币210万元;(4)承担本案全部诉讼费用。

被告世纪龙公司辩称:(1)原告举证享有涉案节目权利的证据存在瑕疵。被告认为,与奥运会有关的一切权利,根据奥运会体育合同的约定,权利主体是国际奥林匹克委员会(以下简称国际奥委会),原告并没有提供国际奥委会对其授权的充分证据以证明授权链条是完整的,因此原告并不是涉案节目的著作权人。(2)证明被告侵权事实的公证书违反了公证程序规则,本案的公证不符合申请人与公证事实无利害关系的规定,也不符合该规则中关于管辖的规定。而且,关于VGO软件的技术属性,VGO软件是P2P软件,通过P2P技术让互联网用户可以共享自己硬盘上的文件,VGO软件上的内容存在多种来源,涉案赛事与被告无关,而且原告也没有对来源进行举证。(3)即使被告的行为构成侵权,原告索赔的数额也缺乏事实和法律依据。

广州市中级法院审理查明:

2001年7月13日,国际奥林匹克委员会(以下简称国际奥委会)(甲方)与北京市暨中国国家奥林匹克委员会(以下简称中国奥委会)(乙方)在俄罗斯签署《第29届奥林匹克运动会主办城市合同》。该合同包括以下内容:……根据奥林匹克宪章,国际奥委会拥有与奥林匹克运动会有关的一切权利和数据,特别是,但不限于涉及其组织、利用、转播、录制、表现、复制、获取和散发的全部权利,不论是何种方式,或现存的或将来发展的。……鉴于国际奥委会注意并且具体考虑到该城市与国家奥委会所在的国家的政府关于尊重奥林匹克宪章和本合同所作的正式保证。……各方同意如下:……41. 艺术品或知识作品的产权 a. 由城市申办委员会、城市、国家奥委会或奥运会组委会自行或委托他人为其使用而开发的一切与奥运会有关的图像的,视觉的艺术的或知识的作品或创作的一切产权,包括版权,须完全归国际奥委会所有。

2008年6月20日,国家版权局、工业和信息化部、国家广播电影电视总局联合发布了《关于严禁通过互联网非法转播奥运赛事及相关活动的通知》。部分内容如下:一、第29届奥林匹克运动会赛事及相关活动在中国大陆和澳门地区的新媒体(互联网和移动平台)转播权已由国际奥委会独家授予中国中央电视台。未经中央电视台授权许可,其他任何互联网和移动平台等新媒体均不得擅自转播。……六、本通知所称"转播",指通过互联网或移动平台同步或不同步地传输奥运赛事及相关活动的行动。

2008年7月22日,中央电视台向原告出具《著作权声明书》,该声明书内容如下:兹证明中央电视台(以下简称"我台")已将我台拍摄、制作或者广播的,享有著作权或与著作权有关的权利,或者相关授权的,我台所有电视频道及其所含之电视节目(包括但不限于北京2008年奥运会的火炬传递、登顶珠峰、奥运开幕式、闭幕式、北京2008年奥运会及与奥运相关之所有赛事直播或录播节目、所有与奥运相关活动的新闻或者专题报道、评论节目,以及我台2008年春节联欢晚会及此前各年的我台春节联欢晚会节目),通过信息网络(包括互联网络、移动平台、IP电视、车载电视等)向公众传播、广播(包括但不限于实时转播或延时转播)、提供之权利,授权央视国际网络有限公司独占行使。央视国际网络有限公司作为上述权利的独占被授权许可人,可以以自己的名义,对外主张、行使上述权利,可以许可或禁止他人行使或部分行使上述权利;可以针对侵权行为(包括在本著作权声明书签发以前的侵权行为),以其自己的名义或委托律师等第三方,采取包括但不限于调查取证、行政投诉、提出索赔、谈判和解、提起诉讼、申请强制执行、获得赔偿等在内的各种法律措施。

2008年8月6日,上海天闻律师事务所向上海市静安公证处就互联网浏览网页和在线播放影片的过程申请证据保全。2008年12月17日,上海市静安公证处出具(2008)沪静证经字第4143号公证书一份。公证书显示,2008年8月6日登录被告世纪龙公司经营的21CN网站(www.21cn.com)主页,该网页右侧有"免费电视、VBOX、VGO下载"等链接,点击"VGO下载"进行VGO软件下载、安装。在安装VGO软件过程中,包含了以下内容:(1)VGO软件的发行者是被告。(2)VGO软件产品许可协议的条款中明确称：VGO是21CN网站为了提高用户使用感受，为广大网络用户开发的软件；只要注册了21CN通行证，即可登陆使用VGO软件，软件中的部分内容只向收费用户开放，但用户可以免费使用里面大部分功能；该软件产品、随附的印刷材料及本软件产品的任何副本的一切所有权和知识产权均由被告拥有，通过使用该软件产品可访问的内容的一切所有权和知识产权均属于各自内容的所有者拥有并可能受适用著作权或其他知识产权法律和条约的保护。(3)2008年5月30日，该软件新增功能特点包括：P2P视频点播、P2P视频直播、P2P下载功能等。回到21CN网站主页，点击"奥运"，显示的页面中包含"德巴女足正式打响奥运首战"的标题链接。其后，访问21CN vgo站点（vgo.21cn.com）页面，该页面下端标注了被告版权所有的提示，在该页面上，有"首页""使用帮助""论坛""下载VGO"四分页链接，网页载有软件特点为"速度稳定、流畅""视频内容丰富多彩""多种视频服务"，并注有"采用了最先进的视频P2P技术，在线用户越多，播放越流畅、越稳定的特性""兼容emule，你可以在VGO上找到任何你所喜爱的电视节目、电影、卡通动漫、视频片断"等说明，右侧栏有"最新公告"以及"玄妙无穷 清明祭祖习俗古今谈（文舜风水阵）""哈哈镜中人 爆笑图片·经典笑话"等广告图片链接；"最新公告"的第三项是"VGO直播测试频道——CCTV奥运"。运行已安装的VGO软件，并用21CN通行证登录后，该软件左栏显示"分类"等内容栏目列表，右栏为"最新更新"等内容列表或播放窗口，左栏"分类"按"我的收藏""最新推荐""电视直播""电影频道"等栏目排列，"电视直播"栏目下有"体育频道""电视直播频道"等子栏目排列，点击"体育频道"子栏目，右栏显示有"CCTV5（直播测试频道）""广东体育（直播测试频道）"等列表，在"CCTV5（直播测试频道）"点击"点播"后，首先是中国移动通信与奥运有关的广告，然后实时播放了中央电视台CCTV—奥运频道正在直播的"德巴女足赛"，播放时视频左上角有CCTV奥运频道的台标，播放的比赛过程包括围绕运动的足球为中心的部分球场画面、个别球员特写画面及姓名介绍、场边教练人员的特写画面、赛场观众的画面、央视主持人的解说、球赛中场休息时央视主持人评论的画面等内容。在开始播放后，播放窗口的右侧一栏显示以下内容：上部是"CCTV5中央电视台测试频道"的图标，下部是"影片名：CCTV5（测试），国家：中国，年份：2008"，没有显示该影片任何链接地址的信息。

另查明，本院2009年判决生效的(2009)穗中法民三终字第13号安乐（北京）电影发行有限公司起诉世纪龙公司侵犯著作财产权纠纷一案，本案的原告和被告的代理人均为该案原告和被告的代理人，涉案被控电影于2008年2月25日也是通过安装、运行被告的VGO软件进行播放的，但在播放过程中，与本案有所区别的是，播放窗口的右侧显示该影片的链接地址"p2ps://96CdlC

A……wmv"及影片内容介绍。原告为本案诉讼聘请了律师,并支付了公证费1000元。

广州市中级法院审理认为:

一、关于电视节目"德巴女足赛"的性质

本案中,原告所主张的"德巴女足赛",是广大观众在屏幕前观看的经摄制而成的电视节目,其与比赛现场所进行的德巴女足赛有所不同,至少存在以下等区别:(1)电视节目的比赛进程展现的是围绕运动的足球为中心的部分球场画面,并非全程展现完整的比赛场面;(2)电视节目中会出现在比赛现场无法获取的信息,例如个别球员的特写画面及姓名介绍、央视主持人的解说、场边教练人员的特写画面等;(3)电视节目在球赛中场休息时会出现央视主持人评论的画面。因此,中央电视台作为电视节目"德巴足球赛"的摄制者,其独创性主要体现在对现场比赛的拍摄及解说,包括机位的设置、镜头的选择、主持、解说和编导的参与等方面。然而尽管如此,其作为以直播现场体育比赛为主要目的的电视节目,在独创性上尚未达到电影作品和以类似摄制电影的方法创作的作品所要求的高度,特别是其中对于比赛进程的控制、拍摄内容的选择、解说内容的编排等方面,摄制者按照其意志所能作出的选择和表达非常有限,摄制者并非处于主导地位。因此,中央电视台摄制的"德巴足球赛",不足以构成电影作品或以类似摄制电影的方法创作的作品。但是,如前所述,中央电视台在摄制"德巴足球赛"的过程中体现了一定的独创性,根据《中华人民共和国著作权法实施条例》第五条第三项的规定,电视节目"德巴足球赛"应当作为电影作品和以类似摄制电影的方法创作的作品以外的有伴音或者无伴音的连续相关形象、图像的录制品予以保护,中央电视台对其享有录音录像制作者权。

二、关于原告在本案中的权利

根据《奥林匹克宪章》和中国政府与国际奥委会签署的有关协议,第29届奥林匹克运动会赛事及相关活动在中国大陆和澳门地区的新媒体(互联网和移动平台)转播权由国际奥委会独家授予中国中央电视台。该转播权包含了著作权法意义上的信息网络传播权。因此,中央电视台对涉案节目享有独家信息网络传播权。未经中央电视台授权许可,其他任何互联网和移动平台等新媒体均不得擅自转播。本案原告获得了中央电视台授予的信息网络传播权,其合法权益应受法律保护。因此,本院认定原告有权在本案中就"德巴足球赛"电视节目向被告主张录音录像制作者的信息网络传播权。

关于原告在本案中同时起诉被告侵犯其享有的广播组织专有权,根据《中华人民共和国著作权法》第四十五条第一款的规定,广播电台、电视台有权禁止未经其许可将其播放的广播、电视转播的行为,本条规定的广播组织专有权的行使主体限于广播电台、电视台,法律没有规定允许广播电台、电视台将该权利

授予其他主体,例如本案原告单独行使。因此,对于原告在本案中主张其享有广播组织专有权,本院不予支持。

三、关于被告的行为是否侵犯原告权利的问题

根据(2008)沪静证经字第4143号公证书显示的内容以及被告的陈述,可以认定通过安装、运行、并用21CN通行证登录从被告网站上下载的VGO软件,依次点击该软件窗口"电视直播"栏目、"体育频道"子栏目、"CCTV5(直播测试频道)",即可以实现对中央电视台CCTV—奥运频道正在直播的涉案电视节目"德巴女足赛"进行实时播放。现没有证据证明"CCTV5(直播测试频道)"播放涉案电视节目"德巴女足赛"获得了中央电视台的授权许可,因此,通过"CCTV5(直播测试频道)"提供涉案电视节目的主体应当构成侵犯原告作为录音录像制作者的信息网络传播权的直接侵权行为。

原告与被告双方争议的焦点是被告辩称其作为网络服务提供者,仅为被诉侵权的"德巴女足赛"提供了点对点(P2P)技术服务,而不存在原告起诉的通过自己的服务器提供"德巴女足赛"给互联网用户观看的直接侵权行为。

根据《信息网络传播权保护条例》第十八条、第二十六条的相关规定,侵犯他人信息网络传播权的直接侵权行为,是指通过信息网络擅自向公众提供他人的作品、表演、录音录像制品,使公众可以在其个人选定的时间和地点获得作品、表演或者录音录像制品的行为。这里的"提供",系指行为人通过上传到网络服务器、开放计算机硬盘或者以其他方式,将作品、表演、录音录像制品置于向公众开放的信息网络中,使公众可以以下载、浏览等方式获得的。本案中,根据VGO软件安装过程中显示的信息以及被告的21CN vgo站点(vgo.21cn.com)页面上的"软件特点"等信息,VGO软件从功能上而言提供的是点对点技术服务,该技术令网络用户无须登录中央服务器浏览和下载,而是进行个人电脑之间的直接通信,每台个人电脑同时扮演服务器与客户机的角色,直接从其他用户的电脑而非从中央服务器获取数据资源。然而,VGO软件提供的虽然是点对点技术服务,仍然不能否定其中的"CCTV5(直播测试频道)"是被告通过自己服务器向公众提供浏览的可能,要判断被告是否存在此种直接侵权行为,还需要审查以下事实:第一,被告在其站点(vgo.21cn.com)页面上"最新公告"的第三项列明了"VGO直播测试频道—CCTV奥运",足以证明被告明知其VGO软件中存在"CCTV5(直播测试频道)"的事实并通过公告进行宣传。第二,本案VGO软件的播放信息与公证保全时间基本在同一时期(2008年2月25日)的(2009)穗中法民三终字第13号案有明显区别的是,同是使用被告的VGO软件,该案在开始播放后会在播放窗口的右侧出现明显不属于被告的链接地址"p2ps://96CdlCA……wmv",法院因此认定是案外第三人擅自上传涉案电影供其他网络用户浏览下载,而本案的播放窗口右侧没有任何链接地址的信息,从两案显示的链接信息的区别至少可以确定,显示链接地址并不能成为 VGO 软件的技术障碍,若被告否认存在直接侵权行为,完全有能力也应当举证让原告获知"CCTV5(直播测试频道)"的链接地址信息,但被告至今仍未提供该部分证据。第三,与一般通过点对点技术共享传播的文件通常是事先储存在案外第三方用户电脑上的现成文件有所区别的是,本案中通过信息网络传播的是中央电视台的电视节目,而且是通过实时同步播放(直播)的方式进行传播,这就要求通过"CCTV5(直播测试频道)"播放涉案电视节目的主体可以完成电视信号的接收、转化为数字信号、在信息网络上传播这个过程,在硬件的配置和技术要求上,所需均应高于一般的个人用户通过点对点技术将储存在其电脑上的文件提供给网络用户浏览下载的情形。

综合上述几方面,考虑到被告经营的是国内大型门户网站,从常理分析,其后台强大的服务器拥有将电视节目通过实时同步播放(直播)的方式进行传播的能力;并且,在《关于严禁通过互联网非法转播奥运赛事及相关活动的通知》颁布后,被告应当明知未经中央电视台授权许可,其他任何互联网和移动平台等新媒体均不得擅自转播涉案电视节目;最关键的是,在没有技术障碍的情况下,被告不能提供证据证明在 VGO 软件平台上建立链接的被诉侵权内容系由案外第三方网络用户提供的。因此,本院推定被告提供了侵权内容,直接侵犯了原告作为录音录像制作者的信息网络传播权。

四、被告应承担的民事责任

被告侵犯了原告作为录音录像制作者的信息网络传播权,应承担相应的民事责任。原告要求被告立即停止通过信息网络转播中央电视台 CCTV—奥运频道的"德巴女足赛"的服务,考虑到上述涉案电视节目的内容是 2008 年北京奥运会比赛,播放时间是 2008 年 8 月,距今已将近四年,事实上已经不可能再进行实时转播,因此对于原告该项诉讼请求,本院不再支持。

原告还要求被告在其经营的网站首页及《中国电视报》上发布声明,向原告公开赔礼道歉。本院认为,赔礼道歉是以侵犯著作权人身权利为条件的,首先,本案中播放的内容并没有进行编辑、更改,实时转播的视频有 CCTV 的台标;其次,本案原告没有证据证明被告实施的行为给其商誉造成损害。因此,对于原告的该项诉讼请求本院不予支持。

原告还要求被告赔偿其经济损失 200 万元以及为调查被告侵权行为和起诉被告所支付的合理费用 10 万元。鉴于原告没有证据证明原告因侵权行为造成的实际损失和被告因侵权行为获得的利润情况,本院将根据原告权利的性质、被告网站的性质、侵权的性质和后果、国家版权局等三部门联合发布《关于严禁通过互联网非法转播奥运赛事及相关活动的通知》的时间等因素,以及原告为本案诉讼所支付的律师费、公证费等费用的合理性、必要性,酌情确定本案的赔偿数额为20万元。

2012年广州市中级法院根据《中华人民共和国著作权法》《中华人民共和国著作权法实施条例》《信息网络传播权保护条例》《最高人民法院关于审理涉及计算机网络著作权纠纷案件适用法律若干问题的解释》的有关规定，作出如下判决：一、被告世纪龙信息网络有限责任公司自本判决发生法律效力之日起十日内赔偿原告央视国际网络有限公司经济损失以及为本案支出的合理费用共计人民币20万元。二、驳回原告央视国际网络有限公司的其他诉讼请求。本案案件受理费人民币23,600元，由原告央视国际网络有限公司负担10,680元，被告世纪龙信息网络有限责任公司负担12,920元。①

[简评]这是一起侵犯体育节目信息网络传播权的典型案例。随着互联网的快速普及和各类应用软件的推陈出新，网络原创作品不断兴起，同时网络盗版侵权也更加便捷。《信息网络传播权保护条例》对保护著作权人、表演者、录音录像制作者（以下统称权利人）的信息网络传播权作出专门规定，明确了信息网络传播作品的合理使用范围、法定许可情形以及"避风港"原则，细化了网络提供者不承担赔偿责任的情形和条件，对著作权人、网络服务提供者、服务对象和用户各自的权利与义务进行了规定。本案中，被告未经原告许可，通过信息网络传播原告获权的体育比赛节目，侵犯了原告享有的信息网络传播权。并且被告没有举证证明其符合合理使用的情形、符合不承担赔偿责任的情形和条件。故此，法院判决被告承担赔偿责任。至于法院认定以直播现场体育比赛为主要目的的电视节目，不足以构成电影作品或以类似摄制电影的方法创作的作品，应当作为电影作品和以类似摄制电影的方法创作的作品以外的有伴音或者无伴音的连续相关形象、图像的录制品予以保护。笔者认为值得探讨。《著作权法实施条例》规定：电影作品和以类似摄制电影的方法创作的作品，是指摄制在一定介质上，由一系列有伴音或者无伴音的画面组成，并且借助适当装置放映或者以其他方式传播的作品。录像制品，是指电影作品和以类似摄制电影的方法创作的作品以外的任何有伴音或者无伴音的连续相关形象、图像的录制品。我们以为，这两者的根本区别在于是否有创作。一场体育比赛现场直播的电视节目，需要多位摄像师多角度摄制运动员的精彩画面，需要解说员恰如其分地进行评说，需要导播选择精彩的画面呈现给电视观众，这类体育节目实际上是摄像师、解说员、导播等共同创作形成、全方位展现体育比赛过程和"亮点"的智力成果，应当作为以类似摄制电影的方法创作的作品加以保护。

四、强化行业自律

强化行业自律是网络传播规制的重要方面，也是维护行业良好秩序的重要举措。比

---

① 参见广东省广州市中级人民法院判决书。

如英国成立了互联网观察基金会、英国儿童网络安全委员会,接受各方对网上色情等非法信息的告发和处理;成立了互联网服务提供商协会、移动宽带集团等行业自律组织,制定了《英国手机内容自律行为守则》等自律规范。美国成立了计算机协会、信息系统审查与控制协会、计算机安全协会、国际互联网协会、计算机职业者社会责任协会等行业组织。法国成立了法国域名注册协会、互联网监护会和互联网用户协会等行业机构。日本成立了电气通信业者协会、电信服务业提供商协会等行业组织,制定了《网络事业者伦理准则》等行业规范。我国 2001 年成立了中国互联网协会,制定了《中国互联网行业自律公约》;2011 年成立了中国网络视听节目服务协会,签署了《中国网络视听节目服务自律公约》。

思考题

1. 如何定义网络视听新媒体?
2. 网络视听新媒体管理有哪些手段?
3. 广播电视管理与网络视听新媒体管理有哪些异同?

第九章　广播电视从业人员制度

> **内容提要：**
> 广播电视从业人员制度，主要介绍了从业人员的资格认定、权利和义务、职业道德、处分处罚等内容，力求让读者了解广播电视从业人员的基本素养和基本责任，进一步理解播音员、主持人等公众人物对于引导未成年人健康成长的重要意义。

广播电视活动是广播电视从业人员利用技术设备进行节目创作生产和提供服务的过程，广播电视从业人员的政治素质和业务素质决定着内容服务的品位和质量。广播电视从业人员主要包括编辑记者、播音员主持人、工程技术人员、经营管理人员等。广播电视从业人员的规范制度主要体现在劳动法、就业法等法律中。考虑到广播电视岗位的特殊要求，一些国家和地区对广播电视从业人员规定了资格准入制度，制定了职业道德规范和管理规则，对广播电视从业人员提出了更高的要求。

第一节　广播电视从业人员资格

所谓从业资格是指从事某种工作所应具备的条件。根据《经济、社会和文化权利公约》的规定，人人享有工作权。各国宪法、劳动法、就业法等对公民的劳动权、工作权作了全面规定，禁止就业歧视，促进公平就业，规定工作时限，保障民生权利。对少数特殊行业工作岗位的特殊要求，则通过特殊法律进行例外规定。

一、境外广播电视从业人员资格制度

一些国家对公共广播电视公司的领导机构成员资格进行了规定。比如日本广播法第 16 条规定：日本广播协会设立经营委员会，由 12 人组成，负责决定协会的经营方针和其他业务经营的重要事项，经营委员会的委员由总理从具有广博知识和经验、能够对公共利益作出公正判断的人中任命并经两院通过，同一政党的委员不得超过 5 人；该条还规定了不能成为经营委员会委员的情形：(1)受监禁以上刑事处罚的，(2)国家公务员受

免职处分未满两年的,(3)国家公务员,(4)政党负责人员,(5)广播电视发射机、接收机制造商、销售商等法人的负责人员以及拥有该类法人 1/10 以上具有表决权股份的,(6)广播电视业者、报社、通讯社和其他从事新闻或信息发布者的负责人员、职员以及拥有该类法人 1/10 以上具有表决权股份的,(7)前两项所列事业团体的负责人员。韩国广播法第 48 条规定了不能成为韩国广播公司董事会成员的情形有:(1)非韩国国籍者,(2)《政党法》规定的政党成员,(3)《公家公务员法》第 33 条规定的公务员。一些国家对无线电等专业人员规定了从业资格,比如日本电波法第 41 条规定:凡是要成为无线电从业员,必须通过无线电从业员国家考试,并报请邮政相批准。还有一些国家要求商业广播电视经营者执行平等的就业计划,在职员招收、提升和培训时采取具体行动,保证平等对待少数民族。比如美国联邦通讯委员会要求电台、电视台每年提交人员雇用的情况简介,监督电台、电视台就业机会均等的保障情况。

我国台湾地区"广播电视从业人员管理规则"对广播电视事业负责人、新闻主管、节目主管、业务主营、节目制作人、主持人、编审、导播、记者、编译等从业资格进行了规定。一是广播电视事业负责人应具有以下资格之一(民营电台非直接执业之董事长及董事除外):(1)曾任广播电视事业负责人或新闻纸发行人者;(2)曾任广播电视事业或新闻纸之单位主管职务三年以上者;(3)曾任公务人员荐任以上职务或相等职务七年以上者;(4)具有"教育部"审定之教授资格并讲授有关科目者;(5)"教育部"认可之国内外大专院校有关系科毕业,并从事广播电视事业工作十年以上者。二是广播电视事业的新闻主管应具有以下资格之一:(1)曾任广播电视事业之新闻主管者;(2)"教育部"认可之国内外大专院校新闻有关系科毕业或高等考试及格,并从事新闻、广播、电视工作四年以上者;(3)具有"教育部"审定副教授以上资格,并讲授新闻学有关课程者;(4)曾任相关业务公务人员荐任以上职务或相等职务以上者;(5)从事广播电视新闻工作七年以上者。三是广播电视事业的节目主管应具有以下资格之一:(1)曾任广播电视事业之新闻、教学或节目主管者;(2)"教育部"认可之国内外大专院校有关系科毕业或高等考试及格,并从事广播、电视、新闻或相关工作四年以上者;(3)具有"教育部"审定之副教授以上资格者;(4)曾任相关业务公务人员荐任以上职务或相等职务以上者;(5)曾任报社编采工作或广播电视有关新闻及节目工作七年以上者。四是广播电视事业管理或业务主营应具有以下资格之一:(1)新闻主管、节目主管资格之一者,(2)"教育部"认可之国内外大专院校有关系科毕业或高等考试及格者,(3)从事广播、电视或新闻工作五年以上者。五是广播电视事业的节目制作人、主持人、编审、导播,应具有大专程度或曾任相关之助理职务四年之上,成绩优良者。六是广播电视事业之记者及编译,应具有大专院校毕业或高等考试及格之资格。七是广播电视事业工程人员资格,应符合广播电视无线电台工程技术管理规则。

二、我国广播电视从业人员资格制度

我国劳动法规定:用人单位招用人员,不得以民族、种族、性别、宗教信仰、年龄、身体残疾等因素歧视劳动者。为了提高广播电视从业人员的整体素质,我国对广播电视编辑记者、播音员主持人、电视剧制片人等实行资格认定制度。根据《行政许可法》和行政审批制度改革的有关规定,国务院对所属各部门的行政审批项目进行了全面清理,取消了几百项职业资格许可认定事项。《电视剧制片人持证上岗暂行规定》(国家广电总局令第11号)规定的电视剧制片人资格认定被取消。《广播电视编辑记者、播音员主持人资格管理暂行规定》(国家广电总局令第26号)规定的广播电视编辑记者、播音员主持人资格认定被保留。

在我国依法设立的广播电视节目制作机构、播出机构连续从事广播电视采访编辑、播音主持工作满一年的人员,应当依照上述规定通过考试和注册取得执业资格并持有执业证书。广播电视编辑记者资格考试和播音员主持人资格考试分别举行,每年上半年举行一次,全国统一大纲、统一命题、统一组织、统一标准。资格考试采取闭卷考试、计算机考试或口试等方式进行。符合下列条件的人员,可以报名参加资格考试:(1)遵守宪法、法律、广播电视相关法规、规章;(2)坚持四项基本原则,拥护中国共产党的基本理论、基本路线和方针政策;(3)具有完全民事行为能力;(4)具有大学专科及以上学历(含应届毕业生)。考试合格的,由省级广播电视行政部门颁发《广播电视编辑记者资格考试合格证》或《广播电视播音员主持人资格考试合格证》。符合下列条件的人员,可以申请相关执业资格注册:(1)已取得《广播电视编辑记者资格考试合格证》或《广播电视播音员主持人资格考试合格证》;(2)在制作、播出机构相应岗位实习满一年;(3)身体状况能胜任所申请执业的工作岗位要求;(4)没有因故意犯罪受过刑事处罚或受过党纪政纪开除处分;(5)以普通话为基本用语的播音员主持人,取得与岗位要求一致的普通话水平测试等级证书。符合条件的,由省级广播电视行政部门办理注册手续,发放广播电视编辑记者证、播音员主持人证。

根据《新闻记者证管理办法》规定,新闻记者证是新闻记者职务身份的有效证明,是境内新闻记者从事新闻采编活动的唯一合法证件。新闻记者持新闻记者证依法从事新闻采访活动受法律保护。各级人民政府及其职能部门、工作人员应为合法的新闻采访活动提供必要的便利和保障。任何组织或者个人不得干扰、阻挠新闻机构及其新闻记者合法的采访活动。申领新闻记者证,须由新闻机构如实填写并提交《领取新闻记者证登记表》《领取新闻记者证人员情况表》以及每个申领人的身份证、毕业证、从业资格证(培训合格证)、劳动合同复印件等申报材料。新闻机构中领取新闻记者证的人员须同时具备下列条件:(1)遵守国家法律法规和新闻工作者职业道德;(2)具备大学专科以上学历并获得国务院有关部门认定的新闻采编从业资格;(3)在新闻机构编制内从事新闻采编工作,或者经新闻机构正式聘用从事新闻采编岗位工作且具有一年以上新闻采编工作经历。

按照中宣部、国家广电总局、新闻出版总署《关于新闻采编人员从业管理的规定》,新闻采编人员有虚假报道、有偿新闻等行为,情节严重的,一律吊销记者证,被吊销记者证的新闻采编人员五年内不得从事新闻采编工作,因故意犯罪被判处刑罚的,终身不得从事新闻采编工作。

第二节　广播电视记者的权利与义务

记者是广播电视等新闻媒体从事新闻采访报道的专职人员,承担着调查事实、报道信息、记录社会等任务。记者权利的实现程度和义务的履行情况是一个国家新闻媒体发展水平和文明程度的重要标志。对于记者的权利与义务,多数国家没有专门的立法规定,但是在宪法、刑法、民法、行政法、程序法等各类法律中对记者的权利予以保障,对记者的义务予以规范。

一、境外广播电视记者的权利与义务

1954 年,国际新闻记者联合会通过了《记者行为原则宣言》,尽管这不是国际法,但是对该联合会的成员有一定的约束力。《记者行为原则宣言》规定记者的权利有:(1)尊重真理及尊重公众获得真实的权利,(2)维护忠实收集和发表新闻的自由,(3)维护公平评论与批评的权利。规定记者的义务有:(1)新闻记者仅报道知识来源的事实,不删除重要新闻,不假造资料;(2)只用公平的方法获得新闻、照片和资料;(3)对任何已发表的信息,发现有严重错误时,尽最大努力予以更正;(4)对秘密获得新闻来源,应保守职业秘密;(5)下列行为被视为严重的事业罪恶:抄袭、剽窃、中伤、诬蔑、诽谤和缺乏根据的指控,接受贿赂而发表信息或删除事实。[①]

俄罗斯、哈萨克斯塔、格鲁吉亚等国家大众传媒法对新闻记者的权利与义务作了详细规定。俄罗斯大众传媒法第 47 条规定新闻记者有 13 项权利:(1)寻找、咨询、获取和传播信息;(2)采访国家机关和组织、企业、单位、社团机构或它们的新闻机构;(3)为采访信息接受公职人员接待;(4)可获取国家信息、商业信息或其他法律保护以外的文件资料;(5)在遵守本法规定条件下,可复印、发表、宣读或以其他方式制作文件资料;(6)除法律规定情况外,利用包括声像技术、电影、照相技术进行录制和复制;(7)采访被特别保护的自然灾害、事故灾难、公众骚乱、公民集会及被宣布为紧急状态的地区,参加集会和游行;(8)核查被告知信息的可靠性;(9)在附有其签名的传播信息材料中陈述个人见解和评价;(10)拒绝进行传播违背其信念的、需要其签名的信息材料;(11)如果认为其信息材料在编辑过程中被歪曲,可撤销自己在信息材料中的署名;(12)用笔名或不署名形式发表其准备好的、签了字的信息材料;(13)享有大众传媒提供的其他权利。该法第 49 条规定新闻记者应履行 12 项义务:(1)遵守与之建立劳动关系的编辑部章程;(2)检查被告知信息的可靠性;(3)满足信息提供者的要求,指明信息来源,如果是初次公布,应说明引用内容的出处;(4)保守信息的秘密和信息来源秘密;(5)在媒体上报道公民私生活,必须经

---
① 胡兴荣.新闻哲学[M].北京:新华出版社,2004:316.

公民本人或其法律代表人的同意(为保护社会利益而必须发表的除外);(6)从公民和公职人员处获取信息时,如需进行录音录像、电影拍摄和拍照,应事先通知;(7)应事先将信息材料可能引起的民事诉讼或其他的法律诉求告知主编;(8)如果总编或编辑部交付的任务违反法律规定,应拒绝接受该任务;(9)在进行职业或活动时应按照要求出示记者证或其他能够证明其身份权利的证件;(10)进行职业活动时应遵守竞选宣传和公民公决宣传的各项禁令;(11)进行职业活动时必须尊重公民和组织的合法权益、名誉和尊严;(12)大众传媒法规定的其他义务。此外,俄罗斯大众传媒法还规定国家应保证记者进行职业活动时其荣誉、尊严、健康、生命和财产不受侵害。[①] 格鲁吉亚媒体法第21条规定记者有9项权利,第24条规定记者有6项义务。[②]

二、我国广播电视记者的权利与义务

《广播电视管理条例》对广播电视编辑记者的权利与义务没有涉及。2005年,中宣部、国家广电总局、新闻出版总署下发的《关于新闻采编人员从业管理的规定(试行)》对新闻采编人员的义务责任进行了详细规定。国家广电总局制定的《广播电视编辑记者、播音员主持人资格管理暂行规定》对我国广播电视编辑记者、播音员主持人在执业活动中享有的权利和应尽的义务进行了规定。享有的权利主要有5项:(1)以所在的制作、播出机构的名义从事广播电视节目采访编辑或播音主持工作,制作、播出机构应当提供完成工作所必需的物质条件;(2)人身安全、人格尊严依法不受侵犯;(3)参加继续教育和业务培训;(4)指导实习人员从事采访编辑、播音主持工作;(5)依法享有的其他权利。同时应尽的义务主要有8项:(1)遵守法律法规、规章;(2)尊重公民、法人和其他组织的合法权益;(3)坚持正确的舆论导向;(4)恪守职业道德,坚持客观、真实、公正的原则;(5)严守工作纪律,服从所在机构的管理,认真履行岗位职责;(6)努力钻研业务,更新知识,不断提高政策理论水平和专业素养;(7)树立良好的公众形象和健康向上的精神风貌;(8)依法应当履行的其他义务。《新闻记者证管理办法》规定了记者以下义务:(1)新闻采编人员从事新闻采访工作必须持有新闻记者证,并应在新闻采访中主动向采访对象出示。新闻机构中尚未领取新闻记者证的采编人员,必须在本新闻机构持有新闻记者证的记者带领下开展采访工作,不得单独从事新闻采访活动。(2)新闻记者使用新闻记者证从事新闻采访活动,应遵守法律规定和新闻职业道德,确保新闻报道真实、全面、客观、公正,不得编发虚假报道,不得刊播虚假新闻,不得徇私隐匿应报道的新闻事实。(3)新闻采访活动是新闻记者的职务行为,新闻记者证只限本人使用,不得转借或者涂改,不得用于非职务活动。新闻记者不得从事与记者职务有关的有偿服务、中介活动或者兼职、取酬,不得借新闻采访工作从事广告、发行、赞助等经营活动,不得创办或者参股广告类公司,不得

---

① 李玮.转型时期的俄罗斯大众传媒[M].上海:上海外语教育出版社,2005:204-206.
② 刘传锦.格鲁吉亚媒体法[J].世界广播电视参考,2005(7):62-63.

借新闻采访活动牟取不正当利益,不得借舆论监督进行敲诈勒索、打击报复等滥用新闻采访权利的行为。

2014年,国家新闻出版广电总局发布《新闻从业人员职务行为信息管理办法》,对新闻单位规定了以下义务:(1)应健全保密制度,对新闻从业人员在职务行为中接触的国家秘密信息,应明确知悉范围和保密期限,健全国家秘密载体的收发、传递、使用、复制、保存和销毁制度,禁止非法复制、记录、存储国家秘密,禁止在任何媒体以任何形式传递国家秘密,禁止在私人交往和通信中涉及国家秘密。新闻从业人员上岗应当经过保密教育培训,并签订保密承诺书。(2)应按照《劳动合同法》的有关规定,与新闻从业人员就职务行为信息中的商业秘密、未公开披露的信息、职务作品等与知识产权相关的保密事项,签订职务行为信息保密协议,建立职务行为信息统一管理制度。(3)须将签署保密承诺书和职务行为信息保密协议,作为新闻从业人员劳动聘用和职务任用的必要条件,未签订的不得聘用和任用。对新闻从业人员规定了以下义务:(1)不得违反保密协议的约定,向其他境内外媒体、网站提供职务行为信息,或者担任境外媒体的"特约记者""特约通讯员""特约撰稿人"或专栏作者等。(2)不得利用职务行为信息谋取不正当利益。(3)不得违反保密协议的约定,通过博客、微博、微信公众账号或个人账号等任何渠道,以及论坛、讲座等任何场所,透露、发布职务行为信息。(4)离岗离职要交回所有涉密材料、文件,在法律规定或协议约定的保密期限内履行保密义务。

[案例]广西电视台记者采访被殴事件

2007年2月6日上午,来自湖南的曾某、罗某向广西电视台玉林记者站反映,他们从去年6月30日开始承接玉林市德兴花园c区外墙涂料施工,当年年底已经完工,但过了一个多月,德兴花园开发商和包工头仍旧拖欠26个农民工的大部分工钱。2月26日上午10点,广西电视台玉林记者站记者卢海杰和钟鸣立即赶到农民工所住的德兴花园工地,向被拖欠工钱的农民工们核实情况。农民工们介绍说,按照合同,工程完工后,包工头黄某应该支付他们剩余的十万余元工资。随后,两位记者找到了包工头黄某进一步核实,黄某承认拖欠民工工钱,但主要原因是德兴花园开发商——玉林永高房地产开发公司没有拨付包括民工工钱在内的工程款。中午12点,两位记者和包工头黄某一起找到开发商——玉林永高房地产公司的总经理黄福平。记者向黄福平表明了身份和采访目的,希望公司妥善处理被拖欠的民工工钱问题。经过协商,黄福平口头答应可以预支十万元以下工程款支付民工工资,并叫记者下午3点来现场采访作证。下午3点,两位记者再次来到德兴花园工地,和民工、包工头黄某一起等待事情解决。但直到下午4点10分,没有见到黄福平。然后,记者和民工、包工头黄某一起来到玉林永高房地产公司门外,让黄某进去把工钱领出来。然而总经理黄福平并没有理会黄某,而是坐车出了公司门口。当黄福平见到记者在门外拍摄时,马上下车指责记者,不准对他拍摄,还指派手下三四名便衣保安抢走钟鸣手上的摄像机,并对两位记者进行辱骂。卢海杰马上向当地110报警,被黄福平的司机抢走电话,还挨了一记重重的耳光,眼镜被打掉在地,电话机也被当场摔在地上。黄福平增派五六个便衣保安一边殴打两名记者,一边抢摄像机。后来,记者卢海杰在民工帮助下逃生,并要求所碰见的巡逻交警帮忙解救被困的记者钟鸣。一位好心的出租车司机把卢海杰送到了玉林市第一人民医院。得知两名记者被打,广西电视台以及台新闻中心的领导非常重视。2月7日下午即安排两位受伤记者回到南宁市最好的医院做进一步检查治疗。很多领导、同事、朋友、热心观众以及民工纷纷来电来信,对被打记者表示关心和问候。

事件发生后,玉林市委书记高雄、市长金湘军等领导当即作出批示要严肃查处。2月7日晚,玉林市委常委、政法委书记黄铭福再次召集相关部门负责人进一步研究处理"2·6"事件。会议决定:责成相关部门认真组织力量,依法处理好此次殴打记者事件;劳动、建设部门要迅速成立工作组,对德兴花园拖欠民工工资情况尽快进行认真调查处理;责令德兴花园尽快赔偿被殴记者受损的财物、受伤治疗所需的医药费及精神损失费等,并要当面向记者赔礼道歉;要加强宣传教育,让全社会充分尊重舆论监督,支持记者正当行使采访权。玉林市公安分局迅速组织警力采取措施并开展调查取证,玉林市委宣传部部长、副部长到现场了解情况,看望被打记者,玉林方面也为受伤记者安排了最好的病房和治疗。

玉林市公安机关经调查取证后决定,对参与殴打记者的4名当事人依法行政拘留。其中,总经理黄福平被行政拘留10天,田景超、唐超文、容仕健等3名直接殴打记者的人员被行政拘留14天,并分别处以行政罚款。2月7日、8日晚上,玉林永高房地产开发公司在广西电视台连续多次播出道歉声明,并赔偿了记者和电视台的全部损失。中国记协得知这一事件后,当即与广西记协、广西电视台、广西玉林市公安分局和市委宣传部取得联系、了解情况,并向遭到殴打的两名记者表示亲切慰问,对当地党政部门积极妥善处理此事表示衷心感谢,认为他们的这种做法对构建和谐的新闻宣传和舆论监督环境具有非常重要的现实作用和意义。①

[简评]近年来,我国新闻记者被打事件屡有发生,因此,维护记者合法权益的任务更加紧迫。1998年,中国记协成立了维护新闻工作者合法权益委员会(简称维权委),主要受理以下投诉:(1)记者在执行采访报道任务中受到阻挠、恐吓、暴力胁迫、人身伤害等,

---

① 中国记协维权委办公室.广西电视台记者采访被殴事件已妥善处理[EB/OL].(2007-02-17)[2007-03-15].http://news.xinhuanet.com/zgjx/2007-02/17/content_5750663.htm.

(2)新闻单位在从事采访、报道、发表等正常的新闻业务活动时遭到围攻、冲击、破坏等;
(3)新闻工作者和新闻单位的合法权益受到不法侵害的其他情形。2005年中办下发《关于进一步加强和改进舆论监督工作的意见》,要求各级党委政府、社会团体及其工作人员要支持新闻媒体特别是省级以上党报党刊、电台、电视台记者的采访活动,为采访报道提供方便,基层单位不得封锁消息、隐瞒事实、干预舆论监督,不得以行贿、说情等手段对舆论监督进行干预。由于我国法律对记者的采访权没有明确界定,对于哪些情况必须接受记者的采访也没有明确的法律规范,被监督对象一般不愿意接受记者采访。在这种情况下,如何保障记者调查报道事实真相、实行有效舆论监督,成为新闻界共同面对的课题。建议制定完善记者采访法规,明确采访者与被采访者双方的权利和义务,维护双方的合法权益。

第三节 广播电视从业人员职业道德

道德是调节人与人、人与社会、人与自然各种关系的行为规范的总和,主要依靠社会舆论、内心信念和传统习惯来维持。职业道德是指从事某一职业的人员在工作中应当遵守的道德准则,包括人们在职业活动中处理各种职业关系时所表现出来的职业观念、职业态度、职业情感、职业作风等规范。广播电视从业人员应当自觉遵守新闻职业道德和广播电视职业道德。

一、境外广播电视从业人员职业道德

1874年,瑞典出现世界上最早的新闻自律组织——舆论俱乐部,并制定职业守则,作为各报行为的指导纲领。1923年,美国报纸编辑协会制定《新闻规约》,这是西方第一个由新闻同业制订的自律规约。1954年,联合国经济及社会理事会草拟了《国际新闻道德公约》,由联合国大会发给各会员国新闻工作者协会参照执行;同年,国际新闻记者联合会通过了《记者行为原则宣言》。1971年,欧共体6国新闻记者联盟在德国慕尼黑通过了新闻记者权利和责任国际宣言。英国、美国、法国、德国、日本、澳大利亚、俄罗斯、意大利、瑞典、新加坡、加拿大、土耳其、南非、巴基斯坦等许多国家都有明文规定的新闻职业道德和自律准则。如英国全国新闻工作者联盟制订了新闻工作者行为规则和业务规则;美国报纸编辑协会制订了新闻规约,美国广播电视新闻主任协会制订了职业道德行为准则,美国全国广播业者协会制订了道德准则、商业行为准则、电台准则和电视准则等;日本新闻协会制订了新闻伦理纲领,日本民间放送联盟制订了广播基准,日本广播协会和民间放送联盟制订了广播伦理基本纲领;澳大利亚新闻工作者协会制订了道德准则;俄罗斯新闻工作者大会制订了职业道德准则;瑞典新闻合作理事会制订了报刊、广播和电视道德准则;德国报业评议会制订了新闻业准则;挪威新闻协会制订了报刊出版广播电

视道德准则;新加坡全国新闻工作者联盟制订了职业行为规则。新闻道德理念一般包括:真实准确,客观公正,独立自由,庄重负责,高尚品格,专业精神,不以不正当方法获取消息,不抄袭剽窃,发现错误即刻更正,尊重个人名誉及隐私权,尊重读者、听众、观众,维护公众利益等。

1996年,日本广播协会和民间放送联盟共同制定了《广播伦理基本纲领》,该纲领被称为是规范整个广播电视界的精神纲领,主要内容有:(1)广播电视应依照民主主义精神,重视广播的公共性,遵守法规秩序,尊重基本人权,回应国民的知情权,维护言论和表达自由。(2)广播电视已成为国民最亲近的媒体,具有极大的社会影响力,应考虑广播电视对国民生活,尤其是对青少年儿童和家庭产生的影响,应提供有益于社会生活的信息和健全的娱乐,丰富国民生活,为下一代培养作出贡献。(3)广播电视对于存在意见分歧的问题,必须从尽可能多的角度阐明论点,保持公正。广播电视在使用恰当的语言和影像时,应注意表达的品位。出现错误,应坦诚地加以改正。(4)广播电视报道必须对事实做客观、准确、公正的传达,为接近真实倾注最大的努力。为了赢得国民、赢得视听者,广播电视应坚持不受他人侵犯的自主、自律姿态,努力确保采访制作过程的合理性和正当性。(5)民营广播电视播放广告,应注意广告内容是否传达了真实信息,是否对视听者有所帮助。①

二、我国广播电视从业人员职业道德

我国非常重视包括广播电视在内的新闻工作者的职业道德建设。1991年中华全国新闻工作者协会制订通过了《中国新闻工作者职业道德准则》(1994年、1997年、2009年修订),规定新闻工作者职业道德准则包括:(1)全心全意为人民服务,(2)坚持正确舆论导向,(3)坚持新闻真实性原则,(4)发扬优良作用,(5)坚持改革创新,(6)遵纪守法,(7)促进国际交流与合作。1993年,中宣部、新闻出版署联合下发了《关于加强新闻队伍职业道德建设,禁止"有偿新闻"的通知》;1997年,中宣部、广电部、新闻出版署、中华全国新闻工作者协会联合下发了《关于禁止有偿新闻的若干规定》;2003年,中宣部、国家广电总局、新闻出版总署、中华全国新闻工作者协会联合下了《关于在新闻战线深入开展"三个代表"重要思想、马克思主义新闻观、职业精神职业道德学习教育活动的通知》;同年,人民日报、新华社、求是杂志、光明日报、经济日报、中央人民广播电台、中央电视台联合向社会公布了"弘扬职业精神、恪守职业道德、维护队伍形象"自律公约》。2004年,国家广电总局印发了《中国广播电视编辑记者职业道德准则》《中国广播电视播音员主持人职业道德准则》;2005年,国家广电总局向各地批转了中国广播电视协会《中国广播电视播音员主持人自律公约》。

《中国广播电视编辑记者职业道德准则》主要内容有:(1)责任:广播电视编辑记者所

---

① 日本民间放送联盟.日本广播电视手册[M].秦建,李俊,译.北京:中国广播电视出版社,2002:93-94.

从事的事业，担负着传播先进文化，弘扬民族精神，维护国家利益，促进经济社会发展，推动人类文明的崇高使命和社会责任。(2)真实：广播电视编辑记者应该对报道内容的真实和准确负责，报道必须以事实为依据，不编造新闻，不歪曲、夸大事实。如果发现错误，应立即公开更正。(3)公正：广播电视编辑记者应坚持客观、公正的职业理念，坚持深入实际、调查研究、忠于事实、追求真理的职业精神，坚持准确、公正、全面、客观的报道原则。(4)导向：广播电视编辑记者必须树立政治意识、大局意识、责任意识，坚持正确的舆论导向，坚持把社会效益放在首位，把好政治关、事实关、安全播出关，坚持报道的高品质、高品位，不迎合庸俗、低级趣味。(5)品格：广播电视编辑记者应恪守敬业奉献、诚实公正、团结协作、遵纪守法的职业道德。(6)廉洁：广播电视编辑记者应该清正廉洁，克己奉公，反对任何形式的"有偿新闻"。

《中国广播电视播音员主持人职业道德准则》主要内容有：(1)责任：广播电视播音员主持人所从事的事业，担负着传播先进文化，弘扬民族精神，维护国家利益，促进经济社会发展，推动人类文明的崇高使命和社会责任。(2)品格：广播电视播音员主持人应恪守敬业奉献、诚实公正、团结协作、遵纪守法的职业道德，谦虚谨慎，追求德艺双馨。(3)形象：广播电视播音员主持人直接代表广播电台、电视台的形象，言谈举止有着广泛的社会影响和示范效应，应自觉树立良好的声屏形象，尊重大众审美情趣和欣赏习惯，维护媒体公信力。(4)语言：广播电视播音员主持人要积极推广、普及普通话，规范使用通用语言文字，维护祖国语言和文字的纯洁，发挥示范作用。(5)廉洁：广播电视播音员主持人应该清正廉洁，自觉抵制拜金主义、享乐主义、个人主义的侵蚀，反对任何形式的"有偿新闻"。

2015年，中国广播电影电视社会组织联合会等50家行业组织签署《新闻出版广播影视从业人员职业道德自律公约》，代表从业人员郑重承诺：(1)维护党的领导和国家利益，不发表或传播损害党和国家形象的言论；(2)秉持真实、客观、公正原则，不搞有偿新闻和虚假新闻；(3)传递正能量，不在网络及其他媒介上制作或传播有害信息；(4)追求健康向上的文化品位，不使用低俗、粗俗、媚俗的语言、文字和图像；(5)确保制作服务质量，不提供粗制滥造的出版物、视听作品和技术服务；(6)对社会公众负责，不制作、代言和传播虚假广告；(7)崇尚契约精神，不做出影响行业诚信和秩序的违约行为；(8)积极自主创新，不抄袭、剽窃他人创意及成果；(9)开展健康的媒介与文艺批评，不贬损他人名誉及作品；(10)树立良好职业形象，不涉"黄赌毒"和违反公序良俗的行为。

第四节 广播电视从业人员违反宣传纪律处分处理

宣传纪律是指我们党和国家在不同时期发布的对新闻宣传报道的各项规定，包括党和国家领导人或中宣部领导人对当前新闻宣传报道工作的具体指示。根据《中国共产党章程》《中国共产党纪律处分条例》和中国共产党《关于党内政治生活的若干准则》《关于新形势下党内政治生活的若干准则》的规定,我们党的宣传纪律主要包括:党的各级组织和党员在宣传工作中必须与党中央在政治上保持一致,坚决杜绝宣传工作中的无政府状态;党的各级组织的报刊和其他宣传工具,必须宣传党的路线、方针、政策和决议,不得在群众中散布与此相违背的言论,不准公开发表违背党中央决定的言论;对重大问题的宣传必须请示党委和上级有关部门,不得自作主张;在宣传工作中必须坚持实事求是的原则,敢于讲真话;在宣传工作中要严格遵守保密纪律,不得在宣传过程中泄露党和国家秘密;不得违反政策法律规定,制作播出非法节目内容,出版非法的印刷品、录音录像制品等。2002年,国家广电总局根据《国务院关于国家行政机关工作人员的奖惩暂行规定》《广播电视管理条例》等制定并发布了《广播电视播出机构工作人员违反宣传纪律处分处理暂行规定》(广发纪字〔2002〕423号);同时,国家广电总局党组根据《中国共产党纪律处分条例》《中宣部、广电总局关于建立违纪违规广播电视播出机构警告制度的意见》等规定制定发布了《广播电视播出机构中的共产党员违反宣传纪律党纪处分暂行规定》(广党发纪字〔2002〕41号)。2009年,国家广电总局下发了《关于印发〈广播电视播出机构违规处理办法〉(试行)的通知》(广发〔2009〕30号)。

一、违反宣传纪律的行为

广播电视播出机构工作人员和共产党员违反宣传纪律的行为包括10个方面50项内容:

一是在宣传工作中违反政治纪律的,包括9项行为内容:(1)反对宪法确定的基本原则的;(2)反对四项基本原则的;(3)反对中国共产党的基本理论、基本路线、基本纲领的;(4)反对党和国家重大政策的;(5)危害国家统一、主权和领土完整的;(6)煽动仇视政府,扰乱社会秩序,破坏社会稳定的;(7)煽动民族仇恨、民族歧视,破坏民族团结的;(8)传播政治谣言、侮辱、毁谤或丑化党和国家及领导人形象的;(9)其他违反政治纪律内容的。

二是宣扬邪教的。

三是在宣传工作中泄露国家秘密的。

四是在宣传工作中危害国家安全或者损害国家荣誉和利益的,包括4项行为内容:(1)违反我国对外政策,播出不符合我国外交口径的言行,造成不良影响的;(2)违反规定报道涉外案件,造成不良影响的;(3)对外提供违反《广播电视管理条例》规定的广播电视节目,被境外组织利用的;(4)有其他危害国家安全或者损害国家荣誉和利益行为的。

五是违反民族政策和宗教政策的,包括6项行为内容:(1)因错误宣传报道诱发不安定事件的;(2)违反规定报道境外民族分裂或宗教极端分子的恐怖活动,造成不良后果的;(3)播出贬损少数民族祖先、文化、重要人物、风俗习惯或其他伤害少数民族同胞感情的内容,引起少数民族群众强烈不满的;(4)播出贬损合法宗教信仰、宗教组织、宗教领袖、神职人员、宗教礼仪或宗教活动的内容,造成不良后果的;(5)违反规定允许境外传媒在我国境内播放宗教节目的;(6)播出其他违反民族、宗教政策内容,造成不良后果的。

六是在宣传工作中播出淫秽、赌博等内容的,包括 4 项行为内容:(1)播出宣扬淫秽、赌博行为内容的,(2)播出宣扬暴力或教唆犯罪内容的,(3)播出宣扬伪科学或鼓吹封建迷信内容的,(4)有其他妨害社会管理秩序行为的。

七是新闻报道中违反新闻真实性原则、超越司法程序等行为的,包括 8 项行为内容:(1)违反新闻真实性原则,制作播出虚假新闻,拒不更正或澄清事实的;(2)对重要事件进行错误报道,造成不良影响的;(3)超越司法程序,对案件进行定罪、定性式报道,造成不良影响的;(4)违反规定报道群体性事件、案件,给社会稳定带来损害的;(5)违反规定发表分析预测、炒作个股的消息、文章等,误导股市,造成不良后果的;(6)违反规定片面报道会议讨论内容,触及敏感问题,造成不良后果的;(7)违反规定播出汛情、疫情、震情及核事故等重大事故的;(8)新闻报道中有其他违法违纪行为的。

八是在宣传工作中侵犯他人人身权利或其他合法权利的,包括 6 项行为内容:(1)侮辱或者诽谤他人,侵害他人合法权益的;(2)报道各类案件时,未征得办案人、被害人、检举人、知情人同意,公开他们的姓名、地址、工作单位、图像及其他相关资料的;(3)播出未成年犯罪嫌疑人的姓名、地址、图像及其他相关资料的;(4)播出披露未成年人隐私的;(5)播出内容泄露商业秘密或个人隐私、个人档案内容,造成不良后果的;(6)播出其他侵犯他人人身权利、合法权利内容的。

九是在宣传工作中失职或者严重不负责任的,包括 7 项行为内容:(1)违反审稿(片)制度规定,擅自播发稿件、节目的;(2)预告的重要节目或指定的节目无正当理由不按要求播出,或受众关注的节目未按计划播出,引起受众强烈不满或其他严重后果的;(3)未经审查批准播放广播电视节目,造成不良影响的;(4)广告充当新闻播出的;(5)在直播节目中,未按规定采用必要设备,所播内容造成不良影响的;(6)涉及法律、医药及科技等专门知识不按有关规定处理,播出错误内容,造成不良后果的;(7)有其他违反宣传工作规定行为或失职行为的。

十是违反有偿新闻等宣传管理规定的,包括 4 项行为内容:(1)在采访工作中违背党和国家政策或者损害国家尊严、利益,造成不良后果的;(2)有违反《关于禁止有偿新闻的若干规定》行为的;(3)未经批准,擅自以编辑记者身份采访,造成不良后果的;(4)有其他违反宣传工作管理规定行为的。

二、行政处分、党纪处分

行政处分是指国家机关、企业事业单位根据国家法律法规和有关规章制度的规定,对有轻微违法失职行为尚不够刑事处分或者违反纪律的人员给予的一种惩罚。党纪处分是指党组织和党员因违反党章和其他党内法规,违反国家法律法规,违反党和国家政策、社会主义道德而受到一定惩罚。2007 年,《行政机关公务员处分条例》(国务院令第 495 号)规定了行政机关公务员的处分分为警告、记过、记大过、降级、撤职、开除。2014 年,《事业单位人事管理条例》(国务院令第 652 号)规定了事业单位工作人员的处分分为警告、记过、降级或撤职、开除。受处分的期间为：警告，6个月；记过，12个月；降级或者撤职，24个月。

根据《广播电视管理条例》《广播电视播出机构工作人员违反宣传纪律处分处理暂行规定》《广播电视播出机构中的共产党员违反宣传纪律党纪处分暂行规定》，广播电视播出机构工作人员违反宣传纪律的，广播电视行政部门及其工作人员在广播电视管理工作中滥用职权、玩忽职守、徇私舞弊，尚不构成犯罪的，依法给予行政处分，包括警告、记过、记大过、降级、降职、撤职、留用察看、开除等；对行政处分不服的，可以进行申诉。对于广播电视播出机构中的共产党员违反宣传纪律的，给予警告、严重警告、撤销党内职务、留党察看、开除党籍等党纪处分，受处分的党员可以进行申诉。广电系统的报刊、出版社、互联网站、发射台、转播台、监测台（站）等，参照上述两个规定执行。国家广电总局《关于印发〈广播电视播出机构违规处理办法〉（试行）的通知》规定：县级以上广播影视行政部门可视情况采取以下措施：(1)对违规播出机构的负责人进行警示谈话；(2)对违规播出机构进行通报批评；(3)追究违规播出机构负有责任的主管人员和直接责任人员责任，建议主管部门给予批评教育、调离岗位、撤职等处分。

2015年，《中国共产党纪律处分条例》规定：对党员的纪律处分种类包括警告、严重警告、撤销党内职务、留党察看、开除党籍；对违纪的党组织的纪律处理措施包括改组、解散。第45条规定：通过信息网络、广播、电视、报刊、书籍、讲座、论坛、报告会、座谈会等方式，公开发表坚持资产阶级自由化立场，反对四项基本原则，反对党的改革开放决策的文章、演说、宣言、声明等的，给予开除党籍处分。发布、播出、刊登、出版前款所列文章、演说、宣言、声明等或者为上述行为提供方便条件的，对直接责任者和领导责任者，给予严重警告或者撤销党内职务处分；情节严重的，给予留党察看或者开除党籍处分。第46条规定：通过信息网络、广播、电视、报刊、书籍、讲座、论坛、报告会、座谈会等方式，有下列行为之一，情节较轻的，给予警告或者严重警告处分；情节较重的，给予撤销党内职务或者留党察看处分；情节严重的，给予开除党籍处分：(1)公开发表违背四项基本原则，违背、歪曲党的改革开放决策，或者其他有严重政治问题的文章、演说、宣言、声明等的；(2)妄议中央大政方针，破坏党的集中统一的；(3)丑化党和国家形象，或者诋毁、诬蔑党和国家领导人，或者歪曲党史、军史的。发布、播出、刊登、出版前款所列内容或者为上述行为提供方便条件的，对直接责任者和领导责任者，给予严重警告或者撤销党内职务处分；情节严重的，给予留党察看或者开除党籍处分。第47条规定：制作、贩卖、传播第45条、第46条所列内容之一的书刊、音像制品、电子读物、网络音视频资料等，情节较轻的，给予警告或者严重警告处分；情节较重的，给予撤销党内职务或者留党察看处分；情节严重的，给予开除党籍处分。私自携带、寄递第45条、第46条所列内容之一的书刊、音像制品、电子读物等入出境，情节较重的，给予警告或者严重警告处分；情节严重的，给予撤销党内职务、留党察看或者开除党籍处分。

第五节 广播电视从业人员廉洁规定

"公生明,廉生威。"廉洁不仅是政治生态的基本要求,也是从业环境的基本要求。2003 年,第 58 届联合国大会全体会议审议通过了《联合国反腐败公约》。同年,我国外交部副部长张业遂代表中国政府在《联合国反腐败公约》上签字。2005 年十届全国人大常委会第十八次会议以全票通过决定,批准加入我国《联合国反腐败公约》。反腐败是各国面临的艰巨任务。我国政府坚持"老虎""苍蝇"一起打,对腐败保持零容忍的高压态势,努力构建不敢腐、不能腐、不想腐的机制取得新进展。近年来,我国广播电视领域加大了反腐败力度,加强了从业人员廉洁自律和监督管理。

一、党内法规中有关廉洁的规定

贪腐与中国共产党的性质和宗旨是相背离的。《党章》规定:党员领导干部必须正确行使人民赋予的权力,坚持原则,依法办事,清正廉洁,勤政为民,以身作则,艰苦朴素,密切联系群众,自觉地接受党和群众的批评和监督,加强道德修养,讲党性、重品行、作表率,做到自重、自省、自警、自励,反对官僚主义,反对任何滥用职权、谋求私利的不正之风。中共中央 1997 年印发《中国共产党党员领导干部廉洁从政若干准则(试行)》,2010 年印发《中国共产党党员领导干部廉洁从政若干准则》,2015 年印发《中国共产党廉洁自律准则》,规定党员的廉洁自律规范有:(1)坚持公私分明、先公后私、克己奉公;(2)坚持崇廉拒腐、清白做人、干净做事;(3)坚持尚俭戒奢、艰苦朴素、勤俭节约;(4)坚持吃苦在前、享受在后、甘于奉献。党员领导干部的廉洁自律规范有:(1)廉洁从政,自觉保持人民公仆本色;(2)廉洁用权,自觉维护人民根本利益;(3)廉洁修身,自觉提升思想道德境界;(4)廉洁齐家,自觉带头树立良好家风。中共中央 2003 年印发《中国共产党纪律处分条例》,2015 年进行修订。修订后的《中国共产党纪律处分条例》专设一章(第八章)对违反廉洁纪律行为的处分进行详尽规定,共 25 条。《中国共产党廉洁自律准则》为党员和党员领导干部树立了可以达到的"高线",《中国共产党纪律处分条例》为全体党员划出了不可触碰的行为"底线"。广播电视机构的人员中,党员的占比较高,党员及党员领导干部应自觉遵守党章党规,努力做廉洁自律的表率。

二、国家法规中有关廉洁的规定

贪腐与国家长治久安的目标是相背离的。各国刑法对贪腐行为给予严厉的惩罚。我国《刑法》对国有单位、国家工作人员及公司企业工作人员的贪污贿赂等犯罪行为作了详尽的列举,规定了贪污罪、挪用公款罪、受贿罪、国有单位受贿罪、利用影响力受贿罪、行贿罪、对有影响力的人行贿罪、对单位行贿罪、介绍贿赂罪、单位行贿罪、贪污罪、巨额财产来源不明罪、隐瞒境外存款罪、私分国有资产罪、私分罚没财物罪、挪用资金罪、挪用公款罪等多项罪名,并规定了相应的惩罚措施,包括拘役、有期徒刑、无期徒刑、死刑等主刑以及罚金、没收财产等附加刑。这些年来,广播电视从业人员腐败案例时有发生,既有国家新闻出版广电总局的处长,也有地方广电局的局长;既有中央台的频道总监、副总监、记者和主持人,也有地方台的台长、频道总监、中心主任,他们触犯了《刑法》,受到了刑事惩罚,对自己、对家庭、对组织造成了不可挽回的损失。中纪委监察部网站推出的《忏悔录》专栏登载了《深谙影视业"潜规则"的电视台长——辽宁广播电视台原台长史联文违纪违法案透视》,史联文利用职务便利收受贿赂人民币1,140.45万元、港币20万元、美元5万元、金条三根300克(价值人民币10.18万元)、江诗丹顿手表1块、鸡血石1块,挪用公款550万元,被抚顺市中级人民法院以受贿罪、挪用公款罪判处无期徒刑,剥夺政治权利终身,并处没收个人全部财产。史联文在"我的忏悔"中写道:"我是怎样改变方向的,深思数日,一句话令我感受很深:一个人的权力太大了,独断专横,他就会运用权力为自己所用,党和人民的利益就被放弃了,失去了宗旨就失去了方向。""刚开始我为单位做事拉关系找钱,后来变为自己退休后安排后路筹措钱。几万、几十万,人家送,我就收。手掌张开了,结果,组织这支枪就瞄向了我,伸手必被捉!"①史联文的教训深刻惨重,广播电视从业人员应引以为戒,警钟长鸣。

此外,我国一些专门法规对从业人员的廉洁作了特别规定。比如《公务员法》规定:公务员必须遵守纪律,不得贪污、行贿、受贿,利用职务之便为自己或者他人谋取私利,不得违反财经纪律,浪费国家资财。《事业单位工作人员处分暂行规定》第18条规定:有下列行为之一的,给予警告或者记过处分;情节较重的,给予降级或者撤职处分;情节严重的,给予开除处分:(1)贪污、索贿、受贿、行贿、介绍贿赂、挪用公款的;(2)利用工作之便为本人或者他人谋取不正当利益的;(3)在公务活动或者工作中接受礼金、各种有价证券、支付凭证的;(4)利用知悉或者掌握的内幕信息谋取利益的;(5)用公款旅游或者变相用公款旅游的;(6)违反国家规定,从事、参与营利性活动或者兼任职务领取报酬的;(7)其他违反廉洁从业纪律的行为。第19条规定:有下列行为之一的,给予警告或者记过处分;情节较重的,给予降级或者撤职处分;情节严重的,给予开除处分:(1)违反国家财政收入上缴有关规定的;(2)违反规定使用、骗取财政资金或者社会保险基金的;(3)擅自设定收费项目或者擅自改变收费项目的范围、标准和对象的;(4)挥霍、浪费国家资财或者造成国有资产流失的;(5)违反国有资产管理规定,擅自占有、使用、处置国有资产的;(6)在招标投标和物资采购工作中违反有关规定,造成不良影响或者损失的;(7)其他违反财经纪律的行为。

---

① 人民网.辽宁广播电台原台长史联文忏悔书:伸手必被捉[EB/OL].(2015-03-18)[2015-04-26]. http://politics.people.com.cn/n/2015/0318/c1001-26714283.html.

三、广电行规中有关廉洁的规定

2011年,国家广电总局出台了《广电总局领导干部廉洁从政若干规定》。2015年,国家新闻出版广电总局下发的《关于印发〈新闻出版广播影视从业人员廉洁行为若干规定〉的通知》(新广发〔2015〕82号)规定新闻出版广播影视从业人员必须廉洁从业,做到"六个严禁":(1)严禁从事各种有偿新闻和虚假新闻活动,(2)严禁参与发行量、点击量、票房、收视收听率、广告投放量等业务数据造假,(3)严禁违规使用新闻出版广播影视公共资金滥发津补贴、奖金、劳务费,(4)严禁在未实际参与创作的非职务作品中以创作者身份署名,(5)严禁借审批许可、评奖评估、出版发行、节目制播、广告经营、设备采购等职务便利收受管理服务单位或个人提供的钱物及其他好处,(6)严禁利用新闻出版广播影视行业资源牟利或向特定关系人输送不当利益。违反本规定的,按照管理权限,由所属单位作出处理。构成违纪的,依据相关纪律处分或行政处分规定处理,涉嫌犯罪的,移送司法机关依法处理。

思考题:
1. 广播电视从业人员执业资格条件有哪些?职业道德有什么要求?
2. 我国广播电视从业人员应遵守的宣传纪律有哪些?纪律处分有哪些?
3. 我国广播电视从业人员应遵守的廉洁规定有哪些?

第十章　广播电视涉外制度

> **内容提要：**
> 广播电视涉外制度，主要介绍了广播电视与世界贸易组织的关系、广播电视涉外监管，力求让读者把握广播电视领域的国际关系，进一步增强全球观念、拓展国际视野。

随着经济全球化深入发展，广播电视国际合作与服务贸易活动越来越多。《服务贸易总协定》《与贸易有关的知识产权协定》等国际公约对包括广播电视在内的国际服务贸易进行了规范。广播电视属于视听媒体服务，不仅关系到一个国家的经济贸易权益，还关系到一个国家的文化权益和意识形态安全，因此大多数国家都限制外资、外国人进入本国广播电视服务领域，保护本国文化发展。

第一节　广播电视与世界贸易组织

世界贸易组织、国际货币基金组织和世界银行，是维护世界经济运行的三大支柱。世界贸易组织的基本原则包括非歧视原则（最惠国待遇、国民待遇原则）、透明度原则、自由贸易原则和公平竞争原则，这些原则贯穿于世界贸易组织的各个协定协议中，构成了国际多边贸易体制的基础。世界贸易组织是一个具有法人地位的国际组织，不仅处理货物贸易问题，还处理服务贸易和与贸易有关的知识产权问题，其裁决具有自动执行的效力。

一、世界贸易组织涉及广播电视的有关内容

世界贸易组织（WTO）的前身是关税与贸易总协定。1947年，美国、英国、法国、加拿大等8个国家签署了关税与贸易总协定临时适用议定书；1948年，包括中国在内的15个国家也签署了该议定书。关税与贸易总协定的宗旨是，通过彼此削减关税和其他贸易壁垒，消除国际贸易中的歧视待遇，扩大商品生产和交换，增加实际收入和有效需求，扩大

就业,提高各国人民生活水平。从1947年至1994年,关税与贸易总协定经历了八轮多边贸易谈判,取得了重大成果,达成了一系列多边贸易协定协议:(1)货物贸易方面的协定协议包括《1994年关税与贸易总协定》《农业协议》《纺织品与服装协议》《技术性贸易壁垒协议》《海关估价协议》《装运前检验协议》《原产地规则协议》《进口许可程序协议》《实施卫生与植物卫生措施协议》《与贸易有关的投资措施协议》《保障措施协议》《反倾销协议》《补贴与反补贴协议》等,(2)服务贸易方面的协定协议包括《服务贸易总协定》及其附件,(3)《与贸易有关的知识产权协定》,(4)《建立世界贸易组织马拉喀什协定》(在摩洛哥马拉喀什通过)。世界贸易组织继承了关税与贸易总协定的宗旨,增加了扩大服务的生产与贸易以及可持续发展的目标等内容。世界贸易组织的法律框架,由《建立世界贸易组织的马拉喀什协议》及其四个附件组成。附件一包括《货物贸易多边协定》《服务贸易总协定》和《与贸易有关的知识产权协定》,附件二为《关于争端解决规则与程序的谅解》,附件三为《贸易政策审议机制》,附件四是诸边协议。

世界贸易组织的《服务贸易总协定》及其附件、《与贸易有关的知识产权协定》与广播电视有关。《服务贸易总协定》对包括广播电视在内的服务贸易的定义、各成员的普遍义务与原则、各成员服务部门开放的具体承诺、各成员尤其是发展中国家服务贸易逐步自由化的原则、组织机构、争议解决等作了全面规定。《与贸易有关的知识产权协定》明确了知识产权国际法律保护的目标,扩大了知识产权保护范围,强化了对仿冒和盗版行为的防止与处罚,作出了对发展中国家提供特殊待遇的过渡期安排,规定了与贸易有关的知识产权机构的职责以及与其他国际知识产权组织之间的合作等事宜。

《服务贸易总协定》规定服务贸易包括跨境交付、境外消费、商业存在和自然人流动等四种形式:(1)跨境交付是指服务的提供者在一成员的领土内向另一成员领土的消费者提供服务。例如,一成员的广播电视运营商向另一成员境内提供卫星广播电视、中短波广播及网上广播电视等服务。(2)境外消费是指服务的提供者在一成员的领土内向来自另一成员的消费者提供服务。例如,一成员的消费者到另一成员的领土内享受广播电视服务。(3)商业存在是指一成员的服务提供者在另一成员领土内设立商业机构或专业机构,为后者领土内的消费者提供服务。例如,一成员的广播电视公司到另一成员领土内开设分公司、子公司等,提供广播电视服务。(4)自然人流动是指一成员的服务提供者以自然人的身份进入另一成员的领土内提供服务。例如一成员的节目主持人、编辑记者等到另一成员领土内直接提供节目主持、采编等业务服务。这四种服务贸易形式在我国广播电视领域均存在。

《服务贸易总协定》将服务分为12个部门,即商务服务、通讯服务、建筑与相关工程服务、分销服务、教育服务、环境服务、金融服务、医疗健康服务、旅游服务、娱乐文化与体育服务、运输服务和其他服务。这12个部门又进一步细分为160多个分部门。比如将通讯服务分为邮政服务、信件服务、电信服务、视听服务,又将视听服务分为电影与录像的制作和发行服务、电影放映服务、广播与电视服务、广播与电视传输服务、录音和其他服务。《服务贸易总协定》对服务部门和分部门的分类与定义不是一成不变的,服务贸易理事会下设具体承诺委员会,负责有关服务部门和分部门调整的技术性工作。①

二、世界贸易组织框架下视听政策的争议

各国对视听产品服务是否对外开放的争议由来已久。早在1947年关贸总协定首度谈判期间,美国就试图谋求视听产品国际贸易的自由化,他们将视听文化产品看成与工农业产品相同的一种产品,要求欧洲取消所有限制,这遭到了欧洲的断然拒绝。在欧洲国家的反对下,电影被明确排除在《关贸总协定》第3条(关于国民待遇)的规定之外,欧洲国家可以根据自己的需要对电影进口继续实行配额制度。1986年,关贸总协定成员国在乌拉圭启动了第八回合贸易自由化谈判,服务领域的贸易自由化提上了议事日程,美欧双方都希望通过服务贸易自由化获得好处。1993年,美欧在视听服务领域的争议成为政府和公众关注的焦点。美国指责欧洲《电视无国界指令》中的配额条款违反贸易规则,要求欧洲完全开放其视听服务领域。欧洲有些国家主张视听产品属于文化产品,应完全排除在《服务贸易总协定》之外(即"文化例外"原则),但大多数国家认为所有服务行业都应纳入全球性贸易协定的范畴,视听服务不能游离之外,主张在协定中以条款的方式保持文化产品的特殊性(即"文化特殊"原则),保留配额限制和政府补贴的做法。最终,美欧没能就废除视听领域的限制性法规达成协议,美国人想迫使欧洲承诺开放其影视产业的目的没有达到,欧洲人试图把"文化产品例外"的条款写入协定的努力没有成功。

由于《服务贸易总协定》没有对视听服务的文化地位(文化例外/文化特殊)作出特别的例外规定,因此总协定的原则和机制完全适用于视听领域,但通过谈判同意的"例外"及"限制"除外。《服务贸易总协定》第2条规定了最惠国待遇原则,同时规定了豁免条件。欧盟、加拿大、澳大利亚等国家和地区利用这一条款,以文化特殊为由,列出了不受最惠国待遇原则限制的视听领域例外的项目名单,从而保护本国本地区的视听文化产业。只有美国、新西兰、多米尼加等少数国家在视听领域承诺贸易自由化,欧洲和其他大多数国家都没有将全部视听服务列入市场开放的承诺清单,不必承担"市场准入"和"国民待遇"的义务。我国加入世界贸易组织时没有承诺广播电视对外资开放,但在视听服务领域有四项承诺对外开放:一是录像的分销服务(包括娱乐软件);二是录音制品分销服务;三是电影院服务,外资不得超过49%;四是在不损害我国电影管理法规一致性的情况下,我国允许每年以分账形式进口电影20部,用于影院放映。另外,对于给予视听服务部门中的国内服务提供者的所有现有补贴不作承诺。② 随着通信技术的快速发展,通信与视听领域的融合在加剧,美国希望通过电信领域的不断开放、电信新业务的不断开发以及严格的版权保护,以新技术为工具,撬开视听领域的大门,以降低各国视听政策保

---

① 石广生.世界贸易组织基本知识[M].北京:人民出版社,2001:207-209.
② 石广生.中国加入世界贸易组织法律文件导读[M].北京:人民出版社,2002:807-827.

护的效果。我国加入世界贸易组织时已承诺电信领域对外资开放。时代华纳、维亚康姆、新闻集团等传媒巨擘希望通过国际互联网将其内容产品不断输向其他国家。随着数字网络、应用程序、人工智能等新技术的快速发展,以互联网、物联网为载体的移动媒体、社交媒体等新兴媒体不断涌现,新媒体领域的国际法则亟待完善,各国对视听领域的贸易自由化和文化多样性问题的争议和谈判仍将继续。

2005年,联合国教科文组织大会以压倒多数通过了由法国、加拿大等国家倡议的《保护文化内容和艺术表现形式多样性公约》(148票赞成、2票反对、4票弃权),美国、以色列两国反对。2006年,我国全国人大常委会批准加入该公约。该公约明确:承认文化活动、产品与服务具有传递文化特征、价值观和意义的特殊性,具有经济和文化双重性质,不应视为仅具商业价值;各国拥有在其领土上维持、采取和实施他们认为合适的保护和促进文化表现形式多样性的政策和措施的主权;各缔约方可在该公约定义的文化政策和措施范围内,根据自身的特殊情况和需求,在其境内采取措施保护和促进文化表现形式的多样性,包括运用公共广播服务、加强媒体多样性的措施。近年来,我国电影产业发展迅猛,电影市场已成为仅次于北美的世界第二大电影市场。2016年,我国电影票房收入超450亿元,尽管国产片的票房收入超过进口影片,但从总体上看,我国广播影视产业的整体实力不够,能够进入国际市场的现象级作品不足,我国广播影视等视听国际贸易领域仍存在着巨大的逆差,推动我国广播影视等文化产品走出去的任务依然十分艰巨。

第二节 广播电视涉外活动规范

由于广播电视涉及一个国家的文化安全、信息安全,为保护本国本地区的民族文化,欧盟、加拿大等国家和地区按照文化多样性的原则,加强了对境外视听节目进入本国市场的监管。对广播电视涉外活动的制度主要包括以下几个方面。

一、境外资本和投资者准入规范

各国对外国资本和投资者进入本国广播电视服务领域作了严格的限制。如日本电波法和有线电视法规定:对非日本公民、外国政府及其代表者、外国法人或外国团体不得授予无线广播电视执照和有线电视安装运营许可证,对日本法人或团体中有人以非日本公民、外国政府及其代表者、外国法人或外国团体的身份担任业务领导及其表决权占1/5以上的,不得授予无线广播电视执照和有线电视安装运营许可证。澳大利亚广播法规定:外国人不得处于控制商业电视广播许可证的地位,商业电视广播许可证持有人的董事中外国人不得超过20%。美国通讯法规定:非本国公民、外国政府、外国公司、任何其官员或负责人是外籍人的公司,或其1/5以上资本总额由非本国国民拥有的公司,不得持有广播电视执照。瑞士广播电视法规定:广播电视特许权申请人应当是具有瑞士国籍并居住在瑞士的自然人，或者所在地设在瑞士并受瑞士管辖的法人，该法人的行政管理部门成员应居住在瑞士。俄罗斯大众传媒法规定：外国法人、外资比例超过50%以上的合资法人以及双重国籍的俄罗斯公民，无权成为电视和图像传播机构的创办人；外国公民、无国籍人士、双重国籍的俄罗斯公民、外国法人以及外资比例超过50%以上的合资机构，无权创办覆盖率超过俄罗斯领土半数以上或覆盖居民超过俄罗斯居民半数以上的电视传播机构。韩国广播法规定：经营地面广播电视业务、新闻报道综合节目和特定节目制作提供业务、有线转播广播电视业务，不得接受来自外国政府机构、外国人以及由外国政府机构、外国人拥有资产或股份超过总统令规定比率的合资公司的投资或捐助。

我国法律禁止限制外资进入广播电视及网络视听媒体领域。《广播电视管理条例》规定：禁止设立外资经营、中外合资经营和中外合作经营的广播电台、电视台。《专网及定向传播视听节目服务管理规定》规定：外商独资、中外合资、中外合作机构，不得从事专网及定向传播视听节目服务。《互联网新闻信息服务管理规定》规定：任何组织不得设立中外合资经营、中外合作经营和外资经营的互联网新闻信息服务单位。我国《外商投资产业指导目录》(2017年国家发改委、商务部令第4号)将外商投资产业指导目录分为鼓励外商投资产业目录、外商投资准入特别管理措施(外商投资准入负面清单)，外商投资准入特别管理措施分为限制外商投资产业目录、禁止外商投资产业目录。将各级广播电台(站)、电视台(站)、广播电视频道(率)、广播电视传输覆盖网(发射台、转播台、广播电视卫星、卫星上行站、卫星收转站、微波站、监测台、有线广播电视传输覆盖网)、广播电视视频点播业务、卫星电视广播地面接收设施安装服务、广播电视节目制作经营(含引进业务)公司、网络视听节目服务列为禁止外商投资产业目录，将广播电视节目、电影的制作业务(仅限于合作)、电影院的建设、经营(中方控股)列为限制外商投资产业目录。

我国广播电视领域对外实行有限开放政策：一是允许通过贷款等方式，利用境外资金投入广播电视建设，比如宁夏等地利用日元贷款建设了广播电视基础设施。二是允许境外机构设立驻华广播电视办事机构。《境外机构设立驻华广播电视办事机构管理规定》(2004年国家广电总局令第28号)对境外机构设立驻华广播电视办事机构实行许可制度，应具备下列条件：(1)申请机构在所在国(地)为合法存续的机构；(2)申请机构对中国友好，具有良好信誉；(3)业务范围符合中国法律、行政法规、规章的规定和申请设立的目的。三是允许境内电台、电视台引进播出境外节目。允许有资质的网站引进专门用于信息网络传播的境外影视剧。《境外电视节目引进、播出管理规定》(2004年国家广电总局令第42号)对引进境外电视节目实行审批制度，要求引进境外电视节目应严格把握导向和格调，确保内容健康、制作精良，不得载有禁止内容。四是允许中外合作制作(联合制作、协作制作、委托制作)电视剧、电视动画片等广播电视节目等。《中外合作制作电视剧管理规定》(2004年国家广电总局令第41号)对中外联合制作、协作制作、委托制作电视剧、电视动画片的立项审批、完成片审查等进行了规定。我国每年合拍的电视剧(动画片)上千部集，如中央电视台与韩国KBS电视台等合拍了电视剧《北京我的爱》。五是鼓励外商投资广播电视技术设备制造。《外商投资产业指导目录》将数字高清摄录机、数字放声设备制造、数字音视频编解码设备、数字广播电视演播室设备、数字有线电视系统设备、数字音频广播发射设备、数字电视上下变换器、数字电视地面广播单频网(SFN)设备、卫星数字电视上行站设备、超宽带通信设备、下一代互联网系统设备制造列入了鼓励外商投资产业目录。

二、境外节目播出比例

1989年,欧共体颁布《无国界电视指令》,要求成员国电视节目总量中应保证欧洲制作的节目最少不低于50%(不含新闻、体育、广告、电视购物等);1997年、2000年,欧盟又对该指导原则进行了修改;2007年,欧盟通过《视听媒体服务指令》,适用于电视以及互联网、电信网传播的新兴视听媒体,规定欧洲节目应占电视节目除新闻报道、体育赛事、游戏、广告、电传视讯和电视购物之外的节目播出时间的大部分比例。法国要求广播电视机构播出法语原版影视片至少占播出时间的40%,播出欧洲影视作品至少占播出时间的60%。加拿大要求广播电视机构至少保证有60%的时间播送本国节目,黄金时间段播送本国节目要占50%,不允许有线电视网播放美国付费电视节目。韩国广播法实施令第57条规定:地面广播电视每月播出国产节目至少占总播出时间的80%,国产电影、国产动画片、国产流行音乐的播出分别占电影、动画片、流行音乐总播出时间的20%～40%、30%～50%、50%～70%;有线广播电视、卫星广播电视每月播出国产节目至少占总播出时间的50%,国产电影、国产动画片、国产流行音乐的播出分别占电影、动画片、流行音乐总播出时间的20%～50%、40%～60%、50%～80%。[①]

我国《境外电视节目引进、播出管理规定》要求:电视频道每天播出的境外影视剧,不得超过该频道当天影视剧总播出时间的25%;每天播出的其他境外电视节目,不得超过该频道当天总播出时间的15%;未经国家广电总局批准,不得在黄金时段(19:00—22:00)播出境外影视剧。《广播电视有线数字付费频道业务管理暂行办法》(广发办字〔2003〕1190号)规定:付费频道播出境外的电影、电视剧及动画片的时间不得超过该频道当天总播出时间的30%,不得以任何形式转播境外广播电视节目频道或栏目。我国台湾地区要求无线广播电视播出本地自制节目不得少于70%,有线广播电视播出本地自制节目不得少于20%。

三、境外节目落地管理

对于境外卫星电视节目,许多国家都予以限制。日本要求国内无线和有线电视台不得转播境外卫星电视节目。英国独立电视委员会对管辖的电视频道有权取消其传播的

[①] 马庆平.中外广播电视法规比较[M].北京:经济管理出版社,2005:346.

"不可接受"的外国卫星电视节目。新加坡要求境外卫星节目一律进入有线电视网，由有线电视公司统一传送管理。瑞士广播电视法规定联邦交通通讯能源部可以限制或禁止以下外国节目的转播：一是这些节目不遵守瑞士有关含酒精饮料的广告规定；二是为瑞士编排的节目的一部分或者全部在外国播放，目的在于规避瑞士广播电视法律规定；三是禁止转播违反与瑞士有关的国际通讯法中关于节目或广告规定的节目。印度广播法对允许接收外国卫星节目规定了条件：一是节目是免费的，二是节目中不含广告或含有政府允许的广告，三是节目内容仅限于体育或国际新闻时事报道。

我国《卫星地面接收设施接收外国卫星传送电视节目管理办法》规定：教育、科研、新闻、金融、经贸以及其他确因业务工作需要的单位和常住外国人的涉外宾馆（饭店）、公寓等可以申请接收境外卫星电视节目，报省级广播电视行政部门批准，未经批准不得接收外国卫星传送的电视节目；经批准的单位必须按照许可证载明的接收目的、接收内容、接收方位、接收方式和收视对象范围等要求接收使用外国电视节目；严禁将所接收的外国卫星电视节目在国内电视台、有线电视台、录像放映点播放或以其他方式进行传播。为了让境外传媒集团对等转播我国中央电视台的电视节目，自 2001 年起，国家广电总局相继特批了 8 个境外电视频道（华娱卫视、星空卫视、凤凰中文台、亚洲卫视本港台、亚洲卫视国际台、MTV 音乐台、翡翠台、明珠台）在广东省有线电视网络传送，普通用户能够接收这 8 个境外电视频道，这是突破我国法律对境外电视频道落地范围规定的试验，为此，经国家广电总局批准制定了《广东省境外电视监督管理实施办法》，规定境外电视频道播放载有法律禁止的内容必须遮盖。

根据《国务院对确需保留的行政审批项目设定行政许可的决定》（2004 年国务院令第 412 号），境外卫星电视频道落地审批属于保留的行政许可项目。《境外卫星电视频道落地管理办法》（2014 年广电总局令第 27 号）规定：境外卫星电视频道，经国家广电总局批准，可以在三星级以上涉外宾馆饭店、专供境外人士办公居住的涉外公寓等规定的范围及其他特定的范围落地。申请落地的境外卫星电视频道应具备下列条件：(1) 所播放的内容不违反中国法律法规、规章的规定；(2) 在本国（地区）为合法电视媒体；(3) 具备与中国广播电视互利互惠合作的综合实力，承诺并积极协助中国广播电视节目在境外落地；(4) 申请落地的频道及其直接相关机构对中国友好，与中国有长期友好的广播电视交流和合作；(5) 同意通过国家广电总局指定的机构（以下简称指定机构）统一定向传送其频道节目，承诺不通过其他途径在中国境内落地；(6) 同意并委托指定机构独家代理其在中国境内落地的所有相关事宜。经国家新闻出版广电总局批准，CNN、BBC、NHK 等 30 多个境外卫星电视频道在我国落地。

我国鼓励广播电视等文化产品和文化服务"走出去"。2002 年，国家广电总局发布的《赴国外租买频道和设台管理暂行规定》（总局令第 12 号）规定：遵循"中央为主，地方为辅"的原则，经国家广电总局批准，中央和省级广播电台、电视台可以到境外租买频道（频率）、播出时段或设台，扩大我国广播电视节目在海外的覆盖，传播中华文化。2005 年，中办、国办下发了《关于进一步加强和改进文化产品和服务出口工作的意见》的通知,对我国文化产品和服务出口的基本原则、实施主体、渠道方式、政策措施等进行了规定,要求外交、公安、商务、文化、海关、广电、新闻出版等部门对各类文化"走出去"活动和工程在项目审批、出入境管理等方面给予支持,做到简捷便利,提高实效。2012年,商务部、中宣部、外交部、财政部、文化部、海关总署、税务总局、广电总局、新闻出版总署、国务院新闻办公室共同制定了《文化产品和服务出口指导目录》,扶持我国文化出口重点企业参与国际竞争,推动我国文化产品和服务出口快速发展。2016年,中办、国办下发的《关于进一步加强和改进中华文化走出去工作的指导意见》,要求加强顶层设计和统筹协调,创新内容形式和体制机制,拓展渠道平台,创新方法手段,增强中华文化亲和力、感染力、吸引力、竞争力。

四、境外记者到境内采访、外国人参加广播电视节目制作活动的管理

关于境外记者到境内采访、外国人参加广播电视节目制作活动,各国主要适用出入境管理法、劳工法等法律进行规范。我国对境外记者到境内采访、外国人参加广播电视节目制作活动制定了专门的规定。

为了促进国际交往和信息传播,便利外国记者在我国开展业务,1990年,国务院发布了《外国记者和外国常驻新闻机构管理条例》(国务院令第47号),对外国常驻记者、外国短期采访记者(外国常驻记者和外国短期采访记者统称外国记者)和外国常驻新闻机构在我国的业务活动进行规范管理。2006年,国务院发布了《北京奥运会及其筹备期间外国记者在华采访规定》(国务院令第477号),对外国记者在北京奥运会及其筹备期间、在我国境内采访报道北京奥运会及相关事项进行了规范,为外国记者在我国采访报道提供便利:一是外国记者来华采访所携带的合理数量的自用采访器材可以免税入境,采访活动结束后复运出境;二是外国记者因采访报道需要可以在履行例行报批手续后,临时进口、设置、使用无线电通信设备;三是外国记者在华采访,只需征得被采访单位和个人的同意;四是外国记者可以通过外事服务单位聘用中国公民协助采访报道工作。该《规定》自2007年1月1日起施行,2008年10月17日自行废止。

2008年,国务院发布了《中华人民共和国外国常驻新闻机构和外国记者采访条例》(国务院令第537号),取代国务院第477号令。该条例所称外国常驻新闻机构,是指外国新闻机构在中国境内设立、从事新闻采访报道业务的分支机构;所称外国记者包括外国常驻记者和外国短期采访记者。外国常驻记者是指由外国新闻机构派遣,在中国境内常驻6个月以上、从事新闻采访报道业务的职业记者;外国短期采访记者是指在中国境内停留期不超过6个月、从事新闻采访报道业务的职业记者。该条例对外国新闻机构在中国境内设立常驻新闻机构、向中国派遣常驻记者的申请材料、审批程序、审批期限、办理外国常驻新闻机构证和外国常驻记者证、权利和义务、违法行为处罚等作了明确规定:(1)我国实行对外开放的基本国策,依法保障外国常驻新闻机构和外国记者的合法权益,并为其依法从事新闻采访报道业务提供便利。(2)外国常驻新闻机构和外国记者因采访报道需要,在依法履行报批手续后,可以临时进口、设置和使用无线电通信设备。(3)外国记者在中国境内采访,需征得被采访单位和个人的同意。外国记者采访时应当携带并出示外国常驻记者证或者短期采访记者签证。(4)外国常驻新闻机构和外国记者应当遵守中国法律法规和规章,遵守新闻职业道德,客观、公正地进行采访报道,不得进行与其机构性质或者记者身份不符的活动。(5)外国人未取得或者未持有有效的外国常驻记者证或者短期采访记者签证,在中国境内从事新闻采访报道活动的,由公安机关责令其停止新闻采访报道活动,并依照有关法律予以处理。

为规范外国人参加我国广播影视节目制作活动,1999年国家广电总局发布了《外国人参加广播影视节目制作活动管理规定》(广发外字〔1999〕269号),主要内容包括:(1)中央、省(区、市)、省会市、计划单列市电台、电视台和其他广播电视节目制作单位,以及具有电影摄制许可证或电视剧制作许可证的单位,可以聘用外国人参加新闻类除外的专题、综艺、外语教学、电视剧、电影片等节目的制作,所聘用的外国人必须具备相关的工作技能、专业资格或工作经历。(2)电台、电视台经批准聘请外国人以专家身份参加外语节目并付给报酬的,应纳入聘请外国文教专家系列管理,办理相关手续;不得聘请外国人主持新闻类节目。(3)中央单位聘用外国人参加广播影视节目制作的,由国家广电总局批准或备案;地方单位聘用外国人参加广播影视节目制作的,由省级广电行政部门批准或备案。2005年,国家广电总局下发的《广播影视系统地方外事工作管理规定》要求:外国广播电视记者及其他影视从业人员申请来我国临时采访,报国家广电总局商外交部审批;地方电台、电视台邀请外国驻华大使或外国省部级官员到电台、电视台发表讲话,或参与专栏节目录像、直播,须由当地省级政府外事办公室审核后报外交部审批;邀请其他外籍人员参与上述活动,须报经当地省级政府外事办公室审批。

思考题:

1. 广播电视涉及的国际公约、国际条约有哪些,分别包括什么内容?
2. 我国对广播电视涉外活动有哪些法律规定?如何实现广播电视国际贸易的收支平衡?

第十一章　法律责任与法律救济

> **内容提要：**
>
> 广播电视法律责任与法律救济，主要介绍行政法律责任与行政救济、刑事法律责任与刑事救济、民事法律责任与民事救济，力求让读者把握法律责任与法律救济的关系，进一步强化社会主义法治理念。

法律责任和法律救济是广播电视法律制度的重要内容。没有法律责任，违法行为无法得到法律制裁；没有法律救济，当事人的权利无法得到保障。法律责任是指公民、法人和其他组织因违反了法律规定的义务而必须承担的法律后果。法律责任一般由实体法予以规定，从性质上分为行政法律责任（简称行政责任）、民事法律责任（简称民事责任）和刑事法律责任（简称刑事责任），由国家强制力来保障实施。法律责任的构成要件包括：一是责任主体具有违法或违约行为，二是责任主体的这种行为造成了损害后果，三是违法或违约行为与损害结果之间存在因果关系，四是责任主体在主观上存在过错。

法律救济是指公民、法人或者其他组织认为自己的人身权、财产权受到侵害，有权依照法律规定向有关国家机关告诉并要求解决，予以补救。有权利就必有救济，无救济即无权利。法律救济一般由程序法予以规定，主要包括行政复议、行政诉讼、民事诉讼、刑事诉讼、国家赔偿、申诉信访等途径。法律救济有以下特征：一是受理机关法定，只能由法律授权的国家行政机关和人民法院受理并作出裁决。二是有严格的受理范围和审理程序，行政复议法、行政诉讼法、民事诉讼法、刑事诉讼法和国家赔偿法分别作了明确规定，超出受理范围有关机关将不予受理，违反法定程序则承担法律责任。三是有明确的申请、起诉期限，一般超过时限将丧失申请、起诉权。比如，申请行政复议期限，为自知道具体行政行为之日起60日；提出行政诉讼的期限，为知道具体行政行为之日起3个月，或者自收到行政复议决定书之日起15日；提起国家赔偿要求，为国家机关及其工作人员行使职权的行为被依法确认为违法之日起2年；请求保护民事权利的诉讼时效期间一般为3年。四是审理方式严格，作出的决定、判决具有法律效力。行政复议原则上采取书面审理，特定情况下也采取调查取证、听取意见等方式审理；行政诉讼、民事诉讼、刑事诉讼一审采取开庭审理，二审视情况采取开庭审理或者书面审理。

第一节　行政法律责任与行政救济

行政法律责任是指公民、法人或其他组织违反了行政方面的法律所规定的义务而应承担的法律后果，一般由行政实体法予以规定。行政救济是指公民、法人或其他组织认为行政机关的行政行为直接侵害其合法权益，有权依法请求国家机关对行政违法或行政不当行为实施纠正，以维护自身的合法权益，一般由行政程序法予以规定。

一、行政法律责任

行政法律责任按照其功能的不同分为惩罚性行政法律责任和补救性行政法律责任。惩罚性的行政法律责任是指行政违法主体承担的法律责任具有惩罚性，包括通报批评、行政处分、行政处罚等形式。行政处分是指国家机关依照行政隶属关系对有轻微违法失职行为的国家工作人员所实施的惩罚措施，包括警告、记过、记大过、降级、撤职、开除等。行政处罚是享有行政处罚权的主体依法对违反行政法律规范但尚不够刑事处罚的个人或组织所实施的惩罚措施，包括警告、罚款、没收违法所得和非法财物、责令停止违法行为、吊销许可证等。我国《行政处罚法》对行政处罚的种类和设定、行政处罚的管辖和适用、行政处罚的实施机关、行政处罚的决定和执行以及法律责任进行了全面的规定。补救性行政法律责任是指行政主体及其公务人员给行政相对人造成一定损失，由行政主体承担的一种补偿性的行政法律责任，包括承认错误、赔礼道歉、恢复名誉、消除影响、履行职务、撤销违法、纠正不当、返还权益、恢复原状、行政赔偿等。

许多国家广播电视法都规定了行政责任条款。比如美国联邦通讯法第312条规定了美国联邦委员会可以吊销无线电台执照或建台许可证的几种情形，还规定美国联邦委员会可以责令停止违法违规的行为。韩国广播法第18条规定了韩国信息通信部、韩国广播委员会吊销许可证、责令中止全部或部分业务的情形和程序，第19条规定了韩国信息通信部、韩国广播委员会对违法者实施附加罚款的情形和程序。澳大利亚广播法对未经批准非法提供广播电视业务的行为规定了不同数额的罚款处罚，对广播电视持证人的违法行为规定了罚款、暂停许可证、吊销许可证等处罚。瑞士广播电视法对违法违规行为规定了责令纠正、警告、罚款以及限制、中止或撤销特许等处罚。

我国广播电视法规对广播电视行政相对人的违法行为规定了行政处罚措施。广播电视行政部门及有关行政部门应当按照各自的权限和程序，对行政相对人的广播电视违法行为实施警告、罚款、没收违法所得和非法财物、责令停止违法活动、吊销许可证等行政处罚。根据《广播电视管理条例》《广播电视设施保护条例》等法规规定，行政相对人的违法行为有：(1)擅自设立广播电台、电视台、教育电视台、有线广播电视传输覆盖网、广播电视站、广播电视发射台、转播台、微波站、卫星上行站、广播电视节目制作经营单位或者擅自制作电视剧及其他广播电视节目的;(2)擅自生产、销售、安装和使用卫星地面接收设施的;(3)制作、播放、向境外提供含有法律规定禁播内容的节目的;(4)未经批准,擅自变更台名、台标、节目设置范围或者节目套数的;(5)出租、转让播出时段的;(6)转播、播放广播电视节目违反规定的;(7)播放境外广播电视节目或者广告的时间超出规定的;(8)播放未取得广播电视节目制作经营许可的单位制作的广播电视节目或者未取得电视剧制作许可的单位制作的电视剧的;(9)播放未经批准的境外电影、电视剧和其他广播电视节目的;(10)教育电视台播放《广播电视管理条例》第44条规定禁止播放的节目的;(11)未经批准,擅自举办广播电视节目交流、交易活动的;(12)出租、转让频率、频段,擅自变更广播电视发射台、转播台技术参数的;(13)广播电视发射台、转播台擅自播放自办节目、插播广告的;(14)未经批准,擅自利用卫星方式传输广播电视节目的;(15)未经批准,擅自以卫星等传输方式进口、转播境外广播电视节目的;(16)未经批准,擅自利用有线广播电视传输覆盖网播放节目的;(17)未经批准,擅自进行广播电视传输覆盖网的工程选址、设计、施工、安装的;(18)侵占、干扰广播电视专用频率,擅自截传、干扰、解扰广播电视信号的;(20)危害广播电台、电视台安全播出的,破坏广播电视设施的;(21)在广播电视设施保护范围内进行建筑施工、兴建设施或者爆破作业、烧荒等活动的;(22)损坏广播电视设施的;(23)在广播电视设施保护范围内种植树木、农作物的;(24)在广播电视设施保护范围内堆放金属物品、易燃易爆物品或者设置金属构件、倾倒腐蚀性物品的;(25)在广播电视设施保护范围内钻探、打桩、抛锚、拖锚、挖沙、取土的;(26)在广播电视设施保护范围内拴系牲畜、悬挂物品、攀附农作物的;(27)未经同意,在广播电视传输线路保护范围内堆放笨重物品、种植树木、平整土地的;(28)未经同意,在天线、馈线保护范围外进行烧荒等的;(29)未经同意,在广播电视传输线路上接挂、调整、安装、插接收听、收视设备的;(30)未经同意,在天线场地敷设或者在架空传输线路上附挂电力、通信线路的。

　　我国广播电视法规对广播电视行政机关及其工作人员的违法行为规定了行政处分措施。《广播电视管理条例》规定:广播电视行政部门及其工作人员在广播电视管理中滥用职权、玩忽职守、徇私舞弊,不构成犯罪的,依法给予行政处分。《广播电视设施保护条例》规定:广播电视行政部门、城市规划主管部门、公安机关的工作人员违反本条例,滥用职权、玩忽职守、徇私舞弊,造成广播电视设施严重损害或者严重影响其使用效能,尚不构成犯罪的,依法给予行政处分。我国《公务员法》《行政机关公务员处分条例》等对行政机关及其工作人员的违法违纪行为和行政处分进行了全面规范。《公务员法》规定公务员必须遵守纪律,不得有下列行为:(1)散布有损国家声誉的言论,组织或者参加旨在反对国家的集会、游行、示威等活动;(2)组织或者参加非法组织,组织或者参加罢工;(3)玩忽职守,贻误工作;(4)拒绝执行上级依法作出的决定和命令;(5)压制批评,打击报复;(6)弄虚作假,误导、欺骗领导和公众;(7)贪污、行贿、受贿,利用职务之便为自己或者他人谋取私利;(8)违反财经纪律,浪费国家资财;(9)滥用职权,侵害公民、法人或者其他组织的合法权益;(10)泄露国家秘密或者工作秘密;(11)在对外交往中损害国家荣誉和利益;(12)参与或者支持色情、吸毒、赌博、迷信等活动;(13)违反职业道德、社会公德;(14)从事或者参与营利性活动,在企业或者其他营利性组织中兼任职务;(15)旷工或者因公外出、请假期满无正当理由逾期不归;(16)违反纪律的其他行为。公务员因违法违纪应当承担纪律责任的,依法给予处分。违纪行为情节轻微,经批评教育后改正的,可以免予处分。行政处分分为:警告、记过、记大过、降级、撤职、开除。《事业单位人事管理条例》规定事业单位工作人员有下列行为之一的,给予处分:(1)损害国家声誉和利益的,(2)失职渎职的,(3)利用工作之便谋取不正当利益的,(4)挥霍、浪费国家资财的,(5)严重违反职业道德、社会公德的,(6)其他严重违反纪律的。2009年,国家广电总局下发的《广播电视播出机构违规处理办法》(试行)规定,可视情况对违规播出机构的负责人进行警示谈话,对违规播出机构负有责任的主管人员和直接责任人员给予批评教育、调离岗位、撤职等处分。

二、行政救济

行政救济是指公民、法人或其他组织认为行政机关的行政行为侵害其合法权益,有权依法请求国家机关对行政违法或行政不当行为实施纠正,维护自身的合法权益。各国广播电视法(通讯法、大众传媒法)对行政救济规定了不同的方式。比如美国联邦通讯法规定了提起诉讼、主动审查、申请复议等方式,其第402条规定当事人对禁止、驳回、取消或中止联邦通讯委员会的决定和法令可在哥伦比亚特区法院提起诉讼,第403条规定联邦通讯委员会对任何提出异议、存在问题或影响执行的任何事项主动进行审查,第405条规定任何当事人或受到侵害及利益受到影响的任何人均可对联邦通讯委员会及其指定机构作出的命令、决定、报告或采取的行政措施申请复议。

我国目前的行政救济措施主要有行政复议、行政诉讼、行政赔偿和信访等制度。

行政复议是指行政主体在行使行政管理职权时,与作为被管理对象的相对人就已经生效的具体行政行为发生争议,根据相对人的申请,由该行政主体的上一级行政机关对引起争议的具体行政行为进行复查并作出决定的一种法律制度。《行政复议法》对行政复议范围、行政复议申请、行政复议受理、行政复议决定和法律责任等进行了全面的规范。国家广电总局根据该法制定的《广播电影电视行政复议办法》(总局令第5号)规定广电行政复议的范围包括6项:(1)对广播电影电视行政机关作出的警告、罚款、没收违法所得、没收从事违法活动的专用工具、设备和节目载体等非法财物、责令停产停业、暂扣或者吊销许可证(执照)等行政处罚决定不服的;(2)对广播电影电视行政机关作出的行政强制措施决定不服的;(3)对广播电影电视行政机关作出的有关许可证(执照)、资格证等证书的变更、终止、撤销决定不服的;(4)认为符合法定条件,申请广播电影电视行政机关颁发许可证(执照)、资格证等证书,或者申请审批、登记有关事项,行政机关没有依法办理的;(5)认为广播电影电视行政机关侵犯合法的经营自主权,或者违法要求其履行义务的;(6)认为广播电影电视行政机关的其他具体行政行为侵犯其合法权益的。公民、法人或者其他组织认为广播电视行政机关的具体行政行为侵犯其合法权益的,可以自知道该具体行政行为之日起 60 日内提出行政复议申请,因不可抗力或者其他正当理由耽误法定申请期限的,申请期限自障碍消除之日起继续计算。行政复议是一种行政司法行为,行政复议的范围包括行政机关的具体行政行为和部分抽象行政行为。我国《行政复议法》第 7 条对部分抽象行政行为可以申请行政复议作了规定:公民、法人或者其他组织认为行政机关的具体行政行为所依据的下列规定不合法,在对具体行政行为申请行政复议时,可以一并向行政复议机关提出对该规定的审查申请:(1)国务院部门的规定,(2)县级以上地方各级人民政府及其工作部门的规定,(3)乡、镇人民政府的规定。下列事项不能申请行政复议:(1)不服国务院部、委员会规章和地方人民政府规章的,不能附带申请行政复议。规章的审查依照法律、行政法规办理。(2)不服行政机关作出的行政处分或者其他人事处理决定的内部行政行为的,不能申请行政复议。当事人应当依照有关法律、行政法规的规定提出申诉。(3)不服行政机关对民事纠纷作出的调解或者其他处理的,不能申请行政复议。当事人应当依法申请仲裁或者向人民法院提起民事诉讼。(4)对国防、外交等国家行为不服的,不能申请行政复议。

行政诉讼是指公民、法人或其他组织认为行政机关的具体行政行为侵犯其合法权益,以法定程序和要求向人民法院提起诉讼,人民法院在当事人及其他诉讼参与人的参加下,对具体行政行为进行审理并作出裁决的活动。根据《行政诉讼法》的规定,我国行政诉讼的受案范围有九类:(1)对拘留、罚款、吊销许可证和执照、责令停产停业、没收财物等行政处罚不服的;(2)对限制人身自由或者对财产的查封、扣押、冻结等行政强制措施不服的;(3)认为行政机关侵犯法律规定的经营自主权的;(4)认为符合法定条件申请行政机关颁发许可证和执照,行政机关拒绝颁发或者不予答复的;(5)申请行政机关履行保护人身权、财产权的法定职责,行政机关拒绝履行或者不予答复的;(6)认为行政机关没有依法发给抚恤金的;(7)认为行政机关违法要求履行义务的;(8)认为行政机关侵犯其他人身权、财产权的;(9)法律法规规定可以提起诉讼的其他行政案件。法院不受理的行政诉讼有四类:(1)国防、外交等国家行为,(2)行政法规、规章或者行政机关制定、发布的具有普遍约束力的决定、命令,(3)行政机关对行政机关工作人员的奖惩、任免等决定,(4)法律规定由行政机关最终裁决的具体行政行为。公民、法人或者其他组织认为广播电视行政机关的行政许可、行政处罚等具体行政行为侵害其权益的,应当在知道作出具体行政行为之日起三个月内向人民法院提起诉讼的,因不可抗力或者其他特殊情况耽误法定期限的,在障碍消除后的十日内,可以申请延长期限,由人民法院决定。对行政复议决定不服的,可以在收到复议决定书之日起十五日内向人民法院提起诉讼。

行政赔偿是指行政主体及其工作人员在行政管理活动中,因其违法行使职权侵犯公民、法人或其他组织的合法权益并造成损害,依法应当由行政机关或者法律法规授权的组织承担的一种赔偿责任。《国家赔偿法》对行政赔偿范围、赔偿请求人和赔偿义务机关、赔偿程序作了规定。行政赔偿责任的构成要件有三项：一是存在行政侵权行为，二是存在损害事实，三是侵权行为与损害事实之间存在因果关系。行政机关及其工作人员行使行政职权侵犯公民人身权的赔偿情形包括五项：(1)违法拘留或者违法采取限制公民人身自由的行政强制措施的，(2)非法拘禁或者以其他方法非法剥夺公民人身自由的，(3)以殴打等暴力行为或者唆使他人以殴打等暴力行为造成公民身体伤害或者死亡的，(4)违法使用武器、警械造成公民身体伤害或者死亡的，(5)造成公民身体伤害或者死亡的其他违法行为。行政机关及其工作人员行使行政职权侵犯公民、法人和其他组织财产权的赔偿情形包括四项：(1)违法实施罚款、吊销许可证和执照、责令停产停业、没收财物等行政处罚的，(2)违法对财产采取查封、扣押、冻结等行政强制措施的，(3)违反国家规定征收财物、摊派费用的，(4)造成财产损害的其他违法行为。国家不承担赔偿责任的情形有：(1)行政机关工作人员与行使职权无关的个人行为，(2)因公民、法人和其他组织自己的行为致使损害发生的，(3)法律规定的其他情形。赔偿请求人要求赔偿，应当先向赔偿义务机关提出，也可以在申请行政复议和提起行政诉讼时一并提出。赔偿义务机关应当自收到申请之日起两个月内依照规定给予赔偿；逾期不予赔偿或者赔偿请求人对赔偿数额有异议的，赔偿请求人可以自期间届满之日起三个月内向人民法院提起诉讼。

信访是指公民、法人或者其他组织采用书信、电子邮件、传真、电话、走访等形式，向各级人民政府、县级以上人民政府工作部门反映情况，提出建议、意见或者投诉请求，依法由有关行政机关处理的活动。《信访条例》对信访渠道、信访事项的提出、信访事项的受理、信访事项的办理和督办以及法律责任进行了规定。信访人可以对下列组织、人员的职务行为反映情况，提出建议和意见，或者不服下列组织、人员的职务行为，可以向有关行政机关提出信访事项：(1)行政机关及其工作人员，(2)法律法规授权的具有管理公共事务职能的组织及其工作人员，(3)提供公共服务的企业、事业单位及其工作人员，(4)社会团体或者其他企业、事业单位中由国家行政机关任命、派出的人员，(5)村民委员会、居民委员会及其成员。《信访条例》规定：各级人民政府、县级以上人民政府工作部门应当向社会公布信访工作机构的通信地址、电子信箱、投诉电话、信访接待的时间和地点、查询信访事项处理进展及结果的方式等相关事项；各级人民政府、县级以上人民政府各工作部门的负责人应当阅批重要来信、接待重要来访、听取信访工作汇报，研究解决信访工作中的突出问题。信访人向各级人民政府信访工作机构以外的行政机关提出的信访事项，有关行政机关应当予以登记；对符合规定并属于本机关法定职权范围的信访事项，应当受理，不得推诿、敷衍、拖延；对不属于本机关职权范围的信访事项，应当告知信访人向有权的机关提出。有关行政机关收到信访事项后，能够当场答复是否受理的，应当当场书面答复；不能当场答复的，应当自收到信访事项之日起十五日内书面告知信访人。

第二节 刑事法律责任与刑事救济

刑事法律责任是指行为人违反刑事法律规定的义务，实施犯罪行为而应承担的刑事法律后果，一般由刑法予以规定。刑事救济是指权利人根据刑事法律规定，通过刑事诉讼等途径要求侵权人承担刑事法律责任的权利救济方式，一般由刑事诉讼法予以规定。

一、刑事法律责任

刑事法律责任有四点特征：一是强制性，刑事法律责任是一种由国家强制犯罪人承担的法律责任。二是严厉性，刑事法律责任是性质最为严重、否定性评价最为强烈、制裁后果最为严厉的法律责任。三是专属性，刑事法律责任只能由实施犯罪的个人或单位承担，不可转嫁，不能替代。四是准据性，刑事法律责任必须有符合刑法规定的准确的犯罪事实和证据以及相对应的刑罚处罚标准。

刑事法律责任的处理方式有四种：一种是定罪判刑，即人民法院对犯罪嫌疑人在作出有罪判决的同时适用刑罚，予以刑事制裁。这是刑事法律责任最常见、最基本的处理方式。我国《刑法》规定了刑罚的种类，主刑包括：管制、拘役、有期徒刑、无期徒刑、死刑，附加刑包括：罚金、剥夺政治权利、没收财产。二是定罪免刑，即人民法院对犯罪嫌疑人作出有罪判决，但免除刑罚处罚。免除处罚，并不意味着行为人的刑事责任不存在，而是人民法院在确定行为人的行为构成犯罪、应负刑事责任的前提下，依照法律的规定免除行为人的刑罚处罚。我国《刑法》规定：正当防卫超过必要限度、紧急避险超过必要限度、又聋又哑的人或者盲人犯罪、预备犯、从犯、犯罪情节轻微不需要判处刑罚的，可以免予刑事处罚；犯罪后自首又有重大立功表现的，应当减轻或者免除处罚。三是消灭处理，这是指本来行为人的行为已构成犯罪，应当承担刑事责任、应当受到刑罚处罚，但是由于存在法律规定的不再追究行为人刑事责任的事实，因而使刑事责任归于消灭，行为人不再负刑事责任。比如，经特赦予以释放的犯罪人、已超过追诉时效期限的犯罪嫌疑人或者已死亡的犯罪嫌疑人，其刑事责任都基于一定的事实而消灭，司法机关不能再追究。四是转移处理，这只能对享有外交特权和豁免权的外国人适用。我国《刑法》第11条规定，享有外交特权和豁免权的外国人的刑事责任，通过外交途径解决。

广播电视运营者、政府管理者、用户及其他当事人实施违反刑法规定的犯罪行为，应当承担相应的刑事法律责任。广播电视领域的刑事责任一般由刑法予以规定，也有些国家在广播电视法规定了刑罚处罚。比如韩国广播法第105条规定了应被判处两年以下监禁或三千万韩元以下罚金的情形：(1)违反规定控制干预广播电视节目制作者，(2)采取虚假或非法手段获得许可(授权)或续延许可(授权)并实际经营广播电视等业务者，(3)未取得许可(授权)或未获得续延许可(授权)而实际经营广播电视等业务者。第106

条规定了应被判处一年以下监禁或三千万韩元以下罚金的情形。[①] 又如日本电波法规定破坏广播电视台的无线电设备,处5年以下有期徒刑或50万日元以下罚金。我国《刑法》规定的涉及广播电视领域的犯罪行为主要有:(1)破坏广播电视设施罪,(2)制作、贩卖、传播淫秽物品罪,(3)擅自设置无线电台(站)、擅自占用频率罪,(4)虚假广告罪,(5)侮辱诽谤罪,(6)渎职罪等。对于破坏广播电视设施,危害公共安全的,处3年以上7年以下有期徒刑;造成严重后果的,处7年以上有期徒刑;过失犯前款罪的,处3年以上7年以下有期徒刑;情节较轻的,处3年以下有期徒刑或者拘役。《最高人民法院关于审理破坏广播电视设施等刑事案件具体应用法律若干问题的解释》(法释〔2011〕13号)对《刑法》第124条作了详尽的解释。

二、刑事救济

刑事救济是指权利人根据刑事法律规定,通过刑事诉讼等途径要求侵权人承担刑事法律责任的权利救济方式。我国《刑事诉讼法》对受害人的刑事救济规定了以下方式:控告报案举报、提起自诉、刑事附带民事诉讼等,对被告人的刑事救济规定了辩护、回避、上诉、申诉、刑事赔偿等刑事制度。刑事案件分为公诉案件和自诉案件。对于公诉案件,由公安机关负责侦查、拘留、执行逮捕、预审,由人民检察院负责刑事案件的检察、批准逮捕、检察机关直接受理的案件的侦查、提起公诉,由人民法院负责审判。除法律特别规定的以外,其他任何机关、团体和个人都无权行使这些权力。对于自诉案件,由人民法院直接受理。

控告报案举报:这是权利人寻求刑事救济的基本途径和方式。根据我国《刑事诉讼法》的规定,任何单位和个人发现有犯罪事实或者犯罪嫌疑人,有权利也有义务向公安机关、人民检察院或者人民法院报案或者举报;被害人对侵犯其人身、财产权利的犯罪事实或犯罪嫌疑人,有权向公安机关、人民检察院或者人民法院报案或者控告。公安机关、人民检察院或者人民法院对于报案、控告、举报,都应当接受,对于不属于自己管辖的,应当移送主管机关处理,并且通知报案人、控告人、举报人;对于不属于自己管辖而又必须采取紧急措施的,应当先采取紧急措施,然后移送主管机关。报案、控告、举报可以用书面或者口头提出,接受口头报案、控告、举报的工作人员,应当写成笔录,经宣读无误后,由报案人、控告人、举报人签名或者盖章。公安机关、人民检察院或者人民法院应当保障报案人、控告人、举报人及其近亲属的安全。报案人、控告人、举报人如果不愿公开自己的姓名和报案、控告、举报的行为,应当为他保守秘密。人民法院、人民检察院或者公安机关对于报案、控告、举报和自首的材料,应当按照管辖范围,迅速进行审查,认为有犯罪事实需要追究刑事责任的时候,应当立案;认为没有犯罪事实,或者犯罪事实显著轻微,不需要追究刑事责任的时候,不予立案,并且将不立案的原因通知控告人。控告人如果

[①] 马庆平.中外广播电视法规比较[M].北京:经济管理出版社,2005:321.

不服,可以申请复议。

提起自诉:这是自诉案件中被害人及其法定代理人、近亲属寻求刑事救济的重要途径和方式。根据我国《刑事诉讼法》的规定,对于自诉案件,被害人有权向人民法院直接起诉;被害人死亡或者丧失行为能力的,被害人的法定代理人、近亲属有权向人民法院起诉,人民法院应当依法受理。自诉案件包括以下三类:(1)告诉才处理的案件,包括以暴力干涉他人婚姻自由的案件,虐待家庭成员、情节恶劣的案件,以暴力或者其他方法公然侮辱他人或者捏造事实诽谤他人、情节严重的案件等。(2)被害人有证据证明的轻微刑事案件。(3)被害人有证据证明对被告人侵犯自己人身、财产权利的行为应当依法追究刑事责任,而公安机关或者人民检察院不予追究被告人刑事责任的案件。人民法院对于前两类自诉案件,可以进行调解,自诉人在宣告判决前,可以同被告人自行和解或者撤回自诉;但对于第三类案件则不适用调解。

刑事附带民事诉讼:这是公诉案件中被害人寻求刑事救济的重要途径和方式。根据我国《刑事诉讼法》的规定,被害人由于被告人的犯罪行为而遭受物质损失的,在刑事诉讼过程中,有权提起附带民事诉讼;如果是国家财产、集体财产遭受损失的,人民检察院在提起公诉的时候,可以提起附带民事诉讼。附带民事诉讼应当同刑事案件一并审判,只有为了防止刑事案件审判的过分迟延,才可以在刑事案件审判后,由同一审判组织继续审理附带民事诉讼。

刑事赔偿:这是受害人对司法机关及其工作人员的违法行为或不当行为造成损害的权利救济方式。根据《国家赔偿法》的规定,受害人对公安、检察、审判、监狱管理机关及其工作人员在行使职权时有下列侵犯其人身权情形的,有权取得赔偿:(1)对没有犯罪事实或者没有事实证明有犯罪重大嫌疑的人错误拘留的;(2)对没有犯罪事实的人错误逮捕的;(3)依照审判监督程序再审改判无罪,原判刑罚已经执行的;(4)刑讯逼供或者以殴打等暴力行为或者唆使他人以殴打等暴力行为造成公民身体伤害或者死亡的;(5)违法使用武器、警械造成公民身体伤害或者死亡的。受害人对公安、检察、审判、监狱管理机关及其工作人员在行使职权时有下列侵犯其财产权情形的,有权取得赔偿:(1)违法对财产采取查封、扣押、冻结、追缴等措施的;(2)依照审判监督程序再审改判无罪,原判罚金、没收财产已经执行的。对于下列情形,国家不承担赔偿责任:(1)因公民自己故意作虚伪供述,或者伪造其他有罪证据被羁押或者被判处刑罚的;(2)依照《刑法》第14条、第15条规定不负刑事责任的人被羁押的;(3)依照《刑事诉讼法》第11条规定不追究刑事责任的人被羁押的;(4)行使国家侦查、检察、审判、监狱管理职权的机关的工作人员与行使职权无关的个人行为;(5)因公民自伤、自残等故意行为致使损害发生的;(6)法律规定的其他情形。

第三节　民事法律责任与民事救济

民事法律责任是指行为主体不履行法律规定或合同约定的民事义务而应承担的法律后果。民事救济是指权利人的人身、财产或其他权益受到侵害,通过民事诉讼等途径,要求侵权人承担民事责任等有关责任的权利救济方式。民事法律责任和民事救济都是以当事人一方的民事权益受到侵害或者可能受到侵害为前提,都是以保护民事权益为目的。但两者的内涵不同,民事救济泛指民事权利受到侵害时的救助方法,不仅包括民事责任、申请诉前保全,还包括当事人协商和解、居间调解等方式。

一、民事法律责任

民事法律责任分为侵权行为的民事责任和违反合同的民事责任。这两种在广播电视领域都存在,比如广播电台、电视台播出了侵犯公民、法人名誉权的节目内容,则应承担侵权的民事责任;又比如有线电视网络机构或用户不履行服务合同约定的义务,则应承担违反合同的民事责任。我国《民法通则》《民法总则》对民事责任的分类、承担方式等作了全面规定。

民事法律责任主要有以下特征:一是民事责任以民事主体违反民事义务、侵害他人的民事权益为前提。二是民事责任具有强制性,最终必须依靠国家强制力才能够实现。三是民事责任具有补偿性,违约或侵权的一方当事人补偿对另一方当事人的损害。四是民事责任具有财产性,以财产责任为主,以非财产责任为辅。

民事法律责任的承担方式主要有:停止侵害,排除妨碍,消除危险,返还财产,恢复原状,修理、重作、更换,赔偿损失,支付违约金,消除影响、恢复名誉,赔礼道歉。(1)停止侵害是指权利人对行为人正在实施的侵权行为,有权请求其停止实施或请求人民法院制止实施。(2)排除妨碍是指权利人行使其权利受到他人不法阻碍或妨碍时,有权请求行为人排除或请求人民法院强制排除。(3)消除危险是指权利人在有可能造成财产或人身损害时,有权请求行为人消除或请求人民法院强制其消除。(4)返还财产是指在权利人的财产被行为人不法侵占时,权利人有权请求返还该财产。(5)恢复原状是指在权利人的财产被不法损坏或性状被改变而有复原的可能时,权利人有权请求恢复到财产未受损坏或未改变时的状态。(6)修理、重作、更换是指销售的产品或承揽加工的产品不符合质量要求,权利人有权请求产品销售者(承揽加工者)对产品进行修理、重作、更换。(7)赔偿损失是指权利人的人身、财产由于侵权人的侵权行为而遭受损害,有权请求侵权人以其财产赔偿自己的损失。(8)支付违约金是指依照法律规定或当事人约定,违约一方向另一方支付一定数额的金钱。(9)消除影响、恢复名誉是指公民或者法人的人格权受到不法侵害时,权利人有权请求侵权人以公开形式承认过错、澄清事实,消除所造成的不良影响,以恢复社会对其品行、才能或信用的良好评价。(10)赔礼道歉是指公民或法人的人格权受到不法侵害时,权利人有权请求行为人当面承认错误,公开道歉,维护其人格尊严。

[案例]湖南电视台一期《寻根的渡船》节目因披露他人隐私被判侵权

2004年10月,湖南电视台播放了节目《寻根的渡船》,节目讲述了一段故事。来自贵州遵义的毛妹(化名)与亲生父母失散,她发誓要找到生母。不久,毛妹的生父杨书(化名)找到了她并且告诉她,毛妹的生母张黎(化名)1968年到遵义市插队时与自己相爱,而当时杨书已经结婚。后来,张黎未婚先孕被发现,生下毛妹三天后即被带走。毛妹被立即送人,而杨书则被控告为"强奸罪"并被判刑。节目播放后,"张黎"的原型人物张某感到自己隐藏了30多年的隐痛被公之于众,受到了侵害,遂向北京市第一中级人民法院提起诉讼,状告湖南电视台侵犯名誉权。

张某诉称,1969年她从上海到贵州插队,1971年被当地一个农民强奸怀孕,孩子不足月即被引产不知死活。被引产后她回到了上海,强奸犯被判刑。之后她结婚生子,过上了平静生活。2004年湖南电视台《真情》栏目的工作人员找到原告单位及亲属,拍摄讲述了张女士33年前所生女儿寻找母亲的故事,使她在贵州有个私生女的消息被众人所知。该节目播出后,对她的家庭和生活造成了极大影响,要求湖南电视台赔礼道歉,赔偿精神损失251.9万元。

湖南电视台在庭审中辩称,2004年9月,我台接受贵州一个叫毛妹的委托,拍摄《寻根的渡船》,在节目拍好后一个多月的时间里,原告没有提出不同意播出。节目反映的内容基本属实,没有侮辱、诽谤他人。节目中没有使用原告的真实姓名,我台在主观上没有过错,不构成侵权。我台在工作中的过失在客观上引起了原告的家庭动荡,我台多次与原告及其家人协商解决问题。

法院认为《寻根的渡船》节目中,使用了与原告同音的名字,并且出现了原告哥哥、母亲、丈夫和女儿的画面,足以使人确信节目中女儿寻找的母亲就是原告本人。法院认定湖南电视台播出的《寻根的渡船》节目,属于未经他人同意、擅自公布他人隐私的行为,构成侵权,判令湖南电视台赔礼道歉,赔偿原告精神抚慰金10万元。①

原告不服一审判决,向北京市高级人民法院提起上诉,请求二审法院依法改判,支持其诉讼请求。北京市高级人民法院审理认为:《寻根的渡船》节目讲述冉青寻找亲生母亲的过程,节目事实内容未经核实,且直接涉及张某的隐私。节目中使用了张某同音的名字,与张某有关的人员的身份和地址均与现实生活

---

① 李婧. 电视台披露被强奸隐私 寻目节目被诉侵权,李罡. 湖南电视台一审被判侵权[EB/OL]. (2005-12-05)[2006-02-05]. http://news.xinhuanet.com/newmedia/2005-12/05/content_3877566.htm.

中的情况完全一致,出现了张某的母亲、丈夫和女儿的画面和声音,足以使认识张某的人确信预告文章的"张黎"和节目中的章某某就是张本人,使张某及家人的正常生活和工作均受到严重影响。应当指出,预告文章所载"或许是急切寻找一个依靠,张黎与已婚的杨书渐渐走到了一起""一场政治风波掀起,张黎无奈生下毛妹三天就被带走""张黎目前拥有资产上千万,近在咫尺却不愿相认,面子与亲情孰轻孰重""杨书则被控告强奸罪等判刑15年,最终忍受了7年牢狱之灾"等内容,均没有事实依据。湖南电视台将未经核实、没有事实根据的情节串成故事,在未告知张某及相关人员实情的情况下进行节目录制,没有告知张某并征得其同意,即擅自将节目通过卫星两次播出,在全国均可收视,直接导致张某的正常社会评价降低,名誉受到极大损害,公民形象被歪曲,身心健康也受到严重伤害,湖南电视台的行为严重侵害了张某的名誉权。作为大众传媒,所作的相关报道应对事实、对社会承担一份责任,特别是涉及家庭伦理道德及公民的社会道德评价时,更应慎重对待。该节目的播出和预告文章的刊登,造成张某因身份和精神状态原因无法工作,张某夫妇之间出现嫌隙并分居至今,张某的家人和亲友不予理解以致猜测怀疑。不仅严重损害了张本人的精神和身心健康,还对其家人的精神和身心健康造成了严重损害,湖南电视台应当承担较重的侵权责任。根据湖南电视台的过错程度、侵权行为的具体情节以及给张某及家人带来的精神损害后果等实际情况,原判赔偿精神抚慰金10万元过低,本院予以改判。对于张某所提经济损失,因侵权和诉讼确实给张某造成一定的财产损失,本院一并判决赔偿。最终,二审法院在判决中维持了原判中关于赔礼道歉的内容,改判赔偿精神抚慰金50万元、赔偿经济损失2万元,湖南电视台承担全部诉讼费用。①

[简评]新闻侵权案例中,侵害名誉权的案例占有相当大的比例。名誉权是指公民或法人的名誉不受侵害的权利,属于人身权的范畴。1988年,最高人民法院《关于贯彻执行〈中华人民共和国民法通则〉若干问题的意见(试行)》第140条规定:以书面、口头等形式宣扬他人的隐私,或者捏造事实公然丑化他人人格,以及用侮辱、诽谤等方式损害他人名誉,造成一定影响的,应当认定为侵害公民名誉权的行为;以书面、口头等形式诋毁、诽谤法人名誉,给法人造成损害的,应当认定为侵害法人名誉权的行为。公民的隐私权是公民对自己的个人信息、个人生活、私人事务等享有的一项重要的人格权利,包括个人信息的保密权、个人生活不受干扰权、私人事务决定权等。侵害名誉权的构成要件包括受害人确有名誉被损害的事实、行为人行为违法、违法行为与损害后果之间有因果关系、行为人主观上有过错(故意或过失)四个方面。本案例中,湖南电视台未经张女士同意,播出

---

① 参见北京市高级人民法院民事判决书(2006)高民终字第97号。

了披露张女士隐私的节目,主观上存在过错,客观上造成张女士名誉损害的结果,因此,法院的判决是合法合情合理的。至于精神损害的赔偿数额,最高人民法院2001年下发的《关于确定民事侵权精神损害赔偿责任若干问题的解释》规定主要根据由以下因素确定:(1)侵权人的过错程度,法律另有规定的除外;(2)侵害的手段、场合、行为方式等具体情节;(3)侵权行为所造成的后果;(4)侵权人的获利情况;(5)侵权人承担责任的经济能力;(6)受诉法院所在地的平均生活水平。名誉权侵权的抗辩事由主要包括内容真实、依法正当行使权利、正当舆论监督、受害人同意、第三人过错等。如果被告人证明存在抗辩事由,可以减轻或免除民事责任。2017年,全国人大通过的《民法总则》规定:自然人享有生命权、身体权、健康权、姓名权、肖像权、名誉权、荣誉权、隐私权、婚姻自主权等权利。我国民事法律已将隐私权作为独立的人身权利,司法解释将作相应调整并完善。

二、民事救济

民事救济是指权利人的人身、财产或其他权益受到侵害,通过民事诉讼等途径,要求侵权人承担民事责任等有关责任的权利救济方式。当事人的民事权益受到侵害时,当事人可以协商和解,可以向人民调解委员会、消费者协会等社会组织请求调解,也可以向行政部门申诉或者向人民法院提起民事诉讼。在诉讼过程中,当事人可以通过委托代理辩护、申请回避、提起上诉、提出申诉等制度,维护自己的合法权益。

当事人协商和解:当事人发生民事纠纷,可以在自愿、互谅的基础上,通过直接对话,摆事实,讲道理,分清责任,达成和解协议。这是民事权利救济、民事争议解决的一种十分简便快速的途径,常常用于解决消费者的权益纠纷。

请求调解:一是请求人民调解委员会进行调解。人民调解制度是有中国特色的人民群众自己解决纠纷的司法辅助制度。我国《宪法》第111条规定:居民委员会、村民委员会设人民调解委员会,调解民间纠纷。按照我国《民事诉讼法》的规定,人民调解委员会是在基层人民政府和基层人民法院指导下,调解民间纠纷的群众性组织。人民调解委员会依照法律的规定,根据自愿的原则进行调解。当事人对调解达成的协议应当履行;不愿调解、调解不成或者反悔的,可以向人民法院起诉。人民调解委员会调解民间纠纷,如有违背法律的,人民法院应当予以纠正。人民调解的基本原则:(1)合理合法原则,(2)自愿平等原则,(3)尊重诉权原则。二是请求消费者组织进行调解。这是消费者和经营者由于商品或服务质量等方面的民事纠纷而寻求权利救济的一种途径。当事人没有达成调解协议或不履行调解协议的,当事人可以向人民法院提起民事诉讼。

向行政部门申诉:消费者与经营者由于商品或服务质量等方面的民事纠纷,可以向有关行政部门申诉,请求裁决。当事人对行政裁决不服的,可以向人民法院提起民事诉讼。

提起民事诉讼:这是权利人寻求民事权利救济的诉讼途径,由国家强制力予以保障。当事人在诉讼过程中享有起诉权、撤诉权、请求调解权、上诉权、申请再审权、申请执行权等。根据《民事诉讼法》规定,提起诉讼必须符合下列条件:(1)原告是与本案有直接利害关系的公民、法人和其他组织,(2)有明确的被告,(3)有具体的诉讼请求和事实、理由,(4)属于人民法院受理民事诉讼的范围和受诉人民法院管辖。提起诉讼应当向人民法院递交起诉状,并按照被告人数提出副本;书写起诉状确有困难的,可以口头起诉,由人民法院记入笔录,并告知对方当事人。人民法院收到起诉状或者口头起诉,经审查,认为符合起诉条件的,应当在七日内立案,并通知当事人;认为不符合起诉条件的,应当在七日内裁定不予受理;原告对裁定不服的,可以提起上诉。当事人不服地方人民法院第一审判决的,有权在判决书送达之日起十五日内向上一级人民法院提起上诉;当事人不服地方人民法院第一审裁定的,有权在裁定书送达之日起十日内向上一级人民法院提起上诉。当事人对已经发生法律效力的判决、裁定,认为有错误的,可以向原审人民法院或者上一级人民法院申请再审,但不停止判决、裁定的执行;当事人对已经发生法律效力的调解书,提出证据证明调解违反自愿原则或者调解协议的内容违反法律的,可以申请再审,经人民法院审查属实的,应当再审。发生法律效力的民事判决、裁定,当事人必须履行,一方拒绝履行的,对方当事人可以向人民法院申请执行,也可以由审判员移送执行员执行。调解书和其他应当由人民法院执行的法律文书,当事人必须履行,一方拒绝履行的,对方当事人可以向人民法院申请执行。

思考题:
1. 广播电视机构和从业人员违反法律规定,须承担什么法律后果?
2. 广播电视机构和从业人员应当如何运用法律武器维护自身合法权益不受侵害?

参考文献

1. 广播电影电视部研究室. 广播电视工作文件选编: 上册[G]. 北京: 中国广播电视出版社, 1988.
2. 国家广播电影电视总局法规. 广播电影电视法规汇编[G]. 北京: 中国广播电视出版社, 2001.
3. 国家广播电影电视总局法规. 广播电影电视法规汇编[G]. 北京: 中国广播电视出版社, 2006.
4. 广播电影电视部政策研究室. 各国广播电影电视法规选辑[G]. 北京: 中国广播电视出版社, 1988.
5. 国家广播电影电视总局法规司. 广播影视法规汇编[G]. 北京: 中国法制出版社, 2012.
6. T. 巴顿. 卡特, 等. 大众传播法概要[M]. 黄列, 译. 中国社会科学出版社, 1997.
7. 甄树青. 论表达自由[M]. 北京: 社会科学文献出版社, 2000.
8. 陈力丹. 马克思主义新闻学辞典[M]. 北京: 中国广播电视出版社, 2002.
9. 陈力丹. 精神交往论——马克思恩格斯的传播观[M]. 北京: 中国人民大学出版社, 2008.
10. 陈力丹. 马克思主义新闻观思想体系[M]. 北京: 中国人民大学出版社, 2006.
11. 陈昌凤. 美国传媒规制体系[M]. 北京: 清华大学出版社, 2013.
12. 胡兴荣. 新闻哲学[M]. 北京: 新华出版社, 2004.
13. 程宏, 王建宏. 中国电视观众现状报告[M]. 北京: 中国广播电视出版社, 2003.
14. 赵玉明, 王福顺. 广播电视辞典[M]. 北京: 北京广播学院出版社, 1999.
15. 辞海编辑委员会. 辞海[M]. 北京: 上海辞书出版社, 2009.
16. 邮电部政策法规司. 国外电信法资料选编(内部资料)[M]. 1996.
17. 陈晓宁. 广播电视新媒体政策法规研究[M]. 北京: 中国法制出版社, 2001.
18. 马庆平. 中外广播电视法规比较[M]. 北京: 经济管理出版社, 2005.
19. 何晶莹, 等. 广播电影电视的技术奥秘[M]. 山东: 山东画报出版社, 2001.
20. 郭镇之. 中外广播电视史: 第三版[M]. 上海: 复旦大学出版社, 2016.
21. 迈克尔·埃默里, 埃德温·埃默里. 美国新闻史[M]. 展江, 殷文主, 译. 新华出版社, 2001.
22. 何勇. 德国公共广播电视研究[M]. 中国传媒大学出版社, 2010.
23. 中国广播电视年鉴委员会. 中国广播电视年鉴(1986年)[M]. 中国广播电视出版社, 1987.
24. 托马斯 P. 索思威克. 走向信息网络社会——美国有线电视 50 年[M]. 吴贤纶, 译. 中国广播电视出版社, 1999.
25. 唐纳德. M. 吉尔摩, 等. 美国大众传播法: 案例评析(下册)[M]. 梁宁, 等, 译. 清华大学出版社, 2002.
26. 本书编写组. 加强意识形态工作大参考[M]. 北京: 红旗出版社, 2005.
27. 徐光春. 中华人民共和国广播电视简史[M]. 北京: 中国广播电视出版社, 2003.

28. 《当代中国的广播电视》编辑部. 中国广播电视大事记[M]. 北京:北京广播学院出版社,1987.
29. 马庆平. 外国广播电视史[M]. 北京:北京广播学院出版社,1997.
30. 王俊豪,等. 美国联邦通信委员会及其运行机制[M]. 北京:经济管理出版社,2003.
31. 国家广电总局发展改革研究中心. 发达国家广播影视管理体制和管理手段研究(内部资料)2006.
32. 李玮. 转型时期的俄罗斯大众传媒[M]. 上海:上海外语教育出版社,2005.
33. 李行健. 现代汉语规范词典[M]. 北京:外语教学与研究出版社,语文出版社,2004.
34. 日本民间放送联盟. 日本广播电视手册[M]. 秦建,李俊,译. 中国广播电视出版社,2002.
35. 石广生. 世界贸易组织基本知识[M]. 北京:人民出版社,2001.
36. 石广生. 中国加入世界贸易组织法律文件导读[M]. 北京:人民出版社,2002.
37. 中共中央文献研究室编. 十六大以来重要文献选编(上)[M]. 北京:中央文献出版社,2005.
38. 中共中央文献研究室编. 十六大以来重要文献选编(中)[M]. 北京:中央文献出版社,2006.
39. 宋小卫. 媒介消费的法律保障[M]. 北京:中国广播电视出版社,2004.
40. 王文昌. 透过电视看台湾[M]. 北京:香港未来文化出版有限公司,2003.
41. 张振华. 中国广播电视概要[M]. 北京:北京广播学院出版社,2003.
42. 林纪东,等. 新编六法参照法令判解全书[M]. 台湾:台湾五南图书出版公司,1986.
43. 郑保卫. 论媒体经济与传媒集团化发展(论文集)[M]. 北京:中国人民大学出版社,2003.
44. 刘迪. 现代西方新闻法制概述[M]. 北京:中国法制出版社,1998.
45. 刘华蓉. 大众传媒与政治[M]. 北京:北京大学出版社,2001.
46. 顾理平. 新闻法学[M]. 北京:中国广播电视出版社,1999.
47. 明安香. 美国:超级传媒帝国[M]. 北京:社会科学文献出版社,2005.
48. 向明. 3G与IPTV,中国电信业的两大热点[J]. 数字通信世界,2006(11).
49. 李林芳. 公共广播电视体制的本质探讨[J]. 世界广播电视参考,2007(3).
50. 王坚. 欧盟"电视无国界"文化保护成绩不错[EB/OL]. (2006-08-26). www.people.com.cn.
51. 刘传锦. 俄罗斯联邦广播电视法[J]. 世界广播电视参考,2005(3).
52. 刘传锦. 格鲁吉亚媒体法[J]. 世界广播电视参考,2005(7).
53. 温飚. 2005年各国国际广播电台基本情况统计[J]. 世界广播电视参考,2005(11).
54. 温飚. 英国广播公司的改革之路[J]. 世界广播电视参考,2004(9).
55. 宋华琳. 美国广播管制中的公共利益标准[J]. 行政法学研究,2005(1).
56. 吴飞. 西方传播法的立法基石——"思想市场"理论评析[J]. 中国人民大学学报,2003(6).
57. 王玉华. 马来西亚的通信广播行政制度和节目管理体制[J]. 世界广播电视参考,2003(1).
58. 王永亮,刘衍华. 赫顿报告:英国政府重拳打击BBC[J]. 今传媒,2004(2).
59. 马庆平. 解读美国联通委(2003—08财年)五年战略规划[J]. 世界广播电视参考,2005(8).
60. 陆永江. 泰国广播事业发展概述[J]. 国际广播影视(专业版),2006(6).
61. 云雷. 日本广播协会出了大丑闻[EB/OL]. 中国国际广播电台国际在线网站 www.cri.cn.
62. 马震. 删改慰安妇节目,日本广播协会引爆媒体争论[EB/OL]. 人民网 www.people.com.cn.
63. 朱世海. 奉化广电中心未作后续更正报道被判道歉[EB/OL]. 中国法院网 www.chinacourt.org.
64. 郑岑译. 韩国广播电视委员会关于广播电视节目分级和标示的规定[J]. 世界广播电视参考,2004(7).
65. 严怡宁. 透视法国电视节目分级制[J]. 电视研究,2007(3).

66. 谢湘,于亦君.电视台播放爱国主义教育影片是否需授权,"公益宣传"遭侵权诉讼的背后[J].中国青年报,2006-7-21.
67. 魏佳.韩国广播电视委员会关于广告播出的审议规则[J].世界广播电视参考,2004(5).
68. 中国记协维权委办公室.广西电视台记者采访被殴事件已妥善处理[EB/OL].新华网 www.xinhuanet.com.
69. 韦晓萍,伍文帅.本案是盗窃罪还是破坏广播电视设施罪[EB/OL].广西高院广西法院网 www.gxfy.com.
70. 李婧.电视台披露被强奸隐私 寻目节目被诉侵权[EB/OL].新华网 www.xinhuanet.com.
71. 北京青年报记者李罡.湖南电视台一审被判侵权[EB/OL].新华网 www.xinhuanet.com.
72. 香港通讯事务管理局办公室.香港广播电视概况[J].中国广播电视年鉴,2013.
73. 张毓麟.台湾受众"接近使用媒体"概况[J].新闻记者,2002(7).
74. 王洪钧.台湾新闻事业进入新纪元[M]."中华民国新闻年鉴"1996.
75. 马晓辉编辑.WTO下的台湾电视业[EB/OL].傲视全球电视网 www.oursee.com.
76. 海峡之声广播电台.台湾广播电视概况[J].中国广播电视年鉴,2010.
77. 肖燕雄.传播科技发展对西方新闻之法律政策影响[EB/OL].中国新闻研究中心 www.cddc.net.
78. 张文锋.欧盟视听新媒体的内容规制[J].中国记者,2014(1).
79. 李远东.ITU-T对于基于IP的电视相关多媒体服务的术语规范[EB/OL].(2015-4-30).www.istis.sh.cn.

后　记

　　当这本书稿搁笔时,我如释重负,也有些诚惶诚恐。这本书算是献给自己本命年的一份礼物,也算是向读者递交的一份答卷,是否合格,由读者评判。十二年前,我考取了广电部的公务员,有幸参与了《广播电视管理条例》等法规的起草修改工作,不知道写了多少请示报告,不知道参加了多少次协调会,深感广播电视立法协调的不易。1997年,《广播电视管理条例》出台后,我有幸从事秘书工作,较全面地了解党和国家对广播电视的方针政策,也参与过一些报告文件的起草,但法律精神依然在我心中。2004年,我有幸参加了《大众传播法学》(魏永征、张鸿霞主编,法律出版社出版)中广播电视法律制度一章的编写工作,萌发了编写专著介绍广播电视法律制度的想法。正巧,2004年年底王太华同志就任中宣部副部长、广电总局党组书记、局长后,号召全国广电系统要加强广播影视基本知识、基本情况、基本规律的学习培训,这为我编写这本书给予了极大的鼓舞。经过近三年的努力,我完成了本书的编写工作。在写作过程中,我常常思考一个问题:法律究竟是什么?有人讲法律是天平,象征着公平正义;有人讲法律是利剑,代表着权力威严;我想法律应当是社会和谐的调节器,应当是社会生产力发展的助推器,应当是人民权益的忠实代表。只有这样的良法,才会得到人民的拥护,才会推动社会的进步。正如马克思曾指出的那样:"法典就是人民自由的圣经"。

　　本书的编写得到了知名传播法学家魏永征老师的指点关心,他挤出时间审阅了本书稿,提出了中肯的修改建议,并写序给予鼓励鞭策。同时,本书的编写得到了广电总局领导、有关司局和单位的同志们的大力支持。国家广电总局党组副书记、副局长赵实同志在百忙中抽出时间,仔细审阅了这本书的目录和前言,提出了很好的修改意见,并作序给予热情鼓励。国家广电总局党组成员、副局长张海涛同志多次询问写作的进展情况,认为这是一件很有意义的事情,要求尽快完成。国家广电总局有关司局和单位的领导和同事对本书的编写也给予了大力支持。在此,我向多年来关心、支持、指导我工作的各位领导和同事们致以深深的谢意!中国传媒大学出版社为本书的编辑出版付出了心血,向他们表示由衷的感谢!最后,我要感谢我的妻女和家人,他们的默默奉献使我得以完成本书的写作。有首歌这样唱道:感谢母亲赐予我生命,感谢生活赠友谊爱情,感谢苍穹藏理想幻梦,感谢时光常留永恒公正。我想我应当永怀感恩之心,尽自己的努力,回报社会,回报所有关心支持帮助过我的人们!今年是我国《广播电视管理条例》颁布第十个年头。十年,弹指一挥间。这本书可以作为《广播电视管理条例》实施十周年的纪念,但愿本书对于致力于广播电视事业发展的人们有一些启发和帮助,但愿我国《广播电视法》能早日出台!

涂昌波

2007 年 5 月 18 日于北京

图书在版编目(CIP)数据

广播电视法律制度概论／涂昌波著.—3版.—北京：中国传媒大学出版社，2018.6
新闻传播专业"十三五"规划教材
ISBN 978-7-5657-2349-0

Ⅰ.①广… Ⅱ.①涂… Ⅲ.①广播电视—法规—世界—高等学校—教材 Ⅳ.①D912.1

中国版本图书馆CIP数据核字(2018)第139728号

广播电视法律制度概论(第3版)
GUANGBO DIANSHI FALV ZHIDU GAILUN(DI-SAN BAN)

著　　者	涂昌波
策划编辑	赵　欣
责任编辑	赵　欣
特约编辑	高卓毓
责任印制	曹　辉
封面设计	魏　东

出版发行	**中国传媒大学**出版社
社　　址	北京市朝阳区定福庄东街1号　邮编：100024
电　　话	86-10-65450528　65450532　传真：65779405
网　　址	http://www.cucp.com.cn
经　　销	全国新华书店
印　　刷	北京玺诚印务有限公司
开　　本	787mm×1092mm　1/16
印　　张	17.25
字　　数	367千字
版　　次	2018年6月第3版　2018年6月第1次印刷
书　　号	ISBN 978-7-5657-2349-0/D·2349　　定　价　49.00元

版权所有　　翻印必究　　印装错误　　负责调换